ミネルヴァ日本評伝選

むら雲を吹く秋風にはれそめて

明治天皇

伊藤之雄著

ミネルヴァ書房

刊行の趣意

「学問は歴史に極まり候ことに候」とは、先哲荻生徂徠のことばである。

歴史のなかにこそ人間の智恵は宿されている。人間の愚かさもそこにはあらわだ。この歴史を探り、歴史に学んでこそ、人間はようやくみずからの正体を知り、いくらかは賢くなることができる。新しい勇気を得て未来に向かうことができる。徂徠はそう言いたかったのだろう。

「ミネルヴァ日本評伝選」は、私たちの直接の先人について、この人間知を学びなおそうという試みである。日本列島の過去に生きた人々の言行を、深く、くわしく探って、そこに現代への批判を聴きとろうとする試みである。日本人ばかりではない。列島の歴史にかかわった多くの異国の人々の声にも耳を傾けよう。

先人たちの書き残した文章をそのひだにまで立ち入って読み、彼らの旅した跡をたどりなおし、彼らのなしとげた事業を広い文脈のなかで注意深く観察しなおす——そのとき、はじめて先人たちはいまの私たちのかたわらによみがえってくる。彼らのなまの声で歴史の智恵を、また人間であることのよろこびと苦しみを、私たちに伝えてくれもするだろう。

この「評伝選」のつらなりのなかから、列島の歴史はおのずからその複雑さと奥ゆきの深さをもって浮かび上がってくるはずだ。これを読むとき、私たちのなかに新たな自信と勇気が湧いてきて、その矜持と勇気をもって「グローバリゼーション」の世紀に立ち向かってゆくことができる——そのような「ミネルヴァ日本評伝選」にしたいと、私たちは願っている。

平成十五年（二〇〇三）九月

上横手雅敬
芳賀　徹

木村武山筆「徳川邸行幸」(明治神宮聖徳記念絵画館蔵)

1875年4月4日，明治天皇（睦仁）は徳川昭武邸を訪れ，満開の桜を楽しんだ。（左：徳川昭武，右；徳大寺実則）

大元帥服を着た睦仁
1873年10月 8 日，内田九一撮影（宮内庁蔵）
（本書134頁参照）

束帯姿の睦仁
1872年 9 月 3 日，内田九一撮影（宮内庁蔵）
（本書132頁参照）

昭憲皇太后（美子）
内田九一撮影（宮内庁蔵）

「御真影」

右：明治天皇　1888年１月にイタリア人画家・キヨソネに描かせた「写真」（宮内庁蔵）（本書282頁参照）

左：昭憲皇太后（明治神宮蔵）

明治天皇——むら雲を吹く秋風にはれそめて　目次

図版写真一覧

天皇家系図

- 120 仁孝天皇
  - 安仁親王
  - 淑子《すみこ》内親王（桂宮）
  - 121 孝明天皇
    - 順子内親王
    - 皇子（妙香華院）
    - 122 明治天皇（睦仁《むつひと》）＝皇后（美子《はるこ》）
      - 稚瑞照彦尊
      - 稚高依姫尊
      - 薫子内親王
      - 敬仁親王
      - 滋宮韶子《あきこ》内親王
      - 増宮章子内親王
      - 久宮静子内親王
      - 昭宮猷仁《あきのみやみちひと》親王
      - 123 大正天皇（嘉仁《よしひと》）＝皇后（節子《さだこ》）
        - 124 昭和天皇（裕仁《ひろひと》）
        - 秩父宮雍仁《やすひと》親王
        - 高松宮宣仁《のぶひと》親王
        - 三笠宮崇仁《たかひと》親王
      - 常宮昌子《まさこ》内親王（竹田宮恒久王妃）
      - 周宮房子《ふさこ》内親王（北白川宮成久王妃）
      - 富美宮允子《のぶこ》内親王（朝香宮鳩彦王妃）
      - 満宮輝仁親王
      - 泰宮聰子《としこ》内親王（東久邇宮稔彦王妃）
      - 貞宮多喜子内親王
    - 皇女（富貴宮）
    - 皇女（寿万宮）
    - 皇女（理宮）
  - 節仁親王（桂宮）
  - 親子《ちかこ》内親王（和宮・静寛院・徳川家茂室）

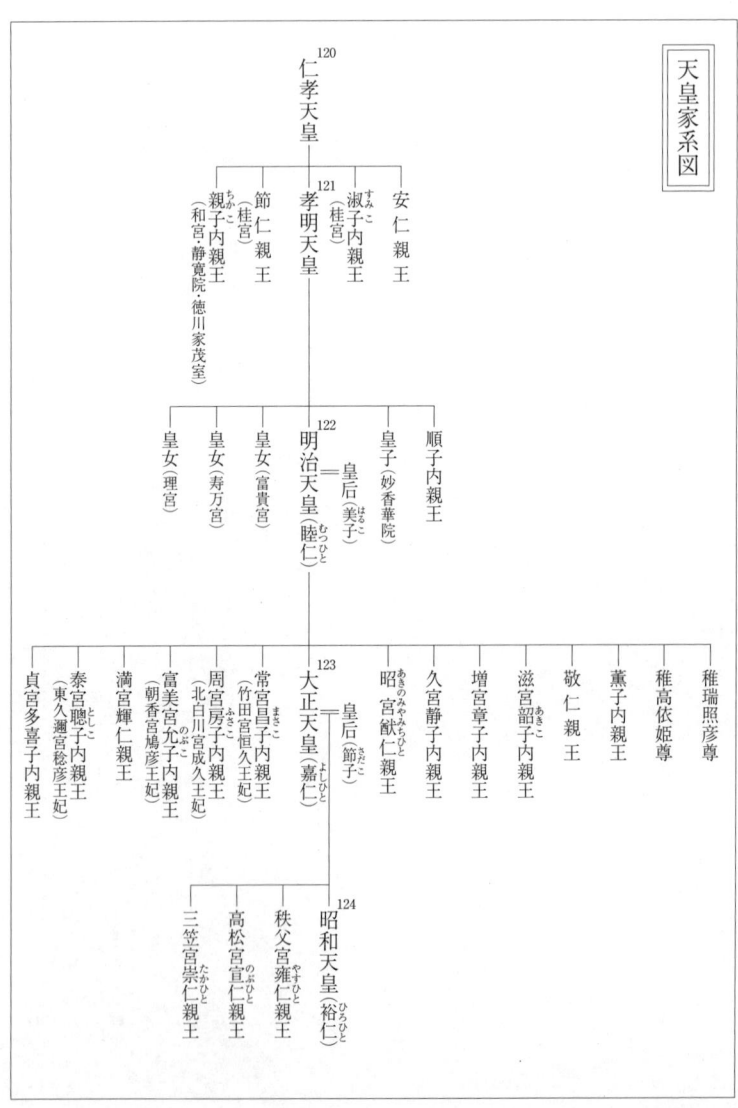

プロローグ――一四歳の少年天皇

1　皇子誕生

睦仁と京都

明治天皇《めいじてんのう》（睦仁《むつひと》）は、慶応三年（一八六七）一月九日、一四歳で践祚《せんそ》（即位）した。睦仁の父の孝明《こうめい》天皇が、三六歳の若さで急死したためであった。その一年後には王政復古となって、維新政府が政治を担当するようになる。明治元年（一八六八）一〇月に、睦仁は一六歳で初めて東京に行幸《ぎょうこう》した。ほどなく一度京都に帰るが三カ月後には東京へ戻り、一九一二年七月三〇日に皇居において五九歳で死去するまで、東京に住み続けることになった（本書ではすべて満年齢で表現する）。

睦仁は東京で暮らすようになっても、死ぬまで京都弁を話した。睦仁の日常生活の場である奥《おく》（内廷）において、京都からきた女官や公家の少年たちに囲まれ、睦仁は京都弁を忘れなかったのである。

彼が死ぬ前に脳裏を横切った情景は、どのようなものであったろうか。それは、とりわけ晩年に愛着が強まった京都の四季の移《うつ》ろいや、少年の頃の記憶にやどった、蠟燭《ろうそく》にほの暗く照らされた禁裏《きんり》御所(現在の京都御所)の中の、迷路のような複雑な廊下ではなかっただろうか。

明治天皇といえば、大元帥《だいげんすい》の軍服を着た姿の写真(口絵4頁参照)と同時に、明治の近代化に重ね合わせたイメージが浮かぶであろう。しかし実際の明治天皇はかなり頑固でかつ生来は保守的で、奥での生活では京都時代のスタイルを守った。もっとも、東京に移ってからの青年期は、乗馬などで汗を流しワインを飲むという新しい生活も楽しんだ。その後政務が多忙になり、運動不足から体調が悪くなるにつれ、四十歳代後半には、わずか一六年余り住んだにすぎない京都への望郷の念が募っていく。

たとえば、侍従《じじゅう》として明治天皇に仕えた日野西資博《ひのにしすけひろ》(伯爵)によると、天皇は京都がたいへん好きで、一八九七年に英照《えいしょう》皇太后(孝明天皇の皇后)が死去し、京都の陵《りょう》に参拝した時などは、種々の理由をつけて東京に帰ることを引き延ばし、四月一七日から八月二二日まで滞在した。まず東京に帰る予定の五月四日に、暴風雨によって東海道本線の大磯《おおいそ》・国府津《こうづ》間などが破壊されたため、帰りが延期となった。その時天皇は、「マーよかった」といった様子で、「低気圧か、低気圧もよいナー」と言って笑った。

間もなく鉄道は復旧したが、五月下旬に東京ではしかが流行したので、再び還幸が延期になった。しばらくして流行が終わったという通知がきたが、天皇が、「まだ残ってる筈《はず》じゃ、もっと調べてみよ」と言うので、調べさせると、東京市中で二人の患者がいるだけであった。そのことを報告しても、

「それ見よ、まだ残ってるではないか」と言って、なかなか東京に帰ろうとはしなかった。京都滞在中の天皇は「何かにつけて御気楽と見えて」、朝目が覚めると、白の着物のまま、御所の奥の庭へ降りてぶらぶらと歩くなど、運動も多くなり、健康にも良かったようである（『「明治天皇紀」談話記録集成』〔以下、『明治天皇紀談話』と略す〕一巻、一四八～一五七頁、『明治天皇紀』第九、二四〇～二九一頁）。

刺身嫌い

睦仁の食べ物の嗜好も、京都好きを反映していた。元侍従の日野西によると、魚では鮎《あゆ》・鯉《こい》・鱧《はも》などや、若狭湾でとれた小鯛やカレイが大好きであった。鮎は、睦仁が少年であった幕末期、賀茂《かも》川の名物であり、たびたび贈り物に使われていた。鳥類はうずらをはじめとし、たいていのものを食べ、とりわけ「京都方面から取寄せました物を御好みになりました」という。京都時代に食べていたせいか、野菜ではヨメナ・タンポポ・ウドを好み、「西洋物」ではアスパラガスが好きであった。睦仁が絶対に食べなかったのは刺身で、酢の物・漬物・果物の大部分も食べなかった（『明治天皇紀談話』一巻、三四一～三四二頁、『明治天皇紀』第二）。

もっとも睦仁は、果物の中でも杏《あんず》は大好きだったようである。四歳まで母方の祖父の中山忠能《ただやす》の家で育った睦仁は、禁裏《きんり》御所で生活するようになっても、中山家の南庭にあった杏の木のことを覚えており、忠能に毎年杏を届けさせていた。ところが睦仁が一二歳の時（一八六五年）、中山家の杏が熟する前に、盗人が塀の外から竹竿《たけざお》を使って実を盗んだことがあった。忠能は、庭の杏が全部盗まれてしまう前にと、その年は例年より早めの六月一〇日に睦仁へ杏一台を献上した（『明治天皇紀』第一、四〇五頁）。

睦仁の育った時代、内陸部の京都では新鮮な刺身を食べることはできなかった。新鮮な魚が手に入る東京に移っても、睦仁が刺身を食べようとせず、鮎・鯉などの淡水魚の料理を好んだのは、少年期までに培われた味覚が一生変わらなかったためであろう。睦仁が好んだ鱧は、生きたまま運ばれた鱧の身に細かく包丁を入れ、熱湯に通した後、氷で冷やして食べる「鱧おとし」が、あっさりとした美味で栄養価も高く、現在では夏の京都の代表的な味として知られている。

表の軍服、奥の和服

また、公式な政務の場である皇居の表御座所《おもてござしょ》にいる時や、行幸《ぎょうこう》の際に、明治天皇が陸軍大元帥の軍服を着用したことはよく知られている。しかし、天皇が日常生活の場である奥《おく》（内廷）に入った後は、軍服を脱いでまったく違う服装でくつろいでいたことは、明治天皇の伝記や研究にはほとんど記されていない。侍従であった万里小路通房《までのこうじみちふさ》（伯爵）によると、天皇は奥で乗馬をする際は絹の白い和服に緋《ひ》（濃く明るい赤）の袴を着用し、行幸中でも寝るときは絹の白い和服であった（『明治天皇紀談話』一巻、七四〜七五頁）。

明治天皇は、日本の近代化が必要であるという大久保利通・木戸孝允《たかよし》・西郷隆盛ら明治維新のリーダーたちの助言に従い、表《おもて》の場では、伝統的な和服に替えて陸軍大元帥の軍服などを着用するようになっていった。こうして、一八七三年一〇月の征韓論政変の前後までに、一応のイメージを定着させ、近代化を推進する象徴となった。それは軍の統率者としての大元帥イメージも含め、すべてを統括するイメージであった。しかし、ほとんど知られていないことであるが、国民や、有力な政治家・官僚ですら見えない奥においては、表でのストレスを発散すべく、京都で身につけた伝統的スタイルに固執し続けたのである。

本書では、一四歳で即位し、二〇歳の年に起きた征韓論政変の頃までに、すべてを統括するイメージを定着させた睦仁が、どのような過程を経て、いつ頃から実際の政治に影響力を及ぼすようになっていくかを、わかりやすく叙述したい。これまで、この点を明快に描いた著作はない。

また、これまでほとんど語られなかった明治天皇の表と奥での行動の差異にも注目して、天皇の生身の姿にできる限り迫りたい。まずは、少年睦仁の生い立ちを、父である孝明天皇との関係に注目してたどってみよう。

中山邸跡（京都市上京区，京都御苑内）

祐宮の誕生

明治天皇（睦仁）は、嘉永《かえい》五年九月二二日（一八五二年一一月三日）、京都の権大納言《ごんだいなごん》中山忠能《ただやす》（家禄二〇〇石）の家で、孝明天皇の側室であった典侍《てんじ》中山慶子《よしこ》を母として生まれた。当時、孝明天皇は二一歳、慶子は一七歳であった。睦仁は八歳の時に親王宣下《せんげ》を受けて睦仁と名づけられるまでは、誕生後七日目の七夜《しちや》の儀につけられた祐宮《さちのみや》という名で呼ばれていた。

中山忠能は慶子の父であり、慶子は当時の習慣に従って、天皇出産のために里帰りしていたのであった。忠能の家は、天皇の生活する御常御殿《おつねごてん》（現在の京都御所の中心部）から北東約三五〇メートルの所にあり、現在の京都御苑の北部、御苑の北面を東西に走る今出川通をはさんで同志社女子中学・高校と向かい合うあたりである（一三頁、第1図参照）。

中山家は、公家《くげ》の四つの階層のうち、上級である摂家《せっけ》（摂関家）・清華《せいが》ではなく、大臣家《だいじんけ》の下で大部分の公家が属する諸家《しょけ》と位置づけられていた。しかし中山家は、宮中の重要な政務に関わる議奏《ぎそう》を務めており、中堅の公家といえた。当時の公家は貧しく、中山忠能は慶子が祐宮を産むにあたり、産殿新築費と食費などで二〇〇両を宮中から借用した（藤波言忠「京都御所取調書」）。これは現在の二〇〇〇万円位にあたる。

越前藩の橋本左内《さない》は、安政五年（一八五八）の手紙の中で、中山忠能について、「骨格雄厳」で公家の容姿ではなく、「卓然たる人物」で、「文学」の能力はないが「才略」があるとしている（渡辺幾次郎『明治天皇』上巻、八二頁）。後述するように、中山忠能の人柄や風貌は、慶子を介して、睦仁にかなり伝わった。

睦仁が生まれる前の嘉永四（一八五一）一一月、孝明天皇の正室であった女御《にょうご》の九条夙子《あさこ》（のちの英照《えいしょう》皇太后）から皇女が生まれ、同年一二月に、典侍の坊城伸子《ぼうじょうたびこ》から皇子が生まれていた。しかし、皇子は同日に母とともに死亡してしまい、皇女も睦仁が生まれる三カ月前に早世した。

祐宮（睦仁）は、孝明天皇にとって成長した唯一の男児であり、無事に育てば、将来、自らのあとを継いで天皇になる可能性があったが、それは確定したものではなかった。なぜなら祐宮を産んだ中山慶子の父が権大納言であり、慶子は天皇の正室になれる五摂家の娘ではなかったからである。すでに孝明天皇には正室九条夙子があり、夙子は女御から准后《じゅごう》、皇后へと昇格していくことになっており、夙子に皇子が生まれ成長したなら、祐宮が即位する可能性は低くなってしまう。また、伏見宮貞教《さだのり》・有栖川宮幟仁《ありすがわのみやたかひと》・同熾仁《たるひと》の三人が、それぞれ仁孝《にんこう》天皇・光格《こうかく》天皇の猶子《ゆうし》（養子）として親王宣下を受けていた（飛鳥井雅道『明治大帝』七七〜七八頁）。したがって、夙子に皇子が生まれなくとも、祐宮が親王になる以前に、孝明天皇にもしものことがあった場合、三人の親王の一人が天皇の地位を継ぐ可能性もあった。

孝明天皇　堤哲長筆（京都市東山区・泉涌寺蔵）

英照皇太后（准后夙子）（宮内庁蔵）

右のような事情があったものの、孝明天皇は祐宮（睦仁）の誕生の時から、唯一の皇子として祐宮に大きな期待を抱いていたようである。「祐宮」の命名に際しても、自らの筆で名を書いた。その名は光格天皇の幼名であった（『明治天皇紀』第一、一三頁）。光格天皇は、幕府に対して朝廷の権威を主張しようとした人物で、その試みは失敗するものの、尊王思想を活発化させる役割を果たした。孝明天皇にとっては理想の天皇の一人であった。祐宮が父孝明天皇に初めて対面したのは、誕生後三〇日経った、参内始《さんだいはじめ》のときである。この時孝明天皇は祐宮に人形を与え、皇子は生母の中山慶子の局《つぼね》（部屋）を宮中での在所とすることになった（同前、一二六〜一二七頁）。

もっとも、すでに述べたように、祐宮は四歳になるまで、祖父の中山忠能の家で育てられた。これは宮中では神事が多く、祐宮を養育する生母の慶子をはじめとする女性は、生理の関係で「穢《けが》れ」の原因となりがちで、その度に宮中から退出する必要があり、責任を持って祐宮を育てられなかったからである。

一歳の大患

祐宮《さちのみや》は嘉永六年（一八五三）九月二二日の一歳の誕生日までは、比較的順調に育った。ところが、誕生日を過ぎて数日した頃、風邪にかかり、高熱が続いた。乳を吐いたり痙攣《けいれん》を発したりして大騒ぎとなり、一〇月一六日夜には、心配のあまり母の慶子が気を失って倒れた。祐宮が一応回復するまでに一カ月ほどかかり、その後も一一月七日から八日にかけて何度も乳を吐くなど、体調は思わしくなかった。慶子は、一〇月一五日以来、中山家に泊り込んで祐宮の看病に努め、二カ月以上経った一一月二三日に、ようやく宮中に帰ることができた（『明治天皇紀』第一、六一〜六五頁）。孝明天皇は祐宮の病気のことを心配していたに違いない。しかし当時の慣行では、天皇が臣下の中山邸に行幸して祐宮を見舞うことは考えられないことであった。

同年一二月一四日、祐宮は、お座《すわ》りして下半身の湯浴みをさせてもらえるまでになった。全快したのである。孝明天皇は、祐宮を看護した労をいたわり、権大納言中山忠能に銀一五枚・絹・真綿を、忠能の母綱子《つなこ》に銀三枚・絹・真綿を下賜し、以下、乳人《めのと》代等に至るまで慰労の品を下賜した。綱子は曾孫にあたる皇子の回復に歓喜して、「吾命《わがいのち》いきかへるよりうれしきは此日《このひ》の御子《みこ》の今日の御祝」と詠《よ》んだ。また二二日、綱子らと祐宮の侍女は北野社（北野神社）に詣で、皇子回復の感謝の念をこめて、境内を百回往復して百回拝む、お百度参りを行なった（同前、六八頁）。こうして祐宮は、孝明天皇や生母の中山慶子、曾祖母の綱子や祖父の中山忠能など、多くの人々の愛情を受けて、最初の大患を乗り切った。

この年の孝明天皇の悩みは、祐宮の大病だけではなかった。六月にアメリカ合衆国東インド艦隊司令長官ペリーが、軍艦四隻を率いて浦賀に来航し、幕府に開国を要求した。七月には、ロシア使節プチャーチンが軍艦四隻を率いて長崎に来航し、通商を求めた。プチャーチンは一〇月まで長崎に滞在し、一二月に再度来航した。二二歳の孝明天皇は、これらの動きを「外患」として悩み、一二月二八日、関白鷹司政通《たかつかさまさみち》に命じて、これらの状況を上級公家から下級の官人に至るまで伝えさせ、次の年の月次《つきなみ》和歌の会を停止した（同前、六八〜六九頁）。

父の愛

その後の祐宮（睦仁）は、一歳の間に何度か一〇日以上にわたる病気にかかった。二歳の時には、水痘《すいとう》（そのために顔に少し水痘の跡が残った）等の病気をした。三歳になると、安政三年一月一五日夜から発熱し、高熱が続いたので、孝明天皇は心配し、一七日に祇園社に使いを遣わして病の平癒を祈らせ、その神符を祐宮に与えた。一八日には熱は下がったが、排尿が十分にできず、わずかの白湯《さゆ》を飲むだけであった。そこで天皇は内侍所《ないしどころ》に祈願させた。一九日には、天皇は北野社に命じて一七日間の祈禱を行わせ、その後も三日間にわたって内侍所に祈願させる。祐宮は二八日にようやく完治した（同前、一一四～一一五頁）。このように祐宮は、冬場を中心に時折かなりの期間、体調を崩して、まわりを心配させることがあった。しかしこの程度の発病は現代の幼児にも普通のことであり、医薬が未発達なために、祐宮の病気が現代より長引くのは当然で、乳幼児の死亡率が高かった当時において、祐宮の体が特に弱かったわけではない。

その間、安政元年（一八五四）三月、日米和親条約が結ばれ、日本は下田《しもだ》と箱館《はこだて》の二港を開いて燃料や食料・水をアメリカ合衆国船に供給することになり、イギリス・ロシア等とも同様の条約を結んだ。翌年九月、幕府は元下田奉行都筑峯重《つづきみねしげ》を禁裏付《きんりつき》武士に任命し、京都所司代《しょしだい》脇坂安宅《わきざかやすおり》とともに参内させて、米・英・露との条約締結の顚末《てんまつ》を、関白鷹司政通を介して奏上した。政通は所司代の脇坂安宅に、幕府の処置は適当であり、天皇は安心しており、今後も外交の事は「国体」を損しないように努力すべきであるとの勅旨を伝えた（同前、一〇四～一〇五頁）。

当時、米・英・露など列強と交流を深めていくことに強く反対する者を、攘夷《じょうい》論者と呼んだ。日本人は幕府を含め、外国アレルギーが強かったが、とりわけ朝廷は伝統に支配されており、攘夷論が強かった。そのため、孝明天皇は極端な攘夷主義者であったとの見方もある（飛鳥井雅道『明治大帝』七五頁）。しかし、孝明天皇が強い攘夷論を表明したのは、井伊直弼《いいなおすけ》が暗殺される一八六〇年（万延元年）までであり（井上勝生『開国と幕末変革・日本の歴史18』二二八〜二六一頁）、実際には以下でも見ていくように、当時の普通の朝廷人並みの攘夷主義者ではあるが、状況に柔軟に対応する姿勢を常にもっていた。

禁裏御所炎上

この時期、対外問題と同様に宮中に衝撃を与えた事件は、安政元年四月六日（一八五四年五月二日）の禁裏《きんり》御所の炎上である。同日午《うま》の初刻（正午）頃、天皇の暮らす禁裏御所の東南にある後院北殿（芝御殿）から出火、東南の強風にあおられて禁裏御所に燃え移った（一三頁、第1図参照）。孝明天皇は下賀茂《しもがも》社（下鴨神社）に避難し、准后《じゅごう》（夙子《あさこ》）や内親王らも従った。天皇は中山邸に使いを出して、祐宮《さちのみや》も同社に避難するようにと伝えさせた。そこで権大納言中山忠能らは、直ちに一歳の祐宮を乳人《めのと》に背負わせ、下賀茂社に避難した。しかし、同社の建物が狭すぎるので、天皇は聖護院《しょうごいん》へ逃れることになり、祐宮らもその列に従った。この間、祐宮は哺乳も食事もいつも通りで、夜も熟睡したという（『明治天皇紀』第一、七六〜七七頁）。幼い祐宮にはこの大火が理解できなかったのであろう。

この火事の被害は、東は烏丸《からすま》から西は浄福寺、北は今出川から南は椹木《さわらぎ》町に達し、社寺・公家の邸宅・諸藩邸・民家合わせて五千四百有余に及んだが、幸い中山邸は被害を免れた（同前、七八頁）。

その後、祐宮も三歳半になると、好き嫌いの感情をはっきり示すようになった。安政三年（一八五六）三月二五日の参内の時は、輿《こし》に乗ることを嫌がったので、乳人が抱いて参内した。また群衆の目や儀式を嫌ったため、中山忠能邸から禁裏御所の北の朔平門《さくへいもん》に近い穴門までの間、道路を横断して幕を張り、一般の通行を止めて参内した。それ以降も同様の方法が取られた（同前、一一七頁）。このように自我の発達してきた祐宮に対して、孝明天皇の愛情はいっそう深まった。

禁裏御所に移る　安政三年（一八五六）五月下旬に祐宮《さちのみや》が参内すると、孝明天皇は宮が可愛くてしかたがなく、宮中に泊まらせるよう命じた。そこで曾祖母の中山綱子が一緒に泊まった。祐宮も宮中での生活に慣れてきたので、滞在は三十数日にも及んだ（『明治天皇紀』第一、一一九頁）。

九月二二日、祐宮は無事四歳の誕生日を迎え、例年と同様に孝明天皇からの祝いの品を与えられた。その翌日、中山忠能に、祐宮を宮中に戻すようにとの天皇の命が伝えられた。こうして九月二九日、祐宮は禁裏御所に移った。曾祖母の中山綱子は、祐宮誕生以来、寝食を忘れて日夜養育に専念してきたので、涙があふれて祐宮と別れることができなかった。その夜綱子は、祐宮が起居することになった、生母の典侍中山慶子の局に泊まった。綱子はその後も、祐宮に会うためたびたび参内している。

ところで、祐宮が居住することになった慶子の局は花御殿《はなごてん》の西にある東対屋《ひがしたいのや》の中央にあり、八帖の間三部屋からなり、他に遊戯の場所として、南廊下一隅の七帖半二部屋と、東の八帖二部屋を与えられた（同前、一二二～一二四頁）。

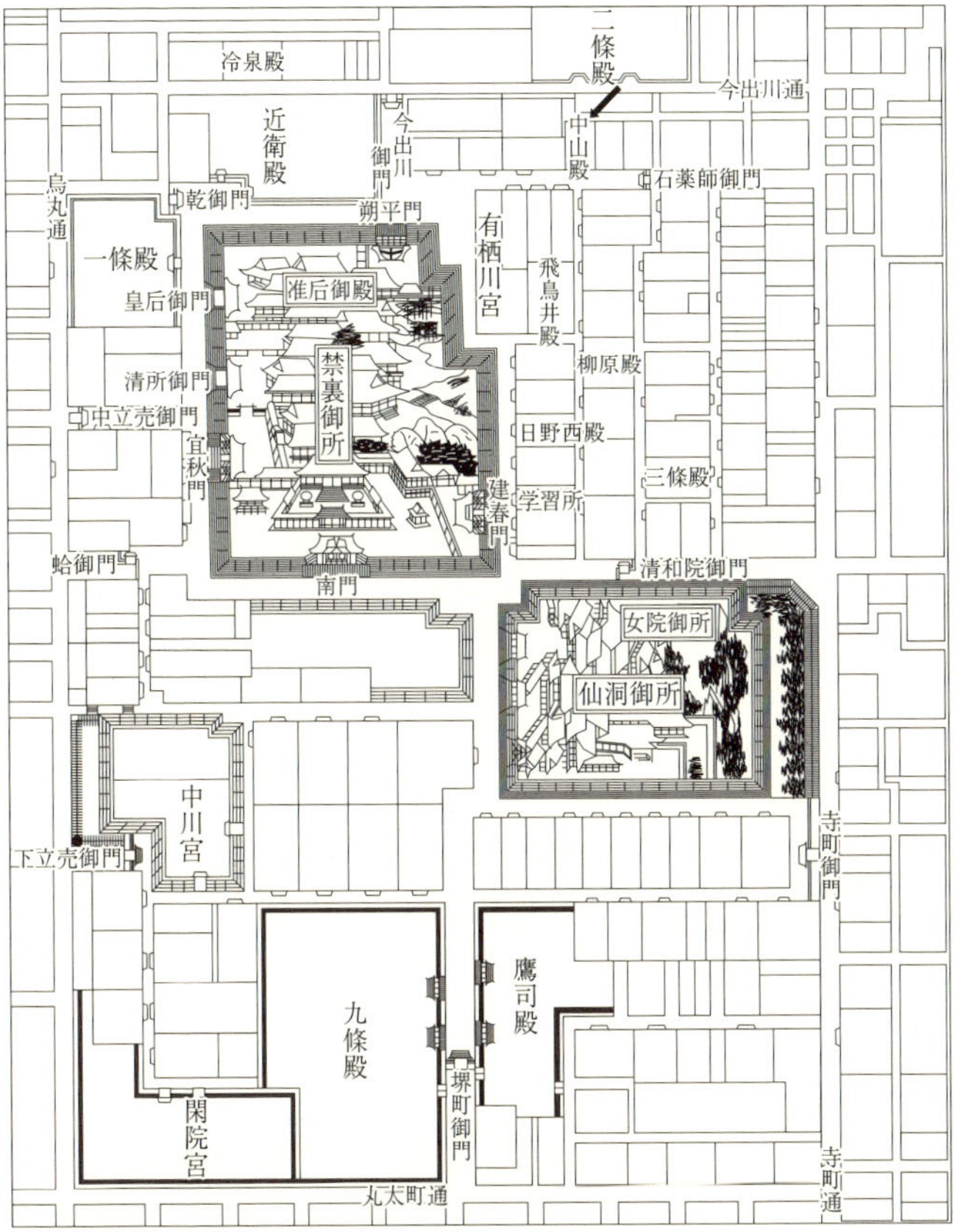

第1図　禁裏御所周辺図（「校正内裏再覧之図」元治元年，より作成）
中山邸は禁裏御所から北東にあった。

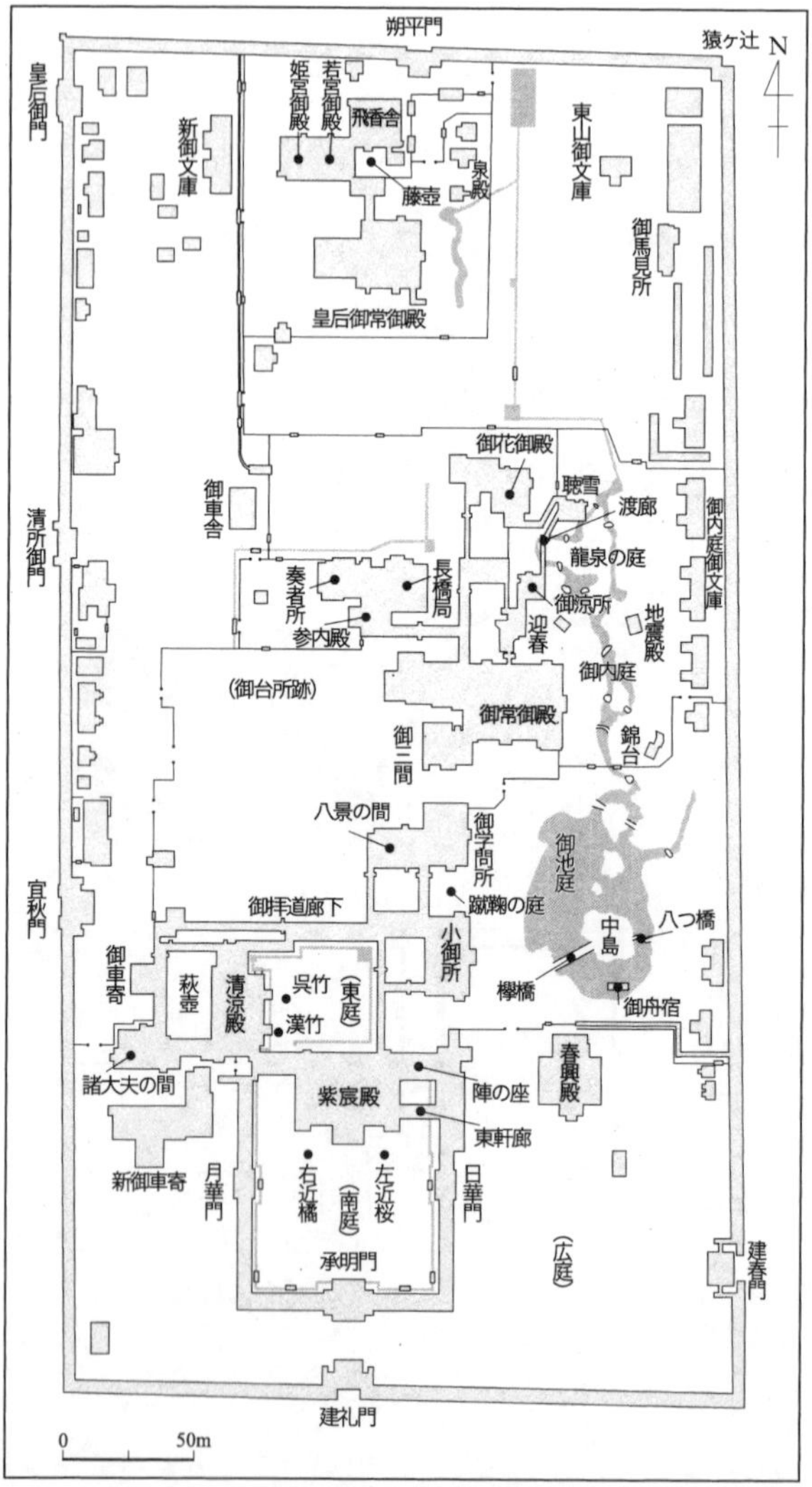
朔平門
猿ヶ辻
N
皇后御門
姫宮御殿
若宮御殿
飛香舎
新御文庫
藤壺
泉殿
東山御文庫
御馬見所
皇后御常御殿
御花御殿
聴雪
渡廊
御車舎
清所御門
龍泉の庭
御内庭御文庫
奏者所
長橋局
御涼所
地震殿
迎春
参内殿
御内庭
(御台所跡)
御常御殿
錦台
御三間
八景の間
御学問所
御池庭
宜秋門
御拝道廊下
蹴鞠の庭
八つ橋
中島
小御所
御車寄
萩壺
清涼殿
呉竹
(東庭)
欅橋
漢竹
御舟宿
春興殿
諸大夫の間
紫宸殿
陣の座
東軒廊
右近橘
左近桜
新御車寄
月華門
(南庭)
日華門
承明門
(広庭)
建春門
建礼門
0
50m

第2図　現在の京都御所

一〇月三〇日、宮中では新嘗祭《にいなめさい》神事のため、祐宮の乳人《めのと》の月経の不浄を考慮し、祐宮は中山邸に退出した。一一月一四日に神事が終わったので宮中に戻るが、祐宮は連夜安眠できず、僧都《そうず》湛海《たんかい》に命じて一七日から二二日まで祈禱《きとう》を行なわせている（同前、一二五～一二六頁）。このように、中山邸から禁裏御所に移った四歳の祐宮は、二カ月間ほど精神が不安定な状態が続いた。生母が一緒に住むことになったとはいえ、環境の大きな変化に適応するのに時間がかかったのであろう。

父子の絆

孝明天皇は、祐宮《さちのみや》が禁裏御所に住むようになって半年ほど過ぎた安政四年（一八五七）春頃から、自分が関わる宮中の行事をできるだけたくさん見せて、祐宮を宮中に慣れさせるとともに、父子の絆を強めていこうとした。たとえば三月一八日には、石清水八幡宮《いわしみずはちまんぐう》（現・京都府八幡市）の臨時祭が行われると、祐宮は清涼殿《せいりょうでん》に行ってその儀式を観覧し、勅使以下が出発する服装を見て喜んだ。また四月二日には、天皇に付き従って参内殿の桜花を見、九日には、御所の庭園に天皇のために建築されつつあった茶亭の上棟式《じょうとうしき》に参列し、一六日には賀茂祭で天皇に付き従って近衛使の進発の服装を見ている（『明治天皇紀』第一、一二九頁）。祐宮が八歳で親王宣下《せんげ》するまでの三年半の間に、天皇は自分の後継者として、祐宮の自覚を促すとともに、周囲にも認知させようとしたのである。

その後、安政五年（一八五八）六月、孝明天皇は列強の兵船が日本を「犯す」ことがあるなら、蒙古襲来の時のように「神風」で日本の安泰を守ってほしいと、八日間、毎夜神宮ならびに賢所《かしこどころ》で拝礼を行った。孝明天皇は、ペリー来航以来、列強が日本を併合してしまうことを恐れていたのである。

注目すべきは、天皇が東庭で拝礼を行う間、六歳に近づいた祐宮が、必ず庭上に従っていたことである（同前、一四九～一五〇頁）。孝明天皇は自らの不安や政治への取り組みをも、幼い祐宮と共有しようとしたのである。

この間、五歳になった祐宮は、安政四年一一月に初めて和歌を詠んだ。

月見れは《（ば）》雁《かり》がとんて《（飛んで）》ゐる水の中にもうつるなりけり

これは、中山慶子の遺物の中に、慶子の自筆で書き残されたものであり（同前、一三九頁）、慶子の指導が多少入っているにしても、祐宮の知的発達はかなりのものだったといえる。同年五月一三日には、天皇は権中納言正親町実徳《おおぎまちさねあつ》に、祐宮に習字を指導することを命じた。七月二五日、一一月三日にも同様のことがあった（同前、一四七頁）。このように祐宮の五歳から六歳にかけて、天皇は祐宮の教育に気を配り始めた。

親王宣下への道

翌安政六年（一八五八）三月二〇日、孝明天皇は有栖川宮幟仁《たかひと》親王を祐宮の習字の師範に命じた。こうして四月一六日から有栖川宮による習字指導が始まり、一九日、二六日にも行なわれ、その後も続いた（同前、一六七～一六八頁、一七三頁）。天皇は祐宮の習字の師範に親王をつけることで、祐宮を並の親王より上に位置づけたのである。こうして、天皇は祐宮をいずれ親王にして後継者とする方向がより強まったといえる。

同年四月二七日には、孝明天皇は伏原宣明《ふしはらのぶはる》（正二位）を祐宮の読書師範に命じ、五月二日、二七日、六月一七日と、祐宮の読書教育が始まった。宣明は高齢にもかかわらず一生懸命に教え、年末には天皇から賞賛され、紫の組懸緒《くみかけひも》を許された（『明治天皇紀』第一、一七二～一七三頁、一七六～一七七頁、一八七頁）。

また同じ年の七月一五日、天皇は、祐宮が中元の祝いとして献上した新鮮な酒の肴を夕食の膳に出させ、特に機嫌よく何杯も酒を飲んだ（同前、一七八頁）。

儀式の場にも、祐宮が准后《じゅごう》（夙子《あさこ》）とともに、天皇に付き従って出席する場面も増えていった。同年一月一九日に、天皇が鶴包丁《つるのほうちょう》の儀と舞楽を見た際がその最初であった。鶴包丁とは、将軍から献上した鶴を調理する儀式である。祐宮が七歳になった同年一〇月二三日には、新茶の壺の封を切って茶を飲む御茶口切《おちゃくちきり》の儀にも、准后とともに従って見学した（同前、一六三、一八五頁）。このような中で、祐宮が親王宣下を受けて天皇の後を継ぐことは周知の事実になっていった。

同年一一月末から祐宮が体調を崩し、高熱が何度も出るようになると、天皇は、一二月二日から三日間御所内の内侍所に御鈴を奉って初穂を供えて回復を祈り、祈禱させた。また、家臣を祇園社にやって神符を受けて祐宮に与えるなど（同前、一八六頁）、息子の病気を非常に心配した。

その後、万延元年（一八六〇）五月一一日、孝明天皇は関白九条尚忠《ひさただ》や議奏・武家伝奏《ぶけてんそう》らを宮中に招き、祐宮を儲君《もうけのきみ》（皇太子）とし、准后（夙子）の実子とし、同年九月に親王とする宣下を行ないたいとの意向を示し、意見を聞いた。招かれた者は全員同意した。その後、天皇は残りの摂家を召して、同様のことを問うた。また京都所司代酒井忠義《ただあき》にもその意向を伝えた（同前、二〇八頁）。こうして、孝明天皇の意志により、七歳の祐宮が天皇のあとを継ぐ路線が固まっていった。

九月二二日、祐宮は無事に八歳の誕生日を迎えた。九月二八日、予定通り親王宣下の儀式が行われ、祐宮は孝明天皇から睦仁《むつひと》の名をもらい（同前、二二三～二二八頁）、次期天皇となることがほぼ決まった。祐宮が中山家から御所に移って四年の歳月が流れていた。

少年睦仁の激しい気性

少年時代の睦仁の性格について、睦仁の乳人である木村ライの子で、「二歳から七歳の秋」まで遊び友達として育てられた木村禎之助《ていのすけ》が、睦仁の死去の際に以下のように回想している。木村は睦仁の一歳年下であった。

睦仁は、孝明天皇に無理にねだって貰った柿本人麻呂の土人形を、何か気にいらないことがあったのか、怒りに任せて投げつけて、真二つに壊したことがあった。また、睦仁が最も好んだ遊びは、木馬遊びであった。木馬の高さは四五センチメートルくらいで、四足の下に箱車がついていた。木村や侍女らが睦仁を木馬に乗せて、花御殿の西にある局《つぼね》の対屋《たいのや》廊下をゴロゴロと引いていくと、睦仁はハイハイと声をかけた。睦仁が飽きると、木村を無理に木馬に乗せて、睦仁自ら手綱の紐を肩にかけ、ホイホイと調子を取って引くのが常であった。このような木馬遊びで、廊下は大いに賑《にぎ》わった。ときおり、公家や大名からおもちゃの献上があっても、睦仁は二度ほど遊ぶと、三度目からは投げつけて壊し、また木馬に乗った。

また睦仁は、勝気で気が短く、少し気にいらないことがあると、すぐに小さな拳を作って誰でも打つのが常で、いたずら盛りの木村はたびたび打たれた。どんな原因だったか木村は忘れたが、ある時には睦仁は怒りのあまり、木村を続けざまに九つばかり殴った。このような場合には、木村の母ライは睦仁の機嫌を良くするのにいろいろと苦心した。睦仁は時には二、三日も機嫌が直らなかったという（渡辺幾次郎『明治天皇』上巻、九三～九四頁）。

孝明天皇の公武合体路線

その間、安政五年（一八五八）六月に幕府はアメリカ合衆国との貿易の取り決めである日米修好通商条約に調印し、その条約が朝廷の許可（勅許）を得ていないことが大きな問題となった。九月になると、条約に反対し、天皇を中心として外国を日本から追い払うべきであると主張する尊王攘夷派の人たちを、幕府は次々に逮捕していった。それに憤った元水戸藩士・元薩摩藩士たちは、万延元年（一八六〇）三月三日、幕政の中心であった大老井伊直弼を江戸城桜田門外で暗殺した。こうして、幕府の威信は弱まった。

幕府は、権威を回復するため、朝廷と幕府の関係を融和する目的で、孝明天皇の異母妹和宮《かずのみや》親子《ちかこ》内親王を将軍徳川家茂《いえもち》と結婚させようと、より強く働きかけるようになった。孝明天皇は、和宮を家茂に嫁がせることに賛成ではなかったが、侍従岩倉具視《ともみ》の献策を容れ、六月二〇日、自分の治世に「蛮夷」（野蛮な列強）と交際することは神社や祖先に対して申し訳ないので、幕府が列強を日本から追い払うなら、和宮の降嫁《こうか》を許可しないわけではない、という意向を幕府に伝えさせた。七月に幕府は孝明天皇の意に従うことを知らせてきたので、八月、天皇は和宮の降嫁を斡旋させ、和宮も断りきれず天皇に同意した（『明治天皇紀』第一、二一七～二二〇頁）。

岩倉の献言は、幕府が衰退しているとはいえ、一挙に朝廷の権威を回復しようとすれば、天下に大乱が起き、収拾することができなくなるので、公武の連携を天下に示し、幕府に少しずつ条約を撤廃させ、朝廷が国政の主導権を掌握していくというものである。これは「条約撤廃」など、「攘夷」を主張する強硬論を含んでいるが、それを直ちに実行させようとするのではないことからわかるように、当時の日本の対外策の中ではかなりの現実論であった。

孝明天皇は、状況の展開の中で現実を直視した。極端な攘夷主義者というより、かなりの現実主義者となっていたといえる。また、睦仁の親王宣下の頃より、江戸に加えて、京都が天皇を中心として日本の政治の中心となっていった。以下でも述べるように、幕府の有力者や各藩主のみならず、将軍までもが京都にやってきて、相当の期間滞在するようになっていく。

2 孝明天皇と睦仁

睦仁、砲声を聞く

文久二年一二月一五日（一八六三年二月三日）、睦仁《むつひと》は一〇歳の節分を迎えた。この年、睦仁は孝明《こうめい》天皇に従って准后《じゅごう》（夙子《あさこ》）とともに初めて禁裏《きんり》御所内の内侍所《ないしどころ》に参拝し、初穂金二百疋《ぴき》を供えた。これまでの儀式の時と同様、童髪《わらわがみ》で直衣《のうし》姿であった。そのあと天皇に従って年越しの宮に出た。昔から、節分の日は庶民も禁裏御所に入って内侍所に参拝することが許されており、この日も許された。天皇は十八間廊下に出て庶民が出入りする様子を眺めた

(『明治天皇紀』第一、三二五頁)。睦仁は、親王宣下を受けて二回目の節分に、神事の参加者の一人として参拝することが許されたのである。

翌文久三年三月一一日(一八六三年四月二八日)、孝明天皇は萩《はぎ》藩主の世子《せいし》(跡つぎ)の献言を入れて、攘夷祈願のため下賀茂社《しもがもしゃ》(下鴨神社)と上賀茂社《かみがもしゃ》(上賀茂神社)に行幸した。古代において、天皇が社寺に行幸して国土の平安を祈願したことはあった。しかし中世以降多くは勅使によって代行されてきたが、この危機に際して、天皇自ら行幸し神に祈願したのであった。また、天皇の行幸は、寛永三年(一六二六)に後水尾《ごみずのお》天皇が二条城に行幸して以来のことであった。「外夷《がいい》」(列強)への開国という危機の中で、天皇の行動慣行が大きく変わってきたのである。注目すべきは、雨の中、天皇が両社への祈願を無事に終えて禁裏御所にもどったことを祝い、睦仁が「寄肴《きこう》」(ごちそう)を一折献じたことである(同前、三二六〜三二七頁)。このような機会を通じ、一〇歳の睦仁は孝明天皇の考えるような「攘夷」が必要だと思うようになったはずである。

その八日後、睦仁は初めて一四代将軍徳川家茂《いえもち》に会った。天皇が家茂に拝謁を許した際に、睦仁も同席させたのである(同前、三二九頁)。

また、同じ文久三年(一八六三)六月一九日、老中小笠原長行《ながみち》が生麦《なまむぎ》事件についてのイギリスとの交渉を朝廷に報告するとの名目で、幕兵千余人を率いて京都に入ろうとし、将軍家茂が淀に留めた。生麦事件とは、生麦村(現・神奈川県横浜市)で薩摩藩の行列に対しイギリス人が無礼な態度をとったとして、藩士がイギリス人を殺傷した事件で、イギリスとの交渉は幕府が当たった。京都では、小笠原長行が武力で朝廷に開国を迫り、聞き入れられなかったら都に火を放ち、公家を捕縛して京都を滅ぼそうとしているとか、幕府が天皇を彦根に連れ出そうとしているとかの噂が流れた。そのため、京都の情勢は騒然となり、朝廷でも万一を考え、睦仁の側近の者の人数を増やし、家司《けいし》らのうち三人を数夜にわたって交代で仕えさせた（同前、三三七頁）。軍事の緊迫感は、一一歳に近づいた睦仁にも肌で感じられるようになってきた。

このような中で、天皇・公家といえども軍事から目をそらしているわけにはいかなくなる。同年七月一九日、関白鷹司輔熙《たかつかさすけひろ》が攘夷のために天皇自ら軍を率いて行動する、親征を行うことについて、京都にいる各藩主に諮問したところ、鳥取藩主はユニークな回答をした。それは天皇や公家が軍隊のことについて知る必要があるので、京都守護職として京都の治安を守っている会津藩主松平容保《まつだいらかたもり》や京都にいる諸藩主に命じて将兵を訓練させ、これを天皇・公家が見学し、軍事のことに慣れてから親征のことについて議論すべきであるというものであった。

そこで孝明天皇は、松平容保に命じて将兵の訓練を禁裏御所の建春門《けんしゅんもん》の外で行わせた（一三頁、第1図参照）。その訓練の日の七月三〇日はたまたま雨であったが、天皇は建春門北穴門《あなもん》の座につき、睦仁や准后《じゅごう》とともに見学した。女官・公家・諸藩主も天皇に付き従った。松平容保は、自らの配下の兵三〇〇〇余人を率いて申《さる》の刻（午後五時頃）*から訓練を開始し、暗くなるまで続けた。孝明天皇や睦仁らは、同じ場所で八月五日にも、会津・鳥取・徳島・米沢《よねざわ》・岡山五藩の訓練を見た。米沢藩兵は西洋式銃隊を擁しており、大砲の音がとどろき、大砲や銃からの煙があたりをおおった。見学していた子供や女たちは、驚きのあまり血の気が失せた。しかし睦仁は、顔色も変えずに落ち着き払って見学していたという（同前、三四〇〜三四二頁、『中山忠能日記』一、一一四頁）。一一歳に近づいた睦仁は、父のあとを継いで天皇になることを自覚し始めたのであろう。このように天皇が軍事を見ることは、近世になってからは行われていなかった。

＊なお、本書では幕末・維新の時刻を現代の時刻に換算する際に、当時使われた不定時法表（「西洋時計便覧」『明治文化全集』二〇巻）を用いた。それは、日の出から日没までを昼とし、日没から日の出までを夜とし、季節により時間の長さが異なった。

睦仁の教育と父

この頃、睦仁の教育も進展していた。読書に関しては、引き続き伏原宣明《ふしはらのぶはる》の指導を受けた。万延元年（一八六〇）一一月一二日、八歳で『大学』の素読《そどく》を終え、一一七日から『中庸《ちゅうよう》』に入った。翌文久元年（一八六一）三月には、『中庸』が終わりかけたので、伏原は孝明天皇に、続けて『論語』を君徳の養成と啓発のために講義する侍読《じどく》を行ないたいと提言し、天皇の許可を得た（『明治天皇紀』第一、二三二、二四六、二五〇、二五七頁）。

習字は、有栖川宮幟仁《たかひと》親王が引き続き師範を務め、生母の中山慶子《よしこ》がそれに付いていた。慶子は睦仁の習字に関してきわめて厳格で、睦仁が決められた課程を達成できないと、昼食を食べさせなかった。睦仁の方は、水を練習帳に塗って、日課を終わったと嘘をつくこともあったという。また、文久元年（一八六〇）一二月二〇日には、有栖川宮に加えて参議広橋胤保《たねやす》が、四・九の日や当番で御所に参仕する日に習字を教えるようになった（同前、二四五頁）。睦仁は習字があまり好きではなかったため、上達せず、慶子はあせったようである。

和歌に関しては、すでに述べたように睦仁は五歳のとき初めて詠んだ。六〜七歳以降、睦仁が孝明天皇の所へ出向くたびに、天皇は睦仁に和歌五題を作らせて、それができるといつも菓子を与えた。たとえば睦仁が、

あけほの《（曙）》にかり《（雁）》かへ《（帰）》りてそ《（ぞ）》春の日のこゑ《（声）》をきくこそのとか《（長閑）》なりけり

と詠んだものに対し、天皇は自筆で、

春の日の空あけほの《（曙）》にかり《（雁）》かへ《（帰）》るこゑそ《（ぞ）》きこゆるのとか《（長閑）》にそ《（ぞ）》な《（鳴）》く

と添削した。このように、和歌は天皇の直接指導であり、時には典侍《てんじ》広橋静子らの女官を睦仁の和歌学習に協力させた。睦仁が一一歳の元治元年正月に、「和歌の家」の当主である権中納言冷泉為理《れいぜいためただ》が睦仁に和歌を指導したいと申し出ても、天皇は積極的に応じなかった（同前、三六一〜三六三頁）。天皇は和歌の指導を睦仁との父子のふれあいの場として楽しんでいたからであろう。

いずれにしても、今日の小学校二年生から三年生にあたる睦仁は、中国の古典である『大学』や『中庸』の素読を終了し、『論語』の内容にまで深く入った講義を受けているのであり、習字や和歌も

合わせれば、その知的レベルはかなり高かったといえる。また孝明天皇は、宮中の行事等に参加する睦仁の負担を考慮し、学習の負担が重くなり過ぎないようにも考慮していたようである。

父の苦悩と睦仁

ところで万延二年は、二月一九日（一八六一年三月二九日）に文久元年と改元された。それは、列強がやってきた「外患」や、凶作と物価の急上昇によって、人心が動揺している上に、万延二年が干支《かんし》で辛酉《しんゆう》にあたり、この年度は世の動乱が起こるとされていたからである。二九歳の孝明天皇は大変心配し、状況を好転させるために元号を変えたのである。この年の五月には彗星が西北の空に現れ、不吉な予感が人々の胸に走った。天皇も五月五日の親王宣下後初の端午《たんご》の節に、睦仁の生活する若宮御殿《わかみやごてん》に行こうとしていたが、神事や彗星の不安のため延期し、ようやく五月二九日になって実行した。

孝明天皇は、幕府と連携して現実的な形で幕府に攘夷を実施させるという路線を、その後も取り続けた。しかし公家の中には、天皇の意を越えて、もっと過激な形で攘夷を行なおうとする者も出てきた。その圧力で、文久三年四月一一日（一八六三年五月二八日）から翌日にかけて、孝明天皇は石清水八幡宮（現・京都府八幡市）に攘夷祈願の行幸を行った。天皇は、すでに述べたように三月一一日の下賀茂・上賀茂両社への行幸のあと、同じく攘夷祈願のため四月四日に石清水八幡宮に行幸することを宣言し、将軍徳川家茂に供を命じた。しかし、議奏《ぎそう》で権中納言の三条実美《さねとみ》ら中堅公家と背後で連携した元長州藩士らが、石清水行幸の途中で天皇を奪い、将軍家茂を暗殺しようとしているという報が入った。そこで三月二九日、天皇は行幸を延期する命を下し、将軍後見職徳川慶喜《よしのぶ》（のち、一五代将軍）

も行幸を中止することを願い出た。天皇も行幸を望まなかったが、四月三日に行幸は一一日と定められた（『明治天皇紀』第一、三三〇頁）。

これは、関白鷹司輔熙《たかつかさすけひろ》らが、過激な攘夷を主張する公家や武士たちの意向に押されたからであった。そこで一〇日朝になると、天皇は病気ということで行幸の延期を命じた。しかし、三条が強引に天皇に拝謁し、病気であっても努めて行幸することを願い出たので、天皇は抗しきれず、一一日に石清水に行幸した。将軍家茂はこれらの状況を察知して天皇の供をせず、慶喜がその代わりを務めた。天皇が石清水の社頭で慶喜を召したとき、慶喜は病気と称して宿舎を出ず、三条ら過激な攘夷派の意図は達せられなかった。睦仁は父の石清水行幸を准后《じゅごう》（夙子《あさこ》）とともに禁裏御所の道喜門《どうき》の御見立所で見送り、翌一二日の帰還に際しても、同様に迎え、祝賀の酒肴を一折《ひとおり》天皇に献じた（同前、三三〇〜三三一頁）。睦仁は、石清水社に行きたくなかった父孝明天皇の気持ちを察知していたのかもしれない。

同年四月二二日、孝明天皇は中川宮尊融《そんゆう》親王（のちの久邇宮朝彦王《くにのみやあさひこ》）に自筆の手紙を書き、石清水行幸は三条ら過激派公家の要請に抗しきれずに実施したのであり、自らの意志ではなかったことや、今後、薩摩藩の実権を握る島津久光《ひさみつ》らの協力で過激な攘夷派の公家を反省させたいので、助力を頼むことを伝えた（同前、三三二頁）。

この二六年後、三五歳になり即位して二一年以上経った明治天皇睦仁は、大日本帝国憲法の草案が枢密院で審議されつつあった時期の一八八八年六月、侍従の西四辻公業《にしよつつじきみなり》子爵を京都に派遣し、朝彦王に面会させた。右に示した孝明天皇の書状を筆写したものを朝彦王に示して、当時の状況を教えてもらうためである。この頃、枢密院の内外に極端な「保守主義」があったが、明治天皇は常に「進歩」の思想を持って対応したという（同前、第一、三三三頁、第七、九四～九五頁）。後に述べるように、明治天皇は、天皇親政を主張しそのことを憲法の条文中に表現しようとする保守派を好まず、君主の権限も法の下で制限する君主機関説を支持していた。これは、一九世紀のヨーロッパで通説となっていく憲法学説であり、日本も列強の一員となるためにはその考え方を背景とした近代的な憲法を備える必要があった。また、それは当時の日本の政治の最高実力者で憲法制定の中心となっていた、伊藤博文の考え方でもあった（第四章2・3・4参照）。

睦仁は父孝明天皇から、しっかりとしたナショナリズムとそれを実現するための現実的な物の考え方を、少しずつ学んでいったと思われる。憲法制定にあたって、現在自らを苦しめている極端な保守主義者と、かつて父を苦しめた過激な攘夷派とを重ね合わせ、父の行動を思い出して自分のとるべき道への確信を得ようとしたのであろう。

少年時代の思い出

八歳で親王宣下を受けて二、三年の間、元来丈夫であった睦仁も、多少病気をするようになった。とりわけ、一一歳の一月から二月にかけて、睦仁の体調は悪かったようである。そこで元治元年二月三日（一八六四年三月一〇日）、孝明天皇は使いを祇園社に遣わして睦仁の病気の回復を祈らせている（『明治天皇紀』第一、二六八、三〇七、三一九、三六四～三六五頁、『中山忠能日記』文久三年九月二二日）。

後に丈夫な体となった明治天皇は少年時代を振り返ったとき、親王宣下後、宮中の行事や学習の負担が重くなり、対外危機の緊迫感も加わって、少し病気がちになった、という印象を持ったことであろう。

出仕《しゅっし》として一八九〇年から九八年まで明治天皇の側に仕え、その後貴族院議員・明治神宮大宮司などを務めた藪《やぶ》（高倉）篤麿《あつまろ》子爵によると、藪の父も少年時代に睦仁の側に仕えていた。藪の父の話によると、睦仁は幼少の頃はかなり活発で、しばしば藪の父を伴っていたずらをしていた。睦仁の生母中山慶子（史料中では「一位局《いちいのつぼね》」と表現）は、厳格な人であったが、睦仁だけを叱ることができないので、藪の父も睦仁と一緒に、書類・古文書などを入れる倉である御文庫《おぶんこ》に、お仕置きとして閉じ込めたという（『明治天皇紀談話』三巻、五四頁）。

また睦仁は、少年の頃、皇子御殿《おうじごてん》の築地の脇の溝でめだかを捕ったり、今宮社（現・京都市北区紫野）の祭りを見るために、長い廊下を走って行って朔平門《さくへいもん》からのぞいたりしたという（「子爵日野西資博談話」、同前、一二三頁）。睦仁は、古風な服装をして笛・太鼓・鉦《かね》を鳴らして「やすらい花や」とはやして踊り回る、疫病神を祭る祭りを興味深く眺めていたことであろう。

中山家の人々

睦仁のいとこにあたる嵯峨仲子《さがなかこ》（中山忠能の息子忠光の娘）によると、忠能の妻愛子《あいこ》が仲子に「二位（睦仁の生母の中山慶子）は随分非道《ひど》い目に遭《おう》ふた」と言ったことがあった。これは慶子が孝明天皇に奉仕していた頃のことらしい（「嵯峨仲子刀自談話筆記」、『明治天皇紀談話』三巻、一二一頁）。おそらく、八歳で睦仁が親王宣下をして准后《じゅごう》（九条夙子《あさこ》）の子となって以来、睦仁からしだいに引き離され、臣下として睦仁との親子関係を否定されたことの苦しさを愛子が表現したのであろう。

中山忠能《ただやす》は大酒飲みであった。夕食の時には毎晩二時間位もかけて、妻の愛子といろいろな話をしながら一升ほどの酒を飲んだ（「嵯峨仲子刀自談話筆記」、同前、一一八、一二二頁）。睦仁は四歳になるまで忠能の家で育てられ、禁裏御所で生活するようになっても、ときどき忠能に会っていた。この酒好きの祖父の晩酌姿も、睦仁の思い出として焼きついていたであろう。

曾祖母の中山綱子《つなこ》は、睦仁が中山邸で暮らした四歳までの間、病気の際などは心身を忘れて看病した。睦仁が四歳になって禁裏御所で生活するようになった日、睦仁に別れるのが寂しくて、その日は禁裏御所から帰れなかったほどであった。当時の公家の生活は質素であり、綱子は賢夫人の世評が高かったという。睦仁の生母の中山慶子は、姪の嵯峨仲子に、綱子の「御恩は忘れてはならぬと常々」言っていた。慶子の「男子も及ばぬ気象（気性）」は、彼女の祖母綱子の血を受け継ぎ、その薫陶《くんとう》を受けたためであろうと、嵯峨仲子には思われた。綱子は祐宮《さちのみや》（睦仁）が中山邸から禁裏御所に移った翌々年に、コレラのために「七十八歳」で死去した（「嵯峨仲子刀自談話筆記」、同前、一二一〜一二三頁）。睦仁が綱子のことを語った史料は残っていないが、曾祖母の深い愛情は生涯記憶に残ったことであろう。成長した睦仁が我慢強い、毅然とした性格になったのも、この曾祖母や母からその気性を受け継いだからであろう。

禁門の変の恐怖

元治元年七月一六日（一八六四年八月一七日）の夜、京都の東山連峰の一つである如意嶽《にょいがだけ》の山腹には、大文字の炎が燃え上がった。現在もつづく五山の送り火である。当時は現在にはない「い」の送り火もあり、六山の送り火であった（京都市歴史資料館「大文字五山送り火の歴史」）。睦仁は孝明天皇に「寄肴《きこう》」（ごちそう）一折を献じ、関白の二条斉敬《なりゆき》から、堤燈《ちょうちん》と鯉を献ぜられた。一一歳の睦仁は、禁裏御所から大文字の点火を眺め、盆の終わりにあの世に帰って行く祖先の霊を思ったであろう。曾祖母の綱子の姿も心に浮かべたにちがいない。送り火はまた、夏の終わりの知らせでもあり、虫の声や頬をなでる風に秋を感じたかもしれない。

翌々日の一八日は、近くにある御霊社《ごりょうしゃ》の出祭があり、睦仁は孝明天皇に従って神輿《みこし》が渡っていくのを観覧した（『明治天皇紀』第一、三七八頁）。

例年通りの夏の風物が過ぎていくように見えた日々は、御霊社の出祭の頃から一変する。前年の八月一八日の政変で、禁裏御所への参朝を止められた三条実美《さねとみ》ら過激な尊王攘夷派の公家や、彼らと連携しているとみられて九門の一つの堺町御門の警備を止めさせられた長州藩士たちが、巻き返しを図って、六月末までに二〇〇〇名以上の兵力を京都近郊に結集していた。彼らの要求は、三条や長州藩士らの処分を撤回することであった。これに対し、七月一八日未明に、朝廷は兵を撤去するように命じたが、長州藩側は京都守護職の松平容保を九門の外に退去させることを求めた（一三頁、第1図参照）。そこで孝明天皇は、丑《うし》の半刻（午前二時二〇分頃）に参内した徳川慶喜らに、長州藩士らを討伐することを命じた（『明治天皇紀』第一、三七六～三七八頁）。

一九日早朝、戦いはまず京都南方の伏見で始まり、彦根・大垣藩兵が伏見の長州藩邸から北上して京都へ進撃しようとした部隊を撃退した。卯《う》の刻（午前四時半頃）になると、西方の嵯峨天龍寺から禁裏御所に向け東進した長州藩の部隊の主力が、禁裏御所の南西の蛤《はまぐり》御門（新在家《しんざいけ》御門）と禁裏御所の西の中立売《なかだちうり》御門に迫った。他方、西南の山崎から京都に進攻してきた長州藩の部隊は、御所の南の堺町御門に近づいてきた。

蛤御門（京都市上京区）

蛤御門は精鋭の会津藩兵が守っていたので、長州藩は最も苛烈に攻撃し、激戦となった。他の門を守っていた桑名藩兵・薩摩藩兵や天龍寺に向かおうとしていた薩摩藩兵も会津藩兵の応援に駆けつけ、長州藩兵を敗走させた。堺町御門では、警備の福井藩兵が長州藩兵の侵入を食い止め、蛤御門で長州藩部隊を破った薩摩・会津・桑名藩兵も勢いに乗じて加勢し、ここでも長州藩部隊を大敗させた。戦いは巳《み》の半刻（午前一〇時四五分頃）に終了したが、堺町御門の戦いで鷹司《たかつかさ》邸が燃え、河原町の長州藩邸（現・京都ホテルオークラと、その東の高瀬川までのあたり）から出た火と合わさって、京の町は二一日までの三日間、大火になめつくされた（同前、三七八～三七九頁、『京都の歴史』第七巻、二三〇～二三六頁）。

この禁門の変（蛤御門の変）が始まると、ふだんはそれぞれ禁裏御所の北部の若宮御殿や皇后御殿で生活している睦仁や准后《じゅごう》らは、天皇が起居する御常御殿《おつねごてん》に集められた（一四頁、第2図参照）。危急の際天皇や睦仁らを乗せる板輿《いたごし》も御常御殿の東階下に据えられて、侍臣たちも襷《たすき》をかけ、草履《ぞうり》の紐をくって待機し、緊急避難の準備がされた。禁裏御所の中にはいたる所に甲冑《かっちゅう》をつけた将兵が詰めていた。うなりをあげて砲弾が飛んできて門の扉を突き破り、鮮血が飛び散った。また、禁裏御所の西の烏丸《からすま》通で上った火の手は勢いを増し、宮殿に燃え移るかに見えた。天皇らは他所へ避難すべきであるという議論が再三出たが、徳川慶喜や松平容保は反対した。容保は御常御殿の庭先まで来て、天皇に、避難すべきでないと強く進言した。結局幕府と諸藩の兵が、数時間で長州藩兵を撃退したので、天皇らが避難することはなかった。睦仁も夜には御常御殿に連結した御三間《おみま》に移って就寝し、女房らは徹夜で睦仁の近くに仕えた（『明治天皇紀』第一、三七九頁）。

睦仁、気を失う

翌二〇日夜も、禁裏御所の中を騒がせる大事件が起こった。禁裏付の守糟義明と十津川《とつがわ》郷士らが禁裏御所の中に潜入し天皇を連れ出そうとしているとの情報があり、禁裏御所を守る最高責任者の禁裏御守衛総督《きんりごしゅえいそうとく》である徳川慶喜は、驚いて参内《さんだい》した。慶喜は御常御殿の内庭の暗がりに三〇〇ほどの人影と、軒下に据えられた板輿の付近に麻の裃《かみしも》を着た数十人の一団を見つけ、直ちに退散を命じた。慶喜はそのことを、孝明天皇と同じ公武合体の立場をとる関白二条斉敬と中川宮朝彦王に伝えた。二人は直ちに出仕し、天皇を内庭からは少し遠くなる御三間《おみま》に移したが、慶喜の申し出によって、内庭からさらに遠い紫宸殿《ししんでん》に移した。その際、女官たちの中には恐怖のあまり大声をあげて泣き出す者もあり、睦仁も驚いて、紫宸殿の中で気を失った。仕えている者が水を飲ませると、ようやく平静にもどった（『明治天皇紀』第一、三八〇頁）。

一年前に米沢藩兵の西洋式銃隊の訓練を見学したときは、砲声や銃声を聞いても他の少年たちや女たちと異なって泰然としていた睦仁であったが、禁門の変の恐怖と緊張に続くこの夜の事件で、一一歳の少年の気力は限界に達したに違いない。

さてその後、慶喜の直接の配下にある兵や会津藩兵などが御所中を捜索したが、侵入者を一人も捕らえることができなかった。ただ、禁裏御所の北東にある猿ケ辻《さるがつじ》門を閉じる金具が壊されているのを発見した。二一日の明け方に、天皇は御常御殿に戻り、睦仁も従った。その後、睦仁は御三間の仮の寝床に入ったが休むことができず、祖父の中山忠能を召し、絵本などを開いて読み聞かせてもらったという（同前、三八〇～三八一頁）。睦仁はここ二日間の緊張と疲労を癒すため、甘えられる存在の祖父に来てもらったのである。睦仁にとって父孝明天皇は、尊敬する偉大な存在であったが、精神的に極限に達した時に安らぎを与えてくれる人ではなかったのである。

睦仁が御三間から若宮御殿に帰ったのは、二四日後の八月一五日（一八六四年九月一五日）、京都もようやく平穏になってからであった（同前、三八三頁）。

ところで、その間の七月二七日、祖父中山忠能は、前関白鷹司輔熙《たかつかさすけひろ》・有栖川宮熾仁《たかひと》親王・同熾仁《たるひと》親王らとともに、禁門の変に関連し長州藩士と呼応したとの嫌疑で、参朝を停止させられ、他人との面会も禁じられてしまった。その祖父に睦仁は、一一月二六日、禁裏御守衛総督徳川慶喜が献上したウナギを分け与えている。それより前、中山が夢で数回睦仁の姿を見たので心配になり、家臣を北野社（北野天満宮）へ行かせて、睦仁の健康と無事を祈らせ、妻を介して睦仁の生母の中山慶子に睦仁の日常をたずねさせていた（同前、三八一、三八八頁）。

祖父の睦仁を思う心が、睦仁にも伝えられていたに違いない。これに対し一二歳になった睦仁は、祖父が父孝明天皇と異なる立場をとって謹慎を命じられたことに困惑し、慶喜からのウナギを祖父に分け与えることで、祖父が父と同様に、慶喜らと連携する公武合体路線を取るように願ったことと思われる。

少年の成長

元治元年（一八六四）九月二二日、睦仁は誕生日を迎えて一二歳となった際、天皇から「重肴《じゅうこう》を以て盃《さかずき》」を賜った。それまでの九歳から一一歳までの誕生日には、天皇は睦仁に口頭で祝いを述べ、「盃」を与えるだけであった。この日睦仁は、祝いとして天皇からごちそうと共に酒を賜って実際に飲んだ可能性がある。祖父の中山忠能はこれまで鮮魚を献上していたが、今回は代わりに妻愛子が三種の「寄肴《きこう》」（ごちそう）を献じた。禁門の変では、多数の死傷者が出たばかりか、焼けた社寺や民家は二万八〇〇〇余といわれており、宮中でも万事について派手さを控えることになっていたからである（『明治天皇紀』第一、二六五、三〇六、三四九、三八五頁、『京都の歴史』第七巻、二三五～二三六頁）。

睦仁は、翌年正月二日に天皇に新年の祝いに拝謁した際、「天酌《てんしゃく》」（天皇自らの酒のお酌）を受けた。三月三日の節句には、天皇から「酒肴及び菓子」を与えられ、次の四日に天皇が雛人形を准后《じゅごう》御殿に見物に行った際には、「酒盞《しゅさん》の事」（飲酒のことであろう）があって、睦仁も従った。七月一一日には内廷で祝い事があり、睦仁は天皇の「酒盞」に従い、「天酌」があった（『明治天皇紀』第一、三九三、四〇一、四一〇頁）。一二歳になった睦仁は祝い事の際に、天皇から酒を与えられたり、酒を一緒に飲んだりするようにもなってきたらしい。睦仁はまだ皇太子になる立太子の儀式を行っていないが、少しずつ大人の扱いを受けてきたようである。

慶応元年一二月一一日（一八六六年一月二七日）には若宮御殿の煤《すす》払いを行った際、一三歳の睦仁は皇太子になってから住む予定の花御殿《はなごてん》に一時的に移った（同前、四二四頁）。これも睦仁が大人の扱いを受けつつあることを示している。

また、この慶応元年の冬、睦仁はめずらしく、大した風邪にもかからずに無事に春を迎えられそうなので、一二月二二日（一八六六年二月七日）に内祝《うちいわい》が行われた（同前、四二五頁）。もともと比較的丈夫であった睦仁の体は、少年期によくある不安定な一時期を乗り越えて、さらに頑健になっていった。

修学の進展

学習も進んだ。睦仁（祐宮）は、文久元年六月、八歳の年以来『論語』の素読を学んでいたが、四年後の慶応元年六月、一二歳で終了し、一八日にはそのお祝いを行なった（同前、四〇九頁）。また、その六月から『孟子』の素読を開始し、翌慶応二年七月二日に終了した。わずかに一年かかっただけであるということで、孝明天皇は睦仁の勉学の進展を褒め、父をついで師範を務めていた伏原宣諭《ふしはらのりさと》の熱心な教育を激賞した。こうして、睦仁は中国の古典の基本である四書の素読を終わったので、天皇は七月一七日から『毛詩《もうし》』（詩経）の素読に進ませ、一九日、二二日と進講が行われた（同前、四〇九、四三九〜四四〇頁）。孝明天皇は、情勢が緊迫化する中でも、睦仁の学習への配慮を怠らず、大枠の指示を行なっていた。

この間、元治元年（一八六四）の禁門の変の直後に、長州藩追討の命が朝廷より出され、幕府は諸藩に出兵を命じて長州征討を行った。同年、長州藩は降伏したが、翌慶応元年になると再び反抗の姿勢を示したので、将軍家茂は長州再征を孝明天皇に奏上し、同年九月二一日に天皇の許可を得た。翌慶応二年（一八六六）六月七日、長州再討伐の戦いが始まった。しかし、すでに同年一月に薩長同盟の密約が成立していたので、薩摩藩は出兵せず、広島藩など出兵に応じない藩もあって幕府軍に勢いはなく、幕府の威信は著しく衰えた。

そのような中で七月二〇日、一四代将軍徳川家茂が病気のため大坂城で死去し、一二月五日に徳川慶喜が一五代将軍に任じられた。父にならい、一四歳の睦仁も慶喜の将軍宣下《せんげ》を祝し、使いの者に太刀一口《ひとくち》等を届けさせた。睦仁は天皇に次ぐ地位にある者として、将軍宣下にも関わりを持つようになったのである。

父の死

慶応二年一二月一一日（一八六七年一月一六日）、孝明天皇は、風邪をおして内侍所《ないしどころ》御神楽《おかぐら》に参列した。参拝をした後、和琴を弾いたが、神楽が終わる前に病状が悪化して退出した。その後、天皇の病勢は衰えず、一三日には病床に就き、熱が急速に上がり、一五日には発疹が現れた。その日、侍医は痘瘡《とうそう》（天然痘）と診断した。これより前に、「児藤丸」（孝明天皇の側に仕える少年か）が痘瘡を患《わずら》って御所から退出して長い間療養し、全快したので一二月一〇日に参仕していた。天皇が

「児藤丸」に残っていた「余毒」（現在は天然痘の病原体はウィルスであるとわかっている）に感染したのではないかと疑う者がいた（『明治天皇紀』第一、四五四頁）。

睦仁は赤い綸子《りんず》（厚くて光沢のある絹織物）または赤い縮緬《ちりめん》（縮み織りの絹織物）の服を着て、毎日病床で天皇を見守った。天皇は睦仁に痘瘡が感染しないよう、全快するまで自分の近くに来てはいけないと命じた。しかし、祖父中山忠能は睦仁を預かっていた間に、密《ひそ》かに蘭学医大村泰輔《たいすけ》に頼んで睦仁に種痘を受けさせていた。そのことを天皇に話すと、天皇は安心した（同前、四五四～四五五頁）。

一八日の夜には、見舞いの疲れが出たのか、睦仁も軽い風邪を引いてしまった。数日してもよくならず、二三日に准后《じゅごう》は見舞いとして睦仁に鮨《すし》とうどんを贈った（同前、四五五頁）。

その後天皇の病勢は少し落ち着いたかに見えたが、一二月二五日に突然悪化した。睦仁も病床にいたが、正午頃その知らせを聞いて、急いで天皇のもとに駆けつけた。まもなく小康状態になったようにみえたので退出したが、亥《い》の半刻前（午後一一時頃）に天皇の病状は再び悪化した。睦仁があわてて側に行ったのもつかのま、亥の半刻（午後一一時一五分）に孝明天皇は死去した。まだ三五歳の若さであった。天皇の死はしばらく伏せられることになった。睦仁の嘆きは深く、夜もあまり眠ることができず、食事も進まなかった。風邪も長引いた（同前、四五五～四五七頁）。

『明治天皇紀』には、孝明天皇の死後同日中に、一四歳の睦仁が、孝明天皇の死を伏せたまま、天皇の病気を理由に睦仁が践祚《せんそ》することを宣言したとある。また、関白二条斉敬《なりゆき》に前関白近衛忠煕《ただひろ》列席のもとで、五摂家の各代表を招き、次いで幕府との連絡役の公家である議定《ぎじょう》・武家伝奏《ぶけてんそう》を招いて、そのことを伝えさせたと叙述している。その後、睦仁は輔導《ほどう》役の公家を召し、睦仁が践祚・元服するまでの間、関白二条斉敬を摂政にする意向を出し、前関白近衛忠熈以下有力廷臣に諮問したと述べている（同前、四五六〜四五七頁）。

＊これらの動きは、文字通り一四歳の睦仁の意向で実施されたと考えられないわけではない。すでに述べたように孝明天皇は、睦仁が八歳で親王宣下される以前から後継者として扱っていた。親王宣下も終えているので、孝明天皇亡きあと、睦仁が次の天皇となるのはほぼ既定の事実であった。とはいえ、孝明天皇の死を伏せて、睦仁一人で以上の方針を考えたというのは極めて不自然である。

おそらく、孝明天皇の公武合体路線に同調した考えを持っている、朝廷政治の実力者の前関白近衛忠熈や関白二条斉敬のような五摂家の代表者何人かでこの路線を決め、それを睦仁に実施させたものと思われる。この時期は、摂関のポストに就いていなくとも、五摂家の各代表は朝廷の重要事項の合議に参加するのが慣行になっていた。

さて、五摂家の代表や議奏・武家伝奏に先の路線を宣言した後、同様に式部卿伏見宮邦家《くにいえ》親王に宣言した。次いで、小御所下段において、関白二条斉敬が、前関白近衛忠熈《ただひろ》・内大臣近衛忠房《ただふさ》および議《ぎ》奏《そう》・武家伝奏が列席する中で、右大臣徳大寺公純《きんいと》以下親王や御三卿・近習番番頭らに同様のことを宣言した。また、議奏・武家伝奏が睦仁の意に従って、関白二条斉敬に摂政になることを勧め、斉敬は承諾した。なお、有栖川宮幟仁《たかひと》・同熾仁《たるひと》両親王は、禁門の変の際に長州藩士と呼応したとして、参朝停止の処分を受けており、皇位に就ける可能性はなかった（『明治天皇紀』第一、三八一、四五七頁）。

睦仁の即位

一二月二九日、孝明天皇の死去が発表されると、諸臣は睦仁に拝謁するため、若宮御殿を訪れた。剣璽《けんじ》（三種の神器のうち、草薙《くさなぎ》の剣《つるぎ》と八尺瓊《やさかに》の曲玉《まがたま》）は内々で御三間《おみま》に移され、上段に安置された。年が明け慶応三年（一八六七）正月、孝明天皇の山陵が泉涌寺《せんにゅうじ》境内に造営され、一〇日に御所の清涼殿で入棺の儀が行われた。

この間、正月八日、睦仁は御三間を、日常の生活の場である御常御殿とし、准后《じゅごう》や女御《にょうご》および女官たちの生活する奥にある若宮御殿から移った。翌九日（一八六七年二月一三日）には、小御所《こごしょ》において践祚の儀が行われ、睦仁（明治天皇）が正式に即位した。睦仁の祖父中山忠能は、睦仁の生母である中山慶子に次のような和歌を詠んで寄せ、複雑な喜びを表した（同前、四五七～四六二頁）。

かなしくもかなしき内に嬉しくも嬉しきことは今日の一事

正月二五日には、禁門の変に際し参朝停止などの処分を受けていた祖父中山忠能や有栖川宮熾仁親王らも、処分を解かれた。

同月二七日、孝明天皇の葬儀が行われ、棺は泉涌寺境内の山陵に葬られた。また二月一六日、「孝明天皇」という追諡《ついし》号が与えられた（なお、本書では孝明天皇の生前にも便宜的に「孝明天皇」という呼び方を使ってきたが、天皇は一人であるので生前には天皇名は必要なく、このように死後、追謚号が贈られる。明治天皇についても同様である）。

孝明天皇後月輪東山陵
（京都市東山区今熊野泉山町・泉涌寺境内）

孝明天皇が死去してから二カ月ほど経った慶応三年三月一日（一八六七年五月五日）、喪が明けた。睦仁は、午後二時過ぎに御学問所《ごがくもんじょ》に出て、摂関家・議奏・武家伝奏・近習から、年始ならびに践祚後の拝賀を受け、酒と肴を与えた。二日から四日の間も、同時刻頃より、親王・公家や昇殿を許されている人たちの拝賀を受けた（『明治天皇紀』第一、四七五頁）。現在私たちが使っている太陽暦に直せば五月に、年始の拝賀を受けるのは奇妙に感じる。また、近代の天皇が死去した際は一年も喪に服すことになったのに比べ、孝明天皇の死後、約二カ月しか喪に服していない点も、興味深い。明治以降に形成されていく近代の天皇をめぐる制度や儀式ほど、重々しくなかったのである。

その後、睦仁は同年四月九日に体調が悪くなった。熱が高く、睡眠も食事もできなくなって、周りの者は心配した。一三日になると、睦仁は下腹部が張って固くなり、痛みを訴えた。多くの医師が協議して治療に努めたところ、一四日、排便の際に回虫が下り、腹部の張りも取れて痛みも治まり、熱も下がって、白粥《かゆ》を食べられるまでになった。その後、病気は快方に向かい、五月に入ってようやく健康になった（同前、四八四～四八五頁）。孝明天皇の死去と葬儀や自らの践祚と、悲しみの中で、立て続けに儀式をこなした一四歳の少年に、緊張が少し緩んだ頃、疲れが一気に噴き出したのであろう。

明治天皇の真実は語られたか

本書では、『明治天皇紀』などを系統的に厳密に読むことにより、⑴孝明天皇は祐宮（睦仁）が生まれた時から大きな期待をかけており、祐宮は当時の幼児としては比較的健康に成長した、⑵四歳で祐宮が御所で生活するようになってから、孝明天皇は祐宮を後継者にしていこうと、自分のかかわる宮中行事に同伴させ、六歳になると有栖川宮幟仁親王を祐宮の習字師範に命じさえしたことを示してきた。しかし、これまでの明治天皇の伝記では、比較的順調に育った睦仁と孝明天皇との良好な父子関係を十分に描いていない。

＊たとえば、飛鳥井雅道『明治大帝』は、病弱な祐宮が育つかどうか危ぶまれていたために、親王になるのが遅れた（六九頁）と、祐宮《さちのみや》の体の弱さを強調し、有栖川宮が習字の師範となった頃に、孝明天皇の祐宮に対する期待が強くなったとしている（八一～八二頁）。このような誤解は、『明治天皇紀』の祐宮の病状を系統的に考察していないため、医学や薬が発達した現代においても幼児が一度はかかるといわれる熱性痙攣《けいれん》などの危険性を、過大にとらえたことから生じた。

また、ドナルド・キーン『明治天皇』上巻は、『朝彦《あさひこ》親王日記』に引用された、慶応元年（一八六五）七月の孝明天皇の書状の一部「小供と存人も決して不油断候」等を引用し、孝明天皇が、一三歳の睦仁が子供とはいえ過激な攘夷思想を女官から吹き込まれているので油断できない、と思っていると解釈し、孝明天皇の睦仁への異常な警戒心を示している。遠山茂樹編『維新の群像』や石井孝『幕末　悲運の人びと』など、日本人の研究者の著作でもそのように解釈されていると、キーン氏は言及している（一四五、一五〇頁）。さらに、孝明天皇の死に対し、天皇となった睦仁が「深い悲しみに暮れていた」と叙述する一方で、「この父子が果たしてどこまで心を通じ合っていたかは明らかではない。しかし、二人は毎日のように顔を合わせていた」等と一貫しない叙述をしている（一六五頁）。

同氏の叙述は、孝明天皇と睦仁の父子関係は複雑であり、心があまり通じ合っていないというニュアンスを強調している。笠原英彦『明治天皇』（四六頁）もキーン氏を支持して同様に叙述した。しかし、『朝彦親王日記』の孝明天皇書状を注意深く読むと、睦仁については「親王」・「倅《せがれ》」という表現が使われている。「小供」とは、天皇以外の成年男子禁制の禁裏御所の北部にある内儀（奥）で女官たちとともに天皇や皇后・女御に仕えている元服前の少年のことである。「小供」を睦仁と理解した日本人研究者や、それに引きずられたキーン氏や笠原氏は、御所の内儀の人的構成を十分理解せず、また『朝彦親王日記』や『明治天皇紀』を厳密に読めなかったため、孝明天皇と睦仁の父子関係をとらえ切れなかったのである。

本書では、睦仁をめぐる家族関係を積極的に描きたい。それは、後述するように、睦仁とその子供嘉仁《よしひと》親王（後の大正天皇）や内親王との関係、睦仁と皇后美子《はるこ》（後の昭憲《しょうけん》皇太后）との関係、さらに、睦仁と彼の正式な母となった孝明天皇の皇后夙子《あさこ》（後の英照《えいしょう》皇太后）や孝明天皇の側室として睦仁を産んだ中山慶子《よしこ》との関係などにもおよんでいく。それらを明らかにするためには、宮内省編の『明治天皇紀』刊行のために集められた、関係者の談話を載せた、『「明治天皇紀」談話記録集成』が有用である。近年公刊されたこの史料集には、睦仁のあまりにも人間的な姿を伝えることを憚《はばか》って、『明治天皇紀』に使用されなかった興味深い談話が数多く採録されている。

また、さらに重要なことは、冒頭でも述べたように、一四歳で即位した少年天皇睦仁が、何歳頃からどのような形で、なぜ政治に関与するようになっていったのかを描くことである。飛鳥井氏やキーン氏など明治天皇を扱ったこれまでの伝記では、それが明確に示されていない。この課題は、明治天皇が国政を指導している建前で叙述されている宮内省編の『明治天皇紀』の一部のみを漫然と読んでも、とうてい解明されない。岩倉具視・三条実美・大久保利通・木戸孝允・西郷隆盛・伊藤博文・山県有朋《ありとも》・井上馨《かおる》・佐々木高行《たかゆき》・西園寺公望など、当時の有力政治家や宮中有力者に関係する手紙や日記・書類などの一次史料の中に、その解明への信頼できる手がかりがある。膨大な情報を含む『明治天皇紀』をすべて読みこなし、以上の一次史料と合わせて事実を確定することが重要であろう。

なお明治天皇に関しては、その死後、飛鳥井氏やキーン氏のものを含め、おびただしい量の著作が出版され、その多くが根拠のはっきりしない逸話や美談等や、宮中批判の暴露話を使って叙述されている。本書では、その類の話は一切使用せず、同時代の一次史料や、当事者の回想で他の史料から信頼できると判断されるもののみを用いることにした。ただし、一般読者の読みやすさを考え、史料の直接引用は避けて現代語で内容を要約することとし、出典を明示する。誤った「史実」を除外することによって、睦仁の動向や人柄と彼を取り巻く環境の変化をよりはっきりと示すことができる。

ところで、睦仁は、四歳まで禁裏御所に近い中山家で、その後は禁裏御所の中で、伝統的儀式や慣習に従い、顔におしろいを塗り、和装で育った。その睦仁が、明治維新後の日本の近代化過程の中で、少年から青年期にかけて統治権を行使しているイメージをどのように形成していったか、また、どのような段階を経て、大元帥の軍服を着て乗馬し、閲兵し、明治憲法を理解し、統治権を実際に行使する近代君主に変わっていったのかということも興味深い問題である。そして誰がそれらを主導し、睦仁は誰を信頼し、どういう思いでそれらを受け入れていったのかにも、叙述の力点を置きたい。

以下、明治天皇が五九歳で死去するまでに歩んだ人生を、その政治的役割やイメージの変化とともに、奥での私生活や人間性と、彼の喜びや苦悩にも目を配りながら描いていきたい。その中で、(1)少年天皇睦仁には政治関与の能力がなかったが、大久保利通・岩倉具視らに指導され、人間的に成長するとともに、しだいに西欧化した姿で国民の前に現れるようになり、一八七三年の征韓論政変前に、軍も含めてすべてを統率するイメージを確立する、(2)大久保・岩倉らの死後は、主に伊藤博文の指導の下で成長していく、(3)一八七〇年代終わりから一八八〇年代半ばにかけて、三〇歳前後に成長した睦仁は、伊藤らが睦仁をいつまでもロボット的に扱っていこうとしていると誤解し、睦仁と伊藤らの間に、あるべき君主の役割をめぐる対立が生じた、(4)伊藤の尽力でその誤解も解け、一八八九年に明治憲法が発布される頃には、三六歳になった睦仁に、日常は政治関与を抑制し、政府内部等で激しい対立が生じた時には調停者として介入して国家を安定させるという、君主としての自覚と権威ができた、(5)その後、日清戦争・日露戦争を経て大日本帝国が大きくなっていくとともに、睦仁の権威が、日本の歴代天皇の中でも比類なきまでに高まっていく、(6)その反面、睦仁の私生活はきわめて不自由になっていき、自らの健康を悪化させていく、(7)また、皇太子嘉仁親王の教育の面では、睦仁は病弱な親王に過大の期待をかけすぎて失敗したこと、等を明らかにすることができるであろう。

第一章　ひとり立ちの不安と孤独

1　王政復古

大政奉還

孝明《こうめい》天皇が死去したことで、一五代将軍慶喜《よしのぶ》（もと一橋慶喜）を中心とし、京都守護職松平容保《かたもり》（会津藩主）・京都所司代《しょしだい》松平定敬《さだあき》（桑名藩主、松平容保の弟）の一《いっ》・会《かい》・桑《そう》といわれるグループは後援者を失い大きな打撃を受けた。彼らは、元治元年（一八六四）年頃から京都を中心に幕府や幕末の政治をリードしていたが、慶応二年（一八六六）に入ると団結が弱まっていた（家近良樹『孝明天皇と「一会桑」』八四〜一四一頁）。一四歳の睦仁《むつひと》（明治天皇）はとてもその代わりになaらなかった。しかし、慶喜ら一・会・桑グループは、引き続き、朝廷の最高意思決定機関である、五《ご》摂家《せっけ》（二条・近衛・一条・九条・鷹司《たかつかさ》家）の代表・議奏《ぎそう》・武家伝奏《ぶけてんそう》・親王などに圧力をかけ、朝廷をリードしていこうとした。

慶応三年（一八六七）五月二三日の朝廷での重要会議を例にそのことをみてみよう。議題は、禁門の変に関する長州藩の処分と、すでに幕府が一八五八年にアメリカ合衆国など五カ国と結んだ修好通商条約にある兵庫開港の可否であった。慶喜はその会議に、京都所司代松平定敬らを従えて参内《さんだい》し、(1)長州藩の処分は諸藩の意を容れて重すぎないようにしたい、(2)兵庫港は列強が開港の実行を迫り、また諸藩もほぼ開港に同意しているので、長州藩の処分と同時に開港の勅許を賜りたいと、口を開いた。

これに対し、前福井藩主の松平慶永《よしなが》は、伊達宗城《むねなり》（前宇和島藩主）・島津久光《ひさみつ》（薩摩藩主の父で藩の実権を握る人物）・山内豊信《やまうちとよしげ》（前土佐藩主）らとの協議をふまえ、四藩の意見として長州藩への寛大な処分を先に決め、兵庫開港の勅許を後に決定すべきであるとの意見を述べた。松平慶永の意見は多くの廷臣の賛成を得たが、議論は尽きなかった。そこで翌日は、昇殿を許されている公家すべてに参内を求め、意見を具申させた。結局、慶喜の説が大勢を制し、長州藩を寛大に処分する方針と、兵庫開港の勅許が下された（『明治天皇紀』第一、四九四～四九六頁）。当然のことながら、少年天皇はこのような意思決定過程を眺め、承認するだけであった。

このような慶喜の主導に対し、同年六月二二日、土佐藩士坂本龍馬・後藤象二郎《しょうじろう》と、薩摩藩士西郷隆盛・大久保利通らは両藩が王政復古に尽力するという盟約書を作った。そこでは、将軍は政権を朝廷に返還、諸侯（各藩主・前藩主など）が会議し、議事院を作り、選挙によって公家・諸侯・陪臣《ばいしん》・庶民の間で「正義純粋」の者を選ぶなどの、制度改革が述べられていた（同前、五〇一～五〇二頁）。すでに一年半前に、西郷と木戸の間で幕府に対抗するための薩長同盟が結ばれており、旧体制のままで徳川幕府が政治を主導することの正当性に対する強い疑問が、西南雄藩の間で強まってきたのである。九月になると、薩摩藩の島津久光は倒幕を決意し、大久保らに長州藩と交渉させた。こうして一九日に長州藩主毛利敬親《たかちか》の了解も得て、両藩の京都への出兵計画も検討された。その前日、毛利敬親は大久保との会見で、「玉《ぎょく》」（天皇）を奪われては方策がなくなると心配している、と述べている。また同月には、明治天皇の祖父の中山忠能《ただやす》を含め、反幕府派公家の三条実美《さねとみ》・岩倉具視《ともみ》・正親町《おおぎまち》三条実《さね》愛《なる》・中御門《なかみかど》経之《つねゆき》らの提携ができ、薩摩藩士の西郷・大久保らとも接触を深めた（同前、五一四〜五一九頁、『大久保利通日記』慶応三年九月一八日）。清華《せいが》で大臣になる家柄の上級公家である三条を除いて、いずれも大臣家・諸家《しょけ》という中下級の公家であった。

　これに対し、一〇月三日、前土佐藩主山内豊信は、将軍職を天皇に返上する大政奉還を将軍慶喜に勧めた。豊信ら土佐藩の主脳は、王政を復古し、朝廷を中心とし選挙された議事官からなる議政所を設けるなどの体制変革を、倒幕という政治的リスクや戦乱なしに実現しようとしたのである。大政奉還後も、慶喜は、旧幕府の軍事力や経済力を背景に、政治の主導権を維持できる可能性が強かった。いずれにしても、一五歳の睦仁《むつひと》は、権力を握ろうとする者が自らを正当化する象徴にすぎなかった。

　一〇月一三日、慶喜は、京都にいる一〇万石以上の諸藩の重臣を二条城に集め、大政奉還について審議させ、一四日に大政奉還を天皇に申し出た。翌一五日、御所内の小御所《こごしょ》に、摂政二条斉敬《なりゆき》・左大臣近衛忠房《ただふさ》・右大臣一条実良《さねよし》・前関白近衛忠熙《ただひろ》・権大納言九条道孝《みちたか》という五摂家《せっけ》の代表、朝彦《あさひこ》親王ら三人の親王、内大臣大炊御門家信《ないだいじんおおいみかどいえのぶ》及び議奏・武家伝奏らが集まった。慶喜の政権奉還の件を検討するためである。その後、彼らは慶喜を召し、大政奉還を認めること、今後も天皇（「天下」と表現）とともに同じ心で尽力して日本国を維持するように、との天皇からの沙汰書を与えた（『明治天皇紀』第一、五一九〜五二九頁）。慶喜は、朝廷の正式ルートを経て大政奉還を認められ、引き続き日本の政治に尽力するようにとの命を受けたのである。睦仁はこの過程において、全く自分の意思を表さず、単に摂政の二条斉敬らの提言を受け入れただけと思われる。

偽の討幕密勅

この間、少年天皇睦仁は祖父の中山忠能（前権大納言《ごんだいなごん》）と接することで孤独を慰めた。慶応三年（一八六七）四月二三日には、中山忠能を召し、囲碁を楽しんだり金魚を眺めたりし、金魚数尾を忠能に与えた。五月三日、睦仁は体調を崩して寝ていたが、そこに忠能を召し、酒と肴を与え、女官に命じて酌をさせた。翌四日は病後の運動として小さな弓で的を射て遊んだ。そこにも忠能が同席し、終わると忠能に酒と菓子を与えた。その後もしばしばこうしたことがあった。また忠能は、国書を天皇に進講する役も与えられた（『明治天皇紀』第一、四八七、四九一、五〇〇頁）。

睦仁の女御《にょうご》（後の皇后美子《はるこ》）の選定に関しても、中山忠能は大きな役割を果たした。睦仁が践祚《せんそ》すると、宮中では睦仁に良い配偶者をみつけるよう求める声が起きた。忠能らの他に、後宮では准后《じゅごう》（孝明天皇の正妻の夙子《あさこ》）や睦仁の生母の中山慶子《よしこ》らが特に女御選定に尽力した。当時好ましいとされたのは、摂関家の一条家の明子《あきこ》・勝子《かつこ》の二人の娘と、親王家の有栖川宮家《ありすがわのみや》の利子《としこ》女王であった。なかでも勝子の評価が最も高く、温良で自らは慎み深く、人に礼儀正しいとされた。勝子は故左大臣一条忠香《ただか》の第三女で、母は邦家《くにいえ》親王の第二女順子《よりこ》とされたが、生母は一条家医師の娘の新畑民子《にいばたたみこ》である。慶応三年（一八六七）三月から四月にかけ、忠能の活動もあって勝子を女御にする話が進んだ。五月九日、准后《じゅごう》は女官を使いとし、摂政二条斉敬に進言し女御を速やかに決定させるよう促した（同前、五〇二〜五〇四頁）。

のち、宮内省の帝室会計審査局長官等を務めた倉富勇三郎《くらとみゆうざぶろう》枢密院議長は、勝子（のちの昭憲《しょうけん》皇太后）の性格は「温和」であったと、金井《かない》四郎（東久邇宮《ひがしくにのみや》付事務官）に説明している（「倉富勇三郎日記」一九二七年一二月一八日）。一条家で九年間勝子の世話をした松田はるゑによると、勝子は利発な性格のせいか、実は勝気な性格であったという（『昭憲皇太后史』一八〜二〇頁）。利口な勝子は、入御後は自らの勝気な性格が表面に出ないように抑え、まわりとの摩擦が起きないように行動していたのであろう。

勝子は睦仁より三歳年上であり、これは「四つ目」と称して人が嫌うところであった。そこで、摂政の指示で勝子の生年を嘉永三年（一八五〇）四月一七日と改め、二歳年長になるようにした。こうして、慶応三年（一八六七）六月二七日、勝子は参内して御学問所《ごがくもんじょ》で睦仁に対面した。勝子は髪を稚《ち》児髷《ごまげ》に結び、白羽二重《しろはぶたえ》刺繍模様の衣服を着て、濃い紫色の袴をはいていた。勝子は准后《じゅごう》にも対面し、再び睦仁に挨拶して退出した。睦仁は勝子の身のこなしがとても気に入った。そこで、権大納言柳《やなぎ》原光愛《はらみつなる》が摂関家を歴訪し、女御選定について、すべての家の賛意を得た。こうして、一条実良《さねよし》に妹の勝子を女御にする決定が伝えられた。その一年半後の明治元年（一八六八）一二月二六日に勝子は名を美子《はるこ》と改め、二八日に入内《じゅだい》し、皇后に立てられる。睦仁は一六歳、美子は一九歳であった(『明治天皇紀』第一、五〇四~五〇五、九四〇~九四三頁)。

睦仁の祖父中山忠能は、孝明天皇の死後に謹慎を解かれ、参内し睦仁に親しく接したり、睦仁の女御を選定するのに重要な役割を果たした勢いで、「倒幕密勅」に関しても大きな役割を果たした。前土佐藩主山内豊信が慶喜に大政奉還を勧告して五日後の慶応三年(一八六七)一〇月八日、薩摩藩士大久保利通・長州藩士広沢真臣《さねおみ》・広島藩士植田乙次郎《おとじろう》らは中山忠能・中御門経之に会見し、薩・長・広の三藩の連盟がなったので、倒幕の「密勅」を下してくれるよう頼んだ。一〇月一三日、中山は岩倉具視と相談し、「密勅」を長州・薩摩の二藩に下すことを大久保・広沢ら両藩関係者に伝え、一四日、「密勅」は両藩に下された。広島藩に下されなかったのは、同藩が倒幕に関して動揺していたからであった。

この「密勅」は一三日付であり、前権大納言中山忠能・同正親町《おおぎまち》三条実愛《さねなる》・権中納言中御門経之の三人の署名がしてあった(同前、五二三~五二七頁)。しかし、この「密勅」には、摂関家・親王家・議奏・武家伝奏など、当時の朝廷の重要意思決定に関与する者が誰も関わっていない。また、この前後の行動パターンから考えて、一五歳の天皇が自発的にこのようなことを行なうはずはない。これらから、「密勅」は岩倉・中山らが勝手に書いた偽文書であるといえる。中山らは、中山と天皇の関係から、たとえ「密勅」が偽文書と指摘されても、言い逃れができるとみたのであろう。

この「密勅」は薩長両藩の関係者以外に秘密にされた(同前、五二六頁)。これが公表されれば、摂政二条斉敬ら朝廷の意思決定の中枢にいる者から、「密勅」が正式な朝廷の手続きを経ない不当な偽物だと批判されるからである。薩長両藩を倒幕に立ち上がらせるには、偽の「密勅」で十分であった。

二つの王政復古

慶応三年（一八六七）一〇月二〇日、摂政二条斉敬《なりゆき》ら五摂家の代表と三親王、内大臣大炊御門《おおいみかど》家信、議奏、武家伝奏らの朝廷中枢は、小御所《こごしょ》に集まり、将軍慶喜ならびに一〇万石以上の在京大名の重臣を召し、対外処置や、八月十八日の政変で長州に避難した三条実美らの処分を解くか否か、諸藩兵への京都警備の割当をどうするか等について意見を問うた。また、一一月二日には五摂家の代表と二親王・内大臣らが摂政二条斉敬の邸に会合し、王政復古に関する朝廷の基本方針を定めようとしたが、意見がまとまらなかった（『明治天皇紀』第一、五三一～五四一頁）。

そこで一二日、左大臣近衛忠房ら五摂家の代表（ただし摂政の二条斉敬は加わらず）と内大臣は連署し、太政官八省再興の議を検討した。いずれも、将軍慶喜以下有力藩主の意見を聞こうとしていた（同前、五四四～五四五頁）。

以上のように、朝廷中枢は将軍慶喜と連携した王政復古を目指しており、このまま事態が推移すれば、岩倉・中山ら討幕派の公家や薩長は主導権を発揮する余地がなくなってしまう。

すでに一二月初めまでに、薩摩藩・長州藩・広島藩兵が京都から摂津西宮にかけて数多く展開していた。

この軍事力を背景に岩倉・中山・三条らの公家は、摂政の二条斉敬ら朝廷中枢とは異なった王政復古構想を一二月九日より実行に取りかかった。午前一〇時頃、岩倉は王政復古の大号令その他の文案を納めた小箱を携え、衣冠を着けて御所に参内し、中山忠能・正親町三条実愛らが迎えた。彼らは先に承認を得た王政復古の改革の実行を求める上奏を天皇に行い、小御所に入った。その後睦仁は、御学問所に出て、熾仁《たるひと》親王ら三親王・参議大原重徳《しげとみ》・同万里小路博房《までのこうじひろふさ》・前土佐藩主山内豊信（容堂《ようどう》）・薩摩藩主島津茂久《しげひさ》（忠義《ただよし》）らを前に、王政復古の大号令を発した。それは、摂関・幕府や議奏《ぎそう》・武家《ぶけ》伝奏《てんそう》・京都守護職・京都所司代《しょしだい》等を廃止し、総裁・議定《ぎじょう》・参与《さんよ》の新しい組織を作ること、総裁に有栖川宮熾仁親王、議定に中山・正親町三条・中御門らの公家や、山内豊信・島津茂久ら（前）藩主、参与に大原・万里小路・岩倉らの公家と土佐藩・薩摩藩などから三人ずつ任命すること等の内容である（同前、五五七～五五九頁）。

これは、将軍慶喜と連携している五摂家など、上級公家を中心とした朝廷中枢を構成していたポストや京都の治安の中心となる京都守護職などのポストを廃止し、岩倉・中山らの中下級公家や薩摩等の反幕府勢力を中心に、土佐藩など在京の雄藩の代表者を重要ポストにつける政権交代のクーデタであった。ここでできた政府は、鳥羽・伏見の戦いに始まる戊辰《ぼしん》戦争を経て定着していく。この政府を、旧幕府に対し、廃藩置県まで維新政府とよぶことにする。

小御所会議の真実

慶応三年（一八六七）一二月九日夜、天皇は小御所に出御《しゅつぎょ》し、総裁・議定・参与および尾張・越前・安芸《あき》（広島）・土佐・薩摩五藩の重臣を召し、小御所会議は始まった。岩倉・三条ら公家や大久保・木戸ら薩長の倒幕派は、尾張・越前・土佐などの雄藩を入れた小御所の御前会議で王政復古の大号令と組織改正を承認することで、倒幕派のクーデタに正当性を与えようとした。そうすれば、慶喜を中心とする旧幕府勢力とその支持派が孤立するとみたのであった。

これに対し、前土佐藩主の山内豊信は、会議の冒頭で、ただちに慶喜を会議に招くように強く主張した。さらに、クーデタを非難し、二、三の公家がどんな考えでこのような陰険な行動をしたのかわからない、おそらくは「幼冲《ようちゅう》」（幼いこと）の天皇を利用して、権力を奪おうとしているのではないか、とまで言った。ここまでは事実である。

小御所会議　島田墨仙画「王政復古」部分
（明治神宮聖徳記念絵画館蔵）

しかし高橋秀直氏によると、山内豊信のこの発言に対して岩倉が、「不世出《ふせいしゅつ》の英材《えいざい》を以《もっ》て」維新の改革を行っている天皇の前で、天皇の判断を一部の公家の陰謀と論じるのは非礼であると批判し、豊信が恐れすくんで失言の罪を謝ったという有名なくだりは、この事件の四〇年ほど後に出版された『岩倉公実記』（一九〇六年出版）の脚色である。越前藩主松平慶永《よしなが》に仕えた同藩士の中根雪江《せっこう》の日記「丁卯《ていぼう》日記」や大久保利通の日記など、同時代の史料は、山内豊信の発言を不敬とする岩倉の一喝にまったく触れていない（高橋秀直「『公議政体派』と薩摩倒幕派」）。

『岩倉公実記』は本書でも述べるように、天皇の権威がきわめて強まった日露戦争後の状況から、幕末にも少年天皇の権威がそれなりにあったと脚色して述べているのである。

山内豊信のみならず、前越前藩主松平慶永も、岩倉らや薩摩側の行動を激しく非難し、会議はいったん休会となった。この休会中に岩倉と薩摩側は、山内豊信・松平慶永らがあくまで反対するなら彼らを刺し殺すとの脅しをかけたので、豊信・慶永らはひるんだ。会議が再開されると、豊信・慶永は譲歩し、慶喜が官職を辞めて領地を朝廷に差し出すことを上奏することを、尾張藩と越前藩が内々に斡旋《あっせん》するという、当初の岩倉や薩摩側の計画通りの決定がなされた。また、京都守護職・所司代を廃止し、会津藩主・桑名藩主をそれらの職から罷免するとの岩倉や薩摩側の計画は、のち慶喜が自主的に二人を罷免したことで解決した。慶喜や土佐藩は、天皇を擁して慶喜を中心とする新しい体制を作ろうとしていたのであったが、あくまで内戦を避けようとしていた（高橋秀直「『公議政体派』と薩摩倒幕派」）。

小御所会議をめぐる一連の経過から、内戦や死を覚悟して新しい体制を作ろうとする岩倉や薩長側が、内戦を避けようとする慶喜や土佐藩など雄藩側を少しずつリードし始めたことがわかる。

なお、一五歳の睦仁が小御所会議の活劇をどのようにとらえたのかを示す史料は、今のところ見つかっていない。岩倉は孝明天皇の侍従であったこともあるが、睦仁が九歳の頃から一四歳になった慶応三年（一八六七）三月まで、尊王攘夷派の公家の圧力で朝廷から追放されていた。そのため、小御所会議の時点までには、睦仁と岩倉の間に信頼関係はまだ形成されていない。慶喜を支持する摂関家や親王を中心とした従来の意思決定のしくみを、自分がよく知らない岩倉ら一部の中下級公家と薩摩（長州）を中心としたものに変えていくことに、おそらく睦仁は強い不安を感じたことであろう。それは、尊敬する父孝明天皇の取ってきた方針を大きく変えることだったからである。睦仁は、祖父中山も加わった岩倉らの要望を拒否する気力も実力もなかったのである。また睦仁は、小御所会議での山内豊信の発言から、自らの権威のなさと存在の危うさを強く感じたことであろう。

緊迫する状況下での元服

小御所会議の翌日、慶応三年（一八六七）一二月一〇日、議定徳川慶勝《よしかつ》（前尾張藩主）・同松平慶永（前越前藩主）は二条城に行き、慶喜に、辞官して土地を朝廷に返すことを奏請するようにという小御所会議の決定を伝えた。慶喜はそれを了承し、慶勝・慶永の二人はそのことを、総裁有栖川宮熾仁親王以下の三職に復命した。二人は実施についての時日の猶予を慶喜に与えるように願い、維新政府はそれを受け入れた。

しかし、薩摩側の西郷隆盛・大久保利通は不満で、これでは慶喜の政権返上の実績が現れないと強硬論を唱えた。二条城の内外には、旧幕府や会津・桑名二藩、彦根・津・大垣藩など、旧幕府派の将卒が警戒を厳しくしていた。他方、西宮にいた長州藩兵の前軍は、王政復古の大号令に合わせて入京し、御所の北にある相国寺《しょうこくじ》の薩摩藩兵と合流した。こうして、形勢は一気に不穏になった（『明治天皇紀』第一、五六二～五六三頁）。

一二月一一日、維新政府は長州藩に、御所の九つの門の内外を巡回警護させ、議定の正親町《おおぎまち》三条実愛《さねなる》らの家を警備させた。また二七日正午頃より、御所の東南にある建春門《けんしゅんもん》外に睦仁が臨御して、薩摩・広島・土佐・長州の四藩兵の訓練を行った。総裁・議定・参与らも睦仁に従って見学した。なかでも薩摩藩兵は約一五〇〇人、長州藩兵は約四〇〇人と多人数であった。薩摩藩兵は英国式の服装で、号令や進退がきびきびとして最も壮観であった（同前、五六三〜五六四、五七四〜五七五頁、『大久保利通日記』慶応三年一二月二七日）。睦仁が将兵の訓練を見学するのは、すでに述べた五年前の七月に、孝明天皇に従って会津ら五藩兵のものを見て以来であった。岩倉・三条・中山らは、睦仁に勧めて、三年半前の禁門の変以来処分の対象であった長州藩を、御所や京都を警護するものとして位置づけ直したのであった。

なお、睦仁はこの年に小御所前庭において馬に乗る練習を始めていた。馬は東北の天童《てんどう》藩が献じたもので、小蝶《こちょう》という名であった（『明治天皇紀』第一、五七七頁）。同年一二月から書記御用掛《かかり》として、御所に出仕していた万里小路《までのこうじ》通房《みちふさ》（後に侍従、伯爵）によると、睦仁は小御所の庭で「戸田」が馬の口を取って初めて乗馬した。睦仁はこの時、緋色の袴を着けていたという（『明治天皇紀談話』一巻、六七頁）。天皇が馬に乗ることは、九世紀までの古代にはみられたが、以後は武士的であるとして嫌われ、一三世紀に承久の乱を起こした後鳥羽天皇（上皇）などの例外を除いて、行なわれなかった。幕末の激動の中で、右に述べた将兵の訓練の見学とともに、少年天皇が武士的、軍人的になっていく、従来にない変化が始まったのである。

さて、内戦を嫌う慶喜は、自らの配下の兵が薩摩藩兵などと衝突するのを恐れ、一二月一二日夜、会津藩主松平容保・桑名藩主松平定敬らを率いて大坂に向かった。同一六日、慶喜はイギリス・フランス・イタリア・アメリカ・プロシア（ドイツ）・オランダ六カ国公使を大坂城で引見し、政体変革の事情を説明した上で、各国との交際は引き続き慶喜が行う旨を告げた。さらに慶喜は一九日、旧幕府大目付の戸川安愛《とがわやすなる》に命じ、王政復古の大号令は、一、二の藩が武装して朝廷に迫って、諸藩の会議をせずに大変革を行なおうとして出されたものであり、天下の乱の原因となるとして、号令を廃止するように総裁の有栖川宮熾仁親王に申し出ようとした。しかし、参与の岩倉具視は途中で上申書を留め、議定の松平慶永と相談して却下した（『明治天皇紀』第一、五六四〜五七二頁）。

維新政府と旧幕府の間で緊張が続く中、睦仁は、慶応四年（一八六八）正月を、風邪をひいて迎えた。そのため、新年明け方からの重要儀式である四方拝《しほうはい》には出御しなかった。正午に睦仁は小御所の上段に出御し、すだれの内から親王以下の朝賀《ちょうが》を受けた。ところで、平安時代以来、成年式である元服は、数えの一五歳（満年齢なら一三歳）の正月五日までに行なうことになっていた。しかし、形勢が穏やかでない幕末の状況下で、睦仁はそれを行なわないまま数えの一七歳（満一五歳）になってしまっていた。そこで二日、元服を一月一五日に行なうことが急に決められた（同前、五七九〜五八〇頁）。

鳥羽・伏見の戦い

そんな中、翌三日に鳥羽・伏見の戦いが始まってしまった。同日正午過ぎに薩摩藩討伐を掲げて淀城下（現・京都市伏見区淀）を出発した旧幕府軍主力は、夕方頃城南宮《じょうなんぐう》（現・伏見区中島鳥羽離宮町）付近で薩摩藩兵と戦闘になった。戦いは四日朝まで続き、火力に勝る薩摩藩兵は、旧幕府軍を敗走させた。他方、三日の夕方に西方の鳥羽方面から砲声が聞こえると、伏見御香宮《ごこうのみや》（御香宮神社）東方の丘から薩摩藩兵が、旧伏見奉行所（現・伏見区桃山毛利長門東町）にいた会津藩兵に大砲を撃ち込み、戦いが始まった。こちらも、薩摩藩兵が火力の優位を生かし、同日夜には会津藩兵や新選組を敗退させた（『京都の歴史』第七巻、三九三〜三九六頁）。

戦いが始まった際、旧幕府側の勢力は薩長側の数倍もあったので、薩摩藩の西郷隆盛や大久保利通は、岩倉具視や長州藩の広沢真臣を交えて密議し、維新政府軍が敗北して、旧幕府軍が入京する可能性もあるとみた。その時は、睦仁が直ちに女装し、宮中の高貴な女性が使う輿《こし》に乗り、山陰・山陽方面にひそかに行幸するよう奏請しようとした。行幸の際は、議定三条実美・同中山忠能が付き従い、薩長二藩の兵が護衛する計画であった（『明治天皇紀』第一、五八二〜五八四頁）。このように、薩長側は長期戦も覚悟した気迫と火力の優位で、旧幕府側を撃退したのである。ここに薩長側が維新の改革の主導権を握っていく方向が決定したといえる。

一月一三日には政務を行なう場所である太政官代を左大臣九条道孝邸（御所の東南、現在の丸太町橋の西南辺り）に置き、一四日には参与の役所もそこに移した。さらに二七日になると、両庁舎を二条城に移した（同前、五九三頁）。これは、御所の中には公家以外は立ち入れない空間があり、武家も含んだ維新政権の政務を行うのに不便だったからである。

睦仁、大坂遷都を嫌う

天皇を取り巻く空間や政務を行う空間を根本的に変えようとしたのが、参与大久保利通の大坂遷都論である。大久保は慶応四年（一八六八）一月一七日に総裁有栖川宮熾仁《たるひと》親王の諮問に応じ、大坂への行幸を提案した。その後、参与広沢真臣（長州）・同後藤象二郎（土佐）らの賛同を得て、二三日、大坂遷都を建白した。大久保は、遷都は因習の弊害を除いて政治を一新する機会となるばかりでなく、海に接した大坂の地は、外国との交際や海陸軍を起こして富国強兵を実現するのにも適していると論じた。高橋秀直氏によると、この大坂遷都論について、睦仁は愛着ある京都の生活が大きく変わることからひどく嫌がって納得しなかった。この時まで睦仁は、京都から出たことすらなかったのである（「二都物語——首都大坂と離宮都市京都」）。

大久保により大坂遷都の建白が出されると、その可否につき、政府内で議論がわきあがった。前内大臣久我建通《こがたてみち》や睦仁の祖父の中山忠能は強く反対し、京都に愛着をもつ公家たちの間には、薩長両藩が私権を張ろうとしているとの疑いさえ唱えられた。こうして、二月一九日に大坂行幸は決定したものの、遷都は合意されなかった。中山は女官と組んで裏工作を行ない、行幸の日時すら遅らせるほどであった（『明治天皇紀』第一、六〇二～六〇三頁、羽賀祥二『明治維新と宗教』四五頁、『大久保利通日記』慶応四年一月一七日～二月一九日）。

この間、鳥羽・伏見の戦いの後に江戸へ戻った徳川慶喜に対し、追討の令が出され、山陰道や東海道・北陸道・東山道等に鎮撫《ちんぶ》総督が任命された。このような慌しい情勢のなかで、一月一五日、睦仁の元服の儀式が予定通りに行われた。睦仁はようやく童服《わらわふく》を脱ぐことになり、二月三日には天皇や上流公家の常用服である直衣《のうし》を着て、二条城の太政官に行幸し、総裁の有栖川宮熾仁親王に迎えられた（『明治天皇紀』第一、五九三～五九五、六一一頁）。

その後、フランス公使とオランダ代理公使の二人は二月二八日、引直衣《ひきのうし》姿の睦仁に御所の紫宸殿《ししんでん》で拝謁し、三月三日にはイギリス公使パークスらも拝謁した。一五歳の睦仁は、初めて西欧人に会ったのである。引直衣は、平安時代以降、天皇が日常的に着用した直衣で、普通の直衣よりも長く仕立られ、表地は白小葵綾《しろこあおいあや》（葵の模様を織り出した白い絹）で、紅の袴をはいて冠をかぶった。公使たちには、上衣の白色と袴の紅色のコントラストが印象的であったに違いない。

天皇が西欧人の拝謁を許したことに関しては、西欧人が御所に出入りするのは「神州」日本を衰えさせるのみならず、天皇の顔を拝させることは天皇を穢《けが》すものであると批判する者が少なくなかった。それにもかかわらず、西欧公使の拝謁を推進したのは、岩倉具視（副総裁で議定でもある）と中山忠能（輔弼で議定でもある）らであった。また、三月九日には、天皇が太政官代（二条城）に行幸し、蝦夷《えぞ》（のちの北海道）開拓について、岩倉が読み上げる形で諮問した。すでに述べた小御所会議を別にすれば、これまでにないことであり、出席した参与の大久保は恐れ入った（『明治天皇紀』第一、六三四～六四五頁、『大久保利通日記』慶応四年三月九日）。岩倉らは、将軍に代わって天皇が元首として外交儀礼や政治の中心となる、新しいイメージを創出しようとしていたのである。

2　岩倉具視の輔導と新しい天皇イメージの形成

陸海軍親閲

慶応四年（一八六八）三月一四日、睦仁《むつひと》（明治天皇）は引直衣《ひきのうし》を着て御所の紫宸殿《ししんでん》に出御し、五カ条の国の方針を、神に誓う形で副総裁の三条実美《さねとみ》に捧読《ほうどく》させた。そこには、公家・藩主以下多数が衣冠を着て出席した。この五カ条の御誓文の内容や様式は、副総裁の岩倉具《とも》視《み》・三条や総裁局顧問木戸孝允《たかよし》・参与福岡孝弟《たかちか》らが関与して形成され、睦仁は確定したあとに了承しただけであった（『明治天皇紀』第一、六四七～六五五頁）。このように、一五歳の睦仁には、依然として政治に関与する権限がなかった。

三月二一日、睦仁は禁裏《きんり》御所を出て四六日間にもわたる大坂行幸に出発した。すでに約一カ月前に、薩摩の大久保利通と長州の木戸・広沢真臣《さねおみ》という、薩長の維新の実力者三人が、大坂行幸の責任者を命じられていた。睦仁は三月二三日に大坂に着き、本願寺別院に設けられた大坂行在所《あんざいしょ》に入った。二六日には、明け方五時頃に板輿《いたごし》と船に乗って天保山《てんぽうざん》（現・大阪港）に行幸し、海軍の艦隊運動を初めて見た。睦仁は、海軍を親閲したのが初めてであるばかりか、京都から出たのも海を見たのも初めてであった。彼はとても機嫌が良く、三条や中山が付き従って、夕方四時過ぎに行在所に帰った（『明治天皇紀』第一、六六〇～六六三頁）。

睦仁は大坂城で、四月六日に薩摩・長州・広島・熊本など七藩兵の訓練を見、閏《うるう》四月五日には、福岡・宇和島・広島など八藩の大砲発射の演習を見学した（同前、六六八～六六九、六九〇～六九一頁）。このように睦仁は、積極的に陸海軍の演習を見学し始めた。睦仁は前年に乗馬の練習を始めていたが、まだ親閲の際に乗りこなせるまでに至っていなかったようである。しかし、父の孝明天皇は行幸して陸軍を見学したことすらなかった。戊辰《ぼしん》戦争を少しでも有利に進め、新政府を安定させるため、岩倉・大久保らの指導に従い、睦仁は、軍隊の統率者としての新しい天皇イメージを形成する大きな一歩を踏み出したのである。

注目すべきは、太政官での政治上の仕事が忙しく、睦仁の大坂行幸に同行しなかった大久保が、大坂に来て、四月九日に睦仁に拝謁し、京都や関東の状況を申し上げていることである。これは藩士が拝謁した最初であり、大久保は身に余る幸せと感激した。続いて、四月一七日に木戸孝允も拝謁し、数百年来なかったことであると感動し、この手配をした岩倉と三条に感謝した（『大久保利通日記』慶応四年四月六日〜九日、『木戸孝允日記』慶応四年四月一七日）。大久保の目論見《もくろみ》通り、天皇が大坂へ行幸することで、公家や藩主にしか拝謁を許さないという伝統的な政治空間はくずれ始めたのであった。

ところで議定の岩倉具視は、この年の正月に「車駕御親征議《しゃがごしんせいのぎ》」の草案を書き、徳川慶喜《よしのぶ》らを追討する官軍を激励するため、天皇が大坂湾において軍艦の運動を見学することを建議している。また岩倉は、当時、維新政府の財政状況が厳しく、近畿の人心は不安が強く、前の徳川時代を懐かしむ空気さえあると、強い危機感を持っていた（『岩倉具視関係文書』一、三〇三〜三〇六頁、二、一四八〜一四九頁）。陸海軍の統率者としての役割も含めた明治天皇イメージの形成は、現状への危機感を背景とし、岩倉や大久保を中心に、木戸・広沢らや、三条らにより推進されたのである。

王政復古によって天皇は、陸海軍を統率するイメージのみならず、すべてのものを自ら決定する「万機親裁《ばんきしんさい》」のイメージも形成しなくてはならなくなった。そこで、大坂行幸後の閏四月二一日、天皇の政務の日課が布告された。それによると、天皇は辰《たつ》の刻（現在の午前六時四五分頃〜八時二〇分の間、季節によって異なる）に学問所に出て政務を「総攬《そうらん》」（一手に掌握する）し、その間、重臣のいる八景間《はっけいのま》に行き政務を掌握したり、学問や武道を修得したりし、申《さる》の刻（午後三時四〇分頃〜五時一五分の間）に学問所を退出することになっていた。翌二二日には、木戸・大久保・広沢・横井小楠《しょうなん》ら旧武士にも位階が与えられ、それ相当の衣冠《いかん》も下されて御所の建物の中でも睦仁に拝謁できるようになった。

参与の横井小楠（元熊本藩士）によると、政務を行なう学問所の天皇の座は、八畳間の中央に二枚の高い畳を敷いて、上を敷物で覆い、煙草盆《たばこぼん》が備えられているのみであった。側で仕える近習が二、三人、隣の部屋で待機し、議定《ぎじょう》・参与が複数あるいは単独で敷居をへだてて政務を上奏した。睦仁の顔は長くやや黒く、背は高く、声は大きかったという（『明治天皇紀』第一、七〇五～七一二頁）。

ここで注目されるのは、天皇の素養として、それまでの「文」と並んで、江戸時代初めに禁中並公家諸法度《きんちゅうならびにくげしょはっと》で禁じられた「武」も加えた、文武二道の習得が示されたことである。

「万機親裁」の様式

岩倉の手紙によると、睦仁は慶応四年（一八六八）閏四月二四日から学問所に一日中出て、内番の者を毎日天皇の所に召し、勉学や乗馬を行なったり、読書（史料では「御会読御席書」）をしたりし、少しも暇なく勉強に励んでいる。岩倉はそのことを、大変恐悦《きょうえつ》すると驚いた（三条実美宛岩倉具視書状案、慶応四年五月一三日、前掲、『岩倉具視関係文書』三、五一三～五二〇頁）。しかし、睦仁は学問所に出御し熱心に学問や乗馬に励んでいるが、建て前としての政務の「総攬」には時間をほとんど使っていないので、岩倉には書状に書くべきことがなかった。また手紙の内容から、小御所会議から五カ月経ったこの頃になると、睦仁と岩倉の間に互いの信頼感が形成され始めたことがうかがわれる。睦仁は君主としての自覚が出始め、勉学や乗馬に熱心に取り組んだ。岩倉は自らの期待通りに睦仁が行動したことに感動したのであった。岩倉は孝明天皇より六歳年上であるが、睦仁は、父に代わって自らをかばって守ってくれる存在を、剛毅《ごうき》な岩倉の中に見出していったのだろう。

この二カ月後の七月二三日に、木戸孝允が睦仁に政治の近情を申上げた際、睦仁が「時情」を尋ね、木戸がことごとく答えたように（『木戸孝允日記』慶応四年七月二三日）、一五歳の睦仁は、政治への関心も木戸らに示すようになった。

それにもかかわらず、昼食の休憩を除いても、不定期の学問・武道修得の時間を含め八時間も学問所に出ていることは、権力の実態のない天皇である睦仁にとって、苦痛であったと思われる。

そこで九月三日には、睦仁の日課が、四日、九日、一四日、一九日、二四日、二九日など四・九の日が和学、三・八の日が漢学、一・六の日が乗馬、五の日が武道場の見学と変えられた（『明治天皇紀』第一、八二三頁）。閏四月二一日に定めた、天皇が原則として毎日御学問所に出て政務を「総攬」するという建て前を、わずか四カ月ほどで実態に合わせた形に変えたのである。一カ月の四〇パーセントを和学・漢学という学問に、三〇パーセントを乗馬・武道場見学という武道的なものにふり分けた点が特徴である。

他方、天皇が「万機総攬」する形式を整えた後も、一部の公家と薩長二藩が少年天皇を利用して自らの意思を押し通しているとの、小御所会議での山内豊信らの発言と同様の批判が続いた。たとえば、五月に維新政府軍が仙台・米沢二藩を攻撃しようとする密書が明らかになると、奥羽の諸藩は、薩長の二藩が天皇の命令の名を借りて私怨を晴らそうとするもので、天皇は御所の深くに閉じ込められ、事情を伝えることができないと批判し、薩長軍に対抗するため、奥羽越列藩同盟《おううえつれっぱんどうめい》を作った（同前、七一九〜七二〇頁）。

体調をくずす

さて、すでに述べたように、睦仁は孝明天皇の死後数カ月経って、慶応三年四月から五月にかけて一カ月近く体調を崩したが、その後は、大政奉還・小御所会議での緊迫、鳥羽・伏見の戦いに始まる戊辰《ぼしん》戦争へとなだれ込む間、健康を維持した。あまりの目まぐるしい政治の展開に、緊張感から病気をしている暇もなかったといってもよい。その後、戊辰戦争は維新政府軍に有利に展開し、慶応四年（一八六八）四月一日、維新政府軍は江戸城に入城し、五月一五日には上野に立てこもった旧幕府側の彰義隊《しょうぎたい》も撃退された。こうして戦局の焦点は、奥羽越列藩同盟ができた東北地方へ移った。日本は東西二つに分裂するかも知れない不安をかかえつつも、戊辰戦争が維新政府優位に進展していることは確実になった。

このような中で、睦仁はほっとしたのであろう。七月一七日（一八六八年九月三日）、残暑に疲れ、歯痛を覚え、床に就いて休んだ。睦仁にとって約一年ぶりの体調不良であった。七月二一日に上賀茂・下賀茂両社に行幸する予定であったが、風邪にかかったため八月九日に延期された。睦仁はこの間ずっと床に伏していたわけではない。七月二六日には、睦仁はお湯で顔などを洗っても大丈夫なまでに回復していた（岩倉具視宛中山忠能書状、慶応四年七月二六日、『岩倉具視関係文書』四）。八月に入ると、行事に関わることができるようにもなった（『明治天皇紀』第一、七六九〜七九〇頁）。

八月二三日には、維新政府軍は奥羽越列藩同盟中でも最も有力であった会津藩の若松城を包囲し、状況が維新政府軍にさらに有利になった。八月二七日、睦仁は即位式を行った。この日、睦仁は従来の礼服を改めて、束帯《そくたい》を着て出御《しゅつぎょ》した（同前、八〇四〜八一三頁）。束帯は古代において儀式の際に着る衣服で、直衣よりも格式が高かった。岩倉らの主導する宮中は、近世までに変化した伝統を修正して、儀式の面で古代への復古イメージを出すことで、政治の面では近世までの習慣を断ち切った維新の体制を作っていこうとしたのである。

九月八日（一八六八年一〇月二三日）には、慶応四年を改めて明治元年となし、天皇一代において一つの元号をしようするという一世一元《いっせいいちげん》の制が定められた。「明治」という元号の選定は、あらかじめ古典の中から選定された二、三の候補の中から、天皇が、神鏡を祀《まつ》る内侍所《ないしどころ》で自らくじを引いて決定した。

西の京、東の京

慶応四年（一八六八）閏四月京都において、木戸孝允らは、京都を首都とし、大坂を西京とし、江戸を東京とし、適宜東西の京に天皇が行幸することを建言した。しかし、大久保利通の提起した大坂遷都と同様に反対が強くて受け入れられなかった。同月、東征大総督府軍監江藤新平《しんぺい》（佐賀）らは、岩倉具視副総裁に対して、東国の人心を落ち着かせようとするなら、天皇が早く江戸に行幸して東京とし、京都を西京とし、両京の間に鉄道を敷設して、日本が東西二つに分裂する恐れをなくすことが必要であると建議した。当時、佐賀藩は遷都に賛成し、公家はおおむね反対していた。長州藩では時期尚早と考える者もあったが、参与の木戸孝允が同広沢真臣（いずれも長州）を説得して遷都に同意させ、岩倉と密議した。

六月二七日、江戸に出張した木戸・大木喬任《たかとう》らは三条に天皇の東幸《とうこう》を提案し、ようやく決定した（『明治天皇紀』第一、七五一～七五二頁、『大久保利通日記』慶応四年六月二五～二七日）。この経過から、東京遷都の発端となる東幸の決定には、木戸・広沢ら長州藩、江藤ら佐賀藩の有力者と、有力公家の岩倉が強く関わっていることがわかる。大坂遷都の提案者であった大久保（薩摩）も賛成したはずである。

すでに三月から閏四月にかけて大坂行幸を行った睦仁は、他所に滞在することへの自信がつき、東幸についての拒絶感覚がなくなったと思われる。また岩倉によると、江戸から帰った木戸と大木がその状況を説明し、江戸を東京とする命を天皇が下すべきであると上奏したことも、睦仁はよく理解した（副島種臣宛岩倉具視書状、慶応四年七月一三日、前掲、『岩倉具視関係文書』四）。このことから、関東以北の動揺が続いているなかで、睦仁は、江戸を東京として、自分が定期的に行幸し、そこに滞在することが新政府の安定につながるなら、そうしたいと考えるようになったと思われる。睦仁の祖父の中山忠能は、同年春に維新政府の費用を節減する問題で、まず臣下から節減するという方針が睦仁に漏れ伝わるなら、睦仁は決して自ら「安楽」でいることができないだろうと、岩倉に述べている（岩倉具視宛中山忠能書状、慶応四年五月一日、『岩倉具視関係文書』三）。このように、一五歳の睦仁は国家の状態を理解し、自分がその中でどのように行動すべきかを考え、場合によっては自らの感情を押し殺しても、それを優先させるという、君主としての自覚が出てきたのである。

問題はいつ東幸するかであった。維新政府の統合のシンボルで、亡き孝明天皇の唯一の男子である少年天皇の健康は、特に気づかわれた。慶応四年（一八六八）五月末に、議定の松平慶永《よしなが》（前越前藩主）は、炎暑の季節の旅行は困難が多く、下痢等にも悩まされたことがあるので、少々遅れてもその時期を避ける方がよいと、岩倉具視に述べている（岩倉具視宛松平慶永書状、慶応四年五月三〇日、『岩倉具視関係文書』三）。七月下旬に議定の中山忠能は、岩倉に、睦仁は幼少より秋冷寒気の頃はいろいろ体調を崩すので、旅行は気がかりであると、意見を述べた（岩倉具視宛中山忠能書状、慶応四年七月二六日、『岩倉具視関係文書』四）。睦仁の健康面から考え、東幸と、その後の京都への帰還を、一二月に予定されている孝明天皇の三回忌の前に行なおうとすると、東幸は八月頃（太陽暦の九月中旬から一〇月中旬）に出発し、一〇月半ば（同一一月下旬頃）までに京都に到着するのが望ましかった。しかし、これには反対論があり、決定は遅れた。

九月七日、大久保は岩倉・木戸らに天皇の東幸を促し、九月二〇日（一八六八年一一月四日）と決まった。冬が来る前に東京に着こうとの計画だが、帰還は冬になり、睦仁の健康面から不安の残る計画であった。出発の四日前の夜、睦仁の前で三等官以上に酒と肴《さかな》が振る舞われた。この宴で、木戸は東幸が決まってほっとしたのか、前土佐藩主山内豊信《とよしげ》（容堂《ようどう》）と議論を戦わし、数十杯も飲んだ。泥酔して退出の際に廊下に倒れ、深夜まで気がつかなかった。木戸にとって十四、五年来の「大酔」であった（『木戸孝允日記』明治元年九月一六日）。木戸らが天皇の面前で酒を飲むことは、それほど窮屈なことではなくなっていた。

出発の日、睦仁は辰《たつ》の刻（午前七時半頃）に御所の紫宸殿《ししんでん》に出御し、鳳輦《ほうれん》に乗り、御所の南の建礼門《けんれいもん》を出た。鳳輦は天皇の行幸を儀式として見せることを意識した輿《こし》で、屋根に黄金の鳳凰《ほうおう》（想像上のめでたい鳥）の飾りがついていた。行列は堺町通から三条通に入って東に向かい、粟田口《あわたぐち》の青蓮院《しょうれんいん》で昼食をとった。沿道には老人から子供まで男女が集まって車駕《しゃが》を拝観し、拍手の音が絶えなかった。睦仁の供をする者は、輔相《ほしょう》岩倉具視・議定中山忠能・参与木戸孝允ら京都にいた公家・武家の実力者のほとんどであった（輔相三条実美は江戸、西郷隆盛は東征大総督府参謀として東北を転戦中、大久保は東幸を見送った後、大坂へ寄り、一〇月二七日に、船で一足先に江戸に着く）。行幸の列は総勢三三〇〇余人にも及んだ（『明治天皇紀』第一、八三一、八三八頁、『大久保利通日記』明治元年九月二〇～二七日）。

睦仁は昼食後に軽い簡易輿である板輿《いたごし》に移乗した。行幸の列は蹴上《けあげ》の坂を越えて山科《やましな》を経、未《ひつじ》の半刻（午後三時頃）大津に着いて、睦仁は行在所《あんざいしょ》の大塚嘉右衛門の家に入り、その日の旅は終わった。同日、京都から権中納言《ごんちゅうなごん》大原重徳《しげとみ》が馬を馳《は》せて来て、東幸を中止して京都へ還幸することを建言した。大原は幕末期に尊王攘夷、ついで王政復古をめざして活躍した公家で、小御所会議では岩倉とともに山内豊信と論戦した。しかしその後の睦仁の扱いをめぐって、岩倉・三条らの主流派と意見を異にするようになっていた。岩倉は大原の要求をきっぱりと退けた（『明治天皇紀』第一、八三八～八三九頁）。

睦仁、初めて富士山を見る

行幸の列は翌朝大津を出発して瀬田橋にさしかかり、睦仁は琵琶湖の景色を楽しんだ。翌九月二二日は睦仁の一六回目の誕生日であった。この日、行列は石部《いしべ》を出発し、水口《みなくち》を経て土山《つちやま》まで進んだ（いずれも現在滋賀県南東部の丘陵地帯）。土山の行在所となった本陣では、岩倉・中山・木戸らが召されて、ささやかな祝いが行われ、土山の人々にも清酒三石（約五四〇リットル）とスルメ一五〇〇枚が下された。この日、東北では、会津藩が政府軍に降伏した。

その後、行幸は四日市（二四日）・桑名（二五日）を経て、熱田神宮に参拝し（二六日）、東海道を岡崎（二八日）、吉田（一九日）と、現在の愛知県内を進んだ。一〇月一日、睦仁は新居《あらい》の手前で、初めて大波のうねる太平洋と無限に続くかに見える砂浜を眺めた（『明治天皇紀』第一、八四〇～八五一頁）。古代以来、持統《じとう》天皇が伊勢国（三重県）に、元正《げんしょう》天皇が美濃国（岐阜県）に、聖武《しょうむ》天皇が美濃国・伊勢国に行幸した例があるが、東国のここまで来た天皇は、睦仁が最初であった。また近世以降、歴代の天皇の多くが京都すら出たこともない中で、この体験は天皇家の歴史にとっても画期的なことであった。

一〇月二日、行列は新居を出発し、浜名湖を船で渡り、浜松（二日）・掛川（三日）を経て、四日に金谷台《かなやだい》で初めて遠くに富士山を望んだ。午後に大井川の仮橋を渡り、藤枝に泊まった。七日、原で再び富士山が見えた。昼食は沼津の本陣でとり、午後三島に進んで本陣を行在所《あんざいしょ》とした。富士山を眺めるのに最もよい場所でもあった（『明治天皇紀』第一、八五二～八五八頁）。古代以来、富士山を見た天皇は初めてであった。

八日は箱根山越えの日である。寅《とら》の半刻（午前四時半頃）に三島の行在所を出発し、箱根の本陣で昼食を食べ、芦ノ湖の風光や銃を使った鴨猟を楽しんだ。行在所となる小田原の本陣に着いたのは、酉《とり》の半刻（午後七時半頃）であった。一一日は神奈川に泊まったが、イギリス・フランス両国の軍隊が宿場町の西方に列をなして拝礼し、行列を迎えた。また、横浜港に停泊していた各国の軍艦は、一斉に祝砲を放ち、維新政府の神奈川砲台がそれに応じた。

こうして一〇月一三日早朝、行列は品川行在所を出発した。昼食の後、睦仁は板輿から鳳輦《ほうれん》に乗り換え、雲ひとつない秋晴れの下、壮麗な行列を仕立てて午《うま》の半刻過ぎ（午後一時過ぎ）に江戸城に着いた。全行程二二日の旅であった。この日、江戸城は東京城と改称された（『明治天皇紀』第一、八五八～八六六頁、『大久保利通日記』明治元年一〇月一三日）。

睦仁の乗る鳳輦が江戸城に着く
小堀鞆音画「東京御着輦」部分
（明治神宮聖徳記念絵画館蔵）

江戸を東京と改称することについても、木戸の手紙によると、木戸や岩倉・大久保らによって決められたらしい（『木戸孝允文書』三巻、一六八～一七一頁）。

東京での睦仁

睦仁が東京に到着して一週間ほどすると、睦仁の基本的な日課が定まった。二日、七日、一二日、一七日、二二日、二七日という二・七の日には午前習字、午後『史記』講義。三・八の日は午前『保建大記《ほうけんたいき》』輪読、午後乗馬。四・九の日は午前習字、午後『神皇正統記《じんのうしょうとうき》』輪読。五の日は『資治通鑑《しじつがん》』講義、と定められた（『明治天皇紀』第一、八七一～八七三頁）。一〇日間のうち、午後二日間の乗馬を含め、七〇パーセントが日本や中国の歴史書と習字を学ぶ時間とされた。このように、毎日政務を「総攬《そうらん》」してその合間に学問や乗馬を行なうという、政務を中心とする半年前の建て前は、公然と放棄された。

なかでも乗馬は重視され、一一月には六日、九日、一一日、一三日、一五日、二一日、二六日、二七日と、月六回の日課を越え、少なくとも八回は行なわれた。乗馬の場所は、東京城内の山里《やまざと》や吹上《ふきあげ》御苑《ぎょえん》であった。また、輔相《ほしょう》三条実美・同岩倉具視・議定中山忠能ら公家の有力者や近習たちも乗馬の供をして馬に乗るなど、睦仁を支える公家や近習たちも武家的な変化をしてきたことが注目される。乗馬の後は滝見御茶屋でたびたび酒宴になった（『明治天皇紀』第一、八九〇～八九三、九〇五～九〇六頁）。一六歳の睦仁は、乗馬と酒宴を楽しみの中心として、東京での生活にすぐになじんだようである。

前年末からこの年春にかけて、京都と大坂で始まった陸海軍の拝閲にも、睦仁は積極的に応じた。陸軍については、一〇月二五日、一一月一日、一〇日と、会津若松城攻撃から戻ってきた土佐藩兵など諸藩兵を、城内の吹上御苑や山里に召した（同前、八七五、八八三、八九四頁）。

海軍に関しては、一一月一六日、運行を見学するため雨をおして浜殿《はまどの》（明治二年九月に浜離宮となる、現・東京都中央区）に行き、二艦の発砲を見た。二八日も浜殿に行幸し、「武蔵」と「富士」の二艦に乗り、軍艦の運転を見学した。見学には議定中山忠能・参与大久保利通らが同行した。この日は天気がよく、波風もほとんどなく、睦仁は上機嫌であった（『明治天皇紀』第一、八九六、九〇九頁）。睦仁は春の大坂行幸で艦隊の運動を見たが、軍艦に乗ったのは、今回が初めてであった。睦仁は、海軍を育てようという岩倉・三条や大久保・木戸の意向に、率先して応じたのであった。

睦仁の行幸の二六日前、同月二日に海軍局は東京築地元浜殿《つきじもとはまどの》に設けられていた。しかし海軍局とは名のみで、軍艦らしい船をあまり備えていなかったので、木戸は大久保に、国庫収入の六〇パーセントを海陸軍費に充て、特に海軍は艦船の整備を必要とするので、さらに国債を募ることを提案していた（同前、八八六頁、海軍大臣官房『山本権兵衛と海軍』二六九〜二七〇頁）。

陸・海軍の閲兵や行幸の他、天皇は大宮の氷川《ひかわ》神社にも行幸した（一〇月二七〜二九日）。中山・大久保ら数百人が供をし、沿道には多くの人々が出て睦仁を拝観した（『明治天皇紀』第一、八七六〜八八〇頁）。

信任状を受け取る

参与の木戸孝允は、睦仁の東幸前から、江戸（東京）で「外国人」に拝謁を許すことになると、参与の大久保利通に手紙で書いていた（『木戸孝允文書』三巻、一一九〜一二二頁）。一一月二二日、睦仁はイタリア公使・フランス公使・オランダ弁理公使たちに拝謁を許し、彼らから信任状を受け取り、勅語を与えた。その際、随行した公使館員や海軍将校にも拝謁を許した。この日は拝謁が終わった後、伊達宗城《むねなり》外国官知事（後の外相にあたる）らが高輪待遇所《たかなわたいぐうしょ》（現・東京都港区高輪）で、三公使らに日本料理と西洋料理を振る舞った（『明治天皇紀』第一、九〇一〜九〇二頁）。外国公使から信任状を受け取り、天皇への拝謁後に西洋料理を含む料理で接待するという様式は、このように維新後約一年で確立した。もっともこの段階では、外国公使たちは、天皇とともに食事をする陪食は許されてはいない。

さて同じ頃、戊辰戦争は維新政府の勝利のうちに終わりかけていたが、維新政府にとって新たに四つの重大な問題が生じてきた。それは、⑴東北での戦いが終わり、多数の兵士が帰藩することになっているが、彼らを朝廷の常備兵にしたり、恩賞を与えたりすることや、統制する方法を考えねばならない（一〇月一七日の伊藤博文兵庫県知事の建議）、⑵東京と京都をどのように位置づけるかを決めなければならない。この問題に関して、岩倉はいったん還幸して京都・大坂等の人心を安心させたら、明春再び東京に行幸し、太政官を東京に移し、皇后もそれに続いて東京に行啓すべきであると、三条・大久保・木戸らに提案した、⑶天皇がいつ京都に還幸するか決める必要がある。この問題で、輔相の岩倉らは孝明天皇の三回忌や皇后美子《はるこ》の立后《りっこう》の儀式を行うため本年内に還幸すべきことを主張したが、輔相の三条は関東・東北の人心がまだ動揺していると反対した（結局、一一月上旬に還幸することになる）、⑷維新政府と戦った東北諸藩の処置をどの程度厳しくするか、等であった（同前、八七〇、九〇三、九〇六〜九〇七頁）。

このような国家の進むべき大枠を決める問題に、一六歳の睦仁が関与する余地はなかった。結局、この時期は西郷隆盛らが中央にいないこともあり、三条・岩倉の有力公家と、大久保・木戸という薩長の有力者の議論で大枠が決まった。睦仁の祖父中山忠能は、睦仁の身の回りのことについての発言力があったものの、政治に関してはこれら四人ほどの影響力はなくなった。

さて明治元年一二月八日（一八六九年一月二〇日）、冬の寒さが厳しくなる中、睦仁は京都への帰還の旅に出発した。今回も供の者は議定中山・参与大久保ら二一五〇人余りの大人数であった。しかし、輔相の三条と岩倉は東京に留まった（『明治天皇紀』第一、九二一〜九二四頁）。睦仁が来春に再び帰ってくるまでに、東京の行政組織を首都として、また東京城を皇居としてふさわしく整えるためであった。

旅の間、睦仁はいたって健康で、吉原《よしわら》（一一日）や興津《おきつ》（一二日）の辺りで雲を頂いて蒼天にくっきりとそびえ立つ冬の富士山を眺めた。行きと逆の道程を進んだ行列は、一二月二二日、往路より八日短い一四日間の旅で京都に到着した。途中一二月一八日に名古屋付近で寒波と強風に悩まされる等、冬の旅は厳しかったが、睦仁の体には全くこたえなかった。この東京への往復の旅で睦仁は体力に自信をつけたと思われる。

その二年八カ月後、一九歳に近づいた睦仁と腕相撲をした侍従の高島鞆之助《とものすけ》（薩摩、のち陸相）らは、睦仁の筋肉の力が強いのに驚いた（『明治天皇紀』第二、五二〇頁）。このように、睦仁は一六歳以降、肉体的にも頑強に成長していったのである。

睦仁、美子を皇后とする

睦仁は明治元年（一八六八）一二月二五日の孝明天皇の三回忌に間に合った。この日は夜来の雨が降り止まなかったが、睦仁は紫宸殿《ししんでん》の神祭を終えると、直衣《のうし》に着替え、陵のある泉涌寺《せんにゅうじ》の泉山に行幸した。有栖川宮熾仁《たるひと》親王・松平慶永《よしなが》・岩倉具視ら数十名が付き従った。二八日には、一条美子《はるこ》（後の昭憲皇太后）が入内《じゅだい》し、その日に女御《にょうご》とする宣下があった。美子は、ついで皇后に立てられた。入内の日に女御宣下と立后があるのは旧来の例とは異なっていた（『明治天皇紀』第一、九三八〜九四二頁）。この時、睦仁は一六歳で美子は一九歳だった。

このように明治天皇が頑健に成長し、皇后も立てられる頃になると、参与の大久保利通は輔相の岩倉具視に、天性の資質のある天皇の君徳を伸ばすような優れた人物を側近に置くべきであると提案した。大久保は、木戸孝允や副島種臣《そえじまたねおみ》（佐賀、オランダ人のフルベッキに欧米諸事情を学ぶ）を侍読《じどく》とし、天皇を補佐する任に当てる構想を岩倉に述べた。また大久保は、公家や諸藩士中から優秀な青年数名を選んでイギリスに留学させ、和漢洋の学問を折衷して王政一新の根本を定めようとした（同前、九三九頁）。大久保らは、睦仁の教育に乗馬や陸海軍の親閲など武人的な要素を新たに加えたのみならず、睦仁に西欧的な素養も身につけさせようとしたのである。

京都最後の正月

明治二年（一八六九）の正月は睦仁にとって、京都で過ごす最後の正月であった。睦仁は一月一日早朝の四方拝《しほうはい》を行ない、正午より輔相・議定や親王・大臣らからの朝拝を受けた。四方拝も朝拝も朝廷の伝統的行事であるが、この年は三条実美・岩倉具視らの輔相・議定・五官知事・参与らの政府の新しい行政官が親王・大臣という伝統的な地位を誇る者たちよりも先に朝拝を行なった（『明治天皇紀』第二、一～二頁）。そこに、維新による権力の変化を儀式の形で見せつけようとする、輔相の三条・岩倉や参与の大久保らの意思があったと思われる。

ところで、明治元年一二月に天皇が東京からもどると、京都の町民は祝酒を下賜されていた。京都の町民がお礼の拝礼を求めたので、翌二年一月六日、特に禁裏御所の南部の建礼門《けんれいもん》とその北の紫宸殿《ししんでん》の南庭《なんてい》に至る承明門《しょうめいもん》を開けて、京都の町民を紫宸殿が見える承明門外に入ることを許し、巳《み》の刻頃（午前一〇時頃）、睦仁が近習らを従えて紫宸殿に出御し、すだれの中から南庭を隔て町民の拝礼を受けた。一月一〇日にも、京都の町民に酒二二三七石余（約四二・七キロリットル）、スルメ一一万八五〇

○余枚等が下賜された（同前、八、一〇頁、本書一四頁、第2図参照）。三条・岩倉らは胸に秘めた東京再幸の下準備として、京都の町民に気を配ったのである。

明治二年（一八六九）一月二〇日、長州・薩摩・佐賀・土佐の四藩主が連名で、土地と人民を朝廷に返す版籍奉還《はんせきほうかん》を上奏し、翌日、朝廷は受け入れた。その後、他の二五〇余藩主も同様の奏請を行い、認められた。その後も、旧藩主は知藩事として引き続き各藩の統治をしたが、版籍奉還は、富国強兵を目指し、中央集権の政治にするための重要な一歩であった。これは、参与木戸（長州）が発案し、三条・岩倉の公家と参与大久保（薩摩）らが賛同し、参与後藤象二郎《しょうじろう》（土佐）・同小松帯刀《たてわき》（薩摩）・同広沢真臣《ひろさわさねおみ》（長州）・同板垣退助（土佐）・同大隈重信（佐賀）・同副島種臣（佐賀）らも賛成し、四藩主の同意を取り付けて実施したものであった。

しかし維新政府にとっての大きな問題の一つは、元参与の西郷隆盛や薩摩藩の動向であった。東北での戊辰戦争が終わり、明治元年一〇月に東征大総督府が廃止されると、その参謀であった西郷は他の藩士らとともに鹿児島に帰っていた。そのため、西郷は新政府に不満を持っているとか、薩長両藩は不和である等の流言が流れ、人心も不穏となった。薩摩藩は最も強力な軍事力を持っていたため、これは新政府にとって大きな問題であった。そこで三条と岩倉は、薩長両藩主と西郷らを新政府に起用して基盤を強めようとし、参与の大久保らに相談した。こうして明治二年一月一八日、西郷ら三人の薩摩藩士に上京が命じられたが、西郷は上京しなかった（同前、一六〜一七頁）。同じ頃、木戸は、士族対策として朝鮮国の釜山《プサン》港を開き、他日日本を興起させるという意見を、長州出身の大村益次郎《ますじろう》軍務官副知事（後の陸軍次官）に手紙で書き送っている（『木戸孝允文書』三巻、二三二〜二三三頁）。

これらの政治問題は一六歳の天皇睦仁の意思の範囲外であった。睦仁の意思が反映できるのは、大好きな乗馬など日常のことに限られた。明治二年一月一五日、睦仁は昼過ぎに出御《しゅつぎょ》して、馬場始《ばばはじめ》の儀を行った。このような儀式は前例がなく、翌年からは行なわれなくなった。この式が終わると、睦仁は白い着物に火のような濃く明るい紅色の袴をはいて馬に乗った。酒と肴を参加者に出して休憩を取った後、睦仁は再び馬に乗り、鍋島直正《なおまさ》（前佐賀藩主、元議定）ら三人の前藩主・藩主らに乗馬で従わせた。また輔相三条実美・議定鷹司輔熙《たかつかさすけひろ》（元関白）・議定中山忠能ら公家に乗馬をさせて見物した（『明治天皇紀』第二、一四〜一五頁）。

東京「再幸」　明治二年（一八六九）一月二四日、天皇の東京への「再幸」が三月上旬と定められ、責任者として議定の徳大寺実則《さねつね》・同松平慶永（前福井藩主）ら六人が任命された。京都府民がこの「再幸」を東京への遷都ではないかと疑って動揺し始めたので、維新政府は京都府を通してそうでないと伝えさせた。

その翌日、議定岩倉具視は時務四策を書いて、輔相三条実美に示し、それを朝議にかけることを求めた。その内容は、(1)政体は万世一系の天皇を戴《いただ》くのみならず、維新の実をあげて、才能に応じて人材を登用しようとすれば、輔相《ほしょう》・議定《ぎじょう》・知官事《ちかんじ》（のちの各省の大臣）の重要ポストに就く人物が、親王・公家・前藩主たちに限定されていることを改める必要がある、(2)睦仁の君主として備えるべき徳を育成する（「君徳培養」）ため、和漢洋の学識のある者を公家・藩主・武士層から選抜する、(3)議事院を設けて法律を審議させ、朝議で決し、天皇の決裁を仰いだ後に施行する、(4)東京遷都は京阪の人々を動揺させ、天皇の意思でもないので、賛成できず、東京再幸と別にすべきことである（『明治天皇紀』第二、二九〜三一頁）というものであった。二カ月前に東京遷都論を三条・大久保・木戸らに提案した岩倉が、遷都に反対するのは奇妙にみえる。これは、京都府民の動揺に対し、東京再幸を遷都と直接結びつけるのでなく、時間をかけて実質的に遷都していくという提言であろう。

また岩倉は、二月二八日にも三条に意見書を出し、外国との交際を国際的な基準で行うとともに、条約改正を達成すること、清国・朝鮮には勅使を派遣して、古くからの交友を復活させ、連携すること、国家財政の窮状を公表し、無駄な費用を削減するが、蝦夷地（北海道）の開拓事業には尽力すること等を朝議にかけることを求めた（同前、五九〜六三頁）。

岩倉が王政復古・小御所会議から政治をリードしてきたのは、剛胆な性格や大久保らとの信頼関係に加えて、このように明確な維新の改革への構想と現実的判断力があったからであった。下級公家出身の岩倉は、中・下級武士出身の人材をもっと公式に政府の中枢に入れることを、自分の理想への近道と考えた。

三月七日（一八六九年四月一八日）、睦仁は予定通り東京行幸の旅に出た。今回睦仁の供をする者は、輔相三条・議定中山ら三五〇〇余人である。ルートもほぼ昨秋の東京行幸の時と同じであったが、今回は春景色である。大きな問題もなく、前回の東京行きより一日早い二一日間の旅の末、一行は三月二八日の正午前に、東京城（皇居）に入った（同前、六九〜八九頁）。

入内を終えていた皇后は同行せず、皇太后らとともに京都に残った。京都の町民たちの動揺に配慮したためである。新婚直後に天皇と引き離された皇后は病気になり、三月二六日より護浄院《ごじょういん》権僧正《ごんのそうじょう》湛海《たんかい》に命じて三日間祈禱《きとう》させたりしたが、なかなか良くならず、二カ月ほどかかってようやく全快した。

第二章 「大元帥」イメージの創出

1 行き詰まる維新政権

乗馬熱

明治二年四月二三日、睦仁《むつひと》（明治天皇）の東京での新しい生活の規則が定まった。それによると、天皇は毎日辰《たつ》の刻（現在の朝六時四五分〜八時二〇分の間、季節によって異なる）に学問所代に出御《しゅつぎょ》し、夕方に入御《にゅうぎょ》、三条ら輔相《ほしょう》・議定《ぎじょう》・参与《さんよ》は毎日天皇の側に仕えることになった。七月一三日の太政官規則によると、天皇の判断を仰ごうとする者は、午《うま》の半刻（一二時半〜午後一時頃）に参入するとあるので、天皇は朝から夕方まで主に学問や乗馬をし、昼食後の一定の時間に限り政務を見るということであった（『明治天皇紀』第二、一〇七、一五四頁）。これは、天皇の「判断を仰ぐ」という内実のない時間を短く限定したこと以外は、前年春に決められたものと基本的に同じである。

四月二八日、京都に残った議定中御門経之《なかみかどつねゆき》は、近時は天皇が一日おきに乗馬していると聞いて、あまりに乗馬に夢中になりすぎることを心配し、岩倉に睦仁の乗馬を三・八の日に限る（一〇日に二回）ことを奏請するよう勧めた。これは、四月四日に、卯《う》の半刻（現在の朝五時〜七時の間）から、天皇は一・三・六・八の日（一〇日に四回）に乗馬、堂上《どうじょう》（上級官人）は一・六の日に乗馬、地下《じげ》（下級官人）は一・八の日に乗馬することが決められたことに対する異論であった（『明治天皇紀』第二、九五〜九六頁、一〇九頁）。

中御門経之は、「討幕の密勅」という偽文書を作成した一人で、幕末以来の三条・岩倉らと同志の有力公家である。乗馬好きになった睦仁に対し、彼の輔導《ほどう》（教育）の中でどの程度認めていくかについては、岩倉ら積極的な推進者に対する反対意見もあったのである。

睦仁の朝の乗馬について、その後どの程度実施されたか詳しくは分からないが、五月は、まず皇居内の山里《やまざと》馬場で、二日、五日、七日と一二時頃から乗馬した。次いで一七日は午後二時頃から山里馬場で、蜂須賀茂韶《はちすかもちあき》（徳島藩主）ら藩主を召して一緒に乗馬し、終了後、梅御茶屋で酒と肴《さかな》を与えた。その後、一九日、二八日と山里馬場で乗馬し、二九日は馬に乗って皇居内の吹上御苑《ふきあげぎょえん》に行き、公家や藩主たちの前で自ら乗馬するとともに、公家たちにも乗馬させた。最後に、滝見御茶屋で参加者に酒と肴を与え、その風光を和歌に詠《よ》ませ、夕方七時頃に帰った。翌六月の乗馬は二回の見学も含め、五月より一回多い八回に及んだ（『明治天皇紀』第二、一一一〜一三八頁）。

中御門が岩倉に意見した後も、睦仁の乗馬熱はまったく衰えていない。睦仁は乗馬によって、君主としての、しかも東京での慣れない生活のストレスを発散していたのであろう。岩倉もこのことをよく理解し、多少和漢の学問修得に影響しても、それくらい元気な方が君主として望ましいと考えたと思われる。

維新政府への不満

この間、明治二年五月一一日、維新政府軍が箱館（函館）の榎本武揚《えのもとたけあき》ら旧幕府軍への総攻撃を始め、一八日、榎本らが降伏し、一年半続いた戊辰《ぼしん》戦争が終わった。しかし、五月一〇日に「多田隊」と称する者たちが攘夷を唱え京都市中焼き討ちや東京襲撃等を計画したとして、首謀者が捕らえられた。五月下旬には、戊辰戦争に参加した十津川《とつがわ》郷士（現・奈良県の十津川流域にいた在郷武士）が不穏な動きをしているとの報で巡察使が派遣された（『明治天皇紀』第二、一一五、一一六頁）。木戸孝允《たかよし》（長州）は、十津川郷士たちがややもすると「朝廷を軽蔑」するところが少なくないとまで、同郷の槇村正直《まきむらまさなお》（京都府幹部）に手紙で報じていた（『木戸孝允文書』三巻、三六二～三六三頁）。このように維新を実現するための戦いが一段落し、参加した多くの将兵が故郷へ帰ると、彼らは、自らへの処遇の不満もあり、維新の理念が十分に実現していないとして、維新政府に対する批判を強めた。そこで、維新政府に対する軍の忠誠を保持することが、重要な課題であり続けた。

五月一八日、睦仁は江戸城本丸跡に行幸し、親兵四大隊の練兵を見、六月一三日にも同所で薩摩・長州・土佐・佐賀四藩兵の大砲操練《そうれん》を見学した。また、六月二九日には戊辰戦争以来国家のために戦死した約三五〇〇名の霊を祀った招魂社《しょうこんしゃ》が九段坂上に創建された（『明治天皇紀』第二、一三二、一三八、一四六頁）。睦仁の行幸や、後に靖国神社となる招魂社の創建によって、維新政府は戊辰戦争に加わった将兵の不満を少しでも小さくしようとしたのである。

七月八日には、維新政府の組織に大改革がなされ、古代の制度名にならった太政官制が正式に発足した。それは復古の形式を取りながらも、大久保利通（薩摩）・木戸（長州）ら、それまで総裁・議定（公家や諸藩主）の下の参与にまでしかなれなかった、中・下級武士出身の維新政府の実力者の地位を引き上げるための改革であった。太政官は維新政府の中枢ポストで、それを構成するのは、左右大臣・大納言と参議であった。三条実美《さねとみ》が右大臣となり（左大臣は空席）、岩倉具視《ともみ》と徳大寺実則《さねつね》が大納言となった。また、七月二二日までに、大久保・広沢真臣《さねおみ》（長州）・副島種臣《そえじまたねおみ》（佐賀）・前原一誠《まえばらいっせい》（長州）が参議に就任した。参議の下の卿《きょう》には、民部卿松平慶永《よしなが》（元福井藩主）などのような、藩主や親王・公家が就任している。

睦仁の祖父で岩倉・三条らと討幕に活躍した中山忠能《ただやす》は、形式的には太政官の上に置かれた神祇官《じんぎかん》の長官である神祇伯《じんぎはく》に就いた。文化六年（一八〇九）年生まれの中山は、すでに五九歳で、当時としては老齢の域に達していた。睦仁の信頼を得た岩倉にとって、さらなる改革に否定的な中山は、祭り上げられるべき存在となったのであろう。

この改革に関連し、岩倉から三条への提案にもとづき、特に大久保と木戸は小御所代《こごしょだい》に召され、勅語を受け、太刀一口《ひとくち》ずつを授けられた。さらに、大久保・木戸・板垣退助（土佐）を待詔院《たいしょういん》出仕という、国事について天皇が諮問する特別の肩書きを与えた（『明治天皇紀』第二、一五二頁）。岩倉と三条は、維新の改革を成功させるため、天皇を媒介に、薩摩・長州・土佐・佐賀の四藩の中下級武士出身の有力者の政権への帰属意識を高めようとしたのである。

イギリス王子の来日

明治二年(一八六九)七月二五日のイギリスの第二王子エジンバラ公アルフレッドが来日した。これは、旧幕府の残党を降伏させ、維新政府が唯一の正当性のある政府となった状況を象徴した出来事であった。王子は海軍大佐で英軍艦の艦長として世界周遊の途中であった。列強の王子が日本を訪れたのは今回が初めてであった。政府は国賓《こくひん》の礼で王子を遇することを決め、東京の浜殿《はまどの》(後の浜離宮)に幕府時代に建造された延遼館《えんりょうかん》を改修して王子の宿泊所とし、伊達宗城《むねなり》(元宇和島藩主、後の外相にあたる外国官知事等を歴任)らを接待の責任者とした。

王子は七月二二日に横浜に着いた。二六日は政府が延遼館で王子に槍や剣の試合を見せ、二七日は芝増上寺《ぞうじょうじ》に王子を案内し、帰館後、太神楽《だいかぐら》を見せ、夜には奇術の催しをした。

翌二八日は、王子の参内《さんだい》の日であった。午後、もう一人の接待の責任者が王子を延遼館に迎えに行き、王子はパークス公使らを従えて参内した。大納言岩倉具視らが王子を出迎え、休憩所に導き、右大臣三条実美が応対した。天皇は大広間に出て待ち、王子は大広間に入って上段に進み、仁和寺宮《にんなじのみや》(後の小松宮)嘉彰《よしあきら》親王と向かい合って座った。天皇と王子は立って対面し、挨拶が終わると両者は椅子にすわった。次いで随員が拝謁し、天皇は大広間を退出した。

次に接待の責任者が王子を皇居内の吹上御苑紅葉茶屋に導いて、茶菓でもてなした。しばらくして天皇が王子を滝見御茶屋に招き、二人は椅子にすわって談話した。三条が側に控え、茶菓が出された。この時に天皇は王子の献品を受け取り、王子が辞去する際に立って会釈した。

王子が延遼館に戻ると、天皇は仁和寺宮嘉彰親王を使いとして答礼させた。同日夕方は、鷹を放って獲物を取らせる技を王子に見せ、夜は舞踊で目を慰めた。

二九日は赤坂の和歌山藩邸で能狂言を王子に見せ、日本料理で接待した。同日に、延遼館では王子に相撲の技を見せ、夜は花火と雅楽で歓待した。八月一日には、三条・岩倉や大久保利通・広沢真臣らが王子を延遼館に訪問した。二日は、王子のために打毬《だきゅう》（紅白の毬を毬杖ですくい取って自分の毬門に投げ入れることを競う競技）・曲芸・漁とりなどを行い、夜は注文に応じて即席で絵を描く席画《せきが》を催した。同日、睦仁は山里御殿でイギリス人が演奏するフルートを聴いた。また王子が参内した際に、ヴィクトリア女王に献上するための宸筆《しんぴつ》を求めていたので、睦仁は自作の和歌を自筆で書いたものを、翌三日に三条に宿舎に届けさせた。王子は三日のうちに横浜に戻り、一一日に横浜港を出発、大阪・神戸・長崎に立ち寄って、二二日に清国へと向かった。

かなりの歓待に見えるが、イギリス側は、王子が天皇に拝謁する際に、パークス公使や随員の艦隊司令官が上段に上れなかったこと等、日本側の待遇に不満であった。一方、日本側は初め、王子を吹上御苑の茶亭に招き、そこで天皇に拝謁させようとしたが、パークス公使は席を宮中に設けることを求め、皇居の大広間での拝謁となったのであった。世間ではこのような王子への待遇に対しても、その礼遇が丁寧すぎるとの批判があった（『明治天皇紀』第二、一五八〜一六九頁）。このように、攘夷の風潮は維新後も根強く残っていた。

八月九日（太陽暦の九月一三日）、睦仁は三条・大久保らを従えて、浜殿に行幸し、英国王子の宿泊した延遼館を見て歩いた後、御苑の秋を満喫した。供の者の乗馬や池での魚とりを見物、彼らを召して酒と肴を与え、「秋衣」・「秋地儀」という題で和歌を詠ませた。夕方、睦仁は機嫌よく皇居に戻った（『明治天皇紀』第二、一七〇～一七一頁）。一六歳の睦仁は、初めての列強の皇族の接待、それもイギリスという大国の王子の接待を終え、ほっとしたのであろう。

皇后、東京に着く

明治二年（一八六九）三月、睦仁が京都を発って東京に向かって以来、三つ年上で二〇歳にも満たない皇后美子《はるこ》は、入内《じゅだい》後わずか二カ月ほどで京都御所（禁《きん》裏《り》御所）に残された。すでに見たように、皇后が春に二カ月間も病気になったのは、新しい環境とこのような孤独が背景にあったのかもしれない。

睦仁が京都を離れて半年、皇后も東京に行くことになった。それに反対し、同年九月二四日には、京都御所に至る九門の一つの石薬師《いしやくし》御門《ごもん》（京都御所の北東）に約一〇〇〇名もの京都の人々が集まり、抗議を行なった（高木博志『近代天皇制と古都』一二二頁）。しかし、皇后一行は一〇月五日に板輿《いたごし》に乗って京都御所を出発し、東京に向かった。皇后も、金谷《かなや》や安倍川（いずれも現在の静岡県）などで富士の清らかな景色を楽しんだ。皇后は二四日の午《うま》の半刻頃（午後一時頃）に東京に到着し、天皇に対面した（『明治天皇紀』第二、一八〇～二一九頁）。

皇后が東京に来る頃から、奥《おく》（内廷）で天皇・皇后に仕える女官の改革も始まった。八月に天皇は神祇伯中山忠能らに命じて、奥の女房の階級・人員・呼称等の改革を検討させたという（『明治天皇紀』第二、二一四～二一五頁）。この後もしばらく、宮中関係の改革でも表の政治でも、睦仁が自らの意思を積極的に表した形跡は確実な史料では確認されない。睦仁が女官の改革を命じたというのは、睦仁の祖父の中山が大納言岩倉具視らの了解のもとに、睦仁に女官の改革を勧め、天皇の命という形で改革を検討したものであろう。

この八月頃に岩倉は、皇居の奥では賄賂が広く行なわれ、江藤新平《しんぺい》や大隈重信らは奥《おく》に取り入って種々な策略を行っていると、大久保に報じている（大久保利通宛岩倉具視書状、一八七〇年八月一九日、『大久保利通関係文書』一、二六〇頁）。奥での女官の醜聞も、女官改革の一つの動機であった。

この結果、一〇月一二日、従来女官の間では、上﨟《じょうろう》・小上﨟・中﨟・下﨟・御乳人《めのと》・御年寄等の階級があり、各人は地名で呼ばれていたものを、定員がなく空席が普通である尚侍《しょうじ》（正従三位相当、男子の参議に準ずる位階）、典侍《てんじ》（正従四位相当）四人、掌侍《しょうじ》（正従五位相当）四人、命婦《みょうぶ》（正従六位相当）と改めた。

その後、宮中改革の中心となったのは、表の政治の実力者でもある岩倉や参議の大久保利通・木戸孝允であった。参議の木戸・大久保の政治改革の主張に応じ、翌明治三年（一八七〇）一〇月二七日、岩倉邸で、右大臣三条実美・岩倉・大納言徳大寺実則《さねつね》や参議の大久保以下が会した。そこでは天皇の輔導《ほどう》（教育）や勤勉節約や人員整理のことなどが決められた。同年閏《うるう》一〇月五日には、木戸・大久保が「君徳培養《くんとくばいよう》」（天皇の徳育担当）の任についた（『明治天皇紀』第二、三四六〜三五〇頁）。

公家で睦仁と年令が近く、親しい関係にあった西園寺公望《さいおんじきんもち》は、この頃までの（西園寺は一八七〇年一二月三日にフランスに出発、一八八一年一〇月二一日に帰国）睦仁と大久保の関係について興味深い話を伝えている。睦仁が、今日は大久保をやり込めたなどと話すこともあったが、それを聞いた西園寺は、それは大久保が睦仁に自信をつけさせるためにわざとやり込められたのかもしれないと考えた。睦仁も気づいたのか、後にはそのような自慢をすることもなくなった（「倉富勇三郎日記」一九二八年一〇月二〇日）。また西園寺は別の回想で、この頃の睦仁は非常に「御活発」で、山岡鉄舟《てっしゅう》などはたびたび「今日は鉄の雨が降った」などと話していたが、これは時々鉄扇《てっせん》で打たれることがあったので、そのことを指して言ったものである、と述べている（「明治天皇追憶記」、立命館大学西園寺公望伝編纂委員会『西園寺公望伝』別巻二、三三三頁）。

明治四年（一八七一）二月から四月にかけ、京都御所の内廷（奥）を東京の皇居に移す構想が、岩倉の主導で決定していった。また四月六日、大納言徳大寺実則が勅使として孝明天皇陵に行き、天下の形勢からやむを得ず京都還幸を延期し、東京で大嘗会《だいじょうえ》を行うことを奉告した（『明治天皇紀』第二、四四三〜四四五頁）。大嘗会は、天皇の即位式と同様、新しい天皇が一度のみ行う重要な儀式で、新天皇が天照大神《あまてらすおおみかみ》をはじめとする神々に新穀を供えるなどし、即位を神々に奉告する。このように、皇后の東京居住、内廷の皇居への移動と合わせて、明治四年四月には、東京遷都は公然としたものになっていった。

維新政権の危機

皇后が東京に来る前後の明治二年（一八六九）夏から秋頃に、話を再び戻そう。

同年七月一〇日、木戸孝允（長州）は右大臣三条実美に、政府の方針が朝夕に左右にぶれるので、官吏の中には、真剣に仕事をせず形勢を観望している者もいるほどである等、数点の問題を建言した（『木戸孝允日記』明治二年七月一〇日）。

同年八月一〇日、睦仁は小御所代に置かれた太政官に臨御《りんぎょ》、大臣・大納言・参議ら三職が新政の実を挙げることを宣誓、守るべき四条の約束に同意し、署名するのに立ち会った。署名した者は、右大臣三条・大納言岩倉具視・同徳大寺実則《さねつね》（以上は公家）と参議大久保利通（薩摩）・同広沢真臣（長州）・同副島種臣（佐賀）の六人であった。新政権の実力者をほぼ網羅しているが、参議になっていない木戸（長州）・板垣退助（土佐）も、大久保とともに天皇の相談機関として新設された待詔院《たいしょういん》出仕に任じられ、天皇を助けるように命じられている。また西郷隆盛は、明治元年一一月に薩摩藩に帰り、門閥を打破する藩政改革に執務役（大参事）として取り組んでおり、維新政府を離れていた。

この日の「約束」では、(1)すべて天皇の同意を得て行う（「万機宸断《ばんきしんだん》」）のはもちろんである、(2)しかし、五カ条の御誓文のすべて「公論」によって決めるとの趣旨にもとづいて、重要な問題は、大臣・大納言・参議の三職が熟議する、(3)その上で、事柄により諸省の卿《きょう》（長官）・輔《ほ》（次官）などや待詔院・集議院（各官庁や奥羽越の藩の代表などからなる）へ諮問《しもん》した後、上奏して天皇の裁可を仰ぐこと、等とあるのが注目される。また三職が会合して決定したことは、後に異論が強くなっても、方針を変えず一致して義務を果たすことや、三職の者は毎月三、四回から五、六回各自の宅に集会して意思疎通を図ることなども約束された（『明治天皇紀』第二、一七一～一七三頁）。

戊辰戦争が終わり、倒幕や旧幕府派の討伐という共通目標がなくなると、木戸が危機感を持ったように、政府の方針もはっきりしなくなった。このような状況が続くと、すでに見たように、維新政権

第1表　廃藩置県前の御前会議の回数

	1月	2月	3月	4月	5月	6月	7月	8月	9月	10月	11月	12月
明治2年（1869）								13	14	5	3	3
3年（1870）	0	0	3	6	2	2	0	0	0	0	2	2
4年（1871）	0	0	0	0	0	0						

（備考）　明治3年12月の2回は「定例会議」。
（出典）　『明治天皇紀』第二，171～488頁より算定。

への不満から地方での政情不安が拡大する恐れがあった。そこで三職を中心とした政府中枢の団結を、一六歳の天皇の前で再確認し、維新の改革を進めていこうとしたのである。

御前会議の頻発

判明しているだけで、明治二年（一八六九）八月には一三回も御前《ごぜん》会議があり、天皇は毎回巳《み》の刻（午前九時半頃）に小御所代に出御した。九月も一四回にも及ぶ御前会議があり、前将軍徳川慶喜《よしのぶ》や元会津藩主松平容保《かたもり》、箱館五稜郭《ごりょうかく》で最後まで抵抗した榎本武揚らの処分等が審議された。一〇月は五回の御前会議が開かれた。その後は明治三年四月の六回を例外として、月に二～三回しか開かれなくなる。もっとも明治三年一二月の『明治天皇紀』の叙述には、同月四日と一四日に「定例の御前会議」が開かれたとあるので、月二回御前会議が開かれている明治三年五月頃から毎月定例の御前会議が開かれていた可能性もある（第1表参照）。

このように、明治二年八月から一〇月の間に御前会議がたびたび開かれ、その後も数を減らしながらも行なわれたのは、維新政府の危機に対し、すべてについて天皇の合意を得て行う（「万機《ばんき》宸裁《しんさい》」・「万機宸断」）原則を、とくに権力中枢にいる有力者に意識させ、威信が揺らぎはじめた政府の団結を保つためであった。維新とともに、「万機宸裁」の原則は公示されていたが、一五、六歳の天皇に政治権力の実態はなかった。

それはやむをえないとしても、幕末の小御所《こごしょ》会議のような天皇の面前で重要事項を審議して決定するという形式すら、次第に行われなくなっていた。九月二四日に木戸は、大村益次郎《ますじろう》兵部大輔《ひょうぶたいふ》（のちの陸軍次官）に、朝廷の権威はますます「地に堕《お》」ちているとまで手紙に書いた（『木戸孝允文書』三巻、四三九～四四〇頁）。この一〇月に木戸は、同じ長州出身で腹心の伊藤博文（大蔵少輔《しょうゆう》〔次官クラス〕兼民部少輔）等と会見し、時勢を憂えた。また一一月になると、三条太政大臣にまで「朝廷前途」への不満を述べるようになった（『木戸孝允日記』明治二年一〇月八～二四日、一一月二八日）。政権の威信が揺らぐ中で、高知藩知事山内豊範《とよのり》（前土佐藩主）のように、「朝権」が振るっていないとして、明治二年一二月に文書でその振興策を建議する者さえ出てくる有様であった（『明治天皇紀』第二、二三一頁）。

あい次ぐ要人暗殺

維新政府の困難は第一に、欧米人を日本から追放しようとする攘夷の考えを維新後も信奉し、政府にそれを迫ろうとする動きが根強く残ったことである。これは、西欧化を進めようとする政府要人の殺傷という形で表面化してきた。攘夷に共鳴する空気は、討幕に参加した武士層も含め全国に残っており、対応を誤れば再び内乱に発展する可能性すらあった。

すでに明治二年一月五日には、参与の横井小楠《しょうなん》が欧米人とつながってキリスト教を信じ、日本を外国に売ろうとしているとの理由で、十津川郷士らによって京都で暗殺された。天皇はとても驚き、遺族に祭祀金も下賜した。しかし福岡藩邸に禁錮された犯人については、同藩主をはじめ減刑を願う者が少なくなかった。

同年九月四日には、近代的な陸海軍の創建に尽力していた兵部大輔（兵部省次官）大村益次郎（長州）が、長州藩士らによって京都で襲撃され、重傷を負った。その理由は、大村が洋風を好んで、神の国である日本の「国体」を汚し、万民の苦しみを顧みないということであった。大村は回復することなく、一一月五日に死去した（『明治天皇紀』第二、七〜八、一八八、二二六頁）。

この大村殺害の犯人の処刑執行についても大きな問題が生じた。それは、参議副島種臣らが、刑を執行する弾正台《だんじょうだい》に刑の執行手段の改変についての通達を忘れたことを理由に、京都出張弾正台が立会いを拒否し、同年一二月に予定の刑の執行が中止されたことである。この背景には、弾正台の次官クラスの海江田信義《かえだのぶよし》（薩摩）ら、犯人の理由を正しいと主張する者がかなりいたという。参議の大久保は鹿児島に出張する途中、たまたま京都でこのことを知り驚き、刑の執行をするように刑部省に働きかけ、九日遅れで刑は執行された（『明治天皇紀』第二、二八四〜二八九頁）。

さらに、明治四年（一八七一）一月一八日には、参議広沢真臣（長州）が自宅で刺殺された。犯人は見つからず動機も不明であった。政府の中枢で大久保・木戸とならぶ参議の暗殺は、それまでの横井や大村の暗殺以上に政府に衝撃を与え、皇居や東京は厳戒態勢に置かれた。同年三月には、下級公家の外山光輔《とやまみつすけ》らが、攘夷を実施するため反乱を起こそうとしたとして逮捕された。外山ら二人は死罪となり、事件の関係者は京都と東京で一〇〇余人もあったという（『明治天皇紀』第二、四二一〜四二五頁、「下橋敬長談話筆記」上、『明治天皇紀談話』七巻、二一〇〜二一六頁）。

また同年四月には、天皇に身近に仕える宮内大丞《くないだいじょう》（現在の局長）の小河一敏《おがわかずとし》や侍読《じどく》（天皇の漢学の進講役）の中沼了三《りょうぞう》が反政府の動きに関与しているとして、免職となり鳥取藩と薩摩藩に拘置された（『明治天皇紀』第二、四四七〜四四八頁）。事の真相は十分わからないが、宮中の幹部にまで反政府の動きがおよんでいると思い、岩倉や大久保らはぞっとしたことであろう。

薩摩藩の非協力　第一の危機に優るとも劣らない政府の危機は第二に、有力藩である薩摩・長州・土佐・佐賀各藩の連携が十分でないことである。なかでも、戊辰戦争終結後、最有力藩である薩摩藩が政府から距離を置いていることが大きな問題であった。

維新政府は、戊辰戦争や維新の恩賞を明治二年（一八六九）六月二日、九月二六日の二回に分け、天皇の名のもとに行なった。そこでは、有力公家の三条実美・岩倉具視や、薩摩・長州・土佐三藩に配慮し、とりわけ維新政府に十分参加していない薩摩藩の協力を得るため、その藩政の実権を握るようになった西郷隆盛に対して、厚い配慮が行われた。西郷は二〇〇〇石の禄を受け、正三位に叙せられた。それに対し、中・下級の武士として維新に参加した同クラスの者は、木戸孝允・大久保利通・広沢真臣が一八〇〇石を受け、木戸・大久保が正三位の一つ下の従三位に叙せられ、大村益次郎は一五〇〇石を受けた（『明治天皇紀』第二、一三三、一九八〜一九九頁）。また、山口（長州）藩知事毛利広封《ひろあつ》（元徳《もとのり》）と鹿児島（薩摩）藩知事島津忠義《ただよし》は従三位に叙せられたにすぎなかったので、西郷は旧藩主よりも位階が高くなってしまった。

さて、元長州藩主毛利敬親《たかちか》と、薩摩藩の実権を握っていた島津久光《ひさみつ》は、東京に来るようにという天皇の命を受けたが、病気を理由に応じなかった。そこで大久保は敬親と久光、鹿児島藩の実権を握るようになった西郷を東京に呼び、政府の基礎を強めようと考えた。大久保は自分と木戸が帰藩してそれぞれ説得しようと考え、木戸・岩倉・三条の賛同を得、右大臣の三条が天皇に上奏して、明治二年一二月三日、大久保・木戸に帰藩の命が出た（『明治天皇紀』第二、二三四～二三五頁）。この帰藩の命も、一七歳の睦仁が三条・岩倉・大久保・木戸の合議に従ったにすぎない。この結果、木戸の説得に応じ、毛利敬親は木戸とともに東京に出、明治三年六月四日に参内した（その後一〇月に帰藩し、病気で明治四年三月に死去する）。

右のように山口（長州）藩は政府に従順な姿勢を示したが、薩摩藩は異なっていた。西郷は正三位に叙せられたが、藩知事島津忠義の位階を越えるのは情義が許さないと辞退した。そこで、政府は明治三年五月二日に西郷の正三位の位階辞退を認めざるを得なかった。また、大久保の説得にもかかわらず、島津久光と西郷は東京に来る気配を見せなかった。

その頃、有力な省であった民部省と大蔵省の卿（長官）と大輔《たいふ》（次官）が兼任となっていたため、大輔の大隈重信の権力が強くなりすぎ、その対応をめぐって政府内部の対立と動揺が起きていた。これは七月に両省の人事を分けて一応解決した。その後、山口藩と鹿児島藩関係者の間で猜疑心が生じ、三条が前者と、大久保が後者と結んでいるとの噂さえ流れるようになった。

また、大久保は明治三年九月になると、まず岩倉に廃藩を提案し同意を得、次いで三条実美右大臣からも賛同を得た。廃藩を実施するには、薩長を中心とした雄藩の団結が何よりも必要であった。そこで一二月、久光の東京入りを促すため、岩倉が勅使として派遣された。久光は病気であったので、二五日、藩は西郷に明春に東京に行くことを命じた（『大久保利通文書』四巻、一～一一頁、『木戸孝允日記』明治三年七月二五日、『明治天皇紀』第二、三二五～三二六、三六四、三七八～三七九頁）。こうして、明治三年の一年をかけて、鹿児島藩政の実権を握る西郷が東京に来るという返事がようやく得られたのである。

鹿児島・山口・高知の三藩連携

東京に行くことを決意した西郷は、大改革をするには鹿児島・山口二藩の提携だけでは不十分として、大久保や木戸ら山口藩の同意を得て、高知（土佐）藩の協力も求めることになった。明治四年（一八七一）一月には薩長土三藩の提携が成立し、土佐藩から大参事の板垣退助が東京へ行くことになった。二月一日、西郷・板垣や、高知まで出張した大久保・木戸らは横浜港に着いた。二月一三日、鹿児島藩に歩兵四大隊・砲兵四隊、山口藩に歩兵三大隊、高知藩に歩兵二大隊・騎兵二小隊・砲兵二隊を、御親兵《ごしんぺい》として出すことが命じられた。その兵員は約八〇〇〇人にもなった。これがのちに皇居と東京を守る近衛兵《このえへい》の原型となる（『明治天皇紀』第二、三九四～四〇一、四一〇～四一二頁）。ようやく、維新政府の軍事基盤ができたのである。

この過程から、⑴若い天皇の勅命には、薩摩藩を直ちに動かす力がなかったこと、⑵薩長土の三藩の連携の強化は、岩倉・三条らの公家や、大久保・木戸や西郷・板垣らの武士など維新の有力者間の話し合いによってできたもので、そこに天皇が介在する余地はなかったことがわかる。

各地の騒擾

以上に挙げた他、政府の第三の危機として、この頃各地に頻発するようになった農民や武士の騒擾が挙げられる。

たとえば、上田・小諸《こもろ》両藩と伊那《いな》県での農民の暴動（いずれも現在の長野県、明治二年八月一七〜二八日、物価上昇が原因）、甲斐国白石県・高崎藩の農民の蜂起（現在の山梨県と群馬県、明治二年一〇月四日〜一〇月末、兵乱に疲れ、減税を要求）、皇后の東京行啓で遷都を懸念した京都府民の動揺（明治二年一〇月）、新潟の町民の暴動（明治二年一〇月〜一二月、米価上昇から米の移出反対）、山口藩の諸隊《しょたい》兵士と農民の暴動（明治三年一月二六日〜二月、諸隊解散への不満など）、日田《ひた》県下の騒擾（現在の大分県、明治三年一一月〜一二月）、松代《まつしろ》藩の農民の蜂起（現在の長野県、明治三年一一月二六日〜一二月、政府が藩札の通用を禁止し、価格の七五パーセントで官札と交換することに対する反発）、須坂《すさか》藩中野《なかの》県下の農民蜂起（現在の長野県、明治三年一二月〜明治四年三月年貢米相場が高すぎるとの不満）、福島県の農民蜂起（明治四年二月一四〜二〇日、貢納負担が重い）、三河国僧侶と信者の騒擾（現在の愛知県、明治四年三月九日〜一〇日、寺院の合併や宗門改帳の廃止への反発）等であった。これらは、維新の兵乱による疲弊や税負担の過重、維新への期待ゆえの失望、近代化政策への不安や反発が混じり合って生じたものであった。

第一に述べた攘夷派の政府要人殺傷とそれに共鳴する空気、右に示した農民や武士の騒擾は、薩長土の三藩の連携さえあればその軍事力で抑えることができた。明治三年一二月下旬、薩摩藩から維新政府への協力が確認された後、特に御前会議の開催が強調されないか、開かれなかったのは、維新政権を維持する見通しが一応ついたからであった。

明治二年（一八六九）九月二二日、睦仁は一七回目の誕生日（天長節）を迎え、小御所代に出御して、高級官僚である勅任官以上から祝いを受けた。午《うま》の刻（正午）には、各国の公使や書記官を浜離宮の延遼館に招き、酒と肴で接待した。天皇の名代として小松宮嘉彰《よしあきら》親王（兵部卿）が衣冠を着けて出席した。天長節のような祝日に欧米の公使を宴に招待したのは、これが初めてであった。

翌明治三年（一八七〇）一月一七日、昨夜来の雪が三〇センチ以上積もり、厳しい寒気の中で、睦仁は鹿児島・高知二藩の徴兵三大隊など約三〇〇〇人の兵士の訓練を見た。

四月には、睦仁は東京郊外駒場野《こまばの》（現・目黒区駒場）に、一万八〇〇〇人もの在京の諸陸軍部隊の連合訓練を閲兵した。当日の早朝、睦仁は頭を覆う巾子《きんし》をかぶり、直衣《のうし》を着、紅色の袴をはいて馬に乗って皇居を出た。兵部卿有栖川宮熾仁《たるひと》親王・右大臣三条実美・大納言徳大寺実則《さねつね》ら官吏数十人が、多くは直垂《ひたたれ》を着たり、黒ラシャの筒袖《つつそで》の軍服を着たりして、騎馬で従った。駒場野では、天皇は仮設の建物内の玉座にすわり、訓練を閲兵した。この訓練には、当初天皇の代理の者が出席する予定であったが、大久保が天皇自身の出席を強く主張したのであった（『明治天皇紀』第二、二五四～二五五、二九三～二九五頁）。天皇は直衣に袴をはくという、近世まではなかった奇妙な和装で、馬に乗って演習地に向かった。大久保の要請があったとはいえ、このようなことは初めてであり、慶応三年（一八六七）に始めた乗馬の技量は、三年足らずで軍事演習地に行く際にも使えるほどになっていた。

同年五月には、睦仁が皇居内の吹上御苑で辰《たつ》の刻（朝六時半）から戌《いぬ》の刻（夜九時頃）まで過ごすという日が、五日間あった。また皇居内の山里馬場で、六回乗馬した。六月には吹上御苑行きが五回で山里馬場での乗馬が一回と、少し減ったが、七月は吹上御苑行きが五回、山里馬場での乗馬も五回と、再び月の三分の一を御苑か馬場で過ごすようになった（『明治天皇紀』第二、二九九〜三三二頁）。すでに述べたように、明治三年までに維新政府の基盤は動揺し始めているにもかかわらず、軍事的に最も有力な鹿児島藩からの積極的な支持は、同年一二月になるまで得られない状況であった。しかし、この問題に関して、一七歳の睦仁にできることはほとんどなかった。睦仁は、なるようにしかならないと腹をくくり、好きな乗馬や御苑での気晴らしに精を出した。乗馬の練習は、軍隊を統率するイメージ形成に必要であるという実利もあった。

九月七日には、生母中山慶子《よしこ》が参内して睦仁に拝謁した。慶子は、召しにより八月一四日に京都を出発して二八日に東京に到着していた（『明治天皇紀』第二、三三二頁）。厳しい生母であったが、久しぶりの対面は、睦仁の気持ちを和らげたことであろう。これで、京都に残っているのは皇太后（夙子《あさこ》）だけになった。

さて、九月八日、八月末から宮中神事が続いているにもかかわらず、睦仁は、大久保・岩倉・三条らの申し出に応じ、越中島《えっちゅうじま》（現・東京都江東区）に行幸し、帰藩直前の、鹿児島・山口・佐賀・高知四藩徴兵の訓練を閲兵した（この日、天皇は板輿《いたごし》で出発）。しかし途中で風雨が激しくなり、天皇の席にまで海水が達するほどになったので、訓練は中止となった。そこで天皇は、一二日に神事が終わるのを待って、再び越中島に行幸したいとの考えを、神祇伯の中山忠能らに示した。四藩兵は天皇の意向を聞いて感激し、一一日の出発を延期して、一二日に越中島で訓練することになった。しかし折悪しく当日に睦仁は病気になってしまったので、右大臣の三条が代わりに閲兵した。睦仁は三条から訓練終了の報告を聞いて機嫌が良かった（『明治天皇紀』第二、三三二～三三五頁）。

宮中神事の最中にもかかわらず、睦仁が行幸したのは異例のことであった。睦仁が四藩兵の閲兵をすることを、まず岩倉に強く勧めた大久保利通は、有志の者は朝廷に尽くすことを当然と心得ているが、一般にはその通りではない場合がある状況を認めている。その上で岩倉に、睦仁が四藩兵に一言でも言葉を下せば、一同が感銘し帰藩しても天皇の恩を忘れないだろうと述べた（『大久保利通文書』四巻、二一～一四頁）。睦仁も中止になった訓練を実施することに強いこだわりを示したように、彼は大久保らの期待に応えた。このように、天皇は軍の統率者としての新しい性格を加え、近代君主制の形成が進展したのであった。

2　征韓論政変への道

廃藩置県の実施

明治四年に入ると、徳島藩知事蜂須賀茂韶《はちすかもちあき》が藩を廃して州県を置くことを上奏する等、各藩の財政難もあって、廃藩を求める声が、有力藩を含めた各藩からも上ってきた。

またすでに述べたように、明治三年（一八七〇）九月、参議大久保利通は廃藩を考え、岩倉具視《ともみ》

（大納言）・三条実美《さねとみ》（右大臣）から同意を得ていた。その後、同年一二月、薩長土の有力三藩から維新政府に積極的に協力する約束を取り付けた。明治四年二月には、三藩の兵約八〇〇〇人を新たに御親《ごしん》兵《ぺい》として維新政府の直属軍にすることが決まった。その際大久保は、睦仁《むつひと》（明治天皇）が自身で御親兵を閲兵すること等の覚書を岩倉に提示した（『大久保利通文書』四巻、二一五～二一七頁）。御親兵は編成や装備が整えられていき、六月中旬になると、木戸孝允《たかよし》（長州）は岩倉に廃藩置県の断行を求めた。しかし岩倉も大久保も、島津久光《ひさみつ》が廃藩に反対している状況下で、薩長土の三藩が廃藩に同意するかどうか確信が持てず、直ちに実施することには賛成しなかった。

ところが、六月二五日、木戸と西郷隆盛が参議に任じられると、兵部少輔《しょうゆう》（次官クラス）山県有朋《ありとも》や民部少輔井上馨《かおる》ら長州の少壮者は、廃藩置県を断行する時期と考え、井上は木戸を、山県は西郷を説得することになった。七月六日、山県は西郷から廃藩への同意を取り付けた。西郷は当時、鹿児島藩大参事として藩政改革を主導して藩政に実権を持ち、藩兵の信頼が厚かった。その西郷の賛成により、廃藩置県成功の可能性が一気に高まった。西郷は大久保を訪れ、廃藩の決意を述べた。翌七日、木戸はこのことを聞いて喜んだ。

木戸孝允
（『近世名士写真』其1，より）

そして七月八日、木戸と西郷の会見があった。次いで九日、木戸邸に木戸・西郷・大久保の三巨頭の他、山県・井上と兵部権大丞《ひょうぶごんのだいじょう》（現在の局長）西郷従道《つぐみち》（隆盛の弟）・同大山巌《いわお》（薩摩）が集まって、廃藩置県の密議を行なった。一〇日も西郷・木戸・大久保の密議があり、一二日に手続きも含めた概略が定まった。そこで、三人は三条実美と岩倉具視に協議の結果を述べて決行を迫り、天皇の裁可を早く求めるように要請した。二人は同意して上奏、天皇の裁可を得て、一四日に廃藩置県が発表された（『明治天皇紀』第二、四九六～五〇二頁）。こうして、近世以来の行政単位であった藩を廃止し県を置くという、維新の改革の中でも最も重要な改革が達成された。

この過程で重要なことは、西郷・木戸・大久保という薩長の最有力者、なかでも薩摩藩士族に信頼の厚い西郷が廃藩に賛同したときに、改革が一挙に進展したことである。それに比べ、三条や岩倉の役割はあまり重要でなく、一八歳の睦仁はその決定を追認したに過ぎなかった。

七月一五日、三条右大臣以下諸省の卿《きょう》（長官）・大輔《たいふ》（次官）らが宮中に会して廃藩後の措置を審議した。議論が紛糾してなかなか決まらない状況を見た西郷隆盛が、もし諸藩で政府の方針と異なる意見を唱えるものがあるなら兵力を使うしかないと、大声でどなりつけると、議論はぴたりと止んだ（『明治天皇紀』第二、五〇二頁）。この事件も、御親兵の中でも最も強力な兵力を持っている薩摩兵が西郷の指揮下にあり、西郷が廃藩置県の成否の鍵を握る人物であったことを象徴的に示している。

西郷隆盛の宮中改革

西郷隆盛が御親兵の中核を占める薩摩兵とともに、維新政府に参議として加わったことで、これまで公家の岩倉具視・三条実美や、大久保利通・木戸孝允らが進めてきた、睦仁を武人的かつ西欧的な近代君主に導いていこうとする路線に弾みがついた。

維新以来、岩倉・大久保らの宮中改革のおかげで、睦仁は、乗馬を好み陸海軍を親閲する君主に成長してきた。しかし、日常生活の多くの時間、天皇の側に仕える者は公家や女官に限られ、孝明天皇以来の女官が奥《おく》の実権を握り、先例や昔からのしきたりを重んじることには変わりなかった。このため、岩倉・大久保らの改革にも限界が見え、右大臣三条や岩倉らも心配を募らせていた。

この状況を見た西郷は、国の勢力を伸ばそうとすれば宮中に古くから続く弊害を改めるべきで、華やかにおごり、軟弱な傾向のある旧公家を宮中から排斥し、剛健で清廉な者に天皇を輔導させるべきであると考えた。そこで、木戸（参議）・大久保（大蔵卿）と相談した上で、三条と岩倉に宮中改革を推進するよう進言した。もとより、前年一〇月一〇日の大久保の日記によると、大久保も睦仁の輔導や財政節約の観点から宮中の「非常の改革」が必要と考え、睦仁の側近に参議を二人もしくは三人専任とすることを考えていた。また同月にそれらを含んだ政府組織の大改革を求める覚書を三条に提出していた（『大久保利通文書』四巻、六八～七二頁）。

西郷隆盛
（『近世名士写真』其1，より）

西郷が発議し、大久保や岩倉らに支持された構想の特色は、第一に宮内省や宮中の組織や人事を刷新し、旧公家に代わって旧薩摩藩士を中心とする旧武士層を任命し、近代君主としての天皇を育てることである。まず明治四年（一八七一）七月四日、吉井友実《ともざね》（鳥羽・伏見の戦いの薩摩藩部隊参謀、民部大丞）を宮内大丞（現在の局長）兼制度取調掛に任命し、宮内省と内廷（奥）の改革を担当させた。また旧公家に限られていた内廷事務や君側《くんそく》の事務を、旧公家・旧武士を交えて担当させることにした。六月二九日付の岩倉に宛てた大久保の書状によると、吉井の推薦は大久保からであった（『大久保利通文書』四巻、三一六～三二〇頁）。

七月二〇日、宮内大丞戸田忠至《ただゆき》（元宇都宮藩家老、幕末に若年寄として宮中事務責任者）以下、現在の局長から課長クラスにあたる大丞・小丞ら宮内省高等八人を免じ、村田新八《しんぱち》（薩摩、のち西南戦争で西郷軍の一員として敗死）を宮内大丞に任命する等した。また、八月四日、公家の徳大寺実則《さねつね》（前大納言）を侍従長《じじゅうちょう》に任命し、一〇月一七日には宮内卿兼侍従長に任命した。侍従は一一月までに、旧長州藩士・旧土佐藩士・旧薩摩藩士・旧熊本藩士ら八人を任命し、旧公家の侍従六人を辞めさせた（もっとも、うち四人は次侍従に任命、九月に次侍従が廃止され侍従に任命される）。この他にも、まず次侍従に任命され、それが廃止され侍従に昇格した者が、旧藩士で二人いた（『明治天皇紀』第二、五〇四～五〇七頁）。

右の改革で侍従となった高島鞆之助《とものすけ》（薩摩、後に陸相）は、改革後の宮中は、「剛健勇武」の気風に満ち、睦仁も非常に元気で、酒も強く、時々気に入った側近を集めて酒宴を開き、勇壮な物語を肴《さかな》としてどんどん酒を飲んだと回想している（渡辺幾次郎『明治天皇』上巻、一二七～一二八頁）。すでに述べたように、睦仁は最初の東京滞在中に乗馬の後に酒を飲むことを覚えた。そして、この一八七一年の宮中改革の結果、一八歳の睦仁は、武士あがりの側近によって、大酒を飲む習慣をつけたようである。

この改革について、明治三年（一八七〇）に皇太后の小上﨟《じょうろう》として宮中入りした柳原愛子《やなぎはらなるこ》（のちに、大正天皇の生母）は、岩倉が睦仁を活発にしなければと考えて、奥では「公卿」や女性ばかりが側に仕えていたのを改め、各藩士を入れたことや、若い睦仁がそれを楽しんでいたことを回想している（『明治天皇紀談話』三巻、二九五〜二九六頁）。

公家の万里小路通房《までのこうじみちふさ》は明治維新に際し、参与《さんよ》や奥羽征討総督府参謀を務めた後、一八六九年からヨーロッパに留学、一八七四年に帰国した。彼は維新直後からの数年間日本にいなかったため、この間の天皇の変化を最も鮮明に感じた一人である。彼によると、留学から帰ると、天皇と侍従の様子が一変し、たいそう活発になっていた。それは公家の他に武家が側近に入ったために違いないと、万里小路は証言している（『明治天皇紀談話』一巻、八〇頁）。

こうした実質的変化に、イメージの変化も促進された。以下で述べるように、大久保・岩倉らに加え、西郷が宮中改革に乗り出して以来、睦仁は大元帥服（洋装の軍服）を着、陸海軍の親閲や他の官庁の視察などを熱心に行なう一方、乗馬が好きで質実剛健であり、和漢の文明の深い理解の上で、積極的に西洋文明を摂取し、近代化（西欧化）をリードする、というイメージをさらに進展させた。

馬に乗る睦仁、馬車に乗る睦仁

明治四年（一八七一）八月一七日、今後、天皇は民情や風俗を視察するため、騎馬や馬車などに乗り、軽装で離宮その他に臨時に行幸する予定である旨が布告された。

すでに述べたように、これまで天皇の行幸は、より正式な鳳輦《ほうれん》と略式の板輿《いたごし》に乗って行われていた。

いずれも多くの担ぎ手が必要なばかりでなく、担ぎ手の歩くゆっくりとしたスピードでしか移動できなかった。明治三年四月になると、武士の和装に類似した装いの天皇は、初めて乗馬で皇居を後にし、軍事演習を視察するために行幸した。しかし、近代化を推進する維新のリーダーたちにとって、この姿は質実剛健という点ではよかったが、廃藩置県を実施する政府のシンボルとしての天皇像としては、あまりにも近世的でありすぎた。

そこで宮内省は、フランスの駐日公使を介して四人乗割幌《わりほろ》馬車を購入した。それが明治四年五月に到着した翌日、睦仁はさっそく見学した。そして八月六日、初めてその馬車に乗り、皇居内の吹上御苑《ふきあげぎょえん》に行幸した。一八日には、浜離宮と三条実美（太政大臣）・岩倉具視（外務卿）の家に馬車で行幸した。これが、天皇が皇居の外へ初めて馬車を用いて行幸した例である。供の者は、皆黒い洋服を着て、ほとんどが馬に乗った。睦仁らは三条邸から浜離宮に行き、正午に延遼館《えんりょうかん》で、兵部省軍楽隊の伴奏のもと、参館した大臣・参議・諸省の卿などの高官に陪食させ、西洋料理を食べた。睦仁はたいへん機嫌がよく、皇居に帰る途中で岩倉邸に立ち寄って、岩倉に、維新以来の尽力に感謝する勅語を与えた（『明治天皇紀』第二、四六〇、五二〇、五二七〜五二八頁）。陪食に加わった参議の木戸孝允は、天皇の顔はうるわしく、その元気な姿に、感激の涙が出たと記している（『木戸孝允日記』明治四年八月一八日）。一八歳の睦仁は、活力にあふれていたのである。

ところで、後に睦仁の西国行幸の項で述べるように、西郷は、天皇が馬車で行幸に出るよりも、乗馬で出る、武士的で簡素な様式を好んだ。このように西郷の頭の中にあった、シンボルとしてのあるべき天皇イメージは、岩倉・大久保や木戸らのものとは少し異なっていた。後述するように、この年の一一月、岩倉使節団の一員として欧米に出発した木戸は、翌年一一月、長州出身の侍従長に、馬車の新たな注文やそれを引く馬について連絡している（『木戸孝允文書』四巻、四一九〜四二〇頁）。

「大元帥」イメージの形成

睦仁は明治四年（一八七一）九月三日の兵部省に始まり、一二日に神祇・外務両省に、一五日に大蔵省、二四日に司法省に行幸した。

九月二二日、睦仁は一九歳の誕生日を元気に迎えた。その際、皇居の各門外に整列している御親兵一番から九番まで（四番を除く）の各大隊等を馬車に乗って親閲した。これはのちの天長節観兵式の原型であった（『明治天皇紀』第二、五三六〜五四四頁）。このことや、各省への行幸に関し、先にまず兵部省に行ったことから、天皇の「大元帥《だいげんすい》」イメージを形成し、軍の支持を背景に政情の安定を図ろうとする意図が読める。

一一月二日には、品川沖に集合している艦隊を、軍艦に乗って親閲した。すでに述べたように、睦仁は一五歳の春、慶応四年（一八六八）に大坂に行幸して海軍軍艦を初めて見た。一六歳になった同年一一月には浜殿《はまどの》（後の浜離宮）から二隻の軍艦に乗り運転を見学している。一九歳になった今回は、「龍驤《りゅうじょう》」など合計一〇隻の軍艦の運動を見学した。鋼鉄艦の「龍驤」の他、一隻が鉄骨木皮の船で、残りはすべて木製という貧弱な艦隊であったが、各艦長以下総員約一〇四〇余人の艦隊を見学するのは初めてであった（同前、五三六〜五四四、五七一〜五七二頁）。これも「大元帥」イメージを増幅しようとするものである。

また馬車を使用していることから、西欧君主のような近代君主イメージを付加しようとしていることがわかる。同年八月には、横浜で購入された椅子などが学問所に備えられ、睦仁は洋燈《ランプ》や馬具などと一緒に見学した。

このような天皇の表に出るイメージに関連するものの他、明治二年（一八六九）九月には、大納言岩倉具視が、睦仁の健康のため、西洋医を漢方医と併用するよう献言、木戸らも支持し、そのように決まった。翌明治三年四月二二日には、大学助教兼小典医池田謙斎《けんさい》（のち侍医局長）が睦仁を診察した。これは西洋医が天皇を診察した、記録に残っている最初の例である。この年一二月には、睦仁は再び種痘《しゅとう》を受けた。すでに同年四月には、政府で広く種痘を行うように府藩県に指令が出されていた。また、夏以来天然痘が流行して少なからぬ死者が出たので、祖父の中山忠能邸にいた幼少時にすでに種痘を受けていたにもかかわらず、侍医の奏請を天皇が受け入れたのであった（同前、一八六、二九六、三八四頁）。

睦仁の種痘接種に関しては徳大寺実則《さねつね》大納言によると、同年閏《うるう》一〇月二四日段階では、皇太后（夙子《あさこ》）と淑子《すみこ》内親王（孝明天皇の姉）が見合わせるように主張し、実施ができなかった。そこで徳大寺は、実力者で宮中にも顔のきく岩倉具視大納言に、京都へ行ったさい皇太后に召された時に、睦仁が種痘を受けるように勧めるよう手紙で依頼した。徳大寺は皇太后が睦仁の接種を推進するようになることを願っていた（岩倉具視宛徳大寺実則書状、明治三年閏一〇月二四日、対岳文庫所蔵「岩倉具視関係文書」マイクロフィルムR23―45―7）。皇太后と淑子内親王の反対で睦仁の種痘接種が滞ってしまったこ

第２表　廃藩置県前後（1871年６～11月）の睦仁の乗馬と御苑行の回数

	6月	7月	8月	9月	10月	11月
乗馬（山里馬場）	8	12	8	6	6	4
吹上御苑・山里御苑	3	2	4	6	3	4

（備考）山里御苑の馬場で乗馬し，同日吹上御苑に行幸した場合も，おのおの数に加えた。
（出典）『明治天皇紀』第二，474～616頁より算定。

とから、一八歳になる頃の睦仁には、自分の身のまわりのことすら決める力が十分にないことがわかる。他方、皇太后や淑子内親王は京都にあっても、睦仁の接種に強い影響を与えるような権限をもっていたと推定できる。

睦仁は廃藩置県前後の緊迫した時期においても、皇居内で熱心に乗馬し、吹上御苑や山里御苑でも楽しんだ（第２表参照）。九月末には西洋馬具が届き、その後、睦仁はそれを用いた（『明治天皇紀』第二、五四一頁）。以上のように睦仁は、西欧化・近代化を受け入れ、服装の問題も含め、近代的な「大元帥」イメージに近づいた像を形成しつつあった。

この間、廃藩置県の約一カ月後の八月二三日、京都の留守官が廃止された。この改革は、京都の御所内の古い習慣に囲まれていた天皇を東京に移して、近代的な天皇とそのイメージを形作っていくという、東京遷都の目的が、廃藩置県後に達成されつつあることを象徴している。

睦仁は学問にも熱心に取り組んだ。反政府グループに関係しているとして罷免された侍講《じこう》中沼了三《りょうぞう》に代わって、元田《もとだ》永孚《ながざね》（宮内省出仕）が『論語』と『日本外史《にほんがいし》』を熱心に進講するようになったのが一つの特色である（明治四年六月は合計一二回）。また侍読《じどく》平田延胤《のぶたね》は『日本書紀』を進講、侍読加藤弘之《ひろゆき》（西洋学者、のち帝大総長）がドイツ語学を講習した（『明治天皇紀』第二、四七五頁）。

女官のリストラ

廃藩置県後、参議の西郷隆盛を中心に、女官の組織や人事および教育、皇后の位置づけにも改革が及んだ。明治四年（一八七一）八月一日、すべての女官をいったん罷免し、そのうち広橋静子（孝明天皇の典侍）・高野房子《ふさこ》（孝明天皇の掌侍《しょうじ》）を典侍《てんじ》に、四辻清子《よつつじきよこ》（孝明天皇の上臈《じょうろう》）・葉室光子《はむろみつこ》（睦仁の典侍、慶応三年（一八六七）一〇月に宮中入り、のち第一皇子を出産するが死去）・橋本夏子《なつこ》（睦仁の典侍御雇として、明治元年九月に宮中入り、のち第一皇女を出産するが死去）を権典侍《ごんのてんじ》に任命するなど、女官の編成替えを行った（『明治天皇紀』第二、五〇七頁）。

高級女官の中には、孝明天皇の側室の他、睦仁の側室も二人いた。葉室光子の宮中入りは、皇后美《はる》子《こ》（勝子）の入内《じゅだい》よりも少し早く、橋本夏子は美子の入内の九カ月後に宮中入りした。一五歳の睦仁に皇后も含め三人もの女性を配偶することは、今日の常識からは異常に見えよう。しかし、孝明天皇の生存する唯一の男児として皇位を継承し、天皇の存在が象徴的な意味で維新の将来にも大きな影響を及ぼす現状から、睦仁に万一のことが起こる可能性を考慮すると、一日も早い男児の誕生が必要だったのである。

また八月一日、皇后の命として、宮内大輔《たいふ》（次官）万里小路博房《までのこうじひろふさ》が、今後は皇后の命を奉じて勤務すること、家柄に関係せず女官を登用すべきことを、女官たちに伝達した。西郷らは、これまで孝明天皇の側室であった女官の権力を削減し、二〇歳（実際は二一歳）の若い皇后を中心とした女官統制への変更を構想したのであった。

その後、皇太后も京都を離れ、明治五年（一八七二）四月一一日に東京に到着、赤坂離宮に入った。その機会に同月二四日、典侍広橋静子・同高野房子ら三六人もの女官が罷免された。これは当時皇后と赤坂（皇太后）御所に奉仕していた女官一一六人の約三割にものぼる大改革であった。広橋・高野はともに孝明天皇以来の女房であり、広橋は女官の首位・高野は次席として後宮の実権を握り、古い慣習にこだわった。このため、皇后の意向ですら実施されないこともあった。そこで、宮内卿徳大寺実則《さねつね》（公家）・侍従長河瀬真孝《かわせまさたか》（長州）・同少輔《しょうゆう》吉井友実《ともざね》（薩摩）らは皇太后と皇后に宮中改革を言上し、天皇の承認を得て、後宮の権力を皇后を中心としたものにしようとした。また、宮中に奉仕する女官は、従来、天皇に仕える者と皇后に仕える者とに分かれ、しばしば両者が対立することがあったが、この改革で、すべての女官を皇后の下に置くことになった（同前、六七〇〜六七一頁）。

吉井友実は、アメリカにいる岩倉具視に宮中改革の様子を知らせている。吉井は、三六人の女官を罷免した後は皇后が一手に奥向を掌握し、「百年の害」がなくなったと満足した。また改革以来、皇后も「憤発」し、睦仁の服などまで自ら片付けるようになったとも報じた（岩倉具視宛吉井友実書状、一八七二年五月一七日、対岳文庫所蔵「岩倉具視関係文書」R23―45―11）。

この改革により、皇后が女官をたばね、天皇に奉仕するという近代的な体制と、女官のリストラが初めて達成されたのである。そのため、皇太后は東京に居住するようになったが、宮中への影響力を十分に回復できなかった。

なお、この経過から、改革の推進者が徳大寺実則ら宮中の官僚であり、宮中の問題すら、一九歳の睦仁は実権を持たず、承認を与えたにすぎないことがわかる。また、これらの改革も岩倉・大久保が進めてきた路線を、西郷が強力に推進したものといえる。

皇后や女官の教養に関しても、改革に関連し、より高いレベルのものが求められるようになった。そのため、和漢洋の様々な時代の書籍に通じている必要があるとして、日頃から読書に励むことが求められ、天皇の講読の際は陪聴を許されるようになった。三カ月後の一一月九日、皇后は侍読加藤弘之の進講を聞き、典侍以下が陪聴した。侍読が皇后に進講したのは、これが初めてである（『明治天皇紀』第二、五七九～五八〇頁）。

すでに述べたように、大久保は一貫して宮中改革に熱心であった。西郷の意志で宮中改革が加速されたこの時期においても、大蔵卿となった大久保は宮内省に職を変わることを熱望し、七月一五日に右大臣の三条に陳情し、参議の西郷・木戸にも考えを示した。さらに三条に懇願し、岩倉外務卿にも詳しい気持ちを述べた。しかし、当時民部省を廃して大蔵省に統合し、事務の刷新を行うことも焦点となっていたので、民部大輔（次官）井上馨（七月二八日より大蔵大輔）は大久保が大蔵卿にとどまることを強く主張した。このため大久保は、宮内省に移ることをあきらめざるを得なかった（同前、五〇八頁）。

岩倉使節団の派遣

明治四年(一八七一)になると、不平等条約の改正に向けた動きが始まり、一〇月八日、外務卿の岩倉具視が右大臣に任じられ、条約改正のため締約各国に派遣される特命全権大使に任命された。特命全権副使には、参議木戸孝允・大蔵卿大久保利通と工部大輔《たいふ》(次官)伊藤博文・外務少輔《しょうゆう》(次官クラス)山口尚芳《なおよし》の四人が任じられた。太政大臣の三条実美や参議の西郷隆盛は条約改正使節団には加わっていないが、岩倉・大久保・木戸という維新政府をリードしてきた大物を網羅した使節団であった。

三条・西郷・参議板垣退助らは、廃藩置県・官制改革が行われた後、内政がまだ整っていない時期なので、このような大型使節団を派遣することに反対であったが、最終的には同意した(『明治天皇紀』第二、五四七~五四九頁)。

岩倉・大久保・木戸らは、条約改正交渉を行なうとともに、欧米諸国を見聞して日本の近代化構想を立てたかったのである。この使節団派遣をめぐる対立は、三条・岩倉・西郷・大久保・木戸らの有力者が動いて調整され、一九歳の天皇は特に関与しなかった。

一一月一二日、特命全権大使岩倉具視の一行四八人と留学生五四人は、横浜からアメリカ合衆国に向けて出発した。その二日前、岩倉は参内《さんだい》し、太政大臣の三条と相談して兵事に精励するように睦仁に再度申し上げた。睦仁は必ず自ら兵馬の権を「総攬《そうらん》」すると答えた(『明治天皇紀』第二、五八一~五八二頁)。岩倉は大久保・西郷・木戸らの武士層に優るとも劣らず、天皇に「大元帥」という武人的要素を身につけさせることに熱心であったことが、ここでも確認される。

また、侍従長東久世通禧《ひがしくぜみちとみ》（公家）も七人の理事官の一人として派遣された。宮内省幹部の派遣は、睦仁を取り巻く保守的な宮中を変革する一環であった。約一年後の一八七二年一一月三日に木戸は、東久世ら宮内省の者が米欧の外見にのみ驚いていて、せっかく派遣された甲斐がないと歎く者が少なくないと書いている（『木戸孝允文書』四巻、四一六～四一七頁）。宮内省幹部へのショック療法は、刺激が強すぎるほどだったのである。

「大元帥」イメージの強まりと西郷

さて、岩倉・大久保・木戸が渡米すると、廃藩置県まで天皇像の形成にあまり影響力のなかった西郷の影響力がさらに強くなる。明治元年（一八六八）に西郷は、天皇を中心とした日本のあり方は（「皇国の国体」）、中世以前のあり方を本《もと》とし（「中古以上の体を本に居へ」と表現）、西洋各国までも広く参考にして安定したものに定めるべきと、岩倉らに主張していた（「西郷吉之介見込書」岩倉の覚書、明治元年、対岳文庫所蔵「岩倉具視関係文書」マイクロフィルムR12—21）。この西郷の下で天皇像はどのように形成されたのかを見ていきたい。

睦仁は同じ明治四年一一月二一日から二三日の二日間、官営の横須賀造船所に行幸した。午前七時に馬車で皇居の門を出、浜離宮から海軍のボートで品川沖に停泊している軍艦「龍驤《りゅうじょう》」に乗り込み、午後三時に横須賀に着いた。快晴で、途中の海面は鏡のように穏やかで、睦仁は昼食に西洋料理を食べた。その後、少し休憩して造船所を見学し、行在所《あんざいしょ》に入った。翌朝は、乗馬で造船所に行幸し、夕方行在所に戻った。二三日、睦仁は軍艦「東京丸」に乗り、帰途についた。途中、海軍第一艦隊、第二艦隊（合計一〇隻）の砲撃と艦隊運動を見学した。この日は冬の北風が激しく、波が高かったが、睦仁は動じなかった（『明治天皇紀』第二、五九四～五九七頁）。睦仁が海軍の軍艦に乗り、演習を見学したのは、一一月二日の艦隊親閲に続いてのことであった。しかも今回は、軍艦で横須賀まで往復し、初めて造船所の見学を行なった。この横須賀造船所見学の二日目にも、乗馬で造船所に行幸した。陸軍の演習見学以外での乗馬の行幸は初めてであった。

また、睦仁が陸軍の指揮の練習に尽力したいという意志を示したので、一二月一〇日に陸軍少佐岡田善長《よしなが》（東京府士族）を御練兵《ごれんぺい》御用掛とした。同一五日、睦仁は御親兵の訓練を見学するため、日比《ひび》谷《や》門外の訓練所に乗馬で行幸した。参議の西郷隆盛らは、先に同所に行って睦仁を出迎えた（同前、六〇五～六〇七頁）。

このように、西郷が実力者として留守政府を主導し始めると、武士を原型とした「大元帥」イメージをさらに強めるような行幸が次々と行なわれるようになった。

一二月一一日、西郷はおじの椎原與三次《しいはらよさじ》に宛て、睦仁や宮中の状況について興味深い手紙を送っている。その主な内容は、『西郷隆盛文書』掲載の書状（『大西郷全集』一巻に掲載のものは少し文面が異なる）によると、以下のようである。(1)これまで公家（文面では「華族」と表現）の人でなくては天皇の面前に出ることができなかったが、この悪い習慣を改め、士族からも侍従を採用することにした、(2)睦仁は士族出身の侍従をたいへん気に入っている、(3)睦仁は奥にいることを嫌い、朝から晩までしじゅう表に出ており、日本・中国・西洋の学問などを少しの暇も惜しんで熱心に学んでいる、(4)睦仁はこれまでの大名よりも軽装で、休み時間以降も熱心に勉強しているところはとりわけすばらしい、(5)

三条や岩倉でさえ、昔の睦仁とは大きく変わったというほどであった、(6)公家たちは、睦仁は才知が人に抜きん出ており(「英邁」と表現)、大変健康であると言っている、(7)乗馬も天候が良ければ毎日行なうつもりであり、今後、睦仁は一日おきに兵士を訓練することに決まった、(8)睦仁は訓練で是非大隊を自分で率い、「大元帥」自ら兵士を率いることを関係者に示したいと言っており、恐れ入りありがたいことである、(9)睦仁はしだいに政府にもお出ましになり、諸省にも行幸し、その度に西郷らも面前に召し出され、そこで食事を下賜されることもある、(10)これから一カ月に三度は政府や諸省の長官が睦仁の面前に出て、政治の得失などを討論して研究することに内定した、(11)この変革中の大きな成果は、睦仁がまったく「尊大の風習」をなくし、君臣が非常に親密な関係になったことである。

西郷の書状で注目すべきは、西郷は重々しい儀式や乗り物・服装で天皇を権威づけるよりも、天皇が質実剛健で実質的な能力からくる威信によって臣下を引きつけ、天皇と臣下の相互の親密な関係を作るべきだと考えていたことである。軍事関係を中心に、軽装で馬に乗って行事に出発することなどは、西郷にとって望ましい行動の一つであった。それは、岩倉や大久保の考えるよりも、もっと形式にこだわらない天皇像であった。睦仁も西郷の意向に積極的に応じた。

熱心に操練を行なう

岩倉らが欧米に派遣されている間に、兵部省を廃止して陸軍省・海軍省が創設された。また、国民の成年男子がすべて兵役につくことを原則とする徴兵令が公布された。このように明治五年(一八七二)から翌年六月頃までに、近代日本の軍事制度の大枠が形成された。この時期に、あるべき「大元帥」像もほぼ固まっていく。

まず、明治五年一月八日、前年の同日に始まった講武始《こうぶはじめ》の規模を大きくして陸軍始《りくぐんはじめ》とし、睦仁の行幸を仰いで日比谷《ひびや》陸軍操練所《そうれんじょ》(現・千代田区の日比谷公園)で実施した。当日の式には、御親兵《ごしんぺい》の四個大隊と騎兵隊、東京鎮台《ちんだい》兵が参加し、太政大臣三条実美、参議西郷隆盛などが参列した。

翌八日には、睦仁が築地《つきじ》の海軍兵学寮《へいがくりょう》(海軍将校を養成する学校、のち海軍兵学校となる)に行幸し、海軍始《かいぐんはじめ》の儀式を行なった。これは明治三年正月に海軍始業式を行なったことがその起源であり、今回それを新年式の一つとしたのである。睦仁は前日と同様に馬車で皇居の門を出、天皇の行列も陸軍始と同じであった(『明治天皇紀』第二、六二五〜六二六頁)。

明治五年は、二〇歳の睦仁が実際に兵士を指揮する練習をする操練が本格化する年でもある。前年一二月に、岡田善長《よしなが》少佐を練兵御用掛とし、睦仁はフランス式の操練を学んだ。睦仁は、初めは侍従等を兵士に見立てて指揮の練習をしたが、後には御親兵一小隊を召して指揮した。睦仁は身近な家臣に、将来は大隊を指揮し、自ら「大元帥」になると述べていた。彼は、数カ月で小隊を上手に指揮するようになった。睦仁の操練の際の服装は、冬は上着・ズボン共に濃い紺色の厚手の毛織物で、上着の前には黒ボタン九個、後ろには四個がついていた。夏は上着・ズボン共に白いリンネル(亜麻で織った薄い織物)で、上着は絹平打の胸飾りがついていてホックで留めるものであった(同前、六三六頁)。

岩倉使節団副使の大久保利通は、条約改正の全権委任状が必要なことに気づき、明治五年三月にいったん帰国した。その際に大久保は、睦仁が自ら号令をかけて近衛兵(旧御親兵)の操練をしていることや、睦仁の体がますます盛んでうるわしいことを知ったと、アメリカの岩倉に伝えている(岩倉具視宛大久保利通書状、明治五年四月、対岳文庫所蔵「岩倉具視関係文書」マイクロフィルムR23―47―8）。

一年八カ月前の明治三年四月に行われた陸軍連合訓練の視察に、睦仁は直衣《のうし》を着て袴をはいて馬に乗ったことなどに見られるように、これまでは和装で軍事行事に出席していた。明治四年一二月から睦仁が操練をするようになると、軍事関係を中心に洋装（軍服）を身につけるようになっていった。五月までには、睦仁は皇居の日常の政務を見る御座所《ござしょ》でも洋服を着用するようになっていた。

操練で馬上から指揮する睦仁
町田曲江画「御教練」部分
（明治神宮聖徳記念絵画館蔵）

岩倉使節団から離れ、いったん帰国した大久保も、明治五年三月か四月に陪食を許された際のことを、睦仁は「普通の洋服」を着ていたと、岩倉に伝えている（同前）。大久保らにとって、衣冠《いかん》の制などの公家社会の服装を変えることは慶応四年（一八六八）春以来の意向であった（刑部芳則「明治太政官形成期の服制論議」）。四年かけてそれが実現し、大久保は満足したと思われる。

睦仁の大元帥服

明治五年九月四日には睦仁用の陸軍大元帥の服制と、陸軍元帥（西郷隆盛一人）の服制が定められた。いずれも帽子は黒色、上着・ズボンは紺色の洋装である。

帽子および上着の袖の金線は、大元帥は大小各二条、元帥は大二条・小一条であった。ズボンの金線は大元帥・元帥ともに大小一条であった。ボタンはすべて金色桜花章と決められた。しかし睦仁は大元帥のボタンを金色菊章とし、帽子と上着にさらに金線小一条を加えさせた（『明治天皇紀』第二、七四七〜七四八頁）。睦仁は、西郷の期待する武人的大元帥像を積極的に受け入れたが、西郷の求めるような天皇（大元帥）と臣下（元帥）の区別を服制上で曖昧《あいまい》にすることは好まなかったのである。これは一つには、政治上の実権のない二〇歳の睦仁が、形式面でも臣下との区別が少なくなるのを嫌ったからであろう。また睦仁が、統治においては実質のみならず、人に見せる儀礼的な権威が重要であることをよく感得していたからでもあった。

さて、話を乗馬に移すと、明治五年も睦仁は山里御苑《やまざとぎょえん》の馬場によく行ったらしいが、詳細は不明である。五月に近衛騎兵下士官二人が宮内省九等出仕に任じられ、乗馬係を命じられた。天皇は前年の秋以来、西洋馬具を用いていたが、和鞍《わぐら》に慣れて姿勢が悪かったので、乗馬係が直すように進言したが、その翌日から天皇が乗馬をしなくなり、乗馬係が困惑したという（同前、六三五頁）。睦仁は誇り高く頑固な性格であったことがうかがえる。

それでも睦仁は、乗馬が嫌いになったわけではなかった。同年四月一一日、京都にただ一人残っていた皇太后（夙子《あさこ》）が東京に到着した際、わざわざ品川に乗馬で行幸して出迎えるほど、乗馬を好んだ。

西国巡幸の目的

睦仁は、明治五年五月二三日から七月まで西国巡幸を行った。この巡幸は、一カ月半にわたって大阪・京都・兵庫・下関・長崎・熊本・鹿児島等をめぐり、睦仁の「大元帥」像の定着に関して大きな画期となった。すでに述べたように、慶応四年四月、睦仁は京都を出発し一カ月半の大坂行幸を行っているが、東京から京阪・中国・九州にまで足を伸ばした行幸はこれまで例がなかった。陸軍省提出といわれる建議によると、巡幸の目的は、(1)睦仁に全国の地理・人民・風土などを視察させる、(2)睦仁が将校に率先して艦船を指揮して沿海を巡覧する、(3)維新政府の方向を知らない人民たちに、行幸によって「開化進歩」を知らしめること等である。

参議西郷隆盛はこの行幸に付き添い、海軍が潮流の干満を読み誤って天皇の乗船が著しく遅れるなどの不都合が生じると、関係者を厳しく叱責した(『明治天皇紀』第二、六七三〜六七五、七一〇、七一五頁)。これらから、西郷が行幸の計画の推進や実施に重要な役割を果たしていたことがわかる。西郷にとってこの行幸は、自らが望む武人的天皇像に向かって睦仁をさらに成長させ、それを国民に宣伝する意義があった。

巡幸の特色

この巡幸の特色は第一に、睦仁は行程の大部分を、日本海軍最大の軍艦である「龍《りゅう》驤《じょう》」(木製鉄帯、二五三〇トン)に乗り、「日進《にっしん》」・「春日《かすが》」など七艦が護衛と先導および水路測量などを実施するなど、海軍からの乗員総計一〇〇〇余人にものぼる協力で実行されたことである(『明治天皇紀』第二、六九一頁)。睦仁は行幸の船旅で船にまったく酔わず、一人の公家から、「実に奇妙」であるが、感歎したと評された(岩倉具視宛大原重実書状、一八七二年五月一五日〔六月一五日の誤りか)、対岳文庫所蔵「岩倉具視関係文書」マイクロフィルムR23―45―94)。

第二に、出発に際し、睦仁は燕尾《えんび》形ホック掛の「正服」を着て、乗馬で皇居の門を出るなど、西郷のみるところ、「至極《しごく》御軽装」(『西郷隆盛文書』二一一〜二一三頁)だったことである。服地は操練の冬服と同様に厚手の毛織物だったが、色は濃い紺ではなく黒であった。また上着には、胸部等に金線で菊の花と葉を刺繡《ししゅう》し、背面の腰部には鳳凰《ほうおう》の刺繡がしてあった。ズボンには金モール線が一条つき、帽子は紺色の船形で、左右両面に金線で鳳凰を刺繡し、前後にわたる金モール線が一条ついていた。睦仁はこの行幸の時に初めて「正服」を着たという。

睦仁は乗馬で皇居の門を出るなど武士的な行動を取り、フランス風の軍服である「正服」を着て、日本の近代化の推進者として、すべてを親裁するイメージを人民に印象づけるために、西国巡幸に出発したのである。

行幸中も睦仁は、行在所《あんざいしょ》へ向かう時や出る時に、乗馬で行動することが多かった。注目すべきは、六月五日に大阪の造幣寮(現在の造幣局)に行幸する時は行在所の南隣だったので歩いて行き、七月一二日横浜に船で着いた後も、歩いて近くの神奈川県庁へ入ったことである。このように、移動手段に関しても、人が担ぐ鳳輦《ほうれん》や板輿《いたごし》に乗って重々しく行幸するのでなく、陸上では乗馬や、時には徒歩で、海上では軍艦やボートで、機能的に移動した。こうして伝統的天皇から、近世の武士的姿をアレンジした近代的天皇へとイメージの変化がさらに進んだのである。

もっとも、睦仁は行幸中に「正服」のみで通したわけではない。たとえば六月一日、京都において、睦仁は「正服」を着て小御所《こごしょ》に出、京都府知事以下上級官僚、京都在住の皇族および鷹司輔熙《たかつかさすけひろ》（元関白）や中山忠能《ただやす》に拝謁を許した。しかしその後、直衣《のうし》に着替えて御所を出、桂宮《かつらのみや》淑子《すみこ》内親王（孝明天皇の姉）に会った。次の日に孝明天皇陵に参拝した際も、陵のある泉涌寺《せんにゅうじ》で神饌供進《しんせんきょうしん》の儀式を行なうまでは洋装であったが、その後束帯《そくたい》を着て陵に参拝した（『明治天皇紀』第二、六九一～七三一頁）。このように、天皇陵への参拝などの伝統的儀式に関わるものは和装で、その他は洋装でという、その後の天皇の服装大枠も、この時に形成された。

第三に、この時から行幸の訪問先が、伝統的な神社や天皇陵と、維新後に形成された行幸先である陸海軍関係の演習施設や官庁関係以外にも、さらに拡大されたことである。すなわち、京都博覧会会社の経営する博覧会（六月二日、建仁寺・知恩院で開催）、京都府中学校・私立新英学校および女紅場《じょこうば》（華士族等の子女に英語や高等の手芸を教育する学校）（いずれも六月三日）、大阪の開成所（文部省直轄の理化学校）・大阪医学校（文部省直轄）（いずれも六月六日）、鹿児島の陶器会社や紡績場（六月一四日）等、教育や殖産興業関係の場所にも行幸した。これらも、明治国家が望ましいとしている方向を示しているとともに、その後の天皇や皇后の行幸、行啓の大枠を形づくるものであった。

行幸の受け止め方

この行幸はどのように受け止められたであろうか。睦仁の祖父の中山忠能は行幸に反対であり、六月一日に京都で睦仁に召されて種々の会話をした後も、「或《あるい》は悦《よろこ》び或は歎《なげ》く」（立派に成長した睦仁に会えたことはうれしいが、西国巡幸はしてほしくない）という複雑な気持ちを示した。同四日、中山は西国へ向かう睦仁を見送るため伏見まで来て、巡幸中の注意と速やかに帰還するよう言上した。また長崎県に行幸中に、県民の中には天皇が洋服を着るのをやめるよう請願する建白書を出す者も出た。これを徳大寺宮内卿から聞いた西郷が、その人物を引見し、君はいまだに世界の大勢を知らないのかと、大声で叱ったところ、その人物は恐れかしこまって退いたという（『明治天皇紀』第二、六九七、七〇一、七一一頁）。

このように、長期の遠方への行幸やその服装などに不安や批判もあったが、尊王攘夷の実施を求める声が強く、天皇が欧米人と会うことすら反発が強かった維新直後と比べると、四年半で近代化・西欧化はやむをえないものとして受け止める空気が、かなり定着しつつあった。たとえば五月二七日、伊勢神宮の門前町の山田で、睦仁を奉迎した沿道の庶民は、睦仁の服装が旧来のものとは異なり、行列も簡素であったことに驚いたが、路傍に座って拍手拝礼した。同月二八日の大阪では、町民が軒燈《けんとう》を掲げて奉迎の意を表し、迎拝者は睦仁が通る道に数多く集まり、拍手して万歳を唱えた（同前、六九三〜六九五頁）。

同年八月一〇日、西郷も寺田弘への書状で、人気が盛り上がりありがたいことであると述べている。また八月一二日の大久保への書状で、無事にこの行幸が終わり、京都の人心もかなり政府を支持する方向に変わったこと等を報じた（『西郷隆盛文書』二一一〜二一三頁、『大久保利通文書』四巻、四四四〜四四五頁）。

軍事への関わり

西国行幸の途中、明治五年六月二九日、近衛都督《ととく》・陸軍大輔《たいふ》（次官）山県有朋（陸軍大臣にあたる兵部卿は欠員で山県が事実上の兵部卿）は近衛局内の対立を収められず、重任に耐えられないと辞表を提出した。近衛都督は近衛兵の司令官である。近衛兵は鹿児島・山口・高知の旧三藩より徴集した旧御親兵で、皇居や首都を守る最強部隊であり、山県の指揮になかなか従わなかった。六月五日、睦仁は参議西郷隆盛と近衛副都督・陸軍少輔《しょうゆう》（次官クラス）西郷従道の二人に命じて、事態を収拾するため東京に帰らせた。対立は、西郷隆盛らの尽力でようやく妥協ができた。そこで睦仁は、行幸から戻って一週間後の七月一九日、西郷に参議のほか陸軍元帥と近衛都督兼任を命じ（一〇日後に元帥を本官とする）、山県の近衛都督の辞職を認めた。元帥は前年八月に兵部省に置いた、大元帥を除いた軍の最高階級で、任命されたのは西郷が最初であった（『明治天皇紀』第二、七二七〜七二八、七三三頁）。

このような軍の内紛は、岩倉具視・大久保利通・木戸孝允が日本にいる頃なら、彼らと西郷隆盛や板垣退助らの有力者の話し合いで、一九歳の若い天皇をわずらわせずに妥協ができたはずである。しかし、今回は岩倉使節団派遣のため彼らがおらず、とりわけ軍に関しては軍人でもある西郷隆盛が圧倒的な権力を有していた。また岩倉・大久保や長州の有力者の木戸がいないので、廃藩置県の実施過程のように、天皇が何もせずに妥協ができる可能性は少なかった。そこで、睦仁は西郷に事態の収拾を依頼し、解決後に西郷を陸軍元帥兼近衛都督とし、陸軍の団結を図ったのであった。西郷を選んで任せる以外に手段がなかったという点で、睦仁の政治関与の意義は小さかった。それにもかかわらず、藩閥間の内紛の収拾が困難な状況になると、青年になった天皇は、単なる象徴的存在であることを越え、それらの調停に関して一定の役割を求められるようになる。睦仁はこの事件を通し、自らが大変な立場にいることを改めて感じたことであろう。

西国行幸から帰って後も、睦仁は軍関係の行事に引き続き熱心に参加した。乗馬で皇居を出て、行事に参加するというのが普通であったが、時には馬車で出門することもあった（次頁、第3表参照）。

また一八七三年（明治六年）は、睦仁が、部隊指揮の練習である操練《そうれん》をさらに熱心に行なった年であった。前年は一日おきに小隊を指揮する操練を行なったと言われている。この年は、睦仁の日課表によると、毎月一・六のつく公休日六日間を除いて、三・五・八・一〇の日を大隊操練、二・四・七・九の日を小隊操練の日と定めて、毎日操練の練習を行なった。雨で操練ができない日は屋内で、将卒になぞらえた木の駒を、地勢を描いた図上に配して、図上での練習を行なった。この年七月から翌年一〇月まで睦仁の側で奉仕した西五辻文仲《にしいつつじあやなか》（のち男爵）によると、午前の学問が終わり、昼食をとると、毎日練兵御用係の軍人を召し、乗馬して近衛兵約二〇〇人を指揮する操練を行なった。次いで約三〇分号令をかける練習をしたという（『明治天皇紀』第三、一六〜一七頁）。

後にも述べるが、一八七三年といえば、一〇月の征韓論政変で西郷隆盛らが政府を去る年である。この年に睦仁が学問と操練に明け暮れていたというのは、努力家の性格を示すとともに、二〇歳になったにもかかわらず、政府の有力者たちは、実質的な意味で睦仁に政治的役割が十分担えるとはまだ思っていなかったからである。

第3表　天皇の明治五年（1872）西国巡幸後の軍事関係行事への行幸

年 月 日	行事	※	備　考
1872(明治5).9.16	越中島（東京）の近衛兵の訓練見学と閲兵	乗馬	近衛都督・陸軍元帥西郷隆盛を指揮官とする。
同.9.22	日比谷陸軍操練所に近衛兵・東京鎮台兵・陸軍兵学寮生徒を閲兵	馬車	睦仁の20歳の誕生日。
1873(明治6).1.8	日比谷陸軍操練所の陸軍始で近衛兵・東京鎮台兵・陸軍兵学寮生徒を閲兵	乗馬	参列の諸兵約5200人。
同.3.25	近衛歩兵第三・第四大隊の屯営（兵舎など）を築造したので見学	乗馬	
同.4.14～17	鎌倉の陸軍野営演習	記述なし	本文で叙述
同.4.29～5.1	下総国（千葉県）大和田村での近衛兵の野営演習	乗馬	本文で叙述
同.5.8	近衛兵営に行幸	記述なし	
同.5.15	陸軍省に行幸	馬車	
同.5.22	日比谷陸軍操練所で訓練を見学	乗馬	有栖川宮熾仁親王が従う。
同.6.12	仮皇居御苑内操練場で近衛小隊の発火訓練を見学	記述なし	仮皇居内で初めて銃砲を発する。
同.6.23	海軍省に行幸	記述なし	徳大寺実則宮内卿らが従う。海軍省への初めての行幸。

（出典）『明治天皇紀』第二（731～802頁），第三（1～97頁）より作成。
※　皇居を出る際の移動手段。

3　「大元帥」イメージの完成

「大元帥イメージ」の完成

睦仁《むつひと》（明治天皇）は西国巡幸からもどって約八カ月たつと、一八七三年（明治六）三月に、それまで女官に結ばせていた髻《もとどり》（髪を頭の上にたばねたところ）を切り、白粉《おしろい》を顔につけることもやめた。皇后も、黛《まゆずみ》を落とし、お歯黒をやめた（『明治天皇紀』第三、四七頁、『昭憲皇太后史』二頁）。その上で、二〇歳の睦仁の「大元帥《だいげんすい》」イメージを完成させた行事は、一八七三年（明治六）四月一四日から一七日までの陸軍野営《やえい》演習と、四月二九日から五月一日の近衛兵の野営演習への行幸であった。

＊なお、明治五年一一月九日に太陰暦が廃され、現在使用されている太陽暦を用いることになり、明治五年一二月三日を明治六年一月一日とする旨が天皇の名で公示された。太陽暦になると西暦年号と元号の月日が一致するようになる。本書でも、明治六年一月一日以降の記述は西暦年号を主に元号を補助的に使って叙述していきたい。

陸軍は一八七三年（明治六）二月一四日から六〇日余にわたって鎌倉で野営演習（野外で宿泊して演習を行うこと）を行なっていた。これが陸軍の野営演習の最初であった。睦仁は四月一四日午前六時三〇分に門を出、新橋駅から汽車に乗って神奈川駅に着くと、馬車で戸塚へ行き、昼食後、馬に乗り演習地に入って演習を見た。次いで、午後一時三〇分、軍楽隊の演奏に迎えられながら鎌倉の行在所《あんざいしょ》に入った。さらに、午後四時に軍楽隊を召して演奏させている。これが陸軍で軍楽を公式に吹奏した初めであるといわれている。後にも述べるように、睦仁は軍楽隊の演奏を聴くのが大好きになった。

翌四月一五日は、雨が降り風も強かった。それにもかかわらず、睦仁は行在所を午前九時に乗馬で出て、鶴岡《つるがおか》八幡宮前で演習に参加している部隊を閲兵し、演習を見学、演習終了後に直衣《のうし》に着替えて鶴岡八幡宮に参拝し、午前一一時三〇分に行在所に戻った。翌一六日は、雨は止んだが風は相変わらず強かった。睦仁は午前八時に乗馬で行在所を出発、鶴岡八幡宮前で演習に参加している将兵が整列する中を、軍楽隊の演奏に送られて、鎌倉宮へ向かった。鎌倉宮で参拝して護良《もりよし》親王の霊を慰めた後、馬に乗り、江ノ島を経て、藤沢の行在所に入った。

翌日、乗馬で藤沢から神奈川駅に行き、新橋駅まで汽車に乗り、皇居に戻った。このように睦仁は、馬の他、文明開化を象徴する汽車を乗り継いで、元気に野外演習をこなした。睦仁が初めて汽車を体験したのはこの九カ月前で、先に述べた西国巡幸から戻る際、仮運転中の汽車に横浜駅から品川駅まで乗った。また、明治五年九月一二日の東京横浜間鉄道開業式にも直衣を着て出席し、新橋・横浜間片道一時間の旅を、往復体験している。

さて、鎌倉での陸軍野営演習で自信をつけた睦仁は、鎌倉から帰京して一二日後、一八七三年（明治六）四月二九日、午前六時に馬に乗って皇居の門を出、近衛兵約二八〇〇人を率いて大和田村（現・千葉県八千代市）へ向かった。約三〇キロの行軍を終え、習志野《ならしの》の原に天幕を張らせ、睦仁は将校や供の者と野営した。睦仁が野営をしたのは、これが初めてであった。この夜、風雨が激しくなった。雨水が天幕から漏れるまでになり、近衛都督・陸軍元帥の西郷隆盛が急いで機嫌伺いに参上したところ、睦仁は全く動じていなかった。

翌三〇日、雨が止んで、近衛兵は東西両軍に分かれて対抗戦を行ない、西郷は常に睦仁の側近くにいて、教え導いたという。将兵の士気は高く、演習は激しいものになった。睦仁はこの日も野営した。今回の演習に際し西郷らは、一日は行在所、一日は野営を提案したが、睦仁は二日とも野営すると述べたという。翌五月一日、睦仁は往路と同じように、馬に乗り、演習に参加した将兵を率いて皇居に戻った（『明治天皇紀』第二、七三二、七四八〜七五三頁、第三、五一〜五五、五七〜五九頁）。なお、この頃になると、皇后美子《はるこ》も奥《おく》の庭で女官らを相手に乗馬の練習を始めた。これは、睦仁の乗馬熱が皇后に影響を与えたものと思われる（上田景二『昭憲皇太后史』五六〜五七頁）。

このような睦仁の武士的変化は、西郷の個性によって促進されたことは間違いない。睦仁より二歳年長と年齢も近く、親しかった公家の西園寺公望《さいおんじきんもち》によると、睦仁が落馬して痛いと言った時、西郷は、どんな事があっても痛いなどとはおっしゃってはいけませんとたしなめたという（木村毅編『西園寺公望自伝』四五頁）。

西郷、岩倉・大久保を受け継ぐ

さて、近衛兵の野営演習から帰って間もない五月五日午前一時二〇分、紅葉山の女官部屋から出た火が、前日来の強い北風にあおられて燃え広がり、皇居一円を炎上させ、午前四時三〇分にようやく鎮火した。睦仁は馬に乗り、宮内卿徳大寺実則《さねつね》らを従えて、吹上御苑滝見御茶屋《ふきあげぎょえん》に避難した。皇后は馬車や板輿《いたごし》を用意する間がなかったので、歩いて睦仁に従った。なお、皇居が燃えたので、再建されるまで、赤坂離宮を仮皇居とした（『明治天皇紀』第三、六一～六二頁）。幕末まで、御所の火災の際は、板輿に乗って避難するのが伝統であったが、危機に際して睦仁には馬で難を避けるという武士的気質が身についていたことがわかる。なお、赤坂離宮は、元紀州徳川家の藩邸で、庭はかなり広かったが、皇居として使うには狭かった。

このように睦仁は、二〇歳半ばの一八七三年四月の頃に、断髪で洋装の大元帥服を着、乗馬で長い距離を将兵を率い、風雨の中で野営をしても動ぜず、また、汽車という近代文明も積極的に受容する、文明開化に適応した武人という「大元帥」イメージを完成させた。このイメージは、鳥羽・伏見の戦いの後の慶応四年（一八六八）頃から岩倉具視・大久保利通らにより大きな方向として目指されてきたものである。睦仁も前向きに少しずつ受け入れ、自信をつけていった。

一八七三年五月二六日に帰国した大久保利通（岩倉使節団の全権副使、大蔵卿）も、六月二〇日に、渡米中の高橋新吉らに、天皇が近来ますます勉励していること、特に習志野の原の演習では、激しい風雨のなかで野営し、「兵士一同感激」したと手紙で称賛した（『大久保利通文書』四巻、五一六～五一八頁）。西郷は、岩倉・大久保や睦仁と違って、睦仁に質素な洋服を着せ、乗馬で皇居を出発させるなど、天皇の儀礼的権威の持つ意義をあまり重視しなかった。その点は異なるが、「大元帥」イメージの形成という点では、それまでの方向を完成させたのである。

＊飛鳥井雅道『明治大帝』（一四一～一四四頁）は、同氏自身が西郷に心酔するあまり、確実な史料を十分に読み込まず、西郷隆盛による「天皇の武家化」を過度に強調している。また、実際には明治元年（一八

六八）の江戸（東京）行幸と京都への還幸以降、睦仁の体が強健になったにもかかわらず、その点を見過ごし、西郷が政府に参加した明治四年（一八七一）以降に「急速に強健になった」とまで述べている。

政務様式の整備

睦仁の「大元帥」イメージが完成する一八七三年五月頃には、政務を行なうための制度の整備も進んだ。それは、天皇の勅（命令）として、同年五月二日に太政官の職制および事務章程《じむしょうてい》が改正されたことである。事務章程改正の主な内容は、(1)太政官の最も枢要な機関である正院は、天皇が臨御してすべてのことを判断する（「統制」という用語）ところで、太政大臣・左右大臣がそれを補佐し、参議がそれを審議して判断し（「談判」という用語）、種々の政務を監督して励ます、(2)天皇の決裁（「允裁《いんさい》」）を求める事柄は、すべて参議の審議を経て、その連印を得た上で、太政大臣が印を押し、天皇の決裁を受けて実施に移す、(3)内閣（太政大臣・左右大臣と参議らの会議）が議決すれば、即日に手続きを終了し、天皇の決裁を得れば翌日に公布するのを通例とする、(4)書・奏書には必ず太政大臣が署名し印を押すことが必要である、(5)高級官吏である勅任官の任免は天皇の判断（「宸断《しんだん》」）によるが、必ずそれを参議に諮問し、太政大臣の賛成を得た上で実施することである（『明治天皇紀』第三、五九～六一頁）。

この制度で重要な点は、天皇が何か意図しても、太政大臣か（勅書・奏書の場合）、太政大臣・左右大臣や参議ら（政務の場合）の署名と印による承認がないと実施できないことである。もちろん、天皇が決裁を拒否した場合には、あらゆる重要なことが実施できない制度になっていた。しかし、二〇歳の若い天皇はそのような行動を取ることを期待されていなかったし、思慮深い睦仁はそのようなことができるとも、しようとも数年は思っていなかった。このような制度整備の方向は、天皇を専制君主的存在にするというより、法規や慣行に拘束された立憲君主的存在にしようとしていたといえる。

　ところで、天皇の肖像写真も、すべてを総裁するイメージと近代化・西欧化イメージを天皇に与えていこうとする政府首脳の試みや、それに対応する睦仁にとって重要な要素であった。

睦仁の和装写真

睦仁は、明治四年（一八七一）一一月下旬に横須賀に行幸し、三条実美《さねとみ》太政大臣や侍従ら、外国人二人を含む二〇人とともに写真に写った。小直衣《このうし》・切袴《きりばかま》を身につけた睦仁は、扇子を持って椅子にすわり、直垂《ひたたれ》を着た三条が近くにすわった。洋服を着た者が一七人を占めたが、睦仁ら有力者は和装であった。

　その後、すでに述べたように、明治五年（一八七二）五月下旬から七月中旬にかけて、睦仁は「正服」（洋装の軍服）を主として着用して西国巡幸を行い、天皇が文明開化の先端を歩んでいるイメージを提示した。

　しかし、九月三日に睦仁が写真師内田九一《くいち》を召して、自分と皇太后の写真を写させた際には、束帯《そくたい》姿と直衣姿の二種類で、洋装の写真は一枚もなかった。内田はその前にも睦仁と皇后の写真を撮っている（口絵2頁右参照）。また馬上姿の写真を撮らせたこともあるが、その際の服装や日時は明らかでない（『明治天皇紀』第二、五九九、七三九頁）。

　当時、欧州では各国君主の写真を贈り合う習慣ができていた、ロシア皇子アレキシス＝アレキサンドロウィッチ（皇帝アレキサンドル二世の第三皇子）は、明治五年九月二五日に軍艦で長崎に到着し、一一月八日に函館からウラジオストックに向かうまで、東京・横浜等を見学した。一〇月一七日、皇子は参内《さんだい》して睦仁に拝謁し、翌日睦仁も迎賓館にあたる延遼館《えんりょうかん》に皇子を訪問するなどした。皇子が横浜から函館に向かう前に、随員の求めに応じ、睦仁の写真が皇子ら三人に与えられた。これが外国人に天皇の写真が与えられた最初であった（『明治天皇紀』第二、七七〇～七七六頁）。もっとも、この写真で睦仁が和・洋どのような服装をしていたのかは、今のところわからない。

また明治五年二月、特命全権大使岩倉具視《ともみ》に、次いで特命全権副使大久保利通・同伊藤博文らに、願いに応じて天皇の写真が下賜されたようである。一一月一五日、駐米公使や駐イタリア総領事に命じられた者が宮内省に願ったのに応じ、在外公使館・領事館に初めて睦仁の写真が下賜された（同前、七八九～七九〇頁）。

一一月二四日には、有栖川宮熾仁《たるひと》親王・伏見宮貞愛《さだなる》親王に睦仁の写真が下賜され、次いで一二月一日、公家の嵯峨実愛《さねなる》にも下賜された。翌一八七三年（明治六）四月一九日には、睦仁がイギリス駐日公使パークスを引見した際に、自らの写真と皇后の写真を下賜した。その後、奈良県令（後の知事）が、天皇の写真を新年や天長節《てんちょうせつ》（天皇の誕生日）等の祝日に県の庁舎に掲げ、県の官吏や県民に拝礼させたいと、その下賜を宮内省に申請したので、六月四日、それを許可した。これが、地方官庁に天皇の写真が下賜された最初である。

大元帥服の睦仁

さて、征韓論政変の二週間ほど前、一八七三年一〇月八日に、睦仁は皇居内の写真場で、新しく制定された大元帥服を着て写真を撮らせた。その写真は一〇日にできた。全身・半身の二種類あり、ともに帽子を脱いでテーブルの上に置き、剣を杖のように床に突いて椅子にすわった姿であった（口絵2頁左参照）。全身像は、日本を訪れていたイタリアの皇族らに与え、一一月七日に各府県にも下賜した。この間、一〇月一四日には皇后の写真も撮らせた。天皇とは違って、皇后は「和装」であった（『明治天皇紀』第三、一二四〜一三五、一三九頁）。すでに述べたように、軍服（洋装）を着、乗馬で元気に将兵を閲兵するという、睦仁の「大元帥」イメージが完成していくのに応じ、肖像写真においても、洋装の「大元帥」服を着た睦仁のイメージが、数カ月遅れて形成された。

それから数カ月経った、一八七四年三月頃になると、どこから流出したのか、睦仁の写真が発売されるようになった。元福井藩主の松平慶永《よしなが》は、岩倉右大臣に、「国体」にも関わると、発売禁止を求めた（『岩倉具視関係文書』六、一四頁）。どこまで睦仁を国民に露出していくのかは、天皇の神秘性と権威の点から難しい問題であった。

なお、公家の万里小路《までのこうじ》通房《みちふさ》は、一八八二年から一八九〇年まで侍従を務めたが、彼の出仕中は睦仁が写真を撮らせたことはなく、睦仁の写真は内田九一撮影のものが唯一ではないかと回想している（『明治天皇紀談話』一巻、八四〜八五頁）。後述するように、一八八〇年代以降に、睦仁は急進的な西欧化への疑問を持ち始めるが、それと並行して写真嫌いが強まっていった。

睦仁の洋食

肖像写真においても睦仁に「大元帥」イメージが備わっていくのと並行して、食生活にも西洋的なものが取り込まれていったことを、イメージの問題も含めてみてみよう。

まず、宮内卿徳大寺実則《さねつね》が皇后に牛乳を滋養として摂《と》ることを勧め、明治四年一一月から天皇・皇后ともに牛乳を飲むようになった。もっとも睦仁は牛乳をそれほど好まなかったようで、後年はコーヒー等に入れて飲むにすぎなくなったという。また、宮中での肉食の禁を解き、天皇・皇后の食事に、牛・羊の肉は日常使うように、豚・鹿・イノシシ・ウサギの肉は時々少量出すことにした（『明治天皇紀』第二、六〇四〜六〇七頁）。

すでに木戸孝允《たかよし》は、幕末以来牛肉を食べており、慶応四年（一八六八）七月に、西洋料理を食べている。木戸と大久保は、明治元年一一月には築地《つきじ》の西洋料理店にも行っている（『木戸孝允日記』慶応四年閏四月一一日、七月六日、明治元年一一月六日）。おそらく、睦仁が「洋食」に接するようになるのは、大久保や木戸らの体験も関係しているのであろう。睦仁を洋食に慣れさせる方向は、大久保・木戸らから岩倉へのルートで、彼らが岩倉使節団として明治四年一一月にアメリカ合衆国に向かう前に、大枠が決定されていたと考えられる。

このように、睦仁が西欧料理の材料である肉や牛乳に慣れた後、翌明治五年一月二四日、大臣・参議および左院議長後藤象二郎《しょうじろう》（後に参議）・外務卿副島種臣《そえじまたねおみ》（後に参議）・左院副議長江藤新平《しんぺい》（後に参議）・外務大輔《たいふ》（次官）寺島宗則《てらしまむねのり》・大蔵大輔井上馨《かおる》（後に参議）らが学問所に召され、西洋料理のディナーを睦仁に陪席して食べた。次いで、同月二七日は、文部卿大木喬任《たかとう》（後に参議）・兵部少輔《しょうゆう》（次官クラス）西郷従道《つぐみち》（西郷隆盛の弟、後に参議）・同川村純義《すみよし》（薩摩、後に参議）らも同様の招きを受けた。同日は三条太政大臣・後藤左院議長らや、徳大寺宮内卿以下宮内省の高官も陪食した（『明治天皇紀』

第二、六三七〜六三九頁）。

さらに、明治五年四月三日、睦仁は陸軍省に徳大寺宮内卿らを従えて行幸し、次いで山県有朋《ありとも》陸軍大輔（次官）・西郷従道少輔（次官クラス）以下の陸軍幹部を従え、浜離宮に行幸、延遼館で西洋料理の昼食が出され、山県・西郷以下が陪席して食べた（『明治天皇紀』第二、六六三、六八六頁）。

このように、木戸や大久保ら明治維新のリーダーたちは、維新後早くから西洋料理に接しており、睦仁も約四年遅れて接した。一九歳の若い睦仁は、異文化に対する拒絶感が少なく、西洋料理を食べることにも積極的に応じ、陪食という形でそれを政府高官にも促進していった。これらは、維新政府の高官に、食事の面からも天皇の改革イメージを植え付ける役割を果たした。

睦仁、外国人に陪食させる

睦仁が西洋料理を食べられるようになると、外交儀礼にまで変化が及んでくる。明治五年一〇月一八日、すでに述べたロシア皇子の参内《さんだい》への答礼として、睦仁は延遼館に滞在している皇子を訪れ、浜離宮を一緒に散策した。その途中の茶屋で茶菓とシャンパンを皇子や随員にふるまい、睦仁は杯を取って立ち、皇子とロシア皇帝の安泰を祝した。天皇が外国人の前で、シャンパンを手に乾杯までするのは、これが初めてであった。

その後、睦仁は自らや皇后および女官たちが西洋料理を食べる正式なテーブルマナーを身につけるために、側に仕える西五辻文仲《にしいつつじあやなか》（公家、後に男爵・貴族院議員）にそれを学ばせた。西洋料理など食べたことがなかった西五辻は、築地精養軒《つきじせいようけん》の主人から、一つのコースにのみ的を絞って教えてもらい、何度か同じコースを食べて習い覚えた。一八七三年（明治六）七月二日、宮中では精養軒から運んできた食器を使い、昼食に西洋料理を出した。睦仁の命令で、睦仁や皇后・女官らが西五辻のする通りに食べた。睦仁は非常に満足し、皇后もそれを見て、和歌を詠んで宿直《とのい》の西五辻に与えた（『明治天皇紀談話』三巻、一六八〜一七六頁、『明治天皇紀』第三、九七〜九八頁）。

同年一〇月一三日には、来日中のイタリア皇族一行が帰国の前に参内した。睦仁は彼らとともに昼食を食べ、東伏見宮嘉彰《よしあき》親王（のち小松宮と改称）・岩倉右大臣らやイタリア王族に付き従った公使等に陪食させた（『明治天皇紀』第三、一三八〜一三九頁）。料理の和洋の詳細はわからないが、天皇が外国人と食事をするようになったのは、画期的であった。その前日、後宮では皇太后・皇后が女官三人に陪食させて、西洋料理の昼食をとっていた。征韓論政変の前までには、天皇・皇太后・皇后や女官、政府高官の間に、西洋料理体験は着実に広まっていたのである。

岩倉使節団に加わって欧米へ派遣された東久世通禧《ひがしくぜみちとみ》侍従長らは、一八七二年末に帰国している。一八七三年以降の睦仁の西洋料理をめぐる変化も、東久世らの欧米体験によって促進されたのであろう。もっとも、天皇や皇后にとって西洋料理体験はあくまで陪食用のものであった。本書の冒頭で述べたように、睦仁の好みは京都の名物を反映した和食であった。宮内省の大膳職《だいぜんしょく》関係者の回想によると、皇后の好みもさっぱりした酢の物・野菜・鯛などの魚等であり、西洋料理はあまり食べなかったという（『昭憲皇太后史』三二〜三九頁）。

本格的洋学教育

睦仁に「大元帥」イメージが強まっていく明治五年（一八七二）になると、睦仁の勉学の中でも、洋学がそれまでよりも比重を増していく。睦仁の一年間の学問の始まりの儀式である御講書始《ごこうしょはじめ》は一月七日に行なわれ、宮内省七等出仕の元田《もとだ》永孚《ながざね》が書経堯典《しょきょうぎょうてん》の第二章を、侍講《じこう》加藤弘之《ひろゆき》は、国法汎論《こくほうはんろん》を進講した。国法汎論はドイツの国法学者ブルンチリーの本を加藤自ら一部を抜き出して翻訳したものである（『明治天皇紀』第二、六二四頁）。御講書始のテーマが、漢学と西洋の憲法および行政法となり、洋学が初めて漢学と対等の比重を占めたことが注目される。すでに述べたように、「万機親裁《ばんきしんさい》」は建て前であり、三条・岩倉や大久保・西郷・木戸ら、旧公家や藩閥有力者間の調整で、実質的な方向付けがなされていた。しかし万一それで調整不能の事態が発生したら、最終判断は天皇がせざるを得なくなるかもしれない。天皇は一九歳に近づいたので、将来への含みを持たせて、彼に国法学など国家運営の根幹となる学問を学ばせようとしたのである。加藤弘之は睦仁のドイツ語の練習にも仕えた。

同年三月下旬に、いったん帰国した大久保は、睦仁がますます勉強に励み、近来はドイツ語の学習を始め、加藤弘之が相手をしていると、岩倉に知らせている（岩倉具視宛大久保利通書状、一八七二年四月、対岳文庫所蔵「岩倉具視関係文書」マイクロフィルムR23―45―8）。

翌一八七三年（明治六）も、睦仁の学問は、洋学が半分程度の比重を占めるという点では、前年と同様であった。前年一〇月、これまで実行されてきた睦仁の学問の日課表が、宮内卿徳大寺実則《さねつね》関係の文章に貼付されている。それによると、毎月一・六の日は休日、二・四・七・九の日は国史纂論の読書（福羽美静《ふくばびせい》・元田永孚の奉仕）、三・五・八・十の日は『西国立志編《さいごくりっしへん》』（イギリス人スマイルズが書いた、志を高く持ち努力で成功した西洋古今の人物、数百名の伝記『自助論《セルフヘルプ》』を、中村正直《まさなお》が訳したもの）の読書

（三・八の日は福羽美静・加藤弘之、五・十の日は加藤弘之・元田永孚の奉仕）を行なうことになっていた（同前、第三、六頁）。

睦仁は、明治維新以来の岩倉具視・大久保利通・西郷隆盛ら気骨のあるリーダーたちと接したり、右に述べた西洋偉人伝に触れたりすること等によって、それなりに自分の行動を自省できるようになっていった。一八七四年（明治七）五月二日に記録された次の話は、そのことを反映している。

睦仁と侍従の「米田某」（旧熊本藩士の米田虎雄《こめだとらお》と推定される）が力だめしをしたところ、米田が勝って睦仁の顔が柱に当たった。睦仁は激怒したが、しばらくすると、このことは自分から望んだことであると、米田に自らの誤りを認めた。米田はそれに満足せず、さらに諫《いさ》める言葉を述べた。そこで睦仁は米田に剣を下賜したのみならず、好きな酒を三日間絶った。その姿に米田は感服したという（「三条家文書」五八—5、国立国会図書館憲政資料室所蔵）。この時、睦仁は二一歳であった。

なお、三の日には歌会もあった。また、休日以外は毎日ドイツ語の講習があり、習字の練習も行なわれ、国文法の進講もあった。もっとも睦仁は、ドイツ語や習字の練習のような、単調で忍耐が必要な技術的なものは長続きしなかったようである。まもなく、ドイツ語は初歩で放棄され、習字も上達しないまま、その少し後に止めてしまった。少年の頃、一八七三年七月から翌年一〇月まで奥に出仕し、二〇歳ごろの睦仁に仕えた西五辻文仲《にしいつつじあやなか》によると、その頃はいつでも、睦仁が手習いで和歌などを自ら記したものを、身近な臣下に与えていた。その後は簡単なメモでも、自筆のものはすべて自ら処分してしまった。自分の上手でない筆跡が残ることを嫌ったのであろうという（『明治天皇紀談話』三

巻、一九八〜一九九頁、『明治天皇紀』第二、六六九頁、第三、六頁)。

4 征韓論をめぐる対立と無力な睦仁

征韓論の対立

さて、岩倉具視《ともみ》を全権大使とする使節団は、アメリカ合衆国との条約改正交渉を始めたが、すぐに見込みがないことを察知した。そこで明治五年(一八七二)六月一九日、条約改正交渉の中止をアメリカ合衆国側に通告し、日本の近代化の参考にするため、その後はイギリス・フランス等欧米を巡遊して帰ることにした。しかし日本国内では、財政と地方民政を管轄している大蔵省(卿《きょう》は渡欧中の大久保利通で、留守をあずかる井上馨大輔《かおるたいふ》〔次官〕が実権を持つ)と他省との衝突が続いた。また、ロシアとの樺太《からふと》領有問題や、台湾や朝鮮との関係も重要な問題となってきた。このため、一八七三年(明治六)一月一九日、留守政府は特命全権副使木戸孝允《たかよし》・同大蔵卿大久保利通の二人を帰国させることにし、天皇の名で命令が出された。

大久保は同年五月二六日、木戸は七月二三日に帰国した。留守政府内には、朝鮮が開国に応じないことを日本国への辱めと受け止め、軍事力を背景に交渉しようという空気が、大久保・木戸の帰国の頃までに強くなっていた。睦仁はこのことを深く心配し、三条実美《さねとみ》太政大臣に朝鮮問題の処理を命じた(『明治天皇紀』第三、一一五〜一一九頁)。これから述べていくように、睦仁は東アジアをめぐる外交関係に関し、武力を用いて戦争になることをできる限り避けようとする姿勢を、生涯にわたって持ち続けていた。今回は、間接的であれ、睦仁が外交問題に関与した最初の事件となっていく。それは、即位後六年経ち、年齢も二〇歳になって少し自信が出てきたことに加えて、この年の五月頃にかけて睦仁の「大元帥」イメージが完成していったからと思われる。睦仁は自らのイメージに影響される形で、間接的な政治関与をしなければならないと思い始めたのである。

三条は朝鮮問題を閣議にかけた。この段階の閣議のメンバーは、三条太政大臣と参議の西郷隆盛（薩摩）・木戸孝允（長州）・板垣退助（土佐）・大隈重信（佐賀）・後藤象二郎《しょうじろう》（土佐）・大木喬任《たかとう》（佐賀）・江藤新平《しんぺい》（佐賀）の八人であった。左大臣は欠員、右大臣の岩倉具視は渡欧中であった。また木戸は、病気のため政府に出られなかった。実力者の大久保は大蔵卿（大蔵省の長官）という要職にあったが、この当時は閣議のメンバー（大臣と参議）と各省の長官である卿は別であったので、閣議のメンバーではなかった。三条は、大久保を参議にしようとしたが、大久保自身が受けようとしないと、六月一七日付の岩倉宛の手紙に書いている（『大久保利通文書』四、五二五〜五二六頁）。おそらく大久保は、岩倉も木戸もいない閣議に一人出ても、大勢を変えることは困難だと判断したのであろう。また、同郷である西郷との正面からの対立も避けたかったはずである。

三条実美
（『近世名士写真』其１，より）

閣議では西郷が、朝鮮に直ちに陸海軍を派遣するのでなく、まず全権使節を派遣して朝鮮に開国するよう説得し、それでも応じないなら「其《そ》の罪」を天下に知らせて朝鮮を討つべきであるとの意見を述べた。これに板垣・後藤・江藤らが賛成したが、事が重大であるので決定はせず、当局者である外務卿副島種臣《そえじまたねおみ》が帰国してからさらに協議することになった。副島は清国と修好通商条約を結ぶため渡清中であった（『明治天皇紀』第三、一一五～一一八頁）。

三条は苦悩し、睦仁に上奏し、岩倉に帰国するよう天皇の命が電報で出された。岩倉はそれを七月九日にスイスのジュネーヴで受け取った。岩倉は直ちに帰国の準備をし、二〇日に伊藤博文工部大輔（次官）らとフランスのマルセイユ港から日本に向けて出発し、九月一三日に横浜港に帰り着いた。翌一四日、岩倉・伊藤らは参内《さんだい》し拝謁した。

使節派遣の内決

この間、副島外務卿が清から帰国すると、西郷は朝鮮問題について閣議の意見を断行するように等の意見を書いた手紙を、八月三日に三条に送った。西郷が板垣に送った書状によると、西郷自身は使節として殺害されることを覚悟の上で朝鮮問題を解決しようと、初めから深く決心していたようであった。一六日、西郷は三条を訪れ、岩倉の帰国を待たずに使節派遣を決行すべきであると説いた。使節となった自分が殺害されれば、国内の関心を外に誘導することによって内乱の発生を期待しているような日本の状況を打開し、国の威信を海外に発揚することができると論じたのである。三条は、西郷の決意に押され、一七日に閣議を開いて、岩倉が帰国後に再評議をするという条件をつけ、朝鮮に使節を派遣することを内決した（『西郷隆盛文書』九三～一〇〇頁、高橋秀直「征韓論政変の政治過程」、『明治天皇紀』第三、一一八～一一九、一二八頁）。精神的にもろい三条は、大久保の非協力や木戸の病気という状況下で、西郷の気迫に押し切られたのである。
この時、睦仁は八月三日に皇后美子《はるこ》とともに東京を出て、藤沢（三日）と小田原（四日）を経て、五日より箱根温泉宮ノ下で避暑を楽しんでいた。そこは、皇后が前年の夏に二〇日余にわたって滞在したところであった。

睦仁が箱根に滞在中で不在とはいえ、天皇が心配している朝鮮問題に関し、岩倉が帰国する前に、藩閥内の調整が不十分なまま、西郷の気迫に押されて無造作に閣議を開き、決定したのは、三条の大きな失敗であった。三条は天皇のいる箱根を訪れ、八月一九日から二三日まで留まり、朝鮮に使節を派遣する閣議の決定を上奏し、「聖断」を仰ぎ、裁可を受けた（『明治天皇紀』第三、一一九頁）。閣議の決定は、使節派遣という、西郷の殺害から朝鮮への出兵、さらに清国との戦争へとエスカレートする可能性もあり、睦仁の望むものではなかった。もっとも、岩倉帰国後に再評議するという限定もあるので、これまで自動的に閣議決定を裁可してきた睦仁は、不安を感じながらも裁可したのであろう。

睦仁は、西郷を使節として朝鮮に派遣することは、岩倉の帰国を待って互いに十分検討し、その後再度上奏するようにと、三条に命じた。そこで三条は東京に帰ると、このことを西郷に伝えた（同前、一一九頁）。

他方、参議の木戸孝允は使節を朝鮮へ派遣する閣議の決定に反対であった。木戸は、朝鮮に使節を派遣することや、台湾の原住民が琉球漁民を殺害したことへの問責は、日本の内治が整わず、財政も困難であるので、数年後ならともかく、今直ちに実施すべきでないとの建言を行なった。同時に木戸は、参議を辞任する意向を三条に伝えた。大久保も、内治を整えて富国強兵の基礎を確立すべきであるとの意見を持っていた。

八月二八日、睦仁は馬に乗り、箱根宮ノ下の行在所《あんざいしょ》を出発し、東京への帰還の旅に出た。皇后は「肩輿《かたごし》」に乗り、睦仁と同じ行列の中にいた。二人は八月三一日午後に赤坂仮皇居に着いた。睦仁は五九年八カ月の生涯で数多くの行幸に出ているが、休養のために首都から外に出たのはこの一回きりで、その後は避暑も避寒もしなかった。

岩倉と大久保の決意

一八七三年（明治六）九月一三日、岩倉具視特命全権大使（右大臣）が帰国した。三条実美太政大臣は、朝鮮への使節派遣問題の事情と、岩倉の帰国を待ってそれを互いに検討せよという睦仁の命を、直ちに岩倉に伝えた。しかし岩倉は、すぐに動くことができなかった。参議の木戸孝允が病気で政府に出ておらず、また大久保利通は参議に就任しようとせず、八月一八日に暑中休暇を利用して箱根温泉から富士登山、さらに関西の名勝旧跡を遊覧する旅に出ていたからである（『大久保利通文書』四、五二八〜五二九頁）。

明治国家の最も大きな悲劇の一つである西南戦争につながる、征韓論政変への序曲といえるこの時期、睦仁の内廷（奥）も不幸に見舞われていた。九月一八日午後に、睦仁の第一皇子が誕生したが、すぐに死去した。生母は側室の権典侍《ごんのてんじ》葉室光子《はむろみつこ》であり、光子も四日後に死亡した。これより先の七月一日に、光子は出産を前に皇居の近くの永田町に設けられた宮内省御用邸に移っていた。慣例上、天皇は、出産のために宮中から下がった者の家に行幸できず、その日以来光子と会っていないはずである。政治的には日本の近代化のために多くの慣行の改変に応じてきた天皇であるが、内廷のこのような慣行は積極的に変えようとはしなかった。それは皇后の立場を気遣ったからでもあろう。

第一皇子が生まれる前日の午後、睦仁は、皇居の御苑《ぎょえん》で、打毬《だきゅう》（馬に乗って行う毬《まり》打ち）を行なわせて、皇太后（夙子《あさこ》）・皇后（美子）とともに観覧していた（『明治天皇紀』第三、一三〇頁）。後に述べる侍従の証言にもあるように、睦仁と、母（生母ではない）である皇太后夙子や子どもを授からなかった正妻の美子との仲は、きわめて良い。ここで誕生した皇子が無事に成長していたら、睦仁は自分を取り巻く政治状況が厳しくても、後継者を得るプレッシャーから解放され、どれほど大きな安らぎを得ることができたであろう。

さて、大久保は九月二一日に関西から東京に戻ったが、まだ参議就任を受諾しようとはしなかった。のちに大久保が参議に就任した時、息子たちに宛てた手紙の中で、自分が暗殺されることも覚悟した悲壮な決意を示している（『大久保利通文書』五、三九～四一頁）。大久保は西南戦争につながるような事態の展開を予想し、参議就任に容易にふみきれなかったのである。

岩倉具視
（『近世名士写真』其1，より）

岩倉と三条の第一目標は、大久保・木戸の両者を閣議に出させることであった。岩倉は、まず大久保を参議に就任させて事態を打開しようと、九月二六日から、黒田清隆開拓次官（薩摩、幕末に薩長二藩提携に尽力し、戊辰戦争では会津征討総督参謀）・伊藤博文（長州、工部大輔）の協力を求め、本格的に動き出した。こうして、一〇月一〇日に大久保はようやく参議就任を承諾し、一二日に就任した。木戸も、大久保の参議就任を喜んだ（『大久保利通文書』五、五〜三五頁）。

使節派遣の閣議決定

三条は西郷から閣議を開くように強く催促されていた。そこで大久保の参議就任受諾をうけて、一八七三年（明治六）一〇月一四日に閣議を開くことを決定した。今回の三条は、岩倉・大久保らと連携して使節派遣を延期しようと決意していた。しかし西郷は、一〇月一一日付の三条への手紙の中で、使節派遣については最初に許容されており、今日、天皇の沙汰を変える等のことが生じては、「天下勅命軽き場」になると、当初の方針を貫くことを強く求めた（『西郷隆盛文書』一〇三〜一〇四頁）。使節派遣については、岩倉帰国後に再評議するとの限定つきで天皇が裁可したにもかかわらず、西郷は八月一七日の閣議の決定をもって裁可されたものと認識している。これは誤解というより、西郷が、若い天皇の権威を重んじていなかったことを物語る。

一〇月一四日、予定通り閣議が開かれた。病床の木戸以外の大臣・参議がすべて出席した。西郷が使節派遣を主張し、岩倉・大久保はそれに反対し、決着がつかなかった。翌一五日に閣議が再開されると、西郷は欠席した。木戸も前日に続いて欠席した。大久保は前日同様に使節派遣の延期を主張し、他の参議は西郷の意に任せるべきであるという意見であった。特に、一三日に新しく参議に就任したばかりの副島種臣（前外務卿）と板垣退助は、西郷の意を容れなかったがために西郷が政府を去る事態になれば一大事であると論じ、使節派遣を直ちに実行することを主張した。ここで三条が、再びぐらついた。三条は、西郷の辞任は大きな政治混乱につながるとして、西郷の考えに同調し、直ちに西郷を朝鮮に派遣することを閣議決定した。大久保は参議辞任を決意して退出した（『大久保利通日記』一八七三年一〇月一五日、『大久保利通文書』五、四九～六七頁、『明治天皇紀』第三、一三九～一四一頁）。

一五日の閣議の後、三条は岩倉に手紙を出し、自分が意見を変えたことを詫び、自分を海陸軍総裁に命じてくれれば後世の弊害にならないように必死に尽力すると述べた（『大久保利通文書』五、六七頁）。三条は、自らが海陸軍の責任者となって、朝鮮問題から日清戦争などにならないように尽力するという決意を示したのである。軍を統率した経験のない公家の発言としては、まったく異常であった。

西郷はこの二カ月前の八月一七日付の板垣宛の手紙で、自らを使節にしてくれれば戦いに持ち込むようにするので、その後のことは板垣に譲りたい、それまでの手順は任せてほしいと述べている（『西郷隆盛文書』九八～一〇〇頁）。西郷は自らが殺害された後の戦争指導を板垣（戊辰戦争で、東山道先鋒総督府参謀として会津攻略に功績）に託し、自分の行動への支持を訴えかけていたのである。

＊西郷の心情を示す史料は少ない。西郷は征韓強硬論者の板垣の支持を得て朝鮮国への使節となり、平和な形で条約を結びたいと思い、板垣に強硬なポーズを取ったと解釈できる余地もある。しかし、西郷は対清強硬論者の多い薩摩士族の支持を受けており、対外強硬論者として行動していくのが自然な流れといえる。

使節派遣が一〇月一五日の閣議で決定された数日後、西郷は腹心の桐野利秋《きりのとしあき》（陸軍少将）・別府晋介《べっぷしんすけ》

（陸軍少佐）への手紙で、⑴副島の話として、三条は、急病で意識を失う前の晩まで、海陸軍を率い自ら朝鮮を征討すると岩倉に主張していたと述べ、⑵憐れむべき小心者であるので、遂に病に倒れ残念であると、自分の気持ちを示している（『西郷隆盛文書』一〇五～一〇六頁）。太政大臣の三条は、一〇月一五日の閣議後、岩倉・大久保・木戸と、西郷・板垣・副島・後藤・江藤らとの対立を調停する力を全く失ってしまった。しかし、二〇歳の睦仁も、維新後最初の深刻な政府の亀裂に対し、積極的には何もしなかったし、またできなかった。

岩倉・大久保の巻き返し

一八七三年（明治六）一〇月一七日、右大臣岩倉具視は辞表を提出し、参議の木戸孝允も辞職を願った。三条は、使節派遣の方策を審議するため一七日に予定していた閣議を一八日に変更し、岩倉を説得しようとしたが、岩倉は辞意を主張するのみであった。そこで三条の気持ちは再々度動揺し、一八日夜に岩倉を訪れ、自分が西郷に同意した理由を語った。翌一九日、三条は、朝早くに岩倉に使いを出して自らの辞官を天皇に上奏することを岩倉に頼んだ後、前述のように急病になり、意識をなくしてしまった。

睦仁は同日朝に三条の病気を知ると、侍従《じじゅう》を三条邸に派遣した。さらに翌二〇日の午前一一時に出門し、自ら三条邸に行幸し、次いで岩倉邸に臨時に立ち寄って、岩倉に対して病気の三条に代わって天皇を助けるように、との言葉を与えた（『大久保利通文書』五、六七～七四頁、『明治天皇紀』第三、一四三～一四五頁）。

このいきさつに関し、一〇月一九日付の大久保から黒田清隆に宛てた手紙に、⑴徳大寺実則《さねつね》宮内卿は、「純良」の人であるが、とても「自ら成《な》すの器《うつわ》」に乏しく、この事が達成できずに敗れた場合には取り返しがつかなくなる、(2)黒田が明朝早く吉井友実《ともざね》宮内少輔《しょうゆう》（次官クラス）に面会して尽力してほしい、(3)徳大寺宮内卿がもし他の者に相談したら大変なことになるので、そうならないよう注意してほしい、との主旨が書かれている。

おそらく、大久保と黒田との相談で、黒田から吉井、吉井から徳大寺へのルートで、岩倉を太政大臣代理に就任させるように、睦仁に助言する工作が行われたのであろう。この結果、二〇日の突然の岩倉邸行幸が行なわれ、岩倉が太政大臣代理に任じられたと考えられる（『大久保利通文書』五、七八～八〇頁）。すでに述べたように、薩摩出身の吉井は、西郷よりも大久保に近かった。また、睦仁は内閣の機能停止の状況の中で、徳大寺宮内卿の助言を受け、維新以来数年間接触し、厚い信頼をおくようになっていた岩倉を太政大臣代理に命じたのであろう。これは睦仁の積極的判断というより、大久保らの計略に睦仁が乗ったにすぎない。

大久保利通
（『近世名士写真』其１，より）

一〇月二二日、参議の西郷・板垣・江藤・副島らは、岩倉を訪れて、朝鮮への使節派遣について発令の順序等を明日の閣議で決め、天皇の裁可を仰ぐべきであると要請した。また、もし岩倉が病気でこれを行なえないなら、参議に代わりに行なわせるべきであるとも要求した。それに対し岩倉は、(1)このような重要なことは参議に代わりに行なわせることはできない、⑵特に自分は三条と意見を異にするので、天皇の命で太政大臣の代理を務めるにおいては、自らの意見も詳しく上奏しないといけない、⑶そこで、明日参内して、天皇に西郷らと岩倉の両説を上奏し、天皇の判断を仰ごうと考えている、と答えた。西郷らはそれに反対したが、岩倉は自説を変えなかった。

また同日、岩倉は徳大寺宮内卿に手紙で、たとえ西郷らが参内して上奏することがあっても、天皇がその言に決して動かされないように、東久世《ひがしくぜ》通禧《みちとみ》侍従長（公家、幕末に三条・岩倉の提携に尽力、前開拓使長官）と協力して補佐すべき旨を内密に伝えた（『明治天皇紀』第三、一四五～一五〇頁）。岩倉・大久保らは、岩倉が太政大臣代理として閣議や上奏を主導する立場を得たのみならず、徳大寺宮内卿・東久世侍従長・吉井宮内少輔など、天皇の身近な側近を掌握し、天皇をコントロールしようとしたのである。またこの行動から、四七歳の岩倉や四三歳の大久保は、危機に際して、わずか二〇歳の天皇の判断力を信頼していなかったことがわかる。岩倉や大久保は、幕末以来の難局を体を張って切り開いてきており、睦仁をまだまだ未熟とみていたのである。

一〇月二三日、岩倉は天皇に拝謁し、閣議の経過と結論を奏上するとともに、自ら書いた朝鮮問題に関する「奏問書」を提出し、今朝鮮に使節を派遣すれば、内治が整わないうちに戦争を遂行することになる恐れがあるので、それには反対であるとの意見を上奏した。これに対して睦仁は、国家の大問題であるので、熟慮して明日勅答を与えるので、午前九時に参内すべきことと、朝鮮と樺太等に関する書類を速やかに提出することを命じた。この日、陸軍大将兼参議西郷隆盛（西郷は陸軍元帥兼参議であったが、陸海軍武官の官等の改定で元帥を廃止、五月一〇日より唯一の陸軍大将に任命）は、病気ということで辞官などを求めてきた（『明治天皇紀』第三、一四五〜一五〇頁）。

征韓論政変と無力な睦仁

西郷はこの日直ちに東京を離れたが、そのまま鹿児島に向かったのではなく、従者とともに郊外の小梅《こうめ》（現・東京都墨田区向島）にひそかに滞留し、二八日になって故郷へ出発した（『大久保利通文書』五、一〇八頁）。このことから、宮中と天皇を岩倉らに掌握されたと察知した西郷は、辞表提出という脅しをかけて局面の打開を図ろうとしたとみることができる。

これに対し、一〇月二三日付の大久保と岩倉・黒田らとの間でやり取りされた手紙をみると、(1)睦仁が西郷らを支持するような不安はまったく表れていない、(2)西郷の辞表提出について、岩倉は睦仁がどのように対応したいか、その意向がよくわからないことや、自らも西郷を辞任させることは好ましくないとの考えていた、(3)これに対し、大久保は西郷の参議と近衛都督（東京で最強の陸軍部隊の司令官、陸軍卿を経ずに直接天皇の命を受ける）だけを罷免し、陸軍大将はそのままにするという方針で、速やかに実行すべきであるとの考えであった、(4)岩倉も、西郷の陸軍大将はそのままにするという大久保の意見に少し安心し、大久保の提言に最終的に同意した、等がわかる（『大久保利通文書』五、一〇三〜一一〇頁）。すなわち、二三日段階では、岩倉らが睦仁を取り込んでおり、西郷の辞表についても岩倉らは、彼らの意見を睦仁に飲ませることが可能であると確信していた。ただ、西郷が辞任した後の事態について不安に思っていただけであった。

一〇月二四日、岩倉は午前九時に参内し、天皇の直筆で書いた勅書を与えられた。その内容は、国政を整え民力を養い成功を永遠に期すべきであるので、岩倉の奏上を受け入れるというものである（『明治天皇紀』第三、一五〇頁）。征韓論を避けることは、睦仁の慎重な外交感覚からも受け入れやすいことであった。

西郷の辞表についても、岩倉・大久保の最終合意（大久保の意見）通り、参議と近衛都督について認め、陸軍大将はそのままとすることが、天皇の命として下された。

この結果、同二四日、参議の板垣・江藤・後藤・副島は病気を理由に辞表を提出した。その四日前の一〇月二〇日に、木戸が伊藤博文を「剛凌強直《ごうりょうきょうちょく》」（強く厳しく正直）な性質として、岩倉に対し参議として推薦しているように（『大久保利通文書』五、八二頁）、すでに西郷ら参議の辞任を見越した後任参議の人選の検討がなされ始めていた。

一〇月二五日午後三時、岩倉の上奏があった後、睦仁は急に太政官代に行幸し、板垣らの辞任を認め、大蔵省事務総裁・参議大隈重信（佐賀）を参議兼大蔵卿に任命、参議大木喬任（佐賀）を司法卿兼任とし、工部大輔伊藤博文を参議兼工部卿に、海軍大輔勝海舟《かつかいしゅう》を参議兼海軍卿に任じた。参議が各省の卿を兼ねるようになったのは大久保が岩倉に献策した結果であった。

一方、同日、陸軍少将桐野利秋が辞表を出したことに見られるように、軍の動揺が激しくなった。天皇はこれを憂慮し、その日のうちに近衛局長官陸軍少将篠原国幹《しのはらくにもと》（薩摩）以下近衛幹部将校一二人を小御所《こごしょ》代に召して、これまでのように職務に勉励せよとの言葉を与えた。しかし、篠原は病気を理由に参上せず、二七日から二九日までの三日間に、篠原少将ら辞表を出した者が四六人にも及んだ。

一〇月二八日、参議の木戸孝允は、参議になって三日目の伊藤博文が、万一にも長州藩諸隊を脱退した兵士が藩庁を包囲した三年前の騒動のようにならなければよいと心配しているのを聞いた。そうなれば、各鎮台《ちんだい》にも波及し、諸県も雷同して、これまでの努力も水泡に帰す、と伊藤は続けた。このように、状況は楽観できなかった。

そこで睦仁は、二九日に小御所代に再び近衛将校を召して、いっそう勉励してその職を尽くしてほしい等の勅書を下し説得した。また、大久保の命を受け、薩摩出身の西郷従道《つぐみち》陸軍大輔（隆盛の弟）・黒田清隆開拓次官などが近衛将校の気持ちの緩和に努めた。一〇月三一日、大久保は、「勅諭」（勅語のこと）がよほど貫徹し、これ以上紛擾を起こすようなことはないだろうと見通した手紙を、岩倉に送っている（『明治天皇紀』第三、一五一～一五四頁、『大久保利通文書』五、一二九～一三〇頁、『木戸孝允日記』一八七三年一〇月二八日）。このような状況から、これまでの「大元帥」イメージ形成の努力によって、二〇歳の天皇の権威が、それなりに形成されつつあったといえる。しかし、岩倉・大久保らと西郷らとの亀裂を調停したり、近衛将校の辞任者をほとんど出さないようにしたりできるほどには、まだその権威は強くなかった。

なお、明治政府が大きなコストを払わされた今回の政変の過程で、天皇の権威をさらに高めて、政治危機に際しては、調停までできる君主が必要であることが明確になった。一〇月二五日、大久保と大隈・伊藤の相談の中で、天皇の輔導《ほどう》（教育）が最も重要な問題として挙げられた。翌二六日には、大久保は岩倉を訪れ、その内容を話して、同意を得た（『大久保利通日記』一八七三年一〇月二五日、二六日)。

また、政府内の当面の処置として、三条太政大臣の扱いも重要であった。三条は征韓論政変の過程で事態を収拾できず、ストレスから意識を失い、その後も出仕していなかった。長州出身の最有力者の木戸と親しい三条を、岩倉や大久保がそのまま辞任させることは考えられなかった。

そこで、一二月一九日、睦仁は三条の別邸に、病気見舞いの行幸をし、病気が治れば再び出仕せよとの勅語を、三条に与えた。これに対し三条は、木戸に使いの者をやって対応策を相談した。三条は木戸の助言の通り、いったん辞表を出した上で却下される形で政府に復帰したのである(『明治天皇紀』第三、一七五〜一七八頁、『木戸孝允日記』一八七三年一二月二一日)。

第三章　極東の青年君主

1　台湾出兵・江華島事件の危機と回避

台湾問題と樺太国境問題

一八七三年（明治六）一〇月の征韓論政変で西郷隆盛・板垣退助らが下野《げや》した後、日本政府は朝鮮問題以外に、戦争の危機も含んだ二つの重要な外交問題を抱えていた。その一つは、台湾問題であった。明治四年（一八七一）一一月、琉球漁民五四人が台湾に漂着して、原住民に殺害された事件の処理である。同じ年の七月、日本と清国は、対等条約である日清修好条規を結んでいた。その後、政府は条約の批准書交換のため、翌明治五年に副島種臣《そえじまたねおみ》外務卿を特命全権大使として清国に派遣した。その際に台湾問題を交渉させたが、清国は、台湾原住民（「生蕃《せいばん》」の用語を使用）は自国の領域外の者であり、関知することではないという見解を示した。そこで、征韓論が一段落した一八七四年一月になると、三条実美《さねとみ》太政大臣と岩倉具視《ともみ》右大臣は、この問題を参議大久保利通と同大隈重信に調査させることになった。陸海軍の少壮の将校の中には、台湾に出兵して原住民の頭目たちを討伐し、台湾の一部を日本領土にして、日本の威信を高めようと主張する者もいた（『明治天皇紀』第三、二八〜二九、二〇六頁）。台湾出兵が日清戦争に発展するリスクは、朝鮮出兵ほど高くはなかったが、西郷が戻った鹿児島県などの不平士族が注目するなかで、あまり弱気の対応はできず、政府にとって対応の困難な問題であった。

もう一つは、日本人とロシア人が混住していた樺太《からふと》の国境問題であった。日本は境界交渉をアメリカ合衆国に委任したりしたが、うまくいかなかった。ロシア人兵卒が日本人に乱暴するので、一八七三年（明治六）秋には、樺太を管轄する開拓使の次官黒田清隆が出兵論すら建言するまでになった。睦仁《むつひと》（明治天皇）は樺太の現況を深く心配し、侍従《じじゅう》に視察させた（同前、一五八〜一五九頁）。対応を誤れば、列強の一員であるロシアとの戦争になるかもしれないからであった。結局、榎本武揚《えのもとたけあき》（海軍中将、元江戸幕府海軍副総裁）が駐露全権公使として派遣され、半年にわたる交渉を重ね、一八七五年五月七日に樺太・千島交換条約を結んだ。こうして、幕末以来の樺太の境界問題は、日本が一歩退く形で千島列島を受け取り、樺太を放棄して解決した。

さて、台湾問題については、一八七四年（明治七）二月六日、岩倉の家に、三条や参議が集まり、大久保・大隈が立案した方針がほぼ了承された。それは、清国と十分な交渉をしつつ、台湾に出兵し原住民の頭目たちを討伐するというものであった。参議の木戸孝允《たかよし》は、この日の会議には出席しなかった。台湾出兵に反対だったからである。

征韓論に反対した岩倉・大久保・大隈らが、四カ月もしないうちに台湾出兵を決意したのは、全国的に広まるような士族反乱が起きることを恐れたからである。台湾出兵の欲求は、陸海軍の少壮将校の中にすらあった。それを無理に抑圧すれば、国内で暴発が起きるかもしれなかった。

佐賀の乱　すでに一八七四年二月一日には、前参議江藤新平《しんぺい》を擁して、征韓派の不平士族等が佐賀の乱を起こしていた。参議兼内務卿の大久保は、この乱が鹿児島県をはじめ全国に波及することを恐れ、自ら九州に出張して鎮圧しようとし、二月九日、その意が認められた。また、内閣顧問として東京にいた島津久光《ひさみつ》（旧薩摩藩主の父で、維新前は藩の最高権力者）は、江藤と西郷隆盛が連携しないように、鹿児島に帰って西郷を諭《さと》すことを天皇に申し出て、喜んで受け入れられ、二月一三日、陪食をすることを許された。二〇日、久光は鹿児島に着くとすぐに、西郷を招いてそのことを述べ、早く佐賀に行って乱を鎮圧するように説得した。西郷は、江藤に加担することはないと答えたが、乱の鎮圧については能力がないとして固辞した。

佐賀の乱は勢いを増し、二月一六日に旧城内にあった佐賀県庁が襲われ、熊本鎮台《ちんだい》からの将兵が撃退され、県庁は陥落した。しかし、大久保の指導の下、政府の処置が早かったので、三月一日には鎮圧された。この間、形勢不利を悟った江藤は、二月二三日夜には西郷を頼って再挙を図ろうと、鹿児島に脱出したが、西郷ら鹿児島士族は動かなかった。

対外問題に慎重な睦仁は、このような状況下で、岩倉や大久保と同様、内乱の拡大を不安に思いつつ、清国と戦争にならずに台湾出兵が成功するなら、それに越したことはないと考えていたのであろう。

ところで、二月二八日に、政府軍が佐賀の乱を鎮圧しつつあるとの報が伝わると、睦仁は侍従番長（侍従長に次ぐ地位）の高島鞆之助《とものすけ》（薩摩、陸軍中佐）に、佐賀に行って将兵を慰問するように命じ、酒肴料を下した。安心したためか、この日から五日間ほど、睦仁は風邪で出御《しゅつぎょ》できなくなった。三月三〇日にも風邪にかかり、翌日から五日間出御できなかった（『明治天皇紀』第三、二二六、二三二頁）。健康な睦仁にも、征韓論政変以来の疲労があったのであろう。

台湾出兵

佐賀の乱が平定されて一カ月経った一八七四年四月四日には、陸軍少将西郷従道《つぐみち》（陸軍大輔《たいふ》〔次官〕）が中将に昇進し、台湾蕃地《ばんち》事務都督に任命された。これは台湾出兵の司令官である。征韓論政変で大久保を支持して陸軍の動揺を防いだ西郷従道が、政変後重要視されていることがわかる。翌五日には、参議兼大蔵卿大隈重信が、台湾出兵の内外の条件を整える責任者である台湾蕃地事務局長官に任じられた。

こうして台湾出兵の準備が整ったが、駐日イギリス公使は、台湾が清国の国境外であるということに疑いを持ち、アメリカ政府は、台湾は清国の所属であるとし、両国は日本の台湾出兵に抗議してきた。そこで四月一九日、政府は大臣・参議の会議を開き、台湾出兵の前にまず清国に問い合わせることにした。そこで、長崎にいる大隈から西郷従道に出兵軍の出発を延期するように伝えることになった。二五日、使いから命を聞いた大隈は、驚いてそれを西郷に伝えたが、西郷は出発延期を承知しなかった。将兵の士気が大いに上っていたこの時に出発を押し留めたら、佐賀の乱以上の問題が生じると感じたからである。西郷は、四隻の軍艦に出発の準備をさせた（『明治天皇紀』第三、二二四四〜二二四五頁）。

長崎の大隈からの返電では事情がよくわからないので、大久保は他の大臣・参議の同意を得、天皇の命として四月二九日、長崎に向かった。しかし、西郷従道は将兵の状況を見て、大久保が来るのを待たず出発させることに決した。こうして、五月二日、将兵一千余人は四隻の軍艦に分乗して台湾に出発し、大隈と西郷は長崎に残った。五月四日、長崎に到着した大久保は、大隈・西郷と会見したが、出発後であるのでどうすることもできず、出発を認めた（同前、二二五〇、二二五四〜二二五五頁）。

こうして近代日本最初の海外出兵は、大臣・参議の閣議で決定し、天皇の裁可を得るという、太政官制の重要事項を決める正規の手続きで決められたが、その延期命令は、軍人の西郷従道都督（司令官）の独断で無視された。しかし、大久保も内乱への危機感を西郷と共有しており、事後的に出兵を認めた。木戸を除いた他の閣議のメンバーや睦仁も同様であったと思われる。

西郷従道
（『近世名士写真』其1，より）

ただ、参議兼文部卿の木戸は台湾出兵に不満で、四月一八日に病気を理由に辞表を提出し、五月一三日に認められた。ただし、引き続き宮内省出仕に任じられ、一等官給を与えられ、宮中等の儀式での席次も変わらなかった。大久保らは、長州の最有力者の木戸を何としても政府につなぎとめておく必要があったのである。

島津久光、左大臣になる

佐賀の乱に際して西郷隆盛を説得し、政府に協力した島津久光は、乱の処理が一段落した一八七四年（明治七）四月二七日に、空席になっていた左大臣に任命された。参議中の実力者の大久保利通は、久光が右大臣の岩倉具視より上の地位にくることに反対であった。久光は一八七二年の天皇の西国巡幸の時、ヨーロッパ文化を採用することに急でありすぎると、岩倉・大久保らの進めてきた近代化を批判する上奏をしていたので、大久保は久光の保守性を嫌ったのである。

島津久光（尚古集成館蔵）

他方、岩倉は三カ月前の同年一月、帰宅の途上、赤坂で征韓論政変に不満を持つ高知県士族九人に襲われて重傷を負って以来、すっかり気が弱くなっていた。そのため岩倉は久光が左大臣に任命されることを支持した。また三条実美太政大臣も岩倉に説得された（『岩倉具視関係文書』六、五七〜六二頁）。

ところが左大臣になった久光は、五月二三日、岩倉を伴って三条に会い、岩倉・大久保らの近代化路線を否定する八カ条の建言を行なった。それは、礼服の復旧（近代化の象徴としての洋服の否定）、租税復旧（地租改正反対）、兵士の復旧（一八七三年の徴兵令の否定）等であり、大久保がこれに反対であるなら罷免し、もしこの意見が採用されないなら久光が辞職を願うというものであった。また別に人選書を示した。その中で重要なものは、西郷隆盛・板垣退助に復職を命じ、「非行」のある参議兼大蔵卿大隈重信を罷免し、参議兼工部卿伊藤博文を大蔵大輔《たいふ》（次官）に降格すること等であった。翌二四日、久光はさらに、大隈の処分が決まらない間は出仕《しゅっし》しないことを、岩倉に手紙で伝えた（『大久保利通文書』五、五一二～五一四頁、『明治天皇紀』第三、二六四頁）。久光の人事案は、大久保を支える伊藤・大隈を閣員から除き、西郷・板垣を閣員に加え、征韓論政変以前の体制に近づけようとするものであった。

三条と相談した後、岩倉は大久保と会見した。それを受け、大久保は久光に面会し、その意見が適当でないことを述べたが、久光は聞き入れなかった。そこで五月二五日、大久保は辞表を三条と岩倉に提出した。三条らは苦慮し、大隈に参議を辞めさせ、台湾出兵が解決するまでは、大隈に大蔵卿と台湾蕃地事務局長官の職を続けさせるという妥協案で、久光を説得した。久光はそれを受け入れ、六月六日に意見書を撤回し、大久保も出仕を再開した。同七日、久光との約に従い、三条が大隈に参議を辞任するように求めると、大隈は憤懣《ふんまん》から、大蔵卿や台湾蕃地事務局長官という兼官も辞任しようとした。大久保・伊藤博文両参議は、大隈に辞表を却下するよう説得し、三条も久光の抗議にもかかわらず、大隈の辞表を却下した（『明治天皇紀』第三、二六四～二六五、二七一～二七二頁、『岩倉具視関係文書』六、一五七～一六〇頁）。

島津久光の建言問題は、三条・岩倉・大久保と久光という、大臣・最有力参議からなる権力の中枢の調整により、台湾出兵問題が解決するまでという条件で封印された。そのことで、大久保・岩倉ら政府首脳は、台湾出兵の処理に関しても、久光や、久光が復職を求めた征韓派の西郷・板垣らの動向に、さらに大きなプレッシャーを感じないわけにはいかなくなった。また、征韓論政変と同様に、二一歳の睦仁は、この重要問題についても、積極的に調停することができなかった。

対清開戦か内乱か

さて、台湾に出兵した日本軍は、西岸から討伐を始め、一八七四年五月中に一八の原住民のグループのうち、最も敵対的なもの一つを除いて、一応屈服させた。六月に入ると、残った一つの拠点に向け、三方から進撃を始めた。

しかし、五月末に柳原前光《やなぎはらさきみつ》駐清公使（妹の愛子《なるこ》は明治天皇の側室で、のち大正天皇を産む）が清国官吏と台湾出兵について交渉したところ、清国は日本が主権を侵害したと主張し、撤兵を要求した。七月一七日、柳原が清の実力者であった李鴻章《りこうしょう》（北京を含む地域を管轄する直隷《ちょくれい》総督）と会見した時も、李は出兵が清国の体面を傷つけるものであるとし、撤兵を求めた。

これに対し、七月八日、大臣・参議らは閣議を開き、軍当局の意見も聞いて撤兵の可否について論じた。参議兼陸軍卿の山県有朋《ありとも》はじめ、陸軍当局者の多くは、兵備が整っていないとして、清国と開戦すべきでないとした。しかし、閣議は清国との交渉が決裂する場合に備え、戦備を整えることを決定し、九日、天皇から山県陸軍卿と勝海舟《かいしゅう》海軍卿に、閣議の結果を告げて、応急の策をとらせた（『明治天皇紀』第三、二七九～二八〇頁、『大久保利通日記』一八七四年七月八日）。

同日に、宣戦布告の手順も決められた。その主なものは、(1)開戦に決した時は詔書《しょうしょ》で布告し、各国公使に公然と宣戦の趣旨を通報する、(2)天皇が西郷隆盛大将、木戸孝允（台湾出兵に反対で五月に病気を理由に参議兼文部卿を辞任、故郷の山口県に帰っている）、板垣退助（征韓論政変で西郷と下野した後、一八七四年四月に高知で立志社を作る）を速やかに召す、⑶天皇を大元帥とし、全軍を統率し、大阪に「本営」を設ける、⑷進軍大条目を定め、陸海軍「大参謀」に授与する、⑸戦時は「大参謀」の担当であるが、その重要な部分は内閣と協議をする、等である（「海外出師の議」一八七四年七月九日、『大久保利通文書』六、三〇〜三五頁）。天皇は日本を統合する存在として期待されたが、下野している西郷・木戸・板垣を、睦仁を媒介に政府に結集させることや、この手順の決定過程も含め、あくまで内閣主導であることが注目される。

七月二三日付の西郷従道都督（陸軍中将、陸軍大輔〔次官〕）宛ての手紙で、大久保は、鹿児島県の情勢がいよいよ平穏であり、高知県立志社も格別のこともないと、薩・土の士族の動きを気にしていた（『大久保利通文書』六、一〇～一四頁）。台湾出兵が実施されたため、薩・土の士族の不満は緩和されたのである。もし、成果をあげずに台湾から撤兵するなら薩・土の士族は激怒する恐れがあった。このため、大久保は出兵の処理に強硬になったのであった。

大久保の清国派遣

一八七四年七月一三日、大久保は台湾出兵について交渉するため自分を清国に派遣するように三条に求めた。しかし翌日、岩倉と相談した三条は、国内が紛々《ふんぷん》とした状況であるため同意できない、との回答をした。それでも柳原駐清公使の清国との交渉が進展しないのを見た大久保は、七月二六日以降、三条・岩倉に、さらに自らの清国派遣を強く迫った。そこで三条らも根負けし、七月三〇日の「御会議」で、大久保の清国派遣を内定し、天皇の了承を得て、八月一日、大久保を「全権弁理《べんり》大臣」として清国に派遣する命が下された（『大久保利通日記』一八七四年七月二六日～八月一日、『明治天皇紀』第三、二八七頁）。この決定も、睦仁の判断というより、三条・岩倉両大臣と最有力参議の大久保を中心とした調整で、実質的に決定された。

すでに述べたように、征韓論政変の際に三条は錯乱し、その後岩倉が高知県士族に襲われて重傷を負ったため、閣内における大久保のリーダーシップが強まっていることが興味深い。その大久保は、台湾出兵の処理についても、できる限り戦争は避けたいが、十分な交渉を行った上で、やむを得ない場合は兵力で決着をつけるという、強硬な意見を持つようになった。それが先に述べた七月八日の閣議決定にも反映している。

司法大輔（次官）の山田顕義《あきよし》陸軍少将（長州）は、八月末の東京の状況を、対清開戦論が高まっていると、木戸に手紙で報じた。木戸は開戦に反対であった（『木戸孝允日記』一八七四年九月三日）。政府は清国と開戦になったら、天津と北京を攻撃して決着を図るつもりであったが、木戸は八月二四日に伊藤博文に宛てた手紙で、決着がつかないことを心配した。また、勝利して台湾をもらっても、開発が大変であると見ていた（『木戸孝允文書』五巻、三二四～三二五頁）。

談判妥結　大久保は一八七四年九月一四日から北京で清国と談判を始めた。交渉は難航し、一〇月一〇日には交渉決裂も覚悟した最後通牒《つうちょう》を出すまでになったが、一〇月三一日、ようやく妥結した。その内容は、清国が日本の台湾出兵を正当なものと認め、琉球の被害民への補償や日本が出兵中に行なった道路修築や家屋建築費報償として五〇万両を日本に払うというものであった。五〇万両は日本の出兵費用をまかなえない少額であったが、清国との戦争を避け、日本の面目を保ったということで、睦仁はじめ大臣・参議ら閣僚も大いに満足した。

一一月二七日、四カ月ぶりに大久保が帰国すると、睦仁は、三条太政大臣を横浜に迎えに行かせた。大久保は特別列車で新橋まで、そこからは御料馬車で皇居まで迎え入れられる、という厚遇を受けた。さらに次のような勅語が与えられた。それは、天皇の意を体し、「反覆《はんぷく》弁論遂《つい》に能《よ》く国権を全《まっと》ふし、交誼《こうぎ》を保存せしむ（交渉を重ね、最終的に国益を守り、清国との友好を保つことができた）」ことは、天皇の心を安んじたのみならず、全国民の慶福であって、功績は大きい、というものであった（『明治天皇紀』第三、三四〇頁）。この「勅語」には、睦仁の気持ちが素直に表れているといえよう。

なお、以上のような国内の危機と連動した対外危機の中で、睦仁は外国の新聞を読みたいという意向を示し、一八七四年五月から宮内省では外国紙二紙を翻訳した。その後、睦仁はイギリスとアメリカ合衆国の新聞の中で最も信頼できるものを読みたいと要望したので、同年一二月に駐英・駐米公使に選択と送付を依頼し、ロンドン・タイムズと、サイエンティフィック・アメリカンをその対象とすることにした。さらに、その一年九カ月後の一八七六年九月には、『東京日日《にちにち》新聞』（現在の毎日新聞の前身）と『横浜毎日新聞』を睦仁の閲覧に供し、その後、『郵便報知《ゆうびんほうち》新聞』・『曙《あけぼの》新聞』・『朝野《ちょうや》新聞』なども閲覧用に加えた（『明治天皇紀』第三、二六六、三四八、六九七～六九八頁）。このように二一歳から二四歳にかけての睦仁は、新聞を通して積極的に情報を得ようという意欲を示し始めたのである。

2　権威のない青年天皇

左大臣島津久光の建言

島津久光《ひさみつ》は、明治五年（一八七二）五月、一八七三年六月、一八七四年五月に政府に西欧化・近代化を批判する建言・質疑を行ったが、政府は明確な答えを示すことを避け、久光を取り込もうとのみした。台湾出兵について、清国との最後の交渉を大久保利通が行っていた一八七四年一〇月にも、左大臣の久光は、台湾問題が切迫したので病を忍んで出仕《しゅっし》してきたが、これまでの内閣への意見書が実施されていないとして、上奏して天皇の判断を仰ぐという行動に出た。これについても、天皇からの回答はなかった。そのため久光は政府に出仕しなくなった（『明治天皇紀』第三、三二六～三三〇、四一四頁）。久光の上奏に対する睦仁の拒否の態度は、三条実美《さねとみ》太政大臣・岩倉具視《ともみ》右大臣や参議の実力者大久保利通の判断であろうが、睦仁も同じ考えだったと思われる。

同年一二月に岩倉は、最初に一人の罪を大目にみると千万人の罪人ができることや、唐の玄宗《げんそう》皇帝や建武《けんむ》の新政に失敗した後醍醐《ごだいご》天皇の例から、善政をしていても一度おごると人心を失い天下が乱れることを、睦仁に奏上した（「上奏書」、対岳文庫所蔵「岩倉具視文書」マイクロフィルムR2―29―3）。これは、岩倉が睦仁に久光に対し毅然《きぜん》とした態度で対応することを求めたものであった。

翌一八七五年（明治八）三月一八日、久光はさらに三条と岩倉に建言書を出して、参議兼大蔵卿大隈重信を罷免するという前約を実行することを、それとなく求めた。今回は回答に五日間の期限を設定していた（『岩倉具視関係文書』六、二七四〜二七七頁）。そこで、四月、三条と岩倉は、一八七三年の質疑二〇項目のうち、「先王の法服」を洋服にしたこと（孝明天皇の法会に洋服で参列するようにしたことか？）（第一）、太陽暦を採用したこと（第二）、玉座（天皇がすわる椅子）をはじめ各省の様式をすべて洋風にしたこと（第三）、各省に西洋人を雇って教えを受けること（第四）、撃剣の師を任命しないこと（第一二）、兵制を洋式にしたこと（第一三）、外国人との結婚を許したこと（第一七）、散髪と脱刀など洋風を重んじ、旧来の束髪帯刀の国風をいやしむこと（第二〇）については、これまでとってきた政策が妥当であり、復旧などは不可であると答えた。また、三条・岩倉は、一八七四年の建言についても、礼服や租税を維新前のものにすることや、新雑税の免除や「兵士の復旧」は正しくない、また皇居を京都御所にならって造営することも、皇居の速やかな造営には同感であるが、京都御所のような古い様式によることはできないと答えた（『明治天皇紀』第三、八九〜九一、四一四〜四一五頁）。西欧化・近代化の流れを否定しようとする久光の提言への全面拒否ともいえる。

なお、前年五月に焼失した皇居の再建については、旧江戸城域に皇居を再建することが決まり、一八七五年七月の工部省の上申に基づいて、一八七六年度に、正副建築技師長を海外より招き、約百万円の予算で、一八七七年から五年間で西洋式宮殿を造営することに決した（同前、五九八頁）。この間の工部卿は、参議の伊藤博文が兼任している。伊藤は征韓論政変後に参議に抜擢《ばってき》され、大久保の腹心となって近代化を進めており、その象徴となる新皇居を京都御所の様式で造営することはあり得ないと考えたはずである。

すでに、一八七五年一月から二月にかけて、大久保・木戸・板垣が大阪で会合し、漸進的に立憲政治に移行するという政治改革で意見が一致し、木戸・板垣の政府復帰が合意されていた。三月になると、木戸・板垣が参議に復帰したことで、政府は久光に対し、これまでよりも強い態度で臨んだのであった。

久光、睦仁に服さず

久光は三条・岩倉からの同年四月の回答に満足せず、⑴服制を旧来のものに戻すことは、日本産の絹布で服地をまかなえ、国家財政の欠乏を救うことにもつながり、特に重要である、⑵このことが受け入れられないなら、左大臣を辞任せざるを得ない等、との建言を行った。久光はその建言を天皇に提示してほしいと三条に願い、また五日のうちに回答があることを望んだ。三条と岩倉は何度も久光を訪れて説得したが、久光は洋服と太陽暦をやめることには固執した（同前、四二九頁）。こうして大臣間の調整は成功せず、久光問題は二二歳の天皇のもとに上ることになった。

一八七五年四月一二日、睦仁は三条を召し、久光の建言中の服制と改暦のことは断じて採用できない、その他の件は十分に調査を行ない、大臣・参議で評議して速やかに上奏せよと命じた。一四日、三条と岩倉の助言を受けた後、一五日に、睦仁は服制の件は採用できないが、他には取り入れられると思われることもあるので、さらに十分検討すべきであるとの考えを久光に述べ、速やかに出仕するように命じた。それに対し久光は、服制に関する意見を述べ、三条を通して上奏した建言について天皇の答えを賜りたいと、答えて退出した（『明治天皇紀』第三、四二九～四三〇頁）。
四月一五日の久光の拝謁において、睦仁は久光に妥協を求めたが、久光はそれを受け入れようとしなかったことが注目される。また四月一四日、睦仁は三条実美太政大臣に命じ、鹿児島にいた陸軍大将西郷隆盛に出仕を促した。三条は五月七日付手紙でそのことを西郷に伝えたが、西郷は東京に出る気配を示さなかった（同前、四二七頁）。二二歳になっても、睦仁の発言の権威は不十分だったのである。

この状況を心配した三条と岩倉は、天皇が大久保を召して久光を説得するよう命じることにした。四月一九日に睦仁から久光説得を命じられた大久保は早い段階から、久光の辞任は避けられないものとみた。そこで、後で問題が生じないよう、そのうち各参議に話しておいてくれるよう、岩倉に手紙を書いた（『大久保利通文書』六、三〇三～三〇四頁）。結局以下で述べるように、久光は半年後に左大臣を辞任することになる。

睦仁の深憂

睦仁は、久光が自分の説得に応じなかったことで、深く思い悩んだ。しかし一八七五年五月二日、三条太政大臣が岩倉右大臣に出した手紙で述べているように、「勅命」を含んで使いに行き、久光が承服しない場合、「君命を辱《はずかし》め」る上に世間から三条らが批判されるので、十分成功の見込みがない場合には、「勅命」を簡単には使えなかった。そこで睦仁は、三条・岩倉の助言に従い、事が表向きにならないよう、三条を介して柳原前光《さきみつ》に、前もって、少なくとも三条・岩倉の間で合意された「天皇の意向」を伝えさせた。五月五日に伝えられた内容は、左大臣の久光を新設の元老院議長とする、久光の建白のうち、天皇がもっともであると思った件は、元老院で審議し上奏せよということ等であった(『岩倉具視関係文書』六、二九六~三〇八頁)。

元老院は、左・右両院を廃止して、四月二五日に設立された機関で、新法の制定や旧法改廃の審議、建白を受け取ることが主な職務であった。議官は、勅任官(高級官僚)であった者や国家に功労のある者、政治・法律の学識のある者のうちから選んで任命することになっていた。議官となった者で参議の経験者は、征韓論で下野した後藤象二郎《しょうじろう》(土佐、元老院副議長に就任)と参議兼海軍卿の勝海舟《かいしゅう》くらいで、大臣・参議(卿兼任)などの政府の要職に就いていない者が多かった。また、岩倉使節団の副使の一人山口尚芳《なおよし》(外務少輔《しょうゆう》〔次官クラス〕)、三等侍講加藤弘之《こう》(西洋学者、のち帝大総長)、大久保の腹心で宮中改革を推進した吉井友実《ともざね》(前宮内少輔、一八七四年三月から一一月まで欧米視察)、陸奥宗光《むつむねみつ》(前摂津県知事)など、西欧化・近代化の推進者が多かった。

柳原を通して伝えられた「天皇の意」は、久光を元老院議長にすえて政治につなぎとめ、彼の建白を、元老院を介することで骨抜きにしてしまおうというものであった。これは、三条・岩倉のみならず、有力参議の大久保を含んだ多くの参議の間で合意されている可能性が強く、睦仁も納得していたはずである。

これに対し久光は、三条・岩倉らと協議すると奉答し、彼らと話し合ったが妥協に至らず、病気を理由に元老院議長に就任することを辞退した。

久光に不平分子が同調する

左大臣島津久光は、その後も出仕せず、一八七五年（明治八）六月一九日、足の持病が悪化したので、一〇〇日の休暇を願い出て、帰国して湯治《とうじ》療養しようとした。そこで七月になると、太政大臣三条実美は（右大臣岩倉具視は熱海で療養中）、内密に勅語を下して久光に元老院議長に就任するよう働きかけることを、天皇に奏請した。内密の勅語には、元老院の規則や議官の人選についても意見があれば出仕して申し立てるようにとの文章もあり、久光はそれを承諾した。しかし、久光が元老院議長を兼任することについては、反対する議官が少なくなかった。そこで、三条は心痛のあまり、参議らと相談した後にその成り行きを天皇に報告し、太政大臣の辞意を表明した。睦仁は深く心配した（『明治天皇紀』第三、四八一～四八二頁）。

七月二九日、参議木戸孝允・大久保利通・伊藤博文が大久保邸で会合を開き、天皇が久光にさらに言葉を与えるより他に方策はないと決し、木戸から三条を通してその考えが天皇に伝えられた。七月三一日、睦仁は久光を召し、三条に侍立させて言葉を下し、さらに自分の意を三条に伝えさせた。その内容は、(1)左大臣が元老院の長官を兼任するのは不体裁なので、当分は左大臣のみで出仕すべきである、(2)服制についてはなお詳しく熟考する、(3)病気療養の休暇は許可しないこと、であった。このため久光は、ようやく出仕するようになった（同前、四八二～四八三頁）。この過程からも、睦仁の久光問題への行動は、熱海で療養中の岩倉右大臣を除いた、三条太政大臣と参議の木戸・大久保・伊藤らの相談の結果に従って行なわれていることがわかる。

ところが八月二三日、中山忠能《ただやす》（公家、睦仁の祖父、元神祇《じんぎ》官知事〔長官〕）、嵯峨実愛《さねなる》（公家、中山忠能らとともに倒幕の偽の「密勅」を作った正親町三条実愛、元議定）・伊達宗城《むねなり》（元宇和島藩主、元外国官知事〔長官〕）、池田慶徳《よしのり》（元鳥取藩主、元議定）・大原重徳《しげとみ》（公家、元刑法官知事〔長官〕）ら八人が、時事について上奏しようと、久光ならびに三条・岩倉に申し出た。彼らは時事に関して久光と見解が同じで、たびたび会合して論議していた。彼らが多数で参内することは問題があったので、二四日、中山ら四人が代表して参内し上奏した。それは、(1)貿易の不均衡による正貨の流出を防止するため、宮中や官庁における西洋品を節減する、(2)太政大臣は多忙でありすぎるので、その職務を左右大臣に分轄し、太政大臣は大綱のみを掌握すべきこと、であった。睦仁は、熟慮すると答えた（同前、四八八〜四八九頁）。中山ら八人は、幕末から維新初期には重要な役割を果たしたものの、その後まもなく閑職に追いやられていた。しかし久光問題は、中山ら八人が久光に同調したことで、さらに広がりを持つ可能性が出てきた。

九月二八日に伊藤が木戸に伝えたところによると、島津久光のもとには種々の不平分子が往来し、久光を太政大臣にして各人の欲求を達成しようとしていたという（『木戸孝允日記』一八七五年九月二八日）。

久光問題と江華島事件

そこで岩倉右大臣は、一八七五年九月二八日から一〇月六日にかけて、久光の説得を試みたが成功しなかった。岩倉が説得のため久光に最初に会った二八日の深夜、江華《こうか》島《とう》事件の第一報が政府に入った。江華島事件とは、九月二〇日、日本の軍艦「雲揚号《うんようごう》」が朝鮮国のソウルに近い江華島の砲台に近づき、乗組員の乗ったボートが砲台から射撃されたため、日本側が反撃し、翌日砲台を占領した事件である。この事件の処理を誤り、日本が朝鮮に出兵することになれば、征韓論政変では何とか避けた日清戦争に発展する可能性があった。

江華島事件が起こると睦仁は深く心配した。一〇月三日、睦仁は、大臣・参議を召して、江華島事件について協同で相談して対応するように命じた。とりわけ、春以来、病気のため政務に消極的な岩倉には事件の対応に積極的に参画することを促した。

しかし、一〇月八日の閣議では、久光が絡んで再び内閣の亀裂が明らかになった。それは、同年一月から二月の大阪での会合で、参議大久保利通と木戸孝允・板垣退助の間で、木戸・板垣が参議として政府に復帰する条件として、内閣と各省を分離し、参議が各省の長官を兼ねることを止めるとした問題に関してであった。板垣はそれを早く実行するよう主張し、久光の賛同を得た。一〇月八日の閣議では、岩倉をはじめ大臣・参議の多くは、江華島事件の結果が出るまで、内閣・各省相互の連絡を欠かないようにするため、現状維持が必要であると主張した。

一〇月一二日、三条太政大臣が閣議の大勢として当面の現状維持を上奏しても板垣はひるまず、拝謁して、現状維持説に反論した。睦仁は熟慮して答えると両者に応じた（『岩倉具視関係文書』六、四〇五～四〇九頁、『明治天皇紀』第三、五〇九～五一一頁）。木戸は、江華島事件が起こったので大臣・参議「一同同心」して対応せよと、睦仁が命じた主意にも背《そむ》くものとして、板垣の態度を批判的に見た（『木戸孝允日記』一八七五年一〇月一二日）。このように板垣は、天皇の命をそれほど重視していなかった。それは睦仁の命は岩倉・大久保らの指導で出ていると、板垣が見ていたからであろう。

すでに述べたように、二年前の征韓論政変は政府を二分した大政変であったが、天皇の政治への関わりという点では、太政大臣代理となった岩倉が、閣議の結果とそれに対立する自らの意見を上奏したのみで、参議の西郷隆盛からの上奏はなかった。睦仁は岩倉・大久保や彼らに従う吉井友実宮内少輔〔次官クラス〕に従って行動しただけであった。しかし今回は、三条太政大臣の上奏に対し、板垣参議は、三条・岩倉・大久保らの路線と矛盾する上奏を行い、二二歳の睦仁の判断（「宸断《しんだん》」）がより公然と期待される形になった。

効力が不十分な「宸断」

この頃までに、岩倉右大臣は、⑴参議は、文字通りすべての相談に応じ、三人の大臣はじっくりと相談し、それを上奏する、⑵三人の大臣の意見が異なった時は、各大臣が見通しを上奏して、「宸断」を仰ぎ、それに異議を唱えることなく従う、等の意見書を書いた（『大久保利通文書』六、四四九〜四五〇頁）。岩倉は、征韓論政変やその後の久光問題などの経験から、いずれ天皇の実際の判断によって決着をつけざるを得ない事態が生じるであろうと考えたのであった。

先の一八七五年一〇月一二日の上奏後、三条は、⑴参議と各省長官の分割問題は、明朝に三条から「宸断」を伺うはずである、⑵今日の事態に至っては、たとえ混乱が生じてもしかたがないと決意していると、岩倉に手紙で告げた（『岩倉具視関係文書』六、四〇一頁）。

天皇の決裁は三条の手紙にあった一三日ではなく、一九日に、大臣・参議を召して行われた。その内容は、参議が各省長官を兼任することを止める件は、江華島事件が起こったので、しばらく旧来どおりにする、という内容であった（『明治天皇紀』第三、五二〇頁）。睦仁の判断は、大臣の三条・岩倉や、参議の木戸・大久保・大隈・伊藤ら、大臣・参議の主流派の意見を支持したものであった。

「宸断」が下ったにもかかわらず、その日のうちに久光は一通の封書を天皇に差し出して、三条を退《しりぞ》けないと日本は西洋各国の奴隷になってしまう等と、三条を批判した（『明治天皇紀』第三、五二〇〜五二二頁）。木戸ら参議たちは久光の行動に「驚愕《きょうがく》」した（『木戸孝允日記』一八七五年一〇月二〇日）。睦仁の天皇としての権威が不十分なため、久光は「宸断」に服せず、睦仁は再び判断を迫られた。

久光・板垣の辞任

一八七五年一〇月一八日の夜、睦仁は歯痛に悩まされた。二〇日から二六日までの七日間は、政務を取る表《おもて》の御座所《ござしょ》に病気のため出御《しゅつぎょ》しなかった。江華島事件に加えて起きた政府の内紛によるストレスが、睦仁の体にはこたえたのであろう。

体調を崩している間にも、睦仁は二〇日早朝に宮内卿徳大寺実則《さねつね》（公家）を召し、久光の建言のなかの三条を退けるという趣旨は不明であるので、有栖川宮熾仁《たるひと》親王に質《ただ》させたらどうか、と尋ねた。徳大寺宮内卿は、皇族である有栖川宮を使うのはよくないので、岩倉に諮問するのがよいと答えた、そこで岩倉が召されたが、岩倉は頭痛がひどく、参内《さんだい》できなかった。その日の午後、木戸・大久保は岩倉を訪れ、参議たちの意見を伝え、参内を強く求めた。木戸や大久保たちも昨日の久光の行動に非常に驚いていた。また、久光から批判された三条は、久光の建白が世間に流布していくであろうから、久光の建白に対し天皇の判断（「勅裁」）がなされないなら、自分は太政大臣を務め続けられないと、天皇の速やかな決裁を岩倉に求めた（『岩倉具視関係文書』六、四〇二、四一〇〜四一二頁）。

翌二一日も、睦仁は早朝から二度も岩倉に参内を促した。同日、病気にもかかわらず岩倉が参内すると、睦仁は病床に岩倉を召し、久光の建白への対応策を尋ねた。岩倉は大臣が同僚を弾劾するのは重大なことなので、その対応は天皇の判断（「聖断《せいだん》」）に任せたいと答えた。そこで睦仁は、(1)三条の長年の奉仕は忘れることができず、その罪も確認されないので、久光の建白を却下しようと思う、(2)昔と違って、久光に天下のことを任せたら、参議はおそらく辞任するであろうとの意見を述べた。

岩倉は、(1)自分の考えと「聖断」は同じであり、明日久光を召し、睦仁が決したことを伝えるべきである、(2)もし久光が三条の行なったことを挙げて上奏するなら、熟考の後に答えると述べ、(3)久光が辞任を求めるなら、多事の際で許可できないと応じるべきであると、睦仁に奉答した（『明治天皇紀』第三、五二三〜五二四頁）。なお一〇月二〇日段階で、大久保に加えて岩倉も、久光の辞任は避けられない（史料中では「一刀両断の御処分」）と見ていたが、岩倉は、大臣・参議達の事後への決意が必要であると、少し慎重であった（『岩倉具視関係文書』六、四〇三頁）。

ここでも睦仁は、岩倉ら大臣・参議主流派の意向と同様の「聖断」を下した。それは岩倉の目から見て合格であり、岩倉はそれに対する久光の反応を予想して助言を与えた。このようにして、睦仁は天皇としての政治判断力の実地訓練を積んでいった。

二二日、睦仁は病床に久光を召し、三条は国家の功臣であるとして、久光の建言を却下した。久光が辞意を述べたので、睦仁は岩倉の助言どおり、江華島事件があるので許可できないと答えた。しかし久光は、三条とともに政務を執ることができないと述べ、むっとした表情で退出し、その日のうちに岩倉を通して病気を理由に辞職を願った。参議の板垣も辞表を出した。さらに二四日、久光は岩倉に書状で、睦仁の言葉に対して意見を述べ、自分の上奏が誤っているか、三条の行なったところが正しいのか、あえて「宸断」を拝することを願った（『明治天皇紀』第三、五二四〜五二七頁）。また二二日以来、久光は支持者を集め、征韓論者・封建論者・民権論者など、異質の「不平」分子を煽動し、久光が上奏した「密封書」を世間に流布させていた（『木戸孝允日記』一八七五年一〇月二三日）。

そこで、二五日の閣議で久光と板垣の辞官を許可することを決め、二六日に岩倉が拝謁して天皇の判断（「宸裁」）を奏請し、二七日、二人の辞任が認められた。

頼りにされない睦仁

この直後に、旧薩摩藩士奈良原《ならはら》繁《しげる》（幕末に、寺田屋騒動・生麦《なまむぎ》事件・薩英戦争などで活躍、一八七八年から中央政府の官僚となり、沖縄県知事を約一六年務める）は、岩倉に建言書を出し、三条が「勅命を恣《ほしいまま》にして」いると、三条に代わって有栖川宮熾仁《たるひと》親王を太政大臣とすることを求めた。また、旧薩摩藩士内田政風《まさかぜ》（禁門の変や戊辰戦争で活躍、石川県令（後の知事）を経て、久光を補佐、島津家令を務める）・同海江田《かえだ》信義《のぶよし》（戊辰戦争で活躍、奈良県知事を経て、中央政府を離れる。のち枢密顧問官）は、一〇月三〇日付で、三条はしばしば役目を誤って体裁が悪く、それを天皇に負わせている等と批判した意見書を、元老院に提出した（『岩倉具視関係文書』六、四二七〜四三四頁）。久光と板垣の辞任についての、奈良原・内田・海江田らの三条批判は、二二歳の天皇の威信が不十分であることを示している。それのみならず、三条への批判から、三条に操られているとされる睦仁への不信へと発展する危険すらはらんでいた。

なお、土佐出身の谷干城《たにたてき》（元熊本鎮台司令官）によると、久光とともに参議を辞任した板垣退助は、同年春に政府に復帰するにあたり、自由民権派の愛国社から批判があった際に、天皇からの直接の命令（「御直勅」）であることを理由にした（『保古飛呂比《ほごひろい》――佐々木高行日記』六巻、一八七五年一〇月二五日）。しかし、板垣は今回、睦仁（天皇）の命令や意向に反抗する形で辞任した。睦仁の権威が十分でないため、天皇の命令は、自分の行動を正当化するため都合良く利用される程度のものであった。

その後、久光は辞退したにもかかわらず、麝香間祗候《じゃこうのましこう》という、天皇が国事を相談するという名目の閑職に就くことになった。木戸は腹心の伊藤博文に宛てた一一月一二日付の手紙で、二三歳になったばかりの睦仁について、確固とした気性を養わないといけないと書き（『伊藤博文関係文書』四、二七三頁）、久光問題での睦仁の頼りなさへの危惧感を示した。その後、一二月上旬に木戸は、久光の建白は大臣・参議を入れ替え、朝鮮へ出兵しようとする勢力と結びつき、兵士や士族はそれに雷同しようとしていると警戒感を示した（『木戸孝允日記』一八七五年一二月七日）。久光・板垣の辞任問題は、扱いを誤ると容易ならない事態になる恐れがあった。

天皇の待ちぼうけ

江華島事件に関しては、大久保利通の主導により、陸軍中将兼参議黒田清隆が特命全権弁理《べんり》大臣として朝鮮国に派遣されることが閣議で決まり、一八七五年一二月一九日任命された。黒田は二年前の征韓論政変の際に、薩摩出身者の中で、西郷従道《つぐみち》中将（当時少将）とともに大久保を支えた中心である。西郷が台湾出兵の司令官である都督に任命されたように、黒田にも重要な役割が与えられた。なお、西郷は翌一八七六年二月二二日、台湾出兵の功績で、臣下として初めて勲一等に叙せられ、賞牌《しょうはい》（後の勲章の原型）を与えられている。

さて、黒田と副全権弁理大臣になった井上馨《かおる》（長州）らの一行は、一九七六年一月六日、「玄武丸」に乗って品川を出発し、一五日に釜山浦《プサンポ》に着き、二月一一日から漢城（ソウル）の江華府で、交渉が始まった。日本側は、海軍兵二小隊と「日進《にっしん》」（木製艦、一四六八トンで日本海軍の軍艦のなかで三番目のトン数）・「孟春《もうしゅん》」（鉄骨木皮艦、三五七トン）を黒田一行に付随させて、朝鮮国側を威圧する一方で、交渉が破れた場合に備え、陸軍卿山県有朋《ありとも》を大阪・下関に派遣する等、出兵の準備を進めた。もっとも閣議の方針は、台湾出兵の際の大久保の交渉と同様に、戦争ではなく、朝鮮国王に江華島事件を謝罪させ、不平等条約を結び朝鮮を開国させ、日本の威信を高めることであった。それは、久光問題に関連し、西郷隆盛や薩摩士族や全国の不平士族の暴発を避けることにも役立つ。結局、黒田は一八七六年（明治九）二月二七日、日朝修好条規を結ぶことに成功した。

三月五日、黒田・井上が帰国すると、睦仁は太政官代に行幸し、大臣・参議らを従えて二人を歓迎し、功労を賞する勅語を与え、朝鮮国での交渉の経過を聞いた。次いで三月二七日、黒田と井上の労をねぎらうため、御座所で三条実美太政大臣・岩倉具視右大臣、大久保ら参議を招き、昼食会が行われることになった。ところが、定刻になっても黒田・井上は参内せず、一時間余り待っても現れないので、二人を欠いたまま宴を始めた。食事が済んだ頃に、二人から病気のため昼食会に出席できないとの手紙が届いた。その日、大久保は、病気のためなら仕方がないが、治ったら宮内省に出頭し、許しを得ておくように、との手紙を黒田に送った（『明治天皇紀』第三、五七二、五七八〜五七九頁、『大久保利通文書』七、六〇～六一頁、『木戸孝允日記』一八七五年三月五日)。このようなハプニングは、天皇の権威が確立した後なら、黒田・井上の進退問題に発展した可能性が強い。この段階の、睦仁の権威や臣下との関係は、この程度のものであった。

征韓論政変後の天皇のスタイル

すでに述べたように、征韓論政変は政府を二分する大変動であった。それのみならず、西郷隆盛が下野したことで、睦仁の行動様式や宮中にも、いくつかの変化が生じた。それは岩倉使節団が出発して以来、西郷が天皇の補導《ほどう》(教育)や宮中改革の最高責任者であったからである。

その変化の一つが、睦仁が乗馬で皇居(や行在所《あんざいしょ》)から行幸に出発するという、近世の武士的様式がしだいになくなっていったことである。それは、明治三年四月の在京諸陸軍部隊の連合訓練(東京郊外駒場野)に睦仁が乗馬で皇居を出たのが始まりで、西郷が政府を主導するようになってから、さらに多くなっていた。一八七三年一〇月の征韓論政変後も、一二月九日に睦仁は赤坂仮皇居から越中島操練所《そうれんじょ》に行幸し、近衛砲兵大隊などの発火操練(実弾を用いず、火薬だけを込めて発射すること)を見た。翌七四年九月一九日には、睦仁は乗馬で仮皇居の門を出、近衛・東京鎮台《ちんだい》・教導団の兵約三四〇〇人を率いて、武蔵国豊島郡元蓮沼村(現・東京都豊島区)に行幸した。到着すると、自ら「指揮長官」となり軍事演習を行なった(『明治天皇紀』第三、一七一、二二七、三〇八～三〇九頁)。これらは睦仁の権威を高めようとする試みであった。

すでに述べたように、一八七三年一〇月の征韓論政変から台湾出兵(一八七四年)・島津久光左大臣問題（一八七四～七五年）・江華島事件（一八七五～七六年）などが絡み、睦仁が一定の判断をせざるを得ない深刻な政府内対立が生じた。睦仁は岩倉具視右大臣・大久保利通参議らの主流派を支持する形で何とか乗り切った。しかし、二〇歳そこそこの天皇の権威は不十分で、「勅語」等の形で意思を示しても、岩倉・大久保らへの反対派からはしばしば事実上無視された。このため、七四年秋を最後に、睦仁が軍事演習に際し乗馬で仮皇居の門を出るというような武士的な様式が行なわれなくなった。そのような行動が天皇の威厳を強めるのにあまり効果がないとわかってきたからだろう。

ところで睦仁は、翌七五年二月七日には乗馬で皇居を出、池田輝知《てるとも》（前鳥取藩主の子）の別邸に行幸し、帰りに開拓使の農園に立ち寄ってもいる（同前、三九五～三九六頁）。この池田別邸への行幸は、公式な行事へのものというより、乗馬を楽しみながら臣下の家に立ち寄るという性格のものであった。

睦仁のもう一つの重要な変化は、乗馬は引き続き熱心に行なったものの、自分から号令をかけ部隊を指揮する操練や、その後に始めた、自ら的に向かって銃を撃つ射的《しゃてき》を一八七五年秋までに止めてしまったことである。

操練と射的を止める

征韓論政変の翌年、一八七四年（明治七）三月一二日、睦仁は操練を行った後、馬場で射的を初めて練習した。その後、睦仁は、月に一八回も操練および射的を、さらに六回も射的のみを練習するほど、操練と射的の練習に熱心に取り組んでいた。陸軍少佐の村田経芳《つねよし》（薩摩出身、のち日清戦争で陸軍歩兵の主要兵器となった村田銃を発明）が、睦仁を教えた。この三月の頃は、睦仁は大隊操練に加えて小隊操練をも学んだが、まもなく小隊操練を終え、主に大隊操練の練習をするようになった。（『明治天皇紀』第三、二二六～三一一頁)。

ところが、同年九月二七日以降、操練の練習日を月六回に減少させた。射的の練習も行なっていたようであるが、その後、一二月にかけて操練・射的の練習を行なわなくなったようである。そこで一二月、侍従長東久世通禧《ひがしくぜみちとみ》(公家)は、「君徳培養」に関する上奏の中で、操練や射的は陸海軍の志気が上るので、旧来のように行なうように勧めている(『明治天皇紀』第三、三六一～三六四頁)。

それにもかかわらず、翌一八七五年五月以降はほとんど操練がなくなり、七月中旬に操練・射的ともに休止した。これ自体は暑中は休業する慣行に従ったものともみることができるが、秋になっても操練のみは再開する命がなかった。また、一一月以降は操練・射的に関する記録もなくなり、一二月になると練兵御用係が睦仁の乗馬の相手をするよう命じられた(『明治天皇紀』第三、三九四、四七六頁)。

それでは睦仁は、一時的にあれほど熱心に取り組んだ操練と射的を、東久世侍従長が勧めているのに、なぜ止めてしまったのだろうか。

睦仁の輔導役の元田永孚《もとだながざね》(侍読《じどく》)は、一八七二年六月に三条実美太政大臣に提出した意見書で、天皇は乗馬や操練のような「兵士の芸」を身につけようと努めるよりも、「君徳」を高めるよう努力すべきであると主張した。また、日常の睦仁への進講でも、「君徳」の培養を重視していた(沼田哲「元田永孚と天皇」『明治天皇と政治家群像』三～五頁)。

しかし、睦仁は元田の進講にもかかわらず、その後も二年以上、熱心に操練や射的を行なっていたので、元田の精神的な影響力を過大視することはできない。操練においては、小隊操練から大隊操練へと一通りのことを終えたことも一つの理由であろう。

睦仁が操練や射的に意欲をなくしたもっと重要な理由は、乗馬で仮皇居を出発することと同様に、中・下級の将校が練習する技術をいつまでもやっていても、「大元帥」でもある天皇としての国家統治の能力を磨くことにならないと感じるようになったからではないか。

この中で睦仁は、元田の進講の意味を思い返し、天皇としての職務を果たすためには、操練や射的に時間を費やすよりも、実際の政治を考えたり、その判断の土台を作る学問を身につけたりすることを優先すべきであると考えたと思われる。睦仁は、征韓論政変などの実際の政治の中で岩倉・大久保らの言動を学び、他方、元田らから古典にみられる君主の理想を学んで成長していったのである。なお、東久世侍従長の勧めに反し、睦仁が操練・射的をやめてしまったのは、二三歳の睦仁が、自らの教育など、身のまわりのことに関しては、自分の意志を通せる権威を得てきたことを示している。

乗馬への執着

もっとも睦仁の乗馬熱は衰えなかった。操練と射的をやめてしまった翌年である一八七六年を例にとると、この年は一月二日から、御苑内の操練場や馬場などで馬に乗った。その後、休日であろうと、暑くても寒くても常に乗馬を行った。ほとんど連日のように、午後から日没まで侍従等を従えて練習した。雨や雪の日でも馬場に出ることもあり、出ない日も屋内の木馬で乗馬の練習をすることもあった。練兵御用掛《れんぺいごようがかり》岡田善長《よしなが》（陸軍少佐）らが相手をした。乗馬に関しては、元田の進言は睦仁にまったく効果がなかったのである。

一〇月一六日には、天皇の命令により、乗馬のために出御する際は、侍従が二、三人、馬で先を走ることに定められた。もともと睦仁は、乗馬をするごとに、自分の乗る馬はもちろん、睦仁に仕える臣下の馬に至るまで自ら選定するという熱心さで、馬の状況もよく知っていた。なお、睦仁は洋式の馬術を練習するようになっていたが、日本の伝統的馬術も保存すべきという考えを持ち、たびたび和《わ》鞍乗《ぐらのり》を奨励した（『明治天皇紀』第三、五五二、五八七頁）。なお、この五年後であるが、熱心さのあまり、睦仁は一月の冷たい雨の中、御苑の馬場のぬかるみをものともせず連日馬に乗り続けた。そのため、馬の世話をする馭者《ぎょしゃ》や馬丁《ばてい》が疲労し、馬も病気になるものが少なくなかった。睦仁はそれに気がつかなかったので、侍補の土方久元《ひじかたひさもと》（後に宮相）らに諌められることすらあった（同前、第四、三五五～三五六頁）。このように睦仁は大好きな乗馬によって運動とストレス発散をする一方で、「大元帥」イメージを維持したのであった。

操練と射的をやめた睦仁は、一八七六年は一月四日に、政治の中心である正院に行幸して、「政《まつりごと》始《はじめ》」を行なった。この年、天皇が正院に行幸して政治について聴《き》いたことが、三〇回余りにも及んだ。夏の暑い日であっても、金曜日には行幸し、その後、それが慣例となった（『明治天皇紀』第三、五五三頁）。

深酒の日々

睦仁は明治四年（一八七一）の宮中改革のあった一八歳頃には、かなりの量の酒を飲むようになっていた（第二章2「西郷隆盛の宮中改革」参照）。ところが、征韓論政変の起こった一八七三年（明治六）、二〇歳から二一歳にかけての睦仁は、時には度を越すほどに酒を飲むようになった。そこで、文部省雇いのドイツ人医師の勧めで、毎日夕食の時に飲む日本酒をワインに改め、一日一本を限度と定めた。このように酒量が多いため、一八七五年三月に二週間ほど咳・歯痛に悩まされたとき、侍医は酒量が多いことを原因と考える程であった（『明治天皇紀』第三、一八一、四二三頁）。

睦仁が深酒をするようになったのは、元来の酒好きの体質に加え、征韓論政変、台湾出兵、久光問題、江華島事件などが続き、日常的に強いストレスを感じていたからであろう。

西園寺公望が一八八〇年にフランスから帰国した後に、宮中の噂として聞いた話であるが、一八七三年頃、睦仁は新しい女官と関係を持ち、皇后を激怒させたらしい。また、右大臣岩倉具視は、この件で天皇皇后の双方をなだめ、酒を振舞われて帰る途中で、赤坂で刺客に襲われた（一八七四年一月）という（木村毅編『西園寺公望自伝』四七～四八頁）。睦仁は女官にストレス発散を求め、皇后との間に波風を立てることがあったのである。

一八七四年春頃から、睦仁のリラックスの手段の一つに、乗馬の後、皇太后（夙子《あさこ》）のいる青山御所に行幸し、同御所の御苑内の御茶屋で、皇太后の用意した肴《さかな》で酒を飲むことが多くなった。皇后（美子《はるこ》）が同席することもあり、また睦仁は夜になるまで仮皇居に戻らないことも多かった。皇太后の青山御所は、旧和歌山藩主の献上した私邸を修築したものである。一八七三年五月に皇居が炎上し、仮皇居が狭いので、同年一二月から皇太后は仮皇居を出て移り住んでいた。その地は仮皇居に隣接し、御苑を経て行き来できるので（『明治天皇紀』第三、一七六、一八五、二四六、四一二、四三一、五五二頁）、睦仁にとって都合が良かった。

また、一八七三～七四年頃には、操練や乗馬をした後、よく「六角堂」と称していた洋館で夕食を食べワインを飲んだ。ある時、睦仁は数本のワインを飲み、乗馬で帰れないくらいに泥酔した。そこで調馬師と側仕えの西五辻文仲《にしいつつじあやなか》（公家、後に男爵）らが、それぞれ馬の口としっぽをつかまえて、睦仁が落馬しないように気をつけながら、なんとか無事に赤坂仮皇居に連れて帰るようなこともあった（『明治天皇紀談話』三巻、一五〇〜一五四頁）。

一八七五年一月二一日には、権典侍柳原愛子《ごんのてんじやなぎはらなるこ》が青山御所内に設けた産殿《さんでん》で第二皇女を出産した。六日後、皇女は薫子《しげこ》と名づけられ、居住する梅御殿にちなんで梅宮《うめのみや》と称せられた（『明治天皇紀』第三、三三九〜三四〇、三八七〜三八九頁）。皇女の誕生はめでたいことであったが、二三歳の睦仁には、後継男児を待望する圧力は続いた。この梅宮も、一八七六年六月八日、「脳病」で死去した。

3　睦仁の修養

君徳培養

征韓論政変後、政府内の対立を調停できるような天皇が求められ、睦仁《むつひと》への輔導《ほどう》（教育）にいっそう力点が置かれるようになった。一八七三年（明治六）一二月、右大臣岩倉具視《ともみ》は参議の大久保利通に、宮内省改革の見通しをなるべく早く内示してくれるよう依頼している（大久保利通宛岩倉具視書状、一八七三年一二月二〇日、『大久保利通関係文書』一）。睦仁への教育やそのための宮内省改革の方針は、大久保と岩倉が中心になって決めたらしい。

翌七四年八月二二日には、今後、一・六の公休日（月六回）を除いて、大臣・参議のうち一人ずつ一日おきに参内《さんだい》することが決められた。これは、睦仁に「徳」を身につけさせるためであった。清国で台湾出兵の後始末の交渉をしていた大久保利通に宛て、同年一〇月一五日に、岩倉具視右大臣が国内状況を報じた手紙に、大臣・参議が一日おきに皇居に参上し、いろいろ申し伺っている、と書かれている（『岩倉具視関係文書』六、二三四頁）。このように、征韓論政変のあと、睦仁への政治教育は、政府の最高幹部によって実際に熱心に実施されたのである。後には、睦仁の前で学問や政情を講演する「御談会」（後の御進講）にも、大臣・参議を出席させることになった（『明治天皇紀』第三、二九四頁）。

すでに述べたように、睦仁は一八七四年秋頃には操練や射的の練習には興味をなくし始めるが、二二歳になっても、福羽美静《ふくばびせい》・加藤弘之《ひろゆき》・元田永孚《もとだながざね》らによって、和・漢・洋の学問を続けた。また習字の練習も行なっていた。しかし赤坂仮御所は規模が狭く、御学問所代は二〇帖の部屋が二つのみで、かつ日常政務を執るところでもあるので、学問のためには不都合であった。そこで、御学問所代西南方に、新御学問所を建てることになり、同年一二月二二日に完成した。新御学問所は、飾り気のない木造西洋式建築で、西に面し南北に長く、緑のペンキが塗られていた。部屋の広さは約三〇帖で、じゅうたんを敷き、中央西よりに東に向いて玉座を設け、西洋式机を置き、玉座の左右にそれぞれ二つの机を並べ、奉仕相手の藤波言忠《ことただ》（公家）ら四人の席とした。講師の座は、東よりやや北方に玉座に面して設け、東側の中央に暖炉があり、その上に時計が置かれていた（『明治天皇紀』第三、三五三～三五四頁）。

すでに少し触れたように、一八七四年一二月二八日には侍従長東久世通禧《ひがしくぜみちとみ》（公家）が、「君徳培養」に関して上奏した。その要旨は、(1)三条実美《さねとみ》・岩倉らの睦仁への接し方は、「敬」(うやまう)ばかりであるので、それに加えて睦仁が、「愛」(いたわる)を身につければ、天皇と臣下の気持ちも通うようになる、西郷隆盛・副島種臣《そえじまたねおみ》・板垣退助・後藤象二郎《しょうじろう》ら、下野した有力者にも、「愛」の思し召しが伝わるようにすべきである、(2)天皇は平生においてあまりに「厳然」としすぎてもよくないが、挙動があまりに軽々しくては徳義に関わるので、注意深くしてほしい、(3)「大人《たいじん》」の度量は測ることができないくらいがよく、あまり些末なことまで臣下を叱ると、徳望が疑われる、(4)操練・「発砲」などは、運動かたがた、定日に行なえば、陸海軍の志気も上る、(5)飲酒は持病に影響しない範囲にとどめるよう注意を願う、等である(『明治天皇紀』第三、三六一〜三六四頁)。東久世は、睦仁に、臣下から慕われる「愛」や「度量」をもっと身につけることを期待しつつ、平常の行動があまり軽々しくならず、飲酒も慎むように、苦言を述べているのである。

統治の心構えを学ぶ

このようなことを背景に、睦仁は一八七四年後半から、『日本外史《にほんがいし》』の素読(二・七の日)、『貞観政要《じょうがんせいよう》』(唐の太宗と臣下の政治の問答集)の輪読と習字(三・八の日)、仏語政典の輪読、『輿地誌略《よちしりやく》』(世界地理の本)の講習および大字習字(五・十の日)、三一日には、さらに『貞観政要』・『日本外史』の講習、大字習字を行なうこと等が日課となった(『明治天皇紀』第三、三七八頁)。洋学が約三分の一に減少したことが特色である。さらに一八七六年秋から、睦仁の学問の講師として、儒学者元田永孚の比重が高くなり、洋学の割合がさらに低くなった(『明治天皇紀』第三、二五九、二八三、二九四、五五四〜五五六頁、西川誠「木戸孝允と宮中問題」『明治天皇と政治家群像』三五〜三六頁）。睦仁は、かなりの時間、三四歳も年長の元田と対面し、和漢の古典を素材に、君主として統治に必要な心構えを学んだのであった。

他方、睦仁は近代化・西欧化を推進する大久保・木戸孝允・大隈重信・伊藤博文らの参議から、現実政治を学んだ。こうして睦仁は、現実に展開している事象や改革の推進派の参議たちの考え方を、歴史の重みに耐えた和漢の古典の脈絡のなかで考察することができた。二三、四歳頃の睦仁が受けた教育は、理論と実践のバランスの取れたものだったのである。

ところで、一八七五年八月九日、太政大臣三条・宮内省御用兼務参議木戸・宮内卿徳大寺実則《さねつね》・侍従長東久世通禧《ひがしくぜみちとみ》ら九人が浜離宮に集まり、「聖徳輔導《せいとくほどう》」に関して協議が行なわれた。そこには、元田永孚ら睦仁に講義を行なう侍講も出席していた。八月二〇日、木戸は三条とともに参内し、木戸が、(1)皇室の規模を一新し、(2)睦仁が、宮内省の長官や次官である卿《きょう》や輔《ほ》、侍従長らが側で仕える場所に毎日出御し、大臣・参議らも参内し、睦仁が彼らから意見を聴き取り、天下の大勢を全体にわたって観察すべきであると、上奏した。次いで二九日、木戸は三条と会見し、また侍従番長高崎正風《まさかぜ》（歌人）が木戸に奥《おく》（内廷）の内情を語った。その後、木戸は手紙を書き、大臣・参議・各省の卿および侍従長が奥に自由に出入りできるようにするよう、さらに奏請することを三条に促した。木戸と三条は、睦仁と政府首脳の日常の接触をさらに拡大しようと考え、木戸は彼らが奥にまで自由に出入りできるようにとまで構想したのである。九月三日、木戸は奥への出入りについて上奏した（『木戸孝允日記』一八七五年八月九日、二〇日、九月三日、『明治天皇紀』第三、四八四〜四八六、四九〇頁）。

奥の出入りに関しては、急には改革されなかったと思われるが、のちに日清戦争中の広島大本営に皇后らが来訪して以後、奥の御座所が設けられた。こうして、天皇が日常の政務を行う表の御座所に加え、奥にも御座所が設けられ、緊急の場合、天皇は奥でも政務報告を受けることができるようになった。こうして戦時下を中心に、奥の御座所でしばしば戦争の経過などの政務報告を受けるという形で、実質的に木戸の提言通りの様式ができていった。

英雄の治績を学ぶ

また、定日に大臣・参議が交代で参内することに加え、一八七六年にも御談会（後の御進講）が一三回も開催された。一八七四年五月から始まった催しで、睦仁が、大臣・参議や宮相・侍従長・侍読（侍講）など宮中関係者と、歴史上の人物の言動などをめぐって談論を交える場であった。睦仁は御談会を好んだようで、一八七四年は夏季の休学中でも御談会のみは続けた。御談会は毎回、およそ午後三時から約二時間、御座所楼上で行なわれた。五月一二日の会より内閣顧問の木戸も召され、出席するようになった。主な内容は、「英雄人主比較論」（二月、西周《にしあまね》）、ナポレオンのロシア遠征（一〇月、西周）、イギリスのアルフレッド大王伝（一〇月、西村茂樹）、ナポレオンの父とナポレオンの出生（一〇月、西周）、唐の徳宗・後唐の明宗皇帝が国民の窮乏を知る話（一〇月、西村茂樹）、米大統領グラントへの議会有力者からの批判（一一月、西村茂樹）等であった（『明治天皇紀』第三、五五八〜五五九頁）。二三歳の睦仁は、すでに操練や射的の練習、ドイツ語といった技術的学習をやめていた。彼は、以上のように、和漢洋の文献を読むといった系統的な勉学中心の学習に、御談会という、応用的な要素を加えていったのである。睦仁は、欧米や中国の国王・皇帝・

大統領という英雄の治績を学ぶことで、歴史の大きな変動の中での統治者としての自覚を身につけていったことであろう。

なお、一八七六年七月二三日、木戸は右大臣の岩倉具視を訪れ、天皇の学問のことなど種々の心配について詳しく述べたが、岩倉も知っていることもあった。木戸は以前から大臣・参議たち（日記の用語は「大臣」、木戸の日記では参議も含めて使われる）が睦仁の教育について意見が異なっていたので、岩倉の苦心が少なくなかったとみていた（『木戸孝允日記』一八七六年七月二三日）。すでにみてきたように、睦仁の教育方針がたびたび変わるのは、試行錯誤の面のみならず、このように、責任者の間で一貫した方針がなかったからでもあった。

奥羽巡幸

睦仁は、すでに述べたように、明治五年（一八七二）に大阪ならびに中国・西国巡幸を行なっていた。その後、一八七三年一〇月、大久保利通参議は岩倉具視右大臣に、翌七四年の陽春に睦仁が北海道および奥羽に巡幸することを提案する内稿を提出した（『大久保利通文書』九、二二三～二二四頁）。しかし、佐賀の乱・台湾出兵などがあり、睦仁の長期にわたる巡幸は行なえなかった。一八七五年（明治八）七月五日、三条太政大臣と木戸・大久保両参議は北海道巡幸を奏請したが、睦仁は許可しなかった。しかし、睦仁は、七日の三条の再度の奏請に対して、来年早々に準備を整え、良い時期に実施すべきと述べた（『明治天皇紀』第三、四七三～四七四頁）。天皇の巡幸は、政治問題とみることもできるが、睦仁にとっては、自らの体調とも関係する旅行という宮中問題でもあった。睦仁はこのような宮中関係の事項には、はっきりと意志を示すようになった。

江華島事件も解決すると、一八七六年四月二四日、奥羽巡幸の命が出され、予定通り六月二日に睦仁らは東奥羽巡幸に出発した。皇后美子《はるこ》は千住《せんじゅ》まで睦仁を見送り、別れを惜しんだ。睦仁は、小山《おやま》・宇都宮・日光・白川・二本松・福島・白石・仙台・水沢・花巻・盛岡・青森（七月一四〜一六日）等を経て、津軽海峡を渡って函館へ行き（七月一六〜一八日）、七月二〇日に海路横浜に到着し、二一日東京に戻った。右大臣岩倉と内閣顧問の木戸は、奥羽巡幸の行列に加わらず、適宜従うことを許され、木戸はこの巡幸も「聖徳涵養《かんよう》」に役立てようと、学校教育の問題など、内政上の問題について助言した（『明治天皇紀』第三、六一四〜六八二頁）。

奥羽巡幸の目的は、一つには、西に西郷隆盛を擁立する鹿児島県の存在などの不安を抱えていた政府が、万一西郷らが挙兵した場合でも、奥羽地方から支援を受けるため、戊辰《ぼしん》戦争以来の敵対心を緩和させることであった。直面する内外の政治的課題が一応解決したこの時期は、奥羽地方との和解という長期的課題に取り組む良い機会であった。二つには、睦仁に奥羽地方という、日本で近代化が最も遅れた地域を見せることにより、睦仁の視野を広げるという教育であった。これには、同行した政府の官吏が地方の状況を知るという目的も含まれていた。三つには、巡幸で睦仁が産業施設・学校等を視察することで、近代化の遅れた東北地方の殖産興業を推進することであった。

大久保内務卿の岩倉右大臣への、一八七六年六月一一日付の上申書によると、この奥羽巡幸が発表されると、東北地方の諸県では、千年に一度のめったにない機会であると、地方官から人民にいたるまで、喜んで道路を清掃し、「鳳輦《ほうれん》」が来るのを待ち望む状況であった。しかし、若松（後に、福島県）・磐前《いわさき》（後に、福島・宮城二県）・置賜《おきたま》（後に山形県）・山形・鶴岡（後に山形県）・秋田へは行幸しないとわかると、人民が失望し、秋田・置賜両県からは巡幸希望の上申すら出された（『大久保利通文書』七、一五一～一五二頁）。

すでに述べたように、「鳳輦」とは、屋根の上に鳳凰《ほうおう》の飾りをつけた、天皇が乗る輿である（第一章2）。明治維新後八年半ほど経ったこの段階になると、政府の作ってきた「大元帥《だいげんすい》」イメージを中核とした新しい天皇像が、天皇が足を踏み入れたことのない奥羽地方にまで、言説や絵画の形で広がっていたといえる。しかも奥羽地方は、会津藩などが奥羽越列藩同盟《おううえつれっぱんどうめい》を作って薩長を中心とした維新政府に最後まで抵抗したところである。奥羽地方での薩長への反感は根強く残り、また、その後も自由民権運動などで、政府の中枢をなす藩閥への批判は継続する。しかし、睦仁への歓迎の空気は、彼がすべての最終決断を行なう（「万機親裁《ばんきしんさい》」・「万機宸断《しんだん》」）ことを建前とした政府を、奥羽地方も承認し始めている証《あか》しであった。これは、明治維新が定着してきたことのあらわれといえる。

馬車による行幸

ところで西郷隆盛は、重々しく神秘的な権威のある天皇であるよりも、軽装で臣下と実質的な心の交流をする天皇であってほしいと考えていた。しかし、睦仁に直接に接する機会がない多くの国民にまで天皇の威信を広げていこうとすれば、西郷隆盛が主導した西国巡幸における、陸上移動の手段としての乗馬ではなく、「鳳輦」に代表される神秘性が必要であった。

ただし、今回の行幸では、移動に労力が必要な鳳輦ではなく、主に馬車が使われ、馬車で困難な所では、板輿《いたごし》が使われたことが特色であった。行幸の権威づけには、睦仁の乗る高級馬車や色鮮やかな天皇旗、それらを護衛する金モールを飾ったきらびやかな軍服を着た近衛騎兵などが用いられた。行幸の行列（鹵簿《ろぼ》）は、地方官の騎馬による前駆《せんく》、次に近衛騎兵四騎、次いで近衛騎兵二騎に護られた天皇旗が続いた。天皇旗は精巧に作られ、横長の長方形で炎のような明るい濃い紅色の布地に、中央に金で、天皇家の菊の紋章が刺繍《ししゅう》されていた。次に近衛士官四騎、次に侍従・侍従番ら合わせて四人の騎馬、天皇の馬車、次いで内閣・宮内省勅任官ら五人が騎馬で続き、近衛騎兵士官一人、近衛騎兵五騎が最後を護った（『明治天皇紀』第二、五四一頁、第三、六一四〜六八三頁）。鳳輦に比べ、馬車と騎兵による護衛は、行幸のスピード化に役立つのみならず、改革を進めていく政府の象徴としての新しい天皇像を提示するにも好都合であった。

行幸で睦仁が立ち寄る場所も、県庁・学校や陸軍の兵営・工場など、地域の近代化推進の象徴となる所を必ず含んでいた。また二本松（福島県）で睦仁が旧藩主の庭園に行幸するなどしたのは、戊辰《ぼしん》戦争で薩長側と敵対した旧二本松藩関係者との和解を進める行事であった。

六月二四日、大久保は岩倉への上申書で、栃木・若松・盤前・福島・置賜・山形・鶴岡各県下を視察した状況を、⑴大体において、小さな利益に安心し、大きな利益を求める気概がなく、古い慣習を脱していない、⑵維新以降すべてに関し、よい方向を決め、自由に権利を与え、一生懸命進取の方向を示したが、それが益があって害がないという真の意味を理解していない、しかし、少しずつ政府の勧奨に応じ、学校や病院を開設したり、開発に努めたりする者も現れるようになった、等と論じている（『大久保利通文書』七、一六五〜一六六頁）。このような奥羽の人々の状況を変えるには、鳳輦と徒歩の行列よりも、むしろ、馬車と派手な天皇旗、近衛騎兵等の行列のほうがふさわしかったのである。

睦仁に興味と敬愛を示す

奥羽巡幸を奥羽地方の人々はどのように受け止めたのであろうか。それを『郵便報《ゆうびんほう》知《ち》新聞』に掲載された「御巡幸日誌」（一八七六年〔明治九〕六月三日〜七月二八日）などの巡幸関係の記事によりみてみたい。『郵便報知新聞』は、この頃、福沢諭吉の門下生の入社により、民権論を主張するようになり、代表的な民権派の新聞であった。したがって、同新聞の記事は、藩閥政府の自己弁護の影響を受けていないといえる。

『郵便報知新聞』の奥羽巡幸についての記事の特色は、第一に、睦仁が人々から興味を持って迎えられ、歓迎されたことを示している。たとえば、各地において道路が修繕・清掃されていた。もっともやり方がまちまちで、かえって進行を妨げることもあった。また日光では、行列が六月六日に着いた時に、消防人足たちは纏《まとい》を押し出し、そろいの半纏《はんてん》を着て、隊となって町中を警備し、各町は日の丸の印のついた提燈を掛けていた。一九日に福島に着くと、行在所《あんざいしょ》となった中学校の周囲には、小学校や近隣の町村から老若男女が群がり、行列を拝した。

七月九日、盛岡から北に向かい、一戸《いちのへ》（現・岩手県二戸郡一戸町）に行く途中の長楽寺では、老婆が山間の道端に野宿をし、かがり火を焚いて、米の握り飯を腰に、行列を待っていた。貧しいこのあたりでは、日常は稗《ひえ》を常食としており、行列を見ることは、祭りのようなめでたいことに思われたのであろう。七月一一日、五戸《ごのへ》（現・青森県三戸郡五戸町）では、炎暑もいとわず、男女が行列を拝するために集まり、婦女はたいてい紅紫の股引《ももひき》をはき、裳《も》（古代以来の衣で、女子が腰から下にまとう）を高く掲げていた。

第二に、右からもわかるように、行列を拝みに集まった人々は、官吏を通して行列が来る知らせを受け、集まるように勧告を受けていると思われるが、教師に引率された小学生・中学生などを除けば、決して事実上の半強制的で画一的な動員を受けていたわけではない。たとえば六月一一日、宇都宮から北へ向かった行列が一日遅れると、前日に行列を拝そうと近在の老若男女が数多く集まっていたが、農業が忙しい折に二日も費やすことができないと、当日はそれほど群集しなかった。また、七月二日に行列が古川《ふるかわ》（現・宮城県大崎市）を出発する際、行列が雨の中を到着した前日に比べ、一〇倍以上の群衆が奉送した。

第三に、このような奥羽人民の素朴で自発的な歓迎を背景に、睦仁は特に興味を持つ馬や馬術などに関し、心から旅を楽しんだと思われる。那須野原（現・栃木県黒磯市）では人民が馬を放ち（六月一二日）、須賀川《すかがわ》（現・福島県須賀川市）では産馬会所に臨幸し（六月一五日）、仙台では公園で騎射を見学し（六月二六日）、古川を出て高清水《たかしみず》村を通った折には、馬主らが産馬五〇〇余頭（七〇〇～八〇〇頭とも）を見せ（七月二日）（のち、そのうちの二頭を買い上げ）、盛岡でも、産馬三〇〇頭を見たり曲乗りを見学したりした（七月七日）（『郵便報知新聞』と『木戸孝允日記』）。

また、古川や水沢《みずさわ》（七月一日、四日）においては、小学生が数多くのホタルを籠に入れて睦仁に見せたり、行在所の庭に放ったりして、睦仁を楽しませた。

以上の奥羽人民の態度によって、睦仁は、戊辰戦争の際の彼らの心の傷がほぼ癒えたと思ったことであろう。参議兼内務卿の大久保利通も、すでに述べた六月二四日の上中書で、巡幸を喜ぶ人民の様子は、大旱魃《かんばつ》の時に雨を望むように、憂いや食さえ忘れ道路を清掃し、「鳳輦」を待っており、行幸がない地方では失望し、行幸を出願していると、岩倉に述べた（『大久保利通文書』七、一六六頁）。これは大久保の自画自賛も多少は含まれているが、行幸の評判が良かったことは、反政府系の『郵便報知新聞』の報道にもあったことである。

他方、一八七七年一月四日、木戸孝允は、後述する睦仁の京都への行幸に関し、農民が重税負担に苦しんでいる中で、費用がかかる行幸は止めるべきであるとの議論があることを、腹心の槇村正直《まきむらまさなお》京都府権知事に述べている。木戸自身は行幸に賛成で、行幸の列に直訴《じきそ》などが起きないように注意しているのであるが（『木戸孝允文書』七巻、二四五～二四八頁）、睦仁の行幸を単純に有難がらない意見も一部に残っていた。

また、一八七六年の奥羽巡幸の頃になると、『大久保利通文書』の中に、藩閥内部の深刻な亀裂と睦仁の判断を必要とすることを示す書状がなくなる。これは、状況が安定したからのみならず、睦仁の行動も先例が積み重なり、制度化されてきたからといえる。次節で述べるように、翌一八七七年、西南戦争が起き、政府は再び時局への対応に苦慮するが、西郷軍を武力で鎮圧すると、維新政権の始まりのときからあった士族反乱の恐れがなくなった。近代天皇としての睦仁の「大元帥」イメージが定着し、一部で行幸は費用がかかるので止めるべきであるとの議論もあるものの、奥羽行幸でみられたように、一八七六年以降、天皇の存在やそれを身近に感じることが喜ばしいという気持ちが全国にかなり普及していることが確認される。以上のもつ意味と廃藩置県・徴兵令・地租改正・秩禄《ちつろく》処分等も含め、一八七六・七七年頃には明治維新の革命が終了したといえる。

4 西南戦争のプレッシャー

つかの間の平穏

一八七六年（明治九）七月二一日、睦仁《むつひと》（明治天皇）は奥羽巡幸から帰ると、七月二三日から九月一一日までの一カ月半の間、日々の講学や御談会を休止し、夏休みをとった。その間に、木戸孝允《たかよし》が、欧米に渡航することを、三条実美《さねとみ》太政大臣や岩倉具視《ともみ》右大臣に申し出たので、睦仁は八月三日に、しばらく欧米渡航は見合わせるようにと命じた（『明治天皇紀』第三、六八六頁）。木戸の申し出は、政府が参議兼内務卿の大久保利通を中心に動いていることに、体調が悪く、同年三月に参議を辞め内閣顧問となっていた木戸が不満を募らせたものであった。睦仁の命令は、三条・岩倉らの意向に配慮し木戸に渡航中止を求めたに過ぎなかった。

皇后美子《はるこ》は、脚気《かっけ》のため四月から調子の悪かった足が、六月下旬に麻痺して歩くのもやや困難になった。七月中旬にはほとんど回復したが、八月二七日に東京を出て、二九日に箱根宮ノ下に着き、二週間ほど温泉で療養して、九月一六日に東京に戻ってきた（『明治天皇紀』第三、六九三、六九七頁）。脚気は、ビタミンB_1の欠乏のために起こる病気で、栄養学や生活条件が向上した現代においてはほとんどみかけることがないが、明治期にはよくあった病気である。脚気のために心臓がおかされ、呼吸困難を経て死にいたる場合も珍しくなかった。睦仁もほっとしたことであろう。

この間、八月三一日は旧暦の七月の十三夜に当たった。睦仁は夕方から青山御所に行幸し、皇太后（夙子《あさこ》）の好みの食物数種を侍従《じじゅう》に持参させ、皇太后と観月を楽しんだ後、九時前に赤坂仮皇居に戻ってきた。睦仁と正式な母である皇太后の関係は、このようにとても良好であった。また睦仁は、火事で焼失した皇居再建の参考にするため、ロシアの各宮殿の写真と設計図を手に入れることを望んでいた。一〇月三日、ロシア皇帝から贈られた写真と設計図を、工部省の大輔《たいふ》（次官）が持って参内《さんだい》、睦仁に説明した（『明治天皇紀』第三、六九四、七〇三頁）。この七年後に、日本の財政難を考慮し、皇居は洋式石造（予算八〇〇万～一〇〇〇万円）から簡素な和風（予算二五〇万円）に設計変更されるが（『明治天皇紀』第六、八三～八五頁）、最初の睦仁の関心は壮麗な洋風建築にあったのである。

一〇月一三日には睦仁は、昼前に有楽町にある祖父中山忠能《ただやす》邸に行幸し、三条太政大臣・岩倉右大臣・内閣顧問木戸・徳大寺実則《さねつね》宮内卿らや中山と昼食をとった。食後、睦仁は生母中山慶子《よしこ》の居室に入り、茶を飲んだ。しかし、部屋の内外を少しの間見たのみで、すぐに玉座《ぎょくざ》に戻った（『明治天皇紀』第三、七〇七頁）。厳し過ぎた生母に、睦仁はいまだに打ち解けられないのであった。

その後、歌会をし、睦仁は自作の歌を中山忠能に下した。続いて、中山夫妻や慶子らも含めた宴会となった。睦仁は宴を楽しみ、岩倉から帰る時間がきたことを告げられても、今夜は大臣の言といえども従うことができないと、上機嫌であった。午後九時前にようやく中山邸を出た時には、睦仁はひどく酔っていた。仮皇居に戻った後も、御座所と奥《おく》（内廷）で再び酒を飲み、夜一二時をすぎて寝床に就いた（『明治天皇紀』第三、七〇七～七〇八頁）。同行した木戸は、睦仁があまりに興に乗りすぎたのをひそかに心配する者もいたと（『木戸孝允日記』一八七六年一〇月一三日）、その行動に眉をひそめた。

このように、睦仁にとっても政府にとっても、一八七五年一〇月、左大臣島津久光《ひさみつ》が罷免《ひめん》された後は、維新後初めて平穏な日が続いていた。その間、一八七六年（明治九）には、三月に廃刀令、八月に金録公債証書発行条例（士族の家禄、維新の功績への賞典録を廃止）が出されるなど、士族の不満を募らせる改革が進んだ。これに対し、熊本の士族大野鉄平（太田黒伴雄《おおたぐろともお》とも称す）らは、保守派のグループ敬神党を作り、洋風化と廃刀令に反感を募らせていた。

動乱の序曲

一八七六年一〇月二三日、敬神党の使者が秋月《あきづき》（現・福岡県中部）に来て、彼らと連携しての挙兵を促した。二四日深夜から二五日の早朝にかけて、熊本の敬神党は、県令（のちの県知事）や熊本鎮台《ちんだい》司令長官・同参謀らを襲って殺傷する等の反乱を起こした。二六日には旧秋月藩士たちが、二七日には萩《はぎ》の前原一誠《まえばらいっせい》（維新政府で兵部大輔《たいふ》〔次官〕であった大物）らが、熊本に呼応して立ち上がった。いずれも、一一月上旬までに鎮台兵や警察の力で鎮圧された。政府にとっては、これらは予知していなかったことであった（『明治天皇紀』第三、七〇九～七二四頁）。

熊本敬神党（神風連）の乱、秋月の乱、萩の乱が次々と起こると、政府では高知県にも反乱が飛び火することを恐れた。一〇月三〇日、参議伊藤博文は、同県出身の元老院議官佐々木高行《たかゆき》・中島信行を同県に派遣することを参議の大久保利通に提案し、翌日、彼らが遣わされた（『大久保利通文書』七、二九五〜二九八頁、『明治天皇紀』第三、七一八頁）。この後、高知県では反乱が起きることはなかった。

三つの乱の参加者の処置に関しては、これも大久保・伊藤の相談を経て閣議で決定し、天皇の命として、一一月一五日、参議兼司法卿の大木喬任《たかとう》と、司法大丞《だいじょう》（のちの局長）の一人が派遣された（『大久保利通文書』七、三四六〜三五一頁）。これらの乱の処置は、前原一誠ら一六人が死刑（斬）、一人は獄中死、懲役以下の刑は二五六人で、残りは釈放と、首謀者にとって厳しいものであった。

その後、一一月末から一二月にかけ、茨城県・三重県・愛知県・岐阜県・堺県（現・大阪府）で、地租改正により税が重くなったことに反対する農民一揆が起きるなど、世情の動揺は続いた。そこで大久保は地租の減額を建議し、翌一八七七年一月四日、地租は地価の三％から二・五％に軽減された。

睦仁や、大久保ら内閣員にとって、農民一揆以上の不安は、鹿児島県の西郷隆盛らの動向であった。すでに一二月五日付の電報で、鹿児島の動揺が政府に伝えられた。しかし、一二月一一日に大久保が、腹心の参議黒田清隆（薩摩）に、桐野利秋《きりのとしあき》（元陸軍少将で熊本鎮台司令官、征韓論政変で陸軍を辞す）と西郷隆盛は決起に応じないと書き送っているように、大久保は、いったん動揺は収まったとみていた。また、大久保は一二月二三日、堺県令税所篤《さいしょあつし》（薩摩）に宛てた手紙で、鹿児島の不穏な動向に触れ、天皇の考えは、「全国人民の安穏を保つより外に主とする」ところはない、と書いている（『大久保利通文書』七、三九三〜四三三頁）。睦仁も鹿児島の動向を不安に思っていたのである。

この頃、皇后は夏に発病した脚気の再発防止の養生のため、一一月二〇日に東京を出て、東海道を西に向かい、一二月五日に京都御所に入った。残された睦仁は、一二月七日から風邪を引き、二九日に治るまで、体調のすぐれない日々が多かった（『明治天皇紀』第三、七二八、七三六～七三七頁）。

西南戦争起きる

すでに述べたように、敬神党（神風連）の乱、秋月の乱、萩の乱の後、乱に呼応しようとする鹿児島私学校派の一部に、不穏な動きがあった。これに対応して、一八七七年（明治一〇）一月、政府は鹿児島の陸軍省火薬庫の弾薬を、汽船を派遣してひそかに大阪に移そうとした。これを知った私学校側は、急いで蜂起した。彼らは一月二九日夜、三〇日夜と陸軍省火薬庫を襲撃、三一日夜には海軍省造船所の火薬庫を襲い、弾薬を奪った。その後も弾薬の略奪は続き、二月五日には造船所が占領され、私学校の手で弾薬・兵器の製造が行なわれるようになった。二月三日には、政府から鹿児島に派遣された二等少警部中原尚雄らの密偵が、私学校派に捕まえられ、拷問を受けた。

この時、睦仁は京都・奈良への行幸のため一月二四日に東京を出発し、二八日夕方七時に、皇后の出迎えや、京都の人々の歓迎を受けながら、京都御所に着いていた。京都御所には皇太后も待っていた。これは、翌日の孝明天皇の十年式祭を行なうためであった。翌三〇日、睦仁は孝明天皇の後《のち》月輪東山陵《つきのわのひがしのみささぎ》に行幸し、式を行なった。三一日には京都府庁（現在の府庁と同じ場所、旧京都守護職屋敷）・裁判所（旧有栖川邸、現在の京都御苑南部）・大宮御所内博物館（現在の京都御苑内大宮御所の場所）に行幸するなど、二月に入っても、睦仁は精力的に行幸をこなした。当時は通信手段の問題もあり、鹿児島の異変は京都にも東京にもまだ伝わっていなかったからである。

二月五日、睦仁は、現在の東海道本線の一部である京都—神戸間の鉄道が開通したので、大阪・神戸・京都それぞれで行なわれた開業式典に出席した。有栖川宮熾仁《たるひと》親王ら二人の親王、内閣顧問木戸孝允・参議兼工部卿伊藤博文・参議兼陸軍卿山県有朋《ありとも》・宮内卿徳大寺実則《さねつね》・海軍大輔《たいふ》〔次官〕川村純義《すみよし》（海軍卿が欠員で、事実上の海軍卿）らも出席した（『明治天皇紀』第四、一九〜四〇頁）。睦仁は大阪駅で、勅任官・外国公使・フランス海軍司令官などと一緒に食事をとった（『木戸孝允日記』一八七七年二月五日）。陪食という点では、睦仁はかなり開放的になってきた。

ところで、睦仁も政府も鹿児島の反乱は知らなかったが、孝明天皇十年式祭と鉄道の開業式のため、京阪神には偶然にも、参議大久保利通・右大臣岩倉具視を除いた政府の最高幹部が集まっていた（三条実美太政大臣も京阪神に来ていたが、病気で式には出席せず）。この日、鹿児島の反乱の報が、東京と鹿児島から木戸のもとに電報で伝えられた。弾薬略奪に参加した者は一〇〇〇余人という報で、大乱になるかどうかはまだ不明であった（『木戸孝允日記』三、一八七七年一月二四日〜二月五日）。

ところが、私学校側は勢いを増し、西郷隆盛も抑えることができなかった。二月一二日、西郷は、桐野利秋（陸軍少将）・篠原国幹《くにもと》（陸軍少将）と三人で連署し、政府に尋問したいことがあるので、随行を願う旧兵士を率いて出発するという、挙兵の趣旨を作成した。一四日、一万数千の将兵が鹿児島から進軍を始めた。

鹿児島の形勢が不穏であると聞き、一月二八日、山県参議兼陸軍卿は、熊本鎮台司令長官谷干城《たにたてき》少将に厳戒体制を取らせた。また、各鎮台司令長官にも訓令を出し、三条実美太政大臣の承認を得て、近衛兵・東京鎮台兵・大阪鎮台兵などに出兵の準備をさせ、二月一二日にその一部を出発させた。

また二月九日には、東京にいた岩倉右大臣は自らが勅使となって鹿児島に行くことを提案したが、大久保は賛成しなかった。翌一〇日、岩倉は大久保に命じ、内務省から熊本と長崎に巡査二〇〇人ずつを、佐賀と福岡に各一〇〇人ずつを派遣させた。また一一日、岩倉は大久保に、京都に行って三条太政大臣・参議伊藤らと対応策を協議するよう提案し、一三日に大久保の京都出張が閣議で決定した。大久保は即日、横浜港から船で出発し、一六日に神戸に着いた（『明治天皇紀』第四、六〇、六五頁、『大久保利通文書』七、五〇五〜五一七頁）。

「暴徒征伐」令の布告

一八七七年二月一八日、三条太政大臣・参議大久保・内閣顧問木戸・参議伊藤・同山県（陸軍卿）が京都で会合し、西郷たちを暴徒として討伐する方針を決め、翌一九日、天皇に上奏し、三条が「暴徒征伐」の令を布告した。その後、征討総督に有栖川宮熾仁《たるひと》親王、実質的な作戦指導を行なう参軍に陸軍中将兼陸軍卿山県有朋《ありとも》（参議）と海軍中将兼海軍大輔（次官、海軍卿は欠員）川村純義《すみよし》が、天皇によって任命された。大久保は、これら京都で決定したこと、およびその経過を、二月二〇日付の手紙で、東京にいる岩倉に知らせた。大久保は、作戦の中心は山県陸軍卿（参議）が担当し、参軍となった山県も川村（海軍）も戦地へ行くこと、参議の伊藤は京阪に留まり重要任務を果たすことについても、岩倉の了解を求めた（『明治天皇紀』第四、七九〜八四頁、『大久保利通文書』七、五二八〜五三〇頁）。

この間、大久保は閣議において、鹿児島に帰県して西郷と面会して解決を図りたいと主張したらしい。三〇年以上後の伊藤の回想であるが、伊藤はじめ閣員のすべてが、大久保に万一のことがあっては困ると反対した。また木戸も、同様の見地から鹿児島行きを希望したが、閣員の支持を得られず、睦仁も許可しなかった（『大久保利通文書』八、三九九〜四〇二頁、『明治天皇紀』第四、八二一〜八三頁）。

以上のように、西南戦争発生への対応は、東京にいる岩倉、東京から京阪に来た大久保、京阪にいた三条・伊藤・山県の閣員や木戸内閣顧問によって決定され、睦仁はそれらを裁可したのみであった。また大久保や木戸の鹿児島行きの問題についても、他の閣員は反対しているので、睦仁は閣員の大勢に従って行動したのみであった。

そのことは、二月一九日に「鹿児島県暴徒」を征討する命令が下った際、軍の動員や編成、全体の作戦の中心となる征討総督本営《せいとうそうとくほんえい》は大阪に置かれ、睦仁のいる行在所《あんざいしょ》（京都御所）では、征討関係の事務がすべて命じられる、とされたにすぎなかったことからもわかる。二月末から三月初頭にかけ、大久保・伊藤と木戸が大阪に行き、京都には三条が残った。情報は大阪から京都に電報で知らせることができ（『木戸孝允日記』一八七七年二月二八日）、京都―大阪間の鉄道が開通していたとはいえ、当時大阪の征討総督本営から京都御所まで三時間以上（汽車の乗車時間は一時間一〇分）かかった。この時、睦仁には西南戦争の指導における調停的な政治関与すら期待されていなかった。それは、西郷隆盛や島津久光・板垣退助らの異分子が政府を離れたため、政府内の深刻な対立がほとんどなくなったからである。

さて、北上した西郷軍は、二月二一日に熊本鎮台兵と戦闘を交え、二二日から熊本鎮台が本拠とする熊本城の攻撃を始めた。これに対し、谷干城鎮台司令長官以下が懸命に防衛したので、西郷軍は二三日になっても城を落とすことができなかった。そこで西郷軍は城を包囲する作戦に切り替えた。そこへ政府軍主力の第一旅団と第二旅団が熊本城を救援すべく南下してきたので（両旅団はそれぞれ六〇〇〇名以上の将兵からなる）、両軍は三月上旬から中旬にかけ、熊本北方の田原坂《たばるざか》において激戦を繰り広げた。三月二〇日に政府軍はようやく田原坂を陥落させた。

他方、三月一四日に参議の黒田清隆陸軍中将が参軍を命じられ、熊本の南方から西郷軍を攻撃する第二戦線を作ることになった。三月一九日、熊本の約三〇キロ南の八代《やつしろ》方面に、政府軍の別働軍が上陸した。別働軍は北進し、四月初めには熊本の南方約一五キロの宇土《うと》まで進んだ。別働軍はさらに強化され別働四個旅団（将兵一万四〇〇〇名ほど）となり、四月一四日、その一部は熊本鎮台兵と合流するに至ったので、一五日、熊本城を包囲していた西郷軍は敗走した（『明治天皇紀』第四、八五～一五六頁）。このように、四月半ばになると政府軍の勝利が確実になった。

睦仁の閉じこもり

一八七七年（明治一〇）三月一日以来、内閣顧問木戸孝允は、大阪に滞在して西南戦争の戦況を掌握した。その上で、四日に京都に戻り、睦仁に詳しく上奏した。これを聴いた睦仁は、「安心」するとともに、西郷が身近に仕えたことがあり、その性格をよく知っていたので、天皇に抗するに至った彼の気持ちを察し、深く憐れんだ。

一月二八日に京都に行幸して以来、睦仁は日夜天皇の日常の住居である御常御殿《おつねごてん》にいて、拝謁者に引見するときを除いて、政務をとる御学問所に出御しなかった。奈良と大阪への行幸から京都に戻った二月一六日以降も同様で、毎朝、西南戦争について三条実美太政大臣から概要を聴くのみであった。

三月から四月半ばまで、木戸は、熊本城を囲んだ西郷軍がこれとは別に将兵を佐賀県に進撃させれば、九州一円はしばらく西郷軍の支配下になり戦争は長引くと、かなり厳しい見通しを持っている。三条や木戸らは、非常の時なので睦仁が閉じこもった状態を大変心配し、再三睦仁を諫める上奏をしたので、ようやく睦仁もそれを受け入れた。こうして三月二一日から一日おきに御学問所に出御し、西南戦争に関する種々の報告や上奏を聞くようになった（『明治天皇紀』第四、一〇七～一〇八、一三〇～一三一頁、『木戸孝允日記』一八七七年三月四日～四月一五日）。

＊飛鳥井雅道『明治大帝』（一五八～一六〇頁）は、『明治天皇紀』に掲載されている、二月から三月のこれらの有名な事実を、睦仁は西郷に最も愛着を感じており、その西郷と政府（睦仁の側）が戦うことになり、睦仁はそれがいやで政務拒否をしたと、正反対の誤った解釈をしている。

睦仁が、西郷にも、三条・岩倉・大久保・木戸らに準ずる愛着を示したことは事実である。しかし、これまで述べたように、睦仁の輔導は、王政復古後、岩倉や大久保らによってなされ、西郷がそれに関わったのは、長くみても、廃藩置県後から征韓論政変までの二年ほどにすぎない。後述するような西南戦争の経過と睦仁の反応を含めて考えると、飛鳥井氏は、自らの西郷隆盛への個人的思い入れから、『明治天皇紀』などの史料の都合のよい事実のみを取り上げ、睦仁の西郷への共鳴と政務拒否という、事実に反するストーリーを作り上げたといえる。笠原英彦『明治天皇』（一二七頁）は飛鳥井氏と天皇制に対する立場を異にするが、同様の解釈をしている。

なお、飛鳥井氏の誤った解釈に引きずられ、「西郷の挙兵を最も嘆いたのは明治天皇だった」とし、木戸が伊藤に一八七七年三月五日付で書いた手紙の、次のような部分を引用する著作すらいくつか出てきた。

「西郷も長く御側《おそば》近く伺候《しこう》候ものにて従来之気質も被知食《しりめされ》、此度賊魁《ぞくかい》と相成り候ても甚以《はなはだもって》御《ご》不愍《ふびん》に被思《おぼしめ》食候《られ》辺相窺《あたりあいうかがえ》、不覚涕泣《おぼえずていきゅう》いたし申候」（手紙は、『伊藤博文関係文書』四、三〇三頁、落合弘樹『西郷隆盛と士族』二一五頁など）。しかし、「不覚涕泣」（おもわず泣いた）のは木戸であり、睦仁は西郷のことを甚だかわいそう（「不愍」）と思っただけであった。

三月二一日、木戸は伊藤博文に、睦仁が鬱《うつ》状態になった理由について、戦争が長引き種々の流言も少なくなかったことを挙げ、これからは戦地のことも含め大体の状況を睦仁に申し上げることにした、と知らせている。木戸は、政府側は天皇を擁しているし、かつ弾薬・機械・経済力・艦船・人員等の総合力ではるかに優っているので、よほどのことがない限り戦争に勝てるという自信を示している（『伊藤博文関係文書』四、三〇三〜三〇四頁）。木戸は西南戦争の正確な状況を睦仁に伝えることで、彼の不安を和らげようとしたのである。

また、睦仁は二月二一日、三月一八日の両日に御所内の馬場で乗馬したのみで、好きな乗馬からも遠ざかり気味であった。そこで木戸は二二日、睦仁の「鬱を散じ又《また》士気を鼓舞《こぶ》」するため、乗馬で京都を巡幸することを奏請した。睦仁はそれを受け入れ、三月二五日、木戸や宮内卿徳大寺実則《さねつね》ら宮内官僚と近衛騎兵一小隊を従え、乗馬で京都御所の門を出て衣服を泥土で汚しながら、京都のぬかるんだ道を巡幸した（『明治天皇紀』第四、一三四頁、『木戸孝允日記』一八七七年三月二二〜二五日）。

すでにみたように、三月末には、熊本城へ南下する政府軍は、田原坂を陥落させ、熊本への中間点の植木《うえき》で西郷軍と激しく戦っていた。熊本南方の八代周辺に上陸した別働軍は北進し、熊本まで半分の距離の宇土に近づいていた。このように西郷軍が不利になると、睦仁は木戸の勧めに応じ、三月三一日に三条太政大臣を従えて大阪鎮台病院に行幸し、傷病将校を慰問した後、大阪城外の練兵所で操《そう》練《れん》を見学した。総兵三個大隊余りのうち、二個大隊と砲隊は、その日の午後に戦地に出発しようとしており、士気が高まった。その後、睦仁は兵卒を収容している病院を見舞った。大阪駅から病院までの往復は、乗馬であった（『明治天皇紀』第四、一三三〜一四〇頁）。木戸は睦仁の心身の健康や将兵の士気を考え、睦仁の好きな乗馬を取り入れた大阪鎮台への行幸を提案したのである。このように、睦仁は西南戦争の勝利の見通しがわからない時、不安で鬱状態になったものの、政府軍がやや有利になると、少し元気になり大阪に行幸したのである。

睦仁が元気になっていくと、四月四日頃には大久保や伊藤らの間で、京都御所の睦仁が「親征」する構想すら検討されるようになった（伊藤博文宛大久保利通書状、一八七七年四月四日、『伊藤博文関係文書』三、二六三頁）。それは実行に移されなかったが、その後、四月一五日に、熊本城を包囲していた西郷軍が南北から政府軍に挟まれ、敗走し始めると、睦仁はさらに元気になる。すなわち、その報が一六日に京都御所に到着すると、午前一〇時三〇分に紫宸殿《ししんでん》に出御《しゅつぎょ》、前庭において、京都御所を警備する名古屋鎮台騎兵に操練を行わせ、睦仁が見学した。終了後、同鎮台兵の将校の日頃の労をねぎらうため、御学問所で酒と肴《さかな》を与え、下士官・兵卒に酒と肴を買う金を下した。翌一七日も紫宸殿に出御し、同鎮台兵の操練を見学した（『明治天皇紀』第四、一五六頁）。

四月二〇日には、熊本の東方で政府軍約三万人と西郷軍八〇〇〇人以上が衝突し、西郷軍が敗れ、一〇〇〇人もの死傷者を出した。二一日、西郷軍は熊本県南部の人吉《ひとよし》に撤退した。政府軍は四月二七日、鹿児島も占領した。四月二八日には睦仁は、戦地から京都に戻った陸軍中将黒田清隆（開拓長官）に、戦況を詳しく上奏させ、五月五日に黒田を再び召して、征討参軍としての黒田の働きを賞賛する勅語を下した。また同日、睦仁は太政大臣の三条、内閣顧問の木戸、参議の大久保・大隈重信・伊藤博文ら一五人を御学問所に召し、昼食を陪食させた。さらに五月一〇日、睦仁は三条・徳大寺らを従え、石清水《いわしみず》八幡宮に行幸し、八幡宮の近辺では乗馬で移動した（『明治天皇紀』第四、一六二～一七六頁）。

以上のように、睦仁が二月から三月にかけて鬱状態になったのは、自らが征韓論政変を調停できずに西南戦争が起きてしまい、日本の行く末への不安に加え、自分の無力さを感じたからであろう。その推定を裏付けるものは、睦仁は政府軍が有利になるにつれて、元気になっていったことである。

勝利の喜び

西南戦争は政府側に有利に展開していたが、睦仁は鬱状態から回復すると、戦地の状況が気になり、意欲的にそれを知ろうとした。一八七七年五月一一日、判事古荘嘉《ふるしょうか》門《もん》らが熊本から帰ると、睦仁は彼を召し、また一四日には鹿児島戦況上奏のため京都に来た太政官少書記官と熊本から帰った判事の二人を召して、戦況を聞いた。兵火によって鹿児島の人民が住居もなくし、飢えと渇《かわ》きに苦しんでいることを聞き、睦仁は同情した。

さて、内閣顧問の木戸孝允は持病を悪化させ、胸の痛みに苦しみ衰弱し、四月下旬から出仕しなくなった。そこで五月一九日、睦仁は三条実美太政大臣・徳大寺実則《さねつね》宮内卿らを従えて、乗馬で上京《かみぎょう》の木戸の家に見舞いの行幸を行なった。しかしその甲斐もなく、木戸は五月二六日に死去した。

六月一二日には、睦仁は大宮御所（現在の京都御苑の大宮御所のあたり）で開催されていた京都博覧会会社主催の博覧会に、三条太政大臣、徳大寺宮内卿以下を従え、乗馬で行幸した。同一八日には、徳大寺宮内卿以下を従え、乗馬で修学院《しゅうがくいん》離宮に行幸した。また二八日には、上京《かみぎょう》第二九・下京《しもぎょう》第二四小学校に行幸した（『明治天皇紀』第四、一八二、一八五〜一八六、一九〇、一九六〜二〇一、二〇六頁）。睦仁が再び乗馬で行幸するようになったのは、遠乗り的な気晴らしという意味と、西南戦争の戦時下という事情があったのであろう。このように睦仁は、五月以降も元気に活動した。もっとも、七月一二日に、睦仁の足に浮腫《ふしゅ》があるのが見つかり、脚気症《かっけ》と診断された（『明治天皇紀』第四、二二四頁）。

脚気にもかかわらず、睦仁と皇后は半年ぶりに東京へ帰ることになり、七月二八日午前一一時過ぎに京都御所を出発した。京都から神戸まで汽車に乗り、神戸港から汽船で午後三時に出港、七月三〇日の早朝に横浜港に着いた。赤坂仮皇居に戻ったのは午前一〇時三〇分である。睦仁が一月下旬に東京から京都へ行った際も同じルートであったが、そのときは途中で雨と波が激しくなり、鳥羽港に仮泊しなければならなかったので四日間かかった（『明治天皇紀』第四、一九〜二四日、二二一〜二二四頁）。だが今回の帰還は、快晴に恵まれ、正味二日間で済んだ。睦仁が一五歳から一六歳にかけて初めて東京へ行幸した際には、ほとんど陸路を行き、二二日間もかかっていた。西南戦争が政府軍の勝利に終わりつつある中、睦仁は、わずか九年の間に交通が著しく進歩したことを実感し、維新の成果に改めて満足したことであろう。一八七七年七月、睦仁が東京へ帰る途上で詠《よ》んだといわれる次の和歌には、その気持ちが現れている。

内国勧業博覧会への行幸

橋本直義画「内国勧業博覧会開場御式の図」（神奈川県立歴史博物館蔵）
睦仁（陸軍軍服）や文武官の洋装と皇后や女官の和装のコントラストが興味深い。

あつま《（東）》にと、いそ《（急ぐ）》く船路の波の上に
　うれしく見ゆるふし《（富士）》の芝山

東京に戻った後、睦仁は八月二一日には上野公園内の第一回内国勧業博覧会の開会式に行幸した。一八七二年以降に、東京・京都や各府県で規模の小さい公私の博覧会が開催されていたが、この博覧会は、殖産興業のための初めての本格的な博覧会であり、参議兼内務卿の大久保利通らが推進したものであった。

以上のように、睦仁は夏の間も活動した。しかし後述するように、九月二日から天皇は毎日内閣に臨御《りんぎょ》すると決められたにもかかわらず、九月一二日から一〇月二日まで二一日間も内閣に臨御しなかった。この原因は、京都滞在中にかかった脚気が完治しておらず、九月初めから悪化したことや、風邪にもかかったことであった（『明治天皇紀』第四、二五七頁）。

この間、九月二三日に、権典侍柳原《やなぎはら》愛《なる》子《こ》から第二

皇子が誕生した。第一皇子を早くに亡くしたので、今度こそはと期待された。この皇子は、生後七日目にあたる九月二九日に敬仁《ゆきひと》という名を与えられ、建宮《たけのみや》と称されるようになった。この皇子誕生の翌日九月二四日に鹿児島の城山《しろやま》が陥落し、負傷した西郷隆盛は自刃する。こうして西郷軍は五〇〇〇名以上、政府軍は六〇〇〇名以上の戦死者を出して、西南戦争が終わった。この戦争で鹿児島や熊本、人吉など南九州の各地が焦土と化した。しかし西郷の声望は衰えず、むしろ死後に高まった（落合弘樹『西郷隆盛と士族』二二七～二二八頁）。

　他方、戦争が九州の中・南部に限定され、政府軍が勝利したことを、睦仁は大いに喜んで、二五日、征討総督有栖川宮熾仁《たるひと》親王に、「戦賊巣を勦《ほろぼ》し巨魁《きょかい》ヲ斃《たお》し事全く平定に帰《き》すと、朕大《ちんおおい》に懐《こころ》を慰《いや》す（戦いにより反乱軍の拠点を滅ぼし首領を倒し、平和を回復したので、私は大いに安心した）」等の勅書を下した（『明治天皇紀』第四、二五六～二七二頁）。

　一〇月以降になると、陸軍少将山田顕義《あきよし》（長州、のちに司法大臣）をはじめとし、西南戦争に従軍した将軍たちが続々と東京に戻ってきた。睦仁は、大臣・参議たちに、新橋停車場まで迎えに行かせた。また赤坂仮皇居の御座所に将軍たちを召し、「朕深く汝《なんじ》が其《その》職任を尽《つく》せるを嘉《よ》みす」の文言を含んだ勅語を下した。最後を「嘉《よ》みす（よしとする）」の文言で結ぶ勅語は、これと同じ頃に東京に戻った部隊にも与えられ、それ以後、戦争に関連して下される勅語の先例となっていった。

修学の再開

　西南戦争のため京都滞在が長くなると、睦仁は行幸中であるとの理由で、日課としての学業をやめた。それのみならず、大臣や参議が意思疎通を図った上で睦仁に拝謁し、種々のことを言上することも困難になった（『明治天皇紀』第四、二〇九頁）。それは大臣・参議らが、東京と、戦争指導の拠点となった大阪に分散していたからであった。

太政大臣三条実美や宮内省出仕《しゅっし》木戸孝允・徳大寺実則《さねつね》宮内卿らは常にこのことを心配していた。一八七七年（明治一〇）五月に木戸が病死すると、三条はいっそう責任を感じ、徳大寺宮内卿とも相談して、大阪にいる参議大久保利通・伊藤博文に加え、東京から参議が交代で京都に出張し、睦仁に拝謁することにした。それ以来、少なくとも一日おきには大臣・参議が京都御所の睦仁に拝謁した。しかし修学の面では、睦仁の体調不良もあって、睦仁が七月末に東京に戻るまで、半年間も開講されなかった（『明治天皇紀』第四、二〇九〜二一〇頁）。

さらに睦仁が東京に戻っても、一〇月二三日まで三カ月間も講義がなかった。ようやく一〇月二三日から、毎日午前九時から約一時間、学問所での修学が始まった。しかし読書のみで、習字は行なわれなかった。侍講元田永孚《もとだながざね》が一人で担当し、『通鑑覧要《つがんらんよう》』（中国の歴史書である『資治通鑑《しじつがん》』の要点をまとめた本）、『唐鑑《とうかん》』・『国史紀事本末』・『帝鑑図説《ていかんずせつ》』（皇帝の徳の規範を述べたもの）など、中国・日本の歴史書を読んだ。睦仁は特に『帝鑑図説』を愛読していたという（『明治天皇紀』第四、二九一〜二九二頁）。

しかし、京都への行幸以来、睦仁が九カ月間も開講を望まなかったことや、開講されても毎日一時間に削減されたことから、二四歳の睦仁は修学的な形式の学問を好まなくなったといえよう。それは、すでに操練や射的を中止したことと同様に、天皇として統治に必要な程度の学問は修得したので、修学は卒業する段階になったと、睦仁が考えたからであろう。

奏聞と親裁の形式

修学に熱意がなくなったのとは異なり、睦仁は、大臣・参議から種々の奏聞《そうもん》を受けることには積極的であった。一八七七年一二月二八日には、睦仁の意を受け、三条太政大臣と岩倉右大臣が閣員たちに次のことを伝達した。(1)両大臣が他の用事や病気で内閣に出ない場合でも、天皇は出御し奏聞をきく、(2)大臣が内閣に出ない場合、天皇が奥（内廷）に戻った後でも、参議が奏聞することがあれば、参議は奥の御座所（「常の御座」と表現）に参上し、奏聞すべきである、(3)天皇が内閣に出御しないときは、用のあるなしにかかわらず、大臣・参議が一人ずつ参上し、天皇に拝謁すべきである、(4)毎月三の日（三日、一三日、二三日）は、一〇時半から一二時までの間、各参議が打ち合わせて、担当の事柄を御座の間で奏聞すべきである、(5)金曜日は陪食を許される日で、食後は居間で天皇と談話する（適当な時には、皇后や宮が同席する）、また陪食の人員は大臣一名、参議半数と宮内卿（長官）か輔《ほ》（次官）のうち一名、当番侍補《じほ》二名である（『明治天皇紀』第四、三三九頁）。

三条・岩倉の助言があったとしても、睦仁が自ら実際の政治から学ぶ姿勢を強めたことは、間違いない。

この間九月二日には、天皇親裁という建前を公文書上で保証する書式が実施された。そのため睦仁が書類に押す印を、「可・聞・覧」の三種と定めた。こうして睦仁は、九月二日から毎朝一〇時（暑中は九時）から内閣に臨御《りんぎょ》することになり、重要な会議は必ず天皇の臨御の時に行なうことになった。参議は午前一一時（暑中は一〇時）に天皇の前を退くのを常例とし、大臣は午後二時に退くと決められている。睦仁は最長で午前中二時間、午後一時間程度、内閣に出ることになったのであろう。なお、八月四日に参議の伊藤博文は、睦仁が内閣に臨御しやすくするため、太政官を宮中に移すことを三条実美太政大臣に建言した。それが認められ、八月一五日に、太政官は宮中に移転した（「伊藤博文意見書」、「三条家文書」四三—9、国立国会図書館憲政資料室所蔵、『明治天皇紀』第四、二五〇〜二五二頁）。

＊西南戦争後に、睦仁に政務を学習させる目的から天皇親裁という建前を公文書上で保証する書式が定められたことを、天皇の政治上の実権が伴い始めたと解釈する見解もある。たとえば、永井和氏は、「一八七九年は明治天皇が名実共に大元帥になった年であった」と、一八七九年から睦仁は大元帥としての実権を持つようになったと主張する（永井和「朕は汝等軍人の大元帥なるぞ」）。また、「永井和氏の研究に全面的に依拠した」という佐々木克氏は、「天皇が本格的に政務にかかわるのは明治十年三月からで、それが恒常的なものとなったのは同年九月からであった」、「明治天皇は十年の西南戦争が始まった三月から、本格的に政務に取り組むようになり、同年九月からは恒常的に内閣に臨御して、内閣決議を裁可するようになった。こうした過程を経て、十二年四月に、天皇の『万機親裁体制』が確立した。この事実の上に立って、同年十月に、軍事を含め名実ともに万機を親裁する大元帥天皇となったのである」（佐々木克『幕末の天皇・明治の天皇』一八七〜一八九頁）等と論じた。この他、ドナルド・キーン『明治天皇』上巻（一八頁）は、睦仁が一八七三年の征韓論政変の時には、若年であるにもかかわらず重大な決断を下せる能力があったとする。笠原英彦『明治天皇』（一五六頁）は、一八八〇年頃になると、睦仁は平生から権力行使に積極的になり、「天皇親政はしだいに具体化してゆく」と論じている。笠原氏は天皇親政運動の影響を過大評価したためである。

しかしこれらの見解は、本書で述べるように、一八八〇年代半ばになっても睦仁に政治の実権がなく、睦仁が政務拒否気味になっていることからも、事実とは異なる。これは、考察にあたって、関係者の手紙・日記・書類など、睦仁の実際の権力行使の有無を確認できる史料を系統的に読まず、文書の形式のみや、『明治天皇紀』の権力行使のはっきりしない叙述から権力行使があったと、性急に結論付けようとしたことから生じた誤解である。

この時期に睦仁が重要書類に印を押す形式が整えられたのは、そのことが緊急の必要性を持っていたからではない。すでに見たように、西郷隆盛・板垣退助・島津久光らの異分子が政府の中枢から離れた後は、政府内には対立がほとんどなくなった。そのため、敬神党（神風連）の乱など、一八七六年の反乱や翌年の西南戦争では、大久保を中心に政府内の統一がよく保たれ、睦仁の政治判断が注目されることもなくなった。西郷軍の敗北が確定しているこの時期において、維新以来の心配の種であった、政府を脅かすような大きな内乱は、以後起こり得なくなったといえる。

別の言い方をすれば、維新後からこの時期までは、睦仁には兄弟がいないので、彼が急死するなどの緊急事態が起きれば、内乱が起きた際に、権力の正当性が弱い政府は瓦解する可能性もかなりあった。一八七七年二月頃まで書状には、「聖上益々《せいじょうますます》御機嫌克（良く）昨十六日西京へ」戻った云々（三条実美・木戸孝允・大久保利通宛岩倉具視書状、一八七七年二月一七日、『岩倉具視関係文書』七、八頁）等と、天皇の状況を書状の冒頭の挨拶部分に含めることが頻繁に行われていた。それは明治初年から始まり、西南戦争後にはほとんどなくなる。このことは、岩倉らの意識の中で、睦仁に万一のことがあっても、政府は維持できるほど安定した、という気持ちの余裕が出てきたことを示している。西南戦争で西郷軍が崩壊した後は、万一の場合、有栖川宮熾仁《たるひと》親王などの他の親王を即位させても、そのことで政府が瓦解する可能性はほとんどなくなったのである。

アカ朕

それでは、一八七七年九月段階で、天皇が毎日内閣に臨御し、大臣・参議の報告を聞き、重要書類に印を押し、重要閣議に出席する制度が、なぜ作られたのであろうか。それは第一に、近代天皇制や官僚制を、君主が法令に制約される立憲君主的な方向に整備していこうということである。また第二に、政情に対して総合的で深い理解を持つように、睦仁に高度な実地の教育を与えようとしたのであろう。重要書類に印を押すことは、その書類を自ら読んで理解することにより、大臣・参議など個人の上奏や閣議での議論と補い合って、政府の動きや政情を理解することにつながる。睦仁もこの方針に意欲的に応じた。そのことで、将来、国権を二分するような危機が生じた場合にも、睦仁が危機を調停して西南戦争のような犠牲を出さなくてもすむ可能性が高まるのである。

右の第二の理由は、従来から問題になっていた「君徳輔導」の問題と結びついていた。同年七月、大久保は京都に来た元田永孚（三等侍講）に対し、「君徳輔導」のことを相談し、参議伊藤博文の考えも入れて、同年八月二九日に宮内省職制を改正した。その要点は、経費の節減を行うとともに、睦仁の「君徳輔導」を行う侍補を置くということであった。この改正で、一等侍補（卿クラス）には、徳大寺実則《さねつね》宮内卿（兼任）・吉井友実《ともざね》・土方久元《ひじかたひさもと》が、二等侍補には、元田永孚（三等侍講兼任）・高崎正風《まさかぜ》（少しあとに睦仁の和歌の指導も担当）が任命された。さらに翌年三月五日には、元老院議官の佐々木高行も一頭侍補兼任となる（『明治天皇紀』第四、二四四、三九七頁）。

次章で述べるように、大久保が暗殺された後、伊藤を中心とした大久保没後の新体制ができる。それに対し、佐々木や元田は天皇親政運動を行ったので、伊藤らによって封じ込められたことは有名である。しかし、この頃の元田は、天皇親政につながる考えを明確には示していなかった。たとえば、一八七七年五月一七日、元田は、⑴民心を収む、⑵志を定む、⑶「兵気」を養う、⑷営繕を減ず、⑸県官を親しむ、⑹公論を挙ぐ、⑺内閣を重んず、⑻「四海を家とす」、⑼「正学」を構ず、⑽「君徳を脩《おさ》む」の「十事」について天皇に上奏している。⑺の内閣を重んじることについては、内閣に大臣三職を置き、「憲法」を作り、国論を定めることが必要で、内閣は天皇の「心腹」で「天下の根本」であるので、強力でなければならないとしている。

もっとも、元田は中国の三国時代の蜀《しょく》の大臣諸葛孔明《しょかつこうめい》の言葉を引いて、宮中と府中は一体でなければならないと、七年半後に伊藤が中心となって創設した宮中と府中を分けた内閣制度と異なる主張もしている（『明治天皇紀』第四、一七六〜一八二頁）。しかし、この時点の大久保を中心とした太政官制の体制は、宮中と府中を分けていないものであり、大久保や伊藤にも特に強い違和感を持たれなかったと思われる。すでに述べたように、一八七七年七月に、大久保が元田に「君徳輔導」のことを相談しているのも、この時点では、天皇のあり方への、大久保・伊藤と元田の間の見解の隔たりが、明確になっていなかったことを示している。

ところで、西南戦争が終わった後の政府の次の不安の種は、自由民権運動であった。自由民権派に対しても、睦仁の権威は十分なものではなかった。たとえば今橋巌司法権少《ごんのしょう》検事（旧土佐士族）によると、土佐の民権政社の立志社や南洋社の中には、天皇のことを「アカチン」と呼ぶ者がいた。これは、諸法律書・規則書などの前書きに、赤い字で「朕惟《ちんおもんみ》る」云々とあったからである（『保古飛呂比《ほごひろい》』七巻、一八七七年一二月末）。民権派の意見も取り入れながら、天皇の正当性を高め、安定した立憲国家を作っていくことが、大久保や伊藤らの課題であり、睦仁もそれに参画することが期待された。

第四章　立憲国家と明君の形成

1　天皇親政運動と「親政」の形式

一八七八年（明治一一）五月一四日朝八時過ぎ、参議兼内務卿大久保利通は、太政官に出勤する途上、麹町紀尾井坂《こうじまちきおいざか》下で、島田一郎ら石川県士族六人の襲撃を受けて殺害された。西郷隆盛が自刃し西南戦争が終わってから八カ月後のことで、享年四九歳であった。この時刻、睦仁《むつひと》（明治天皇）は御学問所で、侍講《じこう》の元田永孚《もとだながざね》から論語の進講を聞き始めたところであった。まもなく大久保暗殺の知らせが伝わり、睦仁は深く悲しんだ（『明治天皇紀』第四、四〇七〜四〇八頁）。

大久保暗殺さる

大久保が暗殺される前、侍補《じほ》佐々木高行《たかゆき》（土佐）・同吉井友実《ともざね》（薩摩、大久保の腹心）・元田永孚らは、大久保を中心に宮中改革を行なうため、大久保が「内大臣」や「内庭《ないてい》総裁」などの宮中を統轄する新しいポストに就任する（佐々木高行の証言）か、右大臣になるか、それが無理なら宮内卿になること（元田永孚の証言）を望んでいた。三条実美《さねとみ》太政大臣・岩倉具視《ともみ》右大臣・参議兼工部卿の伊藤博文もこのことに異論はなかったという。それを聞いた大久保も、右大臣になることは拒否したが宮内卿になることには同意したと、元田は回想している（『保古飛呂比《ほごひろい》―佐々木高行日記』八巻、一八七八年五月一五日、『大久保利通文書』九、一六〇～一六三頁）。

大久保を殺害した犯人は、犯行の理由として、現在の日本では法令が天皇の意向や人民の「公議」に従って出るのではなく、要職にいる一部の官吏が専断していることを第一に挙げていた（「島田一郎等斬奸状」・「島田一郎口供書」『大久保利通文書』九、四一五～四二六頁）。犯人は、日本最初の全国的な自由民権政社である愛国社にも加盟していた。

これらのことに刺激を受け、五月一六日、侍補の佐々木・吉井らは睦仁に、大久保暗殺の理由や大久保が天皇の徳を自然に養成するように努めた（「聖徳涵養」の用語を使用）ことを述べ、天皇が国政を深く考えて「万機親裁《ばんきしんさい》」することが大切である等と奏上した。睦仁は涙を浮かべてそれを聞き、忠言を受け入れ今後深く注意するようにするので、協力して睦仁への「補佐の任」を尽くしてほしいと述べた（『明治天皇紀』第四、四一〇～四一一頁）。

現在において、大久保については、天皇の親政を理想としていたと理解する見解もある。しかし、たとえば、大久保は西南戦争の際、大阪の征討総督本営《せいとうそうとくほんえい》にいて戦争指導の中心となったが、京都御所にいる睦仁には一々了解を得ずに権力を行使していた。このように、明治維新以来、大久保は睦仁にほとんど政治関与をさせなかった。元田の回想のように、大久保が睦仁を補佐するため宮内卿になることを承諾していたとするなら、睦仁が判断力を身につけ、内閣の意見が割れた時にはバランスのよい調停的な政治関与ができるよう、教育していくことを考えたのであろう。それには、睦仁が日常的には政治関与を抑制しながら、自らへの信頼感と天皇権力の正当性を高めていくことが必要であった。

大久保の跡をついで政府の中心となったのは、参議の伊藤博文である。伊藤は大久保政権で大久保に次ぐ実力者であり、工部卿を辞め内務卿を引きつぐことで後継者としての地位を固めた。

天皇親政の動き

睦仁は、信頼する大久保が暗殺されて精神的に動揺した。佐々木らから一部官吏の専断が暗殺の理由とされていることを聞かされ、自分がもっと政治に乗り出す必要があると思ったのであろう。睦仁は二五歳半と若いながらも、一〇年以上もすべてを最終的に決定する（「万機親裁」・「万機親断」などの用語）君主としてのイメージを与えられ続けてきた。その中で、政治面で自らの意思をもっと発揮しなければいけないという気持ちが、頭をもたげてきたのである。しかし、それは、大久保や伊藤博文らの構想とは違っていた。

この睦仁の反応は佐々木ら侍補たちを勇気づけた。彼らは協議の後、大臣・参議の会合を求め、奏上の事情を述べて、大臣・参議が補佐の任を尽くしていないことを問責した。数日後、内閣側は、(1)今後、天皇は毎日内閣に臨御《りんぎょ》し、大臣・参議が政務を議論するのを聞き、時折各省に行き、局や課の執務を視察する、(2)しかし、天皇が内閣に臨御する際に、侍補が天皇に従って行政上の機密を聴くことは、宮中と府中が混同される恐れがあるので応じられない、(3)宮内省改革は、天皇のまわりに混乱が生じる恐れがあるので、しばらく現状維持で行く、との方針を出した（『明治天皇紀』第四、四一一頁、笠原英彦『天皇親政』）。

大久保の暗殺をきっかけに、宮中側近（侍補）側が内閣に、天皇親政を掲げた政治改革の要求を初めて出し、それに対して内閣側が、天皇が毎日内閣に臨御し各省にも時折視察に行くこと以外は拒否したことが特色である。また、天皇が、内閣が政務を行なう場所に毎日臨御するという規則は、維新政権ができて数カ月経った慶応四年（一八六八）閏《うるう》四月に布告されて以来、「万機親裁」のイメージ作りと、睦仁の教育のために何度か出されたものであった。しかし、権力の実態がない天皇の内閣への臨御は、あまり行なわれなくなっていくのが常であった。

睦仁の内閣への定期的な臨御は明治十四年政変の起きた一八八一年までは確認され、一八八一年には睦仁は内閣に六六回も臨御したように、大久保暗殺後の睦仁は政治への意欲を示し始めた。なお、この頃は、おおむね午前一〇時に臨御し、正午に奥《おく》（内廷）に戻るのが通例であった（『明治天皇紀』第五、二五五〜二五六頁）。

北陸・東海巡幸への意欲

一八七八年八月三〇日午前七時三〇分、睦仁は皇居を出発し、北陸・東海道巡幸にむかい、一一月九日に皇居にもどった。今回は一府（京都府）・一二県（埼玉・群馬・長野・新潟・富山・石川・福井・滋賀・岐阜・愛知・静岡・神奈川）をめぐる七二日の旅であった。この巡幸は前年に計画されていたが、西南戦争が起こったので延期されたものであった。

睦仁の交通手段は、一八七六年の奥羽巡幸と同様に馬車を中心とし、馬車が通れない所は「肩輿《かたごし》」を使った。群馬県松井田から長野県追分《おいわけ》にむけて碓氷《うすい》峠を越える際には、あまりに険しい山道であったので「肩輿」も使えず、睦仁が歩くこともあった（『明治天皇紀』第四、四一四～四一五、四六五～五六五）。

今回の巡幸の特色は第一に、睦仁が軍の状況や地方の状況を知ることに、これまで以上に意欲を示したことである。たとえば、睦仁は警備にあたっている近衛士官を夜間に行在所《あんざいしょ》に召して談話をしたり、県令などを行在所に呼んで詳しく県内のことを聞いたりした（同前、四八四頁）。軍の状況への関心を示したのは、同年八月二三日に近衛砲兵二六〇余人が暴動を起こすという竹橋《たけばし》騒動が起こったからであった（翌二四日に鎮圧）。彼らは、西南戦争の恩賞が不公平とみていたところに、政府の経費節減の方針から給与や食事などの待遇が悪くなったので暴動を起こしたのである。

第二に、睦仁は残暑が続くなか、一日中馬車や「肩輿」に乗っていても、夜は一〇時まで端然とイスに座っていたように、これまで以上にがまん強さをみせたことである。新潟県出雲崎《いずもざき》では、蚊が多数襲来したので、侍従が早く寝るように進言したが、睦仁は巡幸は国民の悩み苦しみを視るのが主な目的であるので、自らが苦労しなくては普通の人の情況がわからないと、応じなかった（同前、四九〇頁）。

第三に、このような睦仁に対し、自由民権運動が盛んになりつつあるにもかかわらず、地方の有力者たちは好意をもって睦仁を迎えたことである。たとえば、一〇月七日に睦仁が福井に着くと、有志者たちが足羽《あすわ》山付近で煙火《はなび》を打ちあげて歓迎した。八日に山間の一村である今庄《いまじょう》（現・福井県越前市）に泊った際には、旧大野藩士内山七郎右衛門《うちやましちろうえもん》を召して、岩倉具視に功労を賞賛させた。内山は幕末に大野藩が経営する「大野屋」を開設した。「大野屋」は大野に総本店を置き、箱館《はこだて》と大坂・横浜・名古屋・神戸などに出店し、商人を使って現在の総合商社のような取引を行なった。維新後も内山は殖産興業に熱心で、三〇余の会社を創立して成功させていた（同前、五二六〜五二七頁、岩井孝樹「大野藩『山と海の殖産興業』」）。今庄から大野（現・福井県大野市）までは山地を隔《へだ》てた直線距離でも三五キロほどあり、内山が大野から今庄まで行こうとすれば福井を経由し、徒歩なら二日の行程である。睦仁の巡行ルートは、現在の北陸本線に沿って金沢から福井・敦賀《つるが》をへて米原《まいばら》（滋賀県）へと移動するものだが、内山のような形で睦仁の威光は各県下に広く及んでいった。

しかし、この巡幸にみられた睦仁の政治への意欲にもかかわらず、以下で述べるように、睦仁には政治上の実権が加わっていかなかった。

反映されない睦仁の意志

睦仁に政治上の実権がないことを示す例が、大久保が暗殺された直後に、睦仁が佐々木高行を空席になった工部卿にするようにと、三条実美《さねとみ》太政大臣に二度も催促したが、実現しなかったことである（伊藤博文宛岩倉具視書状、一八七八年五月二九日、二通、『伊藤博文関係文書』三、八〇頁）。佐々木は天皇親政を主張するグループの中心であり、当時は参議と各省の長官である卿が兼任であった。佐々木が入閣すれば天皇親政運動が勢いを増すことはまちがいなかった。そのため、佐々木の工部卿就任（入閣）は、明治十四年政変後まで遅らされた。

維新以来、睦仁の信頼の厚い岩倉具視右大臣も、佐々木らの動きに反対であった。そのことは、一八七八年一一月二四日の宮内省の組織改革と人事異動の後に、岩倉が書き残した「覚書」（代筆）でわかる。その中で岩倉は、「君徳」を補うとともに天皇は判断を慎重にすべきである（「宸断分別」）と述べている（「覚書」の時期は伊藤之雄が推定、対岳文庫所蔵「岩倉具視関係文書」マイクロフィルムR4―102）。岩倉は睦仁の人格的な成熟を願うとともに、二六歳になったばかりで、まだ未熟な睦仁が公的な形で軽率に意志を示すことに批判的だったのである。

意志を示して政治を改善しようとしたにもかかわらず、内閣など政府の主流からの冷ややかな対応にあい、睦仁は実権のない行為に関わることにあまりやる気をみせないこともあったらしい。三条太政大臣が七八年一一月二一日付で岩倉右大臣に書いた手紙には、そのことを示す貴重な情報が含まれている。それは、三条が前日に鳥尾小弥太《とりおこやた》陸軍中将（陸軍省参謀局長）から聞いた話である。三条は、今回の「参謀局設立」（三条の誤解で七八年一二月五日に参謀局を廃止し、参謀本部が設立される）にかかわらず、睦仁は軍隊の事に関心がないのは大変困ったことであると岩倉に知らせ、睦仁の「御憤発《ふんぱつ》」がなくては済まないことであると岩倉の協力を求めたものであった（対岳文庫所蔵「岩倉具視関係文書」マイクロフィルムR26―88）。

なお、睦仁は参謀本部（伊藤も「参謀局」と誤解して記述）ができることで、陸軍省と参謀本部の間に対立が生じないか心配していた。このことについては、参謀本部長に予定されている山県有朋《ありとも》（陸軍卿）が当分参議を兼任するという解決法が考えられた。それは、伊藤や大隈・西郷従道《つぐみち》らの参議や大山巌《いわお》陸軍中将らの間で検討され、鳥尾参謀局長も同意した。そこで伊藤は、山県の参議兼任を天皇の考えということで提案すれば異議が出ないと、七八年一二月五日付の手紙で岩倉右大臣に伝えた

（対岳文庫所蔵「岩倉具視関係文書」マイクロフィルムR26―76）。参謀本部設置に関連した人事問題でも、睦仁には実権がないことが再確認できる。

また、一八八〇年四月のある日、天皇親政論者の元田永孚が佐々木高行に話した内容も、睦仁の実権のなさを示すものである。元田によると七九年九月に井上馨《かおる》を参議に登用したことや、八〇年二月に田中不二麿《ふじまろ》を司法卿に任命したことに睦仁は反対であったが、内閣に迫られたためやむなく許可したという。また、七九年八月に米国前大統領グラント夫妻を上野公園に招待し、自らも行幸した際も、真夏で伝染病が流行する気配があったので、衛生面の心配から睦仁は気が乗らなかった。そこで、皇太后や皇后の行啓は許可しなかったが、親王の夫人等の出席は、内閣に迫られて許可した（『保古飛呂比《ほごひろい》』九巻、一八八〇年四月、『明治天皇紀』第四、七三五～七四〇頁）。このように、二六、七歳になっても睦仁の意思は、あまり尊重されなかった。

他方、陸軍・海軍においても、佐々木らの天皇親政の動きや、睦仁が自らの意思をもっと発揮したいという気持ちに応じる気配はなかった。たとえば、一八七九年五月、陸軍中将大山巌（参謀本部次長）や陸軍卿西郷従道（参議）らの薩摩出身の軍の実力者は、「軍事御統轄之儀《ぐんじごとうかつのぎ》」について、三条太政大臣と岩倉具視右大臣に次のような上申《じょうしん》をしている。

その内容は、⑴しだいに立憲政体が定められていくので、政府組織を一般政治と軍事に関するものとの二つに区別すべきである、⑵それは、「一般の政治」は担当の有力者に分任されるべきであるが、「軍事に至《いたっ》ては」、天皇が自ら大元帥の職にあるので、「万事親裁」を仰がなくてはいけないからである、(3)天皇が「兵事を親裁」するには「私事の如く」よく知っていなくてはいけない、(4)ドイツでは陸軍省・参謀本部のほかに、「軍務内局」や「皇帝の大小副官」があり、常に内廷に出入りして軍事に関することを担当している、(5)日本でも「侍中武官」の制度を確立することが必要である、などであった（「三条家文書」四八―13、国立国会図書館憲政資料室所蔵）。

大山や西郷の上申は、一見すると睦仁の軍事（政治）関与の拡大を求める意見のようにも見える。しかし、この上申には、睦仁の軍事関与の具体的内容が示されていないのみならず、最後に、天皇が兵事に関しもっと親臨することを望むとして、慣例と臨時の場合のリストまで付されている。それは、陸軍始《りくぐんはじめ》整列式・天長節《てんちょうせつ》（天皇誕生日）整列式・近衛兵秋季検閲など、儀式的なものが中心で、参謀本部長および次長、陸軍卿・監軍《かんぐん》部長・近衛都督《ととく》その他在京の将官を時々召すことが含まれている程度である（同前）。すなわち、大山と西郷の上申は、陸・海軍の上に立って指導力を持っていた伊藤・岩倉らの内閣（大臣・参議）に対し、軍の利害を主張する基盤を整えることが目的であったといえる。大山・西郷は、この段階の睦仁に対しては、軍の内情をよく理解して、それに応じてくれるシンボル的君主として、期待していたにすぎないのである。

以上のように、内閣のみならず陸・海軍も睦仁が権力を直に行使することを期待していなかった。そのため、一八七九年一〇月一三日に侍補は廃止され、天皇親政運動は勢いをなくしていった。

内閣に従う睦仁

睦仁の権力の実情を知るのに適当な事件が、一八八〇年（明治一三年）と一八八一年の春から夏にかけて起きている。その一つは太政官会計部主管参議大隈重信が外債募集を主張した事件である。一八八〇年五月、大隈は外債五〇〇〇万円を募集して西南戦争のために増発した不換紙幣《ふかんしへい》を整理しようとした。佐賀出身の大隈はこの年の二月まで大蔵卿を兼任していた実力ある参議であり、大久保暗殺後に政府の中心となった伊藤博文を岩倉具視右大臣、三条実美太政大臣らと支えていた。

大隈に賛成した閣員クラスの人物は、大隈を含め黒田清隆（元参議）と参議の西郷従道・川村純義《すみよし》（いずれも薩摩出身）の四人であった。これに対し参議の伊藤をはじめ、三条太政大臣・有栖川宮熾仁《たるひと》左大臣・岩倉右大臣や、参議の大木喬任《たかとう》・山県有朋・井上馨・山田顕義《あきよし》ら七人は反対であった。いずれも、長州や佐賀・公家・皇族出身で薩摩出身ではなかった。また、参議の下の卿（各省長官）クラスでも、大隈への賛成者が三人、反対者は四人であった。

外債募集反対者が優勢であるが、賛成者の勢力もかなりのものであった。この対応を誤れば征韓論政変の再来となることを恐れ、伊藤らは大隈との論争を避けていた。

睦仁の身近に任えている佐々木高行（宮内省御用掛《ごようがかり》）侍講元田永孚《ながざね》・宮内少輔《しょうゆう》土方久元《ひじかたひさもと》らも外債募集に反対であり、五月二九日に睦仁に奏上した。

六月二日には大臣・参議・各省の卿の意見を詳しく奏上《そうじょう》して睦仁の判断（「宸断」）を仰いだ。翌三日、睦仁は外債募集を許可しないとの勅諭を大臣に下した（『明治天皇紀』第五、七〇〜七五頁）。

一見すると睦仁が外債募集をめぐる閣内の対立を調停したようにみえ、二七歳の睦仁の権力はかなりのもののようにも解釈できる。しかし、次の二つの事例から、睦仁はほぼ均衡した対立の優勢な方を支持したのみで、内閣を自分の意志に従わせる力がほとんどないことが判明する。その一つは、長崎で、台湾出兵の戦没者が埋葬された場所に県立病院を建てるため、遺骨を他所に改葬する際に、遺骨が粗末に扱われた事件である。一八八〇年秋、これを知った谷干城《たにたてき》中将（陸軍士官学校校長）は、事件の責任者であった長崎県令（のちの県知事）内海忠勝《うつみただかつ》（長州）を処分するよう大山巌《いわお》陸軍卿（薩摩、谷と同じ一八七八年一一月に陸軍中将に昇進）に申し出た。しかし、内務省（内務卿は薩摩出身の松方正義）は管轄外であると応じなかった。また、内閣は進退伺いを出した内海に対し、軽い行政処分をしたのみであった。

これに対し、谷は一八八一年三月一六日辞表を提出し、却下されたが、二四日に再び辞任を求めた。谷は西南戦争で熊本鎮台《ちんだい》の司令長官として熊本城を死守した英雄であり、再度の辞意をめぐって政府内は大騒ぎとなった。睦仁は、谷に同情的な侍講元田永孚や宮内省御用掛佐々木高行（谷と同じ土佐出身）に対応を尋ねた。しかし結局、大臣の奏請を入れて、六月一日、谷の辞表を却下して谷を中将に留め、陸軍士官学校校長などの職のみを免じた。また、睦仁が佐々木に内海を罷免したいと述べたにもかかわらず（『明治天皇紀』第五、三〇三～三〇六頁）、内海はその後二年間、長崎県令を続けた。二八歳の睦仁は、台湾出兵の戦没者の遺骨を粗末に扱った責任を追及する谷の心情に共鳴し、元田や佐々木にも相談したが、結局、大臣の奏請（内閣の意見）を容れざるを得なかったのである。

もう一つは、同年四月七日、西園寺公望《きんもち》が、『東洋自由新聞』の社長職を、睦仁の内々の「御沙汰《ごさた》」ということで辞めた事件である。西園寺は中江兆民《ちょうみん》らに誘われて三月に新聞を創刊し、伊藤博文参議を中心とする政府から、「危険思想」の持ち主のように見られたようである。西園寺は睦仁に拝謁を求めたが許可されず、伊藤にも会えなかった。西園寺はこれを、「御沙汰」は睦仁の意志ではなく、伊藤らが拝謁させなかったものと推定した（「明治天皇御追憶記」、前掲、『西園寺公望伝』別巻二、三一～三二頁）。この推定は当たっていたと思われる。

伊藤博文
（「歴代首相等写真」憲政資料室所蔵，より）

伊藤と大隈の亀裂

一八七八年に大久保が暗殺された後、すでに述べたように、政府の中心は参議の伊藤博文（長州）に移り、伊藤が内閣をリードしていたが、薩摩出身参議の内閣への参加意識は弱かった。

一八八一年四月には、榎本武揚《たけあき》海軍卿（元幕臣）と薩摩出身者の多い海軍幹部の間に対立が起こり、文部省内でも文部卿と少輔《しょうゆう》（次官クラス）の内紛が生じたが、睦仁の介入なしで事態が収拾された。佐々木高行は、現状では天皇が政治に関与する余地はないが、遠からずして必ず内閣の破綻が生じるので、その時が天皇が大権を掌握する好機である等と上奏した（『明治天皇紀』第四、三一六～三一九頁）。ところで、すでに在野の国会開設運動が、士族に加えて有力農民や有力商人に参加者を拡大して勢いを増し、一八七九年には全国に広まってきた。それに対抗するため、同年一二月、岩倉右大臣と三条太政大臣の提案で、政府は各参議に立憲政体に関する意見書を提出するよう求めた。他方、一八八〇年三月には、自由民権政社の愛国社は国会期成同盟と改称し、全国の地方有力者約九万人もの署名を得て、国会開設の請願書を政府に提出しようとした（政府は受理せず）。このようななか、伊藤・黒田清隆（薩摩）ら、各参議からの意見書が出たが、意見は多様で容易にまとまりそうにはなかった。

そこで、一八八一年一月一二日、参議中の最有力者の伊藤と、有力者の大隈・黒田・井上馨の四人が熱海の温泉に集まって、立憲政体についての自由な意見交換をした。ところが同年三月、大隈は伊藤らに一切図らず、一、二年のうちに国会を開き、政党内閣制を導入するという、あまりにも急進的な意見書を、左大臣有栖川宮熾仁《たるひと》親王の下に内密に提出した。これは大隈が、福沢諭吉門下の太政官大書記官矢野文雄に起草させたものであった。

同年六月、岩倉右大臣は大隈の建言を密《ひそ》かに伊藤に示した。伊藤は、大久保の死後ともに内閣を支えてきた大隈が、自由民権運動が高まっていく政府の危機に際し、自らに相談なく民権派に迎合するような裏切り行為をしたことに、激しい憤りを感じたであろう。

明治十四年政変の始まり　一八八一年七月二一日、参議兼開拓使長官黒田清隆は、開拓使の管轄下にある北海道の官有物の払い下げを申請した。払い下げは、三〇日に睦仁の裁可を得て、八月一日に発表された。この間、七月二六日から、自由民権派の『東京横浜毎日新聞』は、開拓使が、黒田長官と同郷の薩摩出身の政商に不当な安値で官有物を払い下げようとしている、と暴露した。この問題をめぐり、九月にかけて政府批判の世論が燃え上がった。また、藩閥政府内では、参議の大隈が、福沢諭吉や岩崎弥太郎（三菱）らと結び、開拓使官有物払い下げ問題に乗じ、民権運動を利用して政治の主導権を握ろうとしているとの疑惑が広がっていった。

この時睦仁は、七月三〇日に東京を出発し、埼玉・栃木（八月三日、四日と宇都宮近辺で、睦仁は乗馬で陸軍演習を視察）・福島・宮城・岩手・青森県を経て、北海道に向かい、その後再び青森県に戻り、秋田・山形県を経て、福島・栃木・埼玉県を通り、一〇月一一日に皇居に戻るという巡幸の旅に出ていた。巡幸に付き従ったのは、左大臣の有栖川宮・北白川宮能久《よしひさ》親王（陸軍中佐）と、明治十四年政変を誘発し政府から追放されることになる参議の大隈、開拓使官有物の払い下げを非難される参議兼開拓使長官の黒田、参議の大木喬任《たかとう》、松方正義《まさよし》内務卿、徳大寺実則《さねつね》宮内卿ら約三五〇人である。大隈によると、この旅は炎熱が予想外に厳しく、睦仁にはとても「苦痛」のようであった（『明治天皇紀』第五、四一七〜五三八頁、伊藤博文ら宛大隈重信書状、一八八一年八月一九日、『伊藤博文関係文書』三、二八六〜二八七頁）。

巡幸の間に、風呂場での気安さからか、睦仁は侍従の荻《おぎ》昌吉らに興味深い話をしている。それは、睦仁が参議の黒田・西郷従道・川村純義（以上薩摩）、井上馨（長州）・大木（佐賀）らの性格を批判した上で、伊藤参議のみは信頼できると述べたことである（『保古飛呂比《ほごひろい》』一〇巻、一八八一年一〇月二〇日）。

ところで睦仁は、巡幸中に新聞を読んで開拓使官有物払い下げへの批判を知ったが、いつもの誇大な批判と思っていた。しかし、九月六日に東京から函館に来た宮内省御用掛の一人から、東京での人心の動揺を聞いて、初めて事実であることがわかった。その後、行幸に同行していた左大臣の有栖川宮に頼んで太政大臣の三条に尋ねさせたり、有栖川宮から進呈された東京の新聞を読んだりして、薩長出身者が団結して参議の大隈を排斥しようとしていることを察知した。また睦仁は、埼玉県の幸手《さって》行在所に戻った一〇月一〇日頃に、侍従長山口正定《まささだ》や東伏見宮から奏上を聞き、初めて大隈と「民権論者との関係」をほぼ了解した。

他方、参議伊藤博文を中心とした、参議大隈を追放する計画は、睦仁の意見とは無関係に、特に睦仁に情報を伝えることなく進展した。参議の大隈が福沢らと結んで陰謀を企てているとの噂が伝わると、伊藤ら参議は非常に憤激した。伊藤は開拓使官有物払い下げ問題を『東京横浜毎日新聞』に流したのが大隈でないことを知っていたが（坂本一登『伊藤博文と明治国家形成』）、伊藤にとってそのような事実はあまり問題でなかった。

それよりも、すでに述べたように、これまで信頼関係にあると思っていた大隈が、伊藤に相談なく、早期国会開設と政党内閣を導入する意見書を、有栖川宮左大臣に内密に提出し、その後三カ月近くも伊藤に黙っていたことの方が重大な問題であった。すでにふれたように、伊藤は岩倉から伝えられて初めて事実を知った。また、伊藤に次いで岩倉と並ぶ実力者である大隈が、在野で人気のある福沢や自由民権派から急進的改革路線で期待され、擁立される可能性があるという事実も大きな問題だったはずである。伊藤にとって、大隈の考えは急進的過ぎて、国家の健全な発展という観点から受け入れられるものではなかった。

伊藤、大隈追放を主導する

気性の激しい伊藤は、大隈からの弁明には一切耳を貸さず、大隈追放に向けて大臣・参議の合意を固めるべく動いた。開拓使官有物払い下げ問題で、直接の攻撃対象となっていたのが、大久保亡き後、薩摩出身者の中では最有力者となった黒田であることも、長州出身の伊藤が薩長を中心として政府の団結を固めるために、有利な条件であった。

太政大臣の三条は、時局が急展開していることを心配し、八月下旬と九月上旬の二回にわたり、京都で静養している右大臣の岩倉に東京に戻ることを促す手紙を書いた。また、参議の山田顕義を京都に派遣して事情を説明させた。九月一八日に山田に面会した岩倉は、国会開設の時期を決めて憲法を制定しなければならないことには同意したが、大隈の罷免《ひめん》には即答せず、伊藤に会った後に答えると応じた。天皇が巡幸から帰京する前ということで、一〇月六日に東京に帰った岩倉は、翌日伊藤と面談し大隈の罷免に同意した。こうして、大隈罷免とその後の政局収拾についての大臣・参議の大枠の合意が、睦仁の帰京の四日前に成立した（『明治天皇紀』第五、四五一、五二九〜五三二頁）。すでに述べたように、大隈以外の行幸に同行した参議を含め、政府内の大隈追放の合意が一〇月七日に成立していた。それにもかかわらず、睦仁が大隈と「民権論者との関係」をほぼ理解したのは、幸手《さって》行在所に滞在中の一〇月一〇日頃まで遅れた。

結局睦仁は、巡幸から帰還した当日の一〇月一一日、大隈を除いた大臣・参議の意向にもとづいた上奏を裁可し、憲法制定と国会開設、大隈に辞任を勧告することが決定した。その夜、大隈は辞任を了承した。翌一二日、開拓使官有物払い下げを中止し、一〇年後の一八九〇年（明治二三）年に国会を開設すること、大隈の辞任を認めることが公表された。また、憲法を政府の中枢で作り、天皇の裁可を経て、天皇（君主）の作った欽定《きんてい》憲法として公布することも、伊藤らの暗黙の合意事項となっていた。すなわち、明治十四年の政変という大きな政治変動においても、睦仁は、巡幸中ということもあって情報すらほとんど与えられず、伊藤を中心とした内閣の意向を承認する程度の関わりしか持てなかったのである。

睦仁としても、この決着に異論はなかった。しかしこのように、天皇である自分に情報すら十分に与えられない扱いに、睦仁は、伊藤を中心とした内閣員に対して、不快な感情を抱いたことであろう。かつて一五歳の天皇であった睦仁が初めて直面した、小御所《こごしょ》会議という激しい政治対立の場は、大久保利通らが主導した。当時の睦仁は少年であり、指導力や判断力において、大久保らに対し引け目を感じながら受容していたものと思われる。しかし伊藤は、睦仁より一一歳年長とはいえ、睦仁が即位して約七年後にようやく閣員（参議）になったにすぎない人物である。二九歳に近づいた睦仁が、伊藤に引け目を感じることは、ほとんどなかったはずである。また、この明治十四年政変の過程で、佐々木高行らの天皇親政を求める動きが再び一時的に高まったが、政変の収束とともに消え去った。それらは睦仁に、自らの政治関与のあり方を考えさせるきっかけになったと思われる。

その後、睦仁は、以下で述べていくように、自らの存在と判断を伊藤ら閣員に認めさせるための動きを慎重に行ない始めるのである。

2　天皇の政治関与のあり方の模索

ハワイ王

明治十四年政変が起こったのと同じ一八八一年、ハワイのカラカワ王がアジアからヨーロッパへの旅行の途中で、三月四日に横浜港に着いた。睦仁は、カラカワ王を国賓《こくひん》として歓迎し、汽車に乗せたり陸軍の操練《そうれん》を見学させたりした。ハワイは一八九八年七月にアメリカ合衆国に併合されるが、この頃は開明的な君主であったカラカワ王の下で、アメリカ文化など西欧文明を取り入れる近代化を推進していた。それは、アメリカ合衆国の圧力に対抗し、王国の独立を維持するための努力であった。

カラカワ王はこの訪日の際に、明治天皇と非公式の会見をすることを望んだ。会見は三月一日に、赤坂仮皇居内の睦仁の御座所《ござしょ》で、参議兼外務卿の井上馨《かおる》を通訳として行われた。カラカワ王は三つの提案をした。その一つ目は、日本が盟主となり、清・シャム（タイの旧称）・インド・ペルシアなどアジア諸国が連盟し、欧米諸国に治外法権の撤廃をさせるなど、連盟国の利益のために活動することであった。カラカワ王は、一八八三年のニューヨークの博覧会に睦仁が渡米し、アジア諸国の君主と会合することをも提案した。睦仁が、清国は日本に対し大国意識があり、また日本を警戒しているので、この案は難しいと答えると、カラカワ王は、シャム国王・ペルシア国王・インドの諸王侯は博覧会に来会するだろうと応じた。睦仁が直接ふれなかったインドに関しても、既に一八七七年にイギリスのヴィクトリア女王がインド皇帝を兼ねて支配を強めていた。アジア諸国の連盟は現実味のない話であった。

また、カラカワ王は二つ目として、日本とハワイ間に海底電線を引くこと、三つ目として、王の姪のカピオラニーと山階宮定麿王《やましなのみやさだまろ》（当時海軍兵学校に在籍、後の東伏見宮依仁《よりひと》王）を結婚させること、を提案した。睦仁はいずれの提案に対しても、閣員等に相談して答えると回答し、明確な姿勢を示さなかった。その後数日の内に、井上外務卿は三つとも実現が難しいと睦仁に申し上げ、この話は終わった（『明治天皇紀』第五、二九〇～二九六頁、『明治天皇紀談話』二巻、二三一～二九頁、二四一～二四四頁）。

以上の経過から、睦仁は、外交政策に関して列強や清国との力のバランスに配慮する慎重な姿勢を維持していることがわかる。また、二八歳になっても自ら方向性を示すというより、内閣の意見に従う姿勢であったことも確認できる。これは、すでに示した明治十四年政変の処理過程と同様であった。

イギリス王子

さて、明治十四年政変の決着がついて一〇日ほどすると、ヴィクトリア女王の孫であるヴィクター王子とジョージ王子の二人が、イギリス東洋艦隊見習士官として軍艦「バカンテー号」に乗り、他の四艦とともに横浜港に着いた。ヴィクター王子は、皇太子エドワード〔のちのエドワード七世〕の長男で、将来の国王として期待されたが、のちに病死した。ジョージ王子は皇太子エドワードの次男で、のちに兄に代わって皇位を継ぎ、ジョージ五世としてイギリスの立憲君主制を発達させ、「立憲君主制の父」と称される人物である。二人は軍艦に乗って一〇月二一日に横浜港に着き、一一月一日に神戸港に向けて出発するまでの一〇日ほどの間に、東京・横浜・鎌倉・江ノ島を訪れ、日本側から歓待を受けた。

そのことは、睦仁が一〇月二六日に、赤坂仮皇居内の会食所で両王子や親王・大臣・参議らと会食したことや、一〇月三一日に睦仁自らが横浜港に停泊中の両王子の乗艦「バカンテー」を表敬訪問したことからもわかる（『明治天皇紀』第五、五六一～五六九頁）。睦仁が外国の軍艦に乗るのは、今回が初めてであった。これらから、条約改正や東アジアの軍事バランスなどを考慮し、日本が世界最強国であったイギリスをいかに重視していたかがわかる。

在英日本公使館勤務を終え、一八八〇年から宮内省に勤務するようになった長崎省吾によると、特命全権駐英公使（現在の大使）の森有礼《ありのり》（のちに文相）は、両王子が日本を訪問するなら、その機会に明治天皇にガーター勲章でも贈ってもらうよう希望し、参議兼外務卿の井上馨もそれを強く望んでいた。そこで長崎は命を受け、両王子の御付《おつき》で、長崎が親しくしていたダルトン博士に、書面でガーター勲章の授与についての打診を行なった。しかしダルトンからの回答は、(1)ガーター勲章は、イギリス国民以外の人には稀にしか出さず、トルコ皇帝やペルシア皇帝の場合はイギリスを訪問したから授与された、(2)キリスト教国以外の君主にはガーター勲章は贈らない、とのことであった。そして、ガーター勲章の代わりとして、ヴィクトリア女王の肖像の油絵が明治天皇に贈呈された（『明治天皇紀談話』二巻、三〇～三二頁）。

ヴィクトリア女王や彼女を補佐する首相らは、ガーター勲章の授与を外交の重要な手段としていた。一八五六年に非キリスト教徒のトルコ皇帝がガーター勲章を得たのは、クリミヤ戦争の時、トルコがイギリスの同盟国だったからである。一八七三年に同じく非キリスト教徒のペルシア皇帝が得たのは、ペルシアがイギリスのインド防衛にとって重要な国であり、イギリスが警戒するロシアがペルシア国王に最高の勲章を贈ったことに対抗する意味があった（君塚直隆『女王陛下のブルーリボン』七五〜七六、八七〜八八頁）。

一八八一年秋において、イギリスの東アジアにおける利権は、インドにおける利権と比べて重要ではなく、さらにイギリスは東アジアの利権を守るためには、日本よりも清国を重要視していた。明治維新を成功させ近代化を推進して自負心を強めた日本ではあったが、イギリスから見れば、日本の重要性はトルコやペルシアに劣っていた。

軍人勅諭

一八八二年（明治一五）一月四日、睦仁は、陸軍卿大山巌《いわお》（参議）と海軍卿川村純義《すみよし》（参議）を太政官に召して、陸海軍人に勅諭《ちょくゆ》を授けた（川村は事故で参内せず）。これが軍人勅諭で、冒頭には、我国の軍隊は「世々《よよ》天皇の統率」してきたことを述べ、「忠節」・「礼儀」・「武勇」・「信義」・「質素」などを軍人に求めていた。

この源流は一八七八年八月に山県有朋《ありとも》陸軍卿（参議）が公示した軍人訓戒《くんかい》にあった。それは、近衛砲兵の暴動である竹橋《たけばし》騒動の影響を受けて出されたものであった。

今回の軍人勅諭は、国会開設が定まったところに自由民権運動が盛んになってきたので、山県有朋参謀本部長（参議）が軍人をそうした潮流の外に立たせようとして、睦仁に勅諭を奏請したものであった。睦仁は同意し、山県に草案を作らせた。山県は井上毅《こわし》（参事院議官）らの協力を得て勅諭の原案を作成した。こうして軍人勅諭は睦仁が自ら軍人に授けるという形で下付された（『明治天皇紀』第四、四五六〜四六〇頁、第五、六〇〇〜六〇七頁）。事実ではないものの、睦仁は天皇が代々軍隊を統率してきたという、軍人勅諭の文言には好意をもったと思われる。しかし、軍隊のことに関し、自らがどの程度影響力を持てるようになるのかの確信はまだなかったはずである。

睦仁、宮中問題に発言する

ところで、睦仁は、一八七五年に北海道巡幸を許可しなかったように、二十歳代後半から自らの体調とも関係する宮中問題では自らの意志を実現させることもあった（第三章3参照）。その後三〇歳前後になると、国策でもあるが天皇の身のまわりのことともいえる宮中関係の問題を中心に、自らの意志をさらに積極的に示し始めた。たとえば、一八七八年五月大久保利通暗殺後に天皇親政運動が起き、侍補《じほ》たちは徳大寺実則《さねつね》宮内卿兼一等侍補を不適任として、彼の辞任を求めた。そこで、温厚な徳大寺は任にたえないと辞表を提出した。しかし睦仁は徳大寺の宮内卿の在任を望んだので、徳大寺は侍補のみを辞任し、宮内卿は続けることになった（対岳文庫所蔵、岩倉具視宛伊藤博文の書状、一八七八年六月二日、「岩倉具視関係文書」マイクロフィルムR26—108、『明治天皇紀』第四、四〇九〜四一二頁）。このように、睦仁は表《おもて》の政治というより、奥《おく》に関連する宮内卿の人事に関してはそれなりの影響力を持つようになった。

さらに、一八八一年（明治一四）の新年拝賀を行なうにあたり、井上馨外務卿（参議）は、外国公使夫妻は賓客《ひんきゃく》であるので、第一次に拝賀を許すべきと奏請した。これに対し睦仁は、新年拝賀は君臣の礼を正しくするのが第一の目的であるとの考えを持っており、大臣・参議や各省への卿（長官）らを第一次とする方式を変えさせなかった（『明治天皇紀』第五、二五三～二五四頁）。

また、その後参議兼海軍卿の川村純義（薩摩）が、外国の例に倣《なら》い、新造軍艦の名として歴代天皇の尊号と武臣の名を使おうとし、尊号使用の可否について徳大寺宮内卿に問い合わせた。これに対し、一八八三年二月五日徳大寺は、尊号を使わず日本の旧国名を使うべきであると睦仁が考えていると、川村に伝えた。そしてそれは、その通りに実施された（『明治天皇紀』第六、一三頁）。

次いで、一八七三年五月に火事で焼けた皇居を再建する問題で、一八八三年四月に、旧来からの本格的な西洋建築の宮殿と庭園・壁を築造する案（皇居御造営事務副総裁宍戸《ししど》璣《たまき》の上申《じょうしん》、費用は八〇〇万円から一〇〇〇万円）と日本建築で安い費用で短期に造営する案（宮内少輔《しょうゆう》香川敬三《かがわけいぞう》の上申）が対立した。二つの提案は、いずれも大輔《たいふ》・少輔〔次官か次官クラス〕級の官吏からのものであった。睦仁は、五月四日に徳大寺宮相を召し、軍拡のために租税を増徴している折柄であるので、国民の負担を増加させないよう、築造費用を減らし、二、三年で竣工させるべきであると告げた。そこで設計を改定し、和風の建物を竣工期五年で、二五〇万円の費用を目途として作ることになった（『明治天皇紀』第六、八三～八五頁）。

また、一八八三年八月に欧州での憲法調査を終えて帰国した参議の伊藤博文が、宮内卿を兼任しようとした。これは、伊藤が宮中制度を改革し、宮中と府中の別を明確にする形で立憲政治を創始しようとしたからであった。これに対して睦仁は、伊藤の才能を評価してはいたが、あまりに洋風を好む姿勢を心配し、参議松方正義《まさよし》に諮問《しもん》し、また内密に参議佐々木高行や内務大輔の土方久元《ひじかたひさもと》（元宮内少輔・侍補として天皇に仕える）にその可否を尋ねた。松方や佐々木らは伊藤以外に任に当たる者がいないと奉答したので、一八八四年三月二一日に伊藤は宮内卿に任命された。当時の宮内大輔（次官）は伊藤と同じ長州出身の杉孫七郎《すぎまごしちろう》であった。そこで睦仁は、西欧化の面で宮内省のバランスを取るため、薩摩出身で性格が重厚な吉井友実《ともざね》（元大久保利通の腹心）を人に介して説得し、七月八日に宮内大輔に任命した（『明治天皇紀』第六、一八四〜一八五、二六三頁）。三一歳になった睦仁は、宮中問題とはいえ、人事にまで関与し始めたのである。

朝鮮をめぐる政策対立

朝鮮国においては、高宗《コジョンこうそう》の王妃であった閔妃《ミンビびんひ》（明成皇后）の一族が、日本の支援の下に、開国と近代化政策を進めていた。その一環として兵制改革も行なわれたが、一八八二年（明治一五）七月二三日、それに不満を持った旧軍隊の兵士の反乱に、開国によって生活が困難になった民衆が合流して、首都漢城《かんじょう》（ソウル）で日本公使館などを襲撃した。これを壬午《じんご》事変（壬午軍乱）という。花房義質《はなぶさよしもと》駐朝公使は、犠牲者を出しながらも反乱軍の包囲から公使館員とともに脱出し、イギリス軍艦に助けられて二九日深夜に長崎に到着した。長崎からの花房の電報で、三〇日に睦仁や閣員は事件のことを知った。

七月三一日、この対策を決める閣議が開かれた。しかし、閣員中の最高実力者の参議伊藤博文は、同年三月一四日に憲法調査のため欧州に出発して不在であった。右大臣の岩倉具視《ともみ》も病気がちで威信を弱めていた。このように、内閣は明確な中心人物を欠いていた。睦仁は閣議に臨御《りんぎょ》した（『明治天皇紀』第五、七四四〜七四九頁）。一八八一年を最後に、天皇の太政官（閣議）への臨御は減少したようであるが、この日のような重要閣議には臨御があった。

閣議では、兵力を従えた使節を漢城（ソウル）に派遣することでは一致した。しかし、井上馨が、公使の花房が使節になるべきであると考えたのに対し、薩摩の最有力者であるが内閣顧問という閑職にある黒田清隆（明治十四年政変後まもなく参議と開拓使長官を辞任）は、自らが使節として交渉することを希望した。黒田は、清国や朝鮮国への強硬な態度をとっており、彼が行けば、交渉の決裂がただちに清国との開戦につながる恐れがあった。結局、閣議では井上の意向が通り、花房が護衛兵二個中隊（将兵数百名）とともに、漢城へ派遣された。その際にも、井上は護衛兵指揮官高島鞆之助《とものすけ》陸軍少将（薩摩）への内訓に、攻撃されても防御にとどめ、進退は公使と協議のうえ行なうことを命じた。

その後、朝鮮国では親日的な閔妃一族と対立している大院君《テウォングン》《たいいんくん》が政権を握ったので、日本政府内には緊張が走ったが、八月二六日に清国軍が大院君を拉致し、大院君政権は崩壊した。花房公使は、八月二〇日から朝鮮国と交渉に入り、清国側の協力も得て、八月三〇日に済物浦《さいもっぽ》条約を結んだ（高橋秀直『日進戦争への道』一一九～四九頁）。

その内容は、朝鮮国側の事変への謝罪と犯人の処刑、日本側の遺族・負傷者への補償、日本の公使館の損害や公使館護衛のための費用のうち五〇万円の分担、公使館の護衛のための駐兵権の承認等、日本の要求を満たすものであった。壬午事変への対応は、参議兼外務卿の井上が清国との戦争をできる限り避けようという方針で閣議をリードし、天皇はその決定方針を裁可したのみであったといえる。

なお、朝鮮国に一時的に大院君政権ができ、日本政府内に清国と戦争になることへの懸念が強まった頃、八月四日に、睦仁は侍医に脚気症《かっけ》と診断された。その頃、睦仁は食欲がなく、舌苔《ぜったい》（舌に苔《こけ》のようなものが出来る病気）を生じ、腹部が腫れ、時折痛みがあり、脚部にだるさを感じるようになっていた。しかし睦仁は、日中はベッドに横たわって休んだりはしなかった。脚気は、一〇月に入ってようやく全快した（『明治天皇紀』第五、七五五頁）。夏の暑さと壬午事変によるストレスも、脚気に関係していると思われるが、あとにも述べる睦仁の我慢強さが現れはじめている。

対清戦の回避と睦仁

壬午事変から一年四カ月たった頃、一八八四年一二月四日、朝鮮国の漢城（ソウル）で、竹添進一郎《たけぞえしんいちろう》公使や日本駐屯軍と手を結んだ金玉均《キムオクキュン》《きんぎょくきん》ら朝鮮国の急進開化派が、クーデタを起こした。こうして甲申《こうしん》事変は始まった。彼らは国王を擁して一時政権を握ったが、朝鮮国の親清派と結んだ清国軍の反撃に遭《あ》って六日には敗退した。八日、竹添公使らは仁川《インチョン》《じんせん》に撤退し、竹添はそこに留まったが、金玉均らは日本に亡命した。この混乱の中で、日本人居留民三十余名が殺害され、日本公使館も焼失した。

クーデタの発生と失敗の情報は、一二月一三日までに日本政府に伝わった。政府は一四日に軍艦「比叡」を仁川に急行させ、睦仁が臨御する御前《ごぜん》会議という形で一九日に閣議を開き、今後の方針を決めた。その内容は、井上馨外務卿（参議）を特派全権大使として朝鮮国に派遣し、対清開戦を避けるため消極的にしか朝鮮国に干渉しないことであった。壬午事変の際と同様に、薩摩の最有力者の黒田清隆（内閣顧問）が、閣内の対清強硬論者に支持され、自ら朝鮮特使になることを望んだが、伊藤博文と井上馨両参議らが井上派遣で押し切った。井上は、二個大隊の将兵に護衛されて漢城に入り、翌一八八五年一月八日、日本と朝鮮国の間に漢城条約を結んだ。その内容は、朝鮮国王が国書で事変について日本に謝罪し、朝鮮国が日本の被害を補償すること等であった。

その後も、クーデタを敗北させて漢城を制圧している清国軍と、それに対抗して井上が帰国した後も駐留を続けている一個大隊の日本軍の撤兵問題が残った。伊藤や井上は、清国との戦争を避けることを主眼とした。しかし、陸軍中将高島鞆之助・海軍少将樺山資紀《かばやますけのり》らは、清国との戦争は早晩避けられないので、清国の軍備が整っていない今が開戦のチャンスであると見て、対清強硬論を唱えていた。薩摩出身の閣員（参議）である西郷従道《つぐみち》（農商務卿、元陸軍卿）や川村純義（海軍卿）も、高島や樺山らほどではないものの、強硬な姿勢であった。明治十四年政変の後、内閣は伊藤を中心に山県有朋（内務卿）・井上馨らの長州出身の参議と、彼らに協力した薩摩出身の参議松方正義（大蔵卿）らによって主導されてきていた。しかし、今回はジャーナリズムが対清開戦論を煽動しており、薩摩出身の西郷・川村らの参議や、高島・樺山らの軍人の動向は軽視できなかった。

二月七日、睦仁が出席した御前会議で、清国と戦争を避けることを重視する伊藤が清国に派遣されることが決定された。この会議では、長時間討論の末、睦仁が閣員に向かって清国と事件を「平和に結了」すべきであるという発言をして方針が決まった。これは、天皇は御前会議に臨んでも発言せず、閣議で決まった方針を裁可するという、従来の慣行からすれば異例のものであった。睦仁も対清戦を回避するという方針を支持していたのであろう。こうして伊藤が清国に派遣されて、李鴻章《りこうしょう》との間で天津条約を結び、日清両国が朝鮮国から撤兵することで、当面の日清対決は回避された（高橋秀直

『日清戦争への道』一四二～一八五頁）。

三〇歳になる頃から、宮中関係問題において自ら意志を積極的に示し始めた睦仁は、甲申事変の結果と自らの役割に満足したことであろう。すでに述べたように、睦仁は二十歳代前半に征韓論政変や島津久光問題で政府が割れた際、政治決定の場に引きずり出される形で、自分と親しい主流派を支持するという、消極的な判断（政治関与）を行なっている。しかし今回は、大久保と岩倉具視（一八八三年七月に病死）という睦仁の親しい政治家が死去した後に、三二歳の睦仁が自らの判断で伊藤・井上らを支持したため、日清戦争を避けるという方向が確定した。この意味で、睦仁の政治関与の始まりとしては、今回の方が画期をなすといえよう。

伊藤、憲法の根幹を学ぶ

すでに述べたように、一八八一年の明治十四年の政変では、憲法を制定し、一〇年後に国会を開くという形で、漸進的な政治参加の拡大という方向が固まった。

この政策を主導した伊藤博文は、一八四一年一〇月一六日（天保一二年九月二日）生まれで、四十歳代に入ったばかりであった。政変の疲れや、政変後の伊藤を中心とした薩長藩閥政府に浴びせられた、専制的であるという批判に悩みつつも、伊藤は日本の将来の大枠を考える気力を十分に残していた。西南戦争前とは異なり、クーデタの恐れはないものの、日本を取り巻く内外の情勢はまだ厳しかった。このような折に、彼はなぜ一八八二年三月から八三年八月までヨーロッパに憲法調査に行き、一年半も日本を離れたのであろうか。憲法調査だけなら、自ら行かなくても誰か他の者を派遣すれば済むことであった。

それは、伊藤が憲法を作成する上で、藩閥政府内の井上毅《こわし》（一八四四年生まれで、伊藤より二歳若い、ドイツ憲法を理想とする）や、在野で大隈重信の配下の小野梓《あずさ》（一八五二年生まれ、イギリス憲法〔国政〕を理想とする）らの俊英に、理論的に引き回されたくなかったからである。伊藤は、ヨーロッパで実際の政府運営や議会政治をその歴史も含めて知ることで、自ら確信を持って仕事をするための理論的土台を固めようとしたのであった。

伊藤に最も影響を及ぼしたのはウィーン大学教授のシュタインであった。シュタインは伊藤に、(1)行政権が優位であるべきであるが、行政権・君主権・議会の権限の三者が緊張関係にあることが望ましい（三権はいずれも重要で、逆に君主権といえども制限されるべき）、(2)憲法はその国固有の歴史を反映したものであるべき、(3)歴史は変化するので、憲法の運用や制度も変化していくことが自然である、こと等を教えた。伊藤はドイツ憲法をモデルとし、日本の実情に合うようにアレンジしようとの考えを固めた。

伊藤はシュタインを通して、憲法の下に君主権を制限していくという、ヨーロッパの最先端の考え方を日本に導入したのであった。これは君主機関説といわれ、一九世紀のヨーロッパで通説になっていった考え方である。約三〇年後に美濃部《みのべ》達吉《たつきち》東京帝大法科教授（憲法学）が唱えた天皇機関説も、その延長上にあった。また伊藤は、シュタインを日本に招こうとしたが、高齢を理由に断られた（瀧井一博『ドイツ国家学と明治国制』第五章、補論、同『文明史の中の明治憲法』第二章）。

ところで、伊藤の晩年の韓国統監時代に、韓国法部次官であった倉富勇三郎《くらとみゆうざぶろう》（後に日本の枢密院議長）は、伊藤の興味深い憲法観、天皇観を語っている。伊藤の話では、昔は天皇は神という観念であったが、事実神ではないので、「人として十分の尊敬」をし、憲法を作って一定の限界以上は決して天皇を侵さないようにすることにした、という（「倉富勇三郎日記」一九三〇年六月二九日、「倉富勇三郎文書」、国立国会図書館憲政資料室所蔵）。伊藤は、人間としての睦仁を憲法で制約する一方で、憲法の中に位置づけて守ったと、晩年に考えていたのである。

3　睦仁の政治権力の定着

睦仁の政治サボタージュ

さて、参議の伊藤博文は、以上の考えを身につけてヨーロッパから帰国し、憲法制定の準備の一つとして、一八八四年三月に宮内卿を兼任して宮中改革を始めた。これに対し、睦仁《むつひと》（明治天皇）はどのような反応をしたのであろうか。睦仁は伊藤があまりにも洋風を好むことを警戒し、バランスを取るために宮内大輔《たいふ》（次官）に薩摩出身の吉井友実《ともざね》を任命したことはすでに述べた。一八八五年八月一六日、伊藤は、睦仁が政務に熱心でないことを嘆き、三条実美《さねとみ》太政大臣に助力を求める内容の手紙の下書きを残している。かなり長いが、この頃の睦仁の動向やそれに対する伊藤の考えを示した数少ない一次史料であるので、その要旨を以下に示す（「伊藤博文文書」四五一、国立国会図書館憲政資料室所蔵、なお、この下書きは巻物として表装されており、ともに貼られた封筒の宛先は「内大臣殿」となっているが、表装の際に誤って別の手紙の封筒が貼られたものと思われる）。(1)睦仁が山口・広島・岡山の三県に巡幸に出発する前（出発は一八八五年七月二六日）に少し申し上げたように、恐れ憚《はばか》ることながら、このごろの睦仁の状態は、放っておくことができない。しかし、自分（伊藤博文）は微力で少しも改善できないので、誰か能力のある人物を登用してほしい、(2)睦仁が政務上に熱意を注がないなら、睦仁の聡明な素質も有名無実となる、(3)このごろの睦仁の状況は、毎日気にかけていることは身体に直接関係すること（乗馬などの運動を指す）にとどまり、いまだ「政治の得失、人物の当否、古今の沿革、内外の形勢、将来方嚮《ほうこう》等」は、自分から求めて配慮していないようである、(4)このような状況は、これまでにない変革の中で、日本を中興する大事業を成就して、その教訓を万世に伝えるという天職にありながら、天皇家の先祖に対しても申し訳ないことであると、恐れながら伊藤は考えている。

(5)目下は日常の勤務として、午前一〇時過ぎから一二時過ぎまで二時間ほど出御《しゅつぎょ》し、徳大寺実則《さねつね》侍従長・元田《もとだ》永孚《ながざね》一等侍講《じこう》に拝謁を命じ、かれこれ談話するのみで、大臣・参議以下重要国務に関与する者やそれらの事務を担当する者を召して下問するようなことはない、(6)また、内閣が奏聞した書類も、睦仁が細かく見ることは稀であると言われ、たまたまそうしても、疑問に思ったことを尋ねるようなことはない、(7)どれほど知識があり賢明な君主であっても、学んでいないことや慣れていないことを、すみずみまで理解することはできない、宮中で務める徳大寺や元田はおだやかで慎み深いが、世界の大勢に暗く、その時々の急務の利得と損失の判断ができず、また政治の責任を負う地位にいない、(8)睦仁がそうした行動を取っているので、すべての重要な政務は大臣以下の「専決抑揚《よくよう》」〔勝手に決めること〕に任されている状態といわれる、(9)睦仁が奥《おく》〔内廷〕に入った後は、睦仁に仕える者は「無智無学の婦人・児童」のみで、かつ近頃は恐れ多いことながら、睦仁が読書もしないので、宮中の女官たちまで全く読書をやめてしまった。彼女たちは、皇后宮は賢いので、女官たちまで学問をすると皮肉を言われるのを恐れ、つとめて睦仁の意向に逆らわないように気をつけて動いているという、(10)以上は、閣下〔三条〕もよく知っていることであると思うが、自分〔伊藤〕の心中は「烈火《れっか》」のようであるので、黙ってみているわけにはいかない。

(11)今日の状態は、もし方向を誤れば国家の存亡にも関わるが、次第に「進歩」させていけば皇室の大権も地に堕ちないようになるであろう、(12)そもそも、大権が「王室」から下に移るのは歴史の順序であり、最初は君主がすべてを自ら行ない〔文章は「天子万機を躬《みず》からせさる」であるが、「天子万機を躬《みず》からせらる」の誤筆と思われる〕、次いで、大権は大臣に移り、その後人民に移る、(13)今日の人民は昔の人民とは異なり、教育の進度は上下を変えようとする勢いがあり、閣下〔三条〕も知っているように、実に恐れるべきことである、(14)内閣についても、〔三条が〕承知しているように、緊要の事柄が数多いにもかかわらず、万事が遅れているので、高齢で仕事のできない者は何とか工夫して引退させ、仕事のできる二、三人を内閣に加えたい。

この他、侍従の藤波言忠《ことただ》〔公家〕の回想として、(15)一八八四年に睦仁は病気を理由に出御しないことが多かったので、参議兼宮内卿の伊藤は宮務や国務の奏請ができず、辞表を出した、(16)そこで、吉井友実《ともざね》宮内大輔〔次官〕は、藤波は睦仁に歳が近く、幼少から仕えており睦仁が親近感を持っていたとみられていたので、睦仁に忠言をしてほしいと頼み、藤波が忠言をした。それに対し、睦仁は激怒したが、出御して伊藤の奏上を聞くようになり、約二カ月後に睦仁も藤波に感謝の意を表したとの話がある（『明治天皇紀』第六、三三九〜三四二頁）。

また、元田永孚《もとだながざね》家の文書から、⒄一八八五年七月頃、睦仁は午前一〇時過ぎから一二時過ぎまでわずかの時間しか出御せず、その間も徳大寺（侍従長）や元田（侍講）と話をしている時は、大臣・参議が国事を奏上しようとしても会えないことがある、⒅参議兼宮内卿の伊藤は宮務を統括する役が果せないことに不満で、辞意さえ抱いたので、杉孫七郎《すぎまごしちろう》宮内省内蔵頭《くらのかみ》（伊藤と同じ長州出身）は徳大寺と元田に、大臣・参議の拝謁を妨げられている問題を述べたところ、両名はそのような意図はないと答えた、⒆その後、徳大寺と元田の会話で徳大寺は反省したが、元田は「一点の私心」もないので大臣らが元田らの行為を気に入らないなら罷免《ひめん》すべきであると徳大寺に話した、⒇そこで伊藤は睦仁の近状を憂慮し、ますます元田らの行為に不満を持ち、三条に手紙で訴えようと草稿を書いた、(21)この手紙が三条に出されたかどうかはわからないが、その後、睦仁はしだいに政務を忙しく「親裁」するようになった（『明治天皇紀』第六、四四六〜四四九頁）。

以上から、一八八四年から八五年頃に、伊藤は宮中と府中（政府）を別にしていくという路線を維持し（(7)参照）、しだいに人民の力が台頭していくという歴史の流れの方向から見ても、睦仁が三十歳代前半になっても、文字通りに親政を行うような専制権力は与えない考えであったことがわかる

(11)~(13)。

もっとも、伊藤は睦仁を自分たちのロボット的君主にしようとしたのではない。伊藤は、睦仁が日常は政治関与を抑制して国民統合の象徴となり、政府内等に当事者間で克服できない対立が起こった場合、調停的に政治に関与し、国内の団結を維持するような明君となることを期待したのである。そのことは伊藤が、睦仁が政務への関心が低く、学問をしていないことに不満を持っていることからわかる(2)~(7)、(9)。

しかし君主が、どういう事柄にどの程度政治関与すべきであるかという問題は、明治維新後の新国家で十分な合意と慣行ができておらず、君主と有力閣員の思惑を一致させるのは、かなり難しい問題であった。事実、この伊藤の思いは、睦仁にあまり伝わっていなかった。即位した少年期から、天皇「親政」という建前を吹き込まれていた睦仁は、三十歳代前半になっても伊藤ら有力閣員が自分を一人前として扱わず、自らのあるべき権力を抑圧していると考えたのである。

そこで「病気」を理由に出御しなかったり、公式に政務を聞く表の御座所にわずか二時間しか出御しなかったりしたにもかかわらず、大臣・参議の政務奏上を気にとめず、徳大寺実則《さねつね》や元田永孚らとおしゃべりをしていたのである(5)・(15)。また内閣が奏上した書類も熱心に読もうとはしなかった(6)。睦仁は、政務をサボタージュすることで、自らの不満を伊藤ら閣員に示し、自分の政務への発言力を拡大しようとしたのであろう。この睦仁の行為を最も理解し、支持していたのは、侍講の元田であった(18)・(19)。

睦仁のこのような行動は、自由民権運動が、天皇親政の名の下に藩閥勢力が権力を独占し、天皇と国民をないがしろにしている、と批判していることを考慮すると、政府にとっては反政府運動に口実を与えるものであった⑻。当時、自由民権運動は、一八八二年以降に政府から厳しい弾圧を受けたり、松方財政下で不況が深刻化し、米価も下落、有力農民が活動資金にも窮するようになって、停滞気味であった。しかし伊藤の歴史観から見ると、人民の力は伸長していくものであり、睦仁の行動を放置しておくことはできなかったのである⑿・⒀。

睦仁は伊藤の意向を反映した忠言を受けて、再び政務に意欲を示し始めたが㉑、伊藤は、自らが学んだ憲法の根幹を睦仁も学んで、君主の役割をしっかりと理解することが必要であると考えた。そこで、睦仁の信頼厚い侍従の藤波言忠《ことただ》（公家出身）に憲法を学ばせるため、彼を欧州に出張させることになった。

藤波の欧州派遣

一八八二年（明治一五）一二月、宮内省で侍従の担当事務の主任を定めた際に、藤波言忠は馬掛《うまがかり》主任となった。その後、一八八五年（明治一八）七月に、藤波が欧米に派遣され、各帝国の宮内省の制度、帝室厩《うまや》の組織、牧畜および産馬改良について調査することになった（『明治天皇紀』第五、八四九〜八五〇頁、第六、四四三頁）。

藤波に随行した新山荘輔《にいやまそうすけ》（後に下総《しもうさ》御料牧場長）によると、伊藤博文宮内卿（参議）は藤波が欧米に派遣されることになったので、シュタインに手紙を出して、藤波に彼の講義を聴かせるよう取り計らい、帰国後に藤波が睦仁に直接に講義をすることになった。藤波は馬が専門で、ドイツ語も英語もあまりわからなかった。しかし藤波は、公家の子弟の中から選ばれ、少年の頃から宮中に奉仕し、睦仁の学友でもあったので、睦仁に進講するのは藤波が最も適任であると伊藤は考えた(『明治天皇紀談話』一巻、四七六〜四七八頁、堀口修「侍従藤波言忠とシュタイン講義」)。伊藤は、睦仁の信任の厚い藤波を通し、睦仁にシュタインの君主機関説に基づいた憲法や国法学を伝えようとした。そうすれば、睦仁が政務サボタージュを止めるだけではなく、明君として成長すると考えたのである。一八八五年八月八日、藤波は新山を従え横浜から出発した。

伊藤の依頼に応じ、シュタインは、ウィーンで藤波と通訳役の随員の新山を前に、自分が睦仁の前で講義するつもりで、約九カ月間にわたって英語で熱心に講義を行った。講義は朝九時から夕方四時まで毎日数時間も行なわれた。その内容は、憲法のことばかりでなく、政治・教育・宗教・産業の各方面にわたり、立憲国の君主として心得るべきこと、皇室としてなすべきことにまで及んだ。若くて語学のできる新山が、もっぱら聴講役となった。夕方五時頃に宿に帰ると、食事の後に、新山がその日の講義の内容の筆記を清書して藤波に提出した。清書にはたいてい夜の一一時過ぎまでかかった。それを点検するまで、藤波は床に入らないし、新山にも外出を許さなかった。

藤波は過度の勉強の結果、精神疾患(原文では「脳病」)になるほどで、それが徳大寺侍従長から睦仁にも伝わり、睦仁からの見舞いもあった(『明治天皇紀談話』一巻、四七八〜四八〇頁)。睦仁は、自分同様に語学の得意でない藤波が、若いとはいえない年齢ながら、遠い異国で専門でもない憲法を必死で学び、精神疾患にまでなったという事実に、感銘を受けたことであろう。睦仁は、伊藤のように能力のある人間を評価する一方、こういう愚直な人間が好きであった。藤波と新山はシュタインの講義を聴き終え、一八八七年一一月八日に二年三カ月ぶりに故国の土を踏んだ。

内閣制度の創出

この間、日本国内では、一八八五年一二月二二日に太政官制を廃止し、近代的な内閣制度を作るという大政治変革が行われていた。これは、長州出身の伊藤を中心とした薩長の参議がリードする形で検討され、伊藤が初代首相となった。他の閣僚は、外務・井上馨《かおる》（前参議、長州）、内務・山県有朋《ありとも》（前参議、長州）、大蔵・松方正義《まさよし》（前参議、薩摩）陸軍・大山巌《いわお》（前参議・薩摩）、海軍・西郷従道《つぐみち》（前参議、薩摩）、司法・山田顕義《あきよし》（前参議、長州）、文部・森有礼《ありのり》（薩摩）、農商務・谷干城《たてき》（土佐）、逓信・榎本武揚《たけあき》（幕臣）である。このうち伊藤・井上・山県・松方・大山・西郷・山田は薩長出身の有力者で太政官制の下でも参議として内閣をリードしており、新しい内閣制度の下でも中枢を占めた。

他方、太政大臣・左大臣・右大臣（欠員）の職が廃止されたことに伴い、太政大臣の三条実美は新設の内大臣《ないだいじん》に、左大臣の有栖川宮熾仁《たるひと》親王は参謀本部長となった。また、参議であった大木喬任《たかとう》（佐賀）は元老院議長に、川村純義《すみよし》（薩摩、甲申事変で対清強硬論）・佐々木高行（土佐、天皇親政運動を推進）・福岡孝悌《たかちか》（土佐）は宮中顧問官に任命された。いずれも太政官制下の前職に比べると、権限のないポストであった。これらはすでに述べたように、一八八五年夏に伊藤が三条に睦仁のあり方への危惧の念を訴えた手紙の草稿の中に含まれている内閣の人事刷新の構想を反映していた。

なお、この改革では太政官制の下で他の官庁と同列であった宮内省を、新しい内閣制度の下で内閣から切り離して宮中と府中（内閣）の別をはっきりさせた意義も大きい。しかし、参議兼任の宮内卿であった伊藤は、ひき続き首相兼任の宮内大臣として宮内省を統括する立場を維持した。これは伊藤が、睦仁に君主機関説的天皇として行動することを納得させること等をはじめとして、自分には宮中改革の仕事が残されていると考えたからである。

黒田の処遇への睦仁のとまどい

この内閣制度の創設にあたって、薩摩の最有力者で、伊藤にライバル意識を持っていた黒田清隆の処置は大きな問題であった。黒田は、明治十四年政変以来、重要なポストに就いておらず、壬午《じんご》・甲申《こうしん》事変でも特派全権大使として派遣されることを望んだが、実現しなかった。一八八〇年前半の太政官制の下でも、薩摩出身参議は、長州出身参議ほど職務に熱心でなく、伊藤は、黒田の不満が閣内の薩長対立に拡大しないよう注意を払う必要があった。

そこで一八八五年一一月一四日、内閣制度を作ろうとした伊藤は、その前に黒田を空席である右大臣の職につけようとし、三条に相談して、それを上奏した。しかし睦仁は、(1)右大臣の任は重く、徳義と名望が必要であるが、黒田はまだ十分でない、(2)また、黒田が右大臣となっても政治の実権が伊藤にあるのをみれば再び不満が高まり、元左大臣の島津久光の行為と同じことをするかもしれない、(3)そこで、伊藤・黒田を参議の「上班《じょうはん》」に置き、省務を総理させるべきである、その功績が上がり、名望が著しく高まってから大臣に昇格させても遅くない、との考えであった。しかし、三条と伊藤は参議の一致した意見として黒田を右大臣にすることを睦仁に奏請したので、睦仁はそれを認めた。伊藤は黒田に右大臣に就任するよう密《ひそ》かに交渉したが、黒田は固辞した。参議の西郷や松方が勧めても同じであった。そこで黒田の右大臣就任の話は撤回され、伊藤が首相となる内閣制度が創設されたのである（『明治天皇紀』第六、四九八〜五〇〇頁）。

この過程で注目されることは、第一に、伊藤ら参議の主流の人々は新しい内閣制度を創設することを考え、黒田の不満を和らげて反対させないため、黒田が右大臣就任を拒否することを見越して、黒田に右大臣就任を求めたことである。第二に、睦仁は、伊藤を中心とした参議と黒田の感情のくいちがいを調停する意欲を示したが、黒田が右大臣になると問題が生じるので、伊藤・黒田両名が参議の「上班」に置かれるべきであるとの、ピントのずれた解決策を示した。このずれは、睦仁が日常、閣員たちと十分に接しておらず、奏上された書類をきちんと読んでいなかったために生じたと考えられる。第三に、それに対し、伊藤ら参議は当初の黒田を右大臣にするという方針を変えず、睦仁に承諾させ、予想通り黒田を辞退に導き、伊藤を中心とした内閣制度の創立にこぎつけたのである。睦仁は政治関与（調停）への意欲を示したにもかかわらず、内閣の主流に押し切られ、大した役割を果たせなかった。

黒田清隆
（『近世名士写真』其１，より）

黒田は内閣顧問のままで入閣せず、翌一八八六年六月、七カ月の予定でシベリアからヨーロッパ、さらにアメリカ合衆国を巡遊する旅に出た。

六カ条の要望

一八八六年（明治一九）九月七日、伊藤博文首相兼宮相は、睦仁が天皇としてますます政務に励み、「親政」の実を挙げるように六カ条の要望を上奏した。

その内容は、(1)内閣で重要な国務会議を行う場合は、首相から臨御《りんぎょ》を求めた場合には直ちに許可してほしい、(2)各省からの上奏書に睦仁が下問するときは、主務大臣または次官を召し出し、直接に下問してほしい、(3)必要な場合は地方に行幸してほしい、(4)首相または外相から日本人・外国人でふさわしい資格のある者に、睦仁が陪食を許すように願い出たときは、許可してほしい、(5)国務大臣が主管事務について拝謁を願い出たときは、直ちに許可してほしい、(6)睦仁が病気で休んでいるとき、または奥（内廷）へ入ってしまったときは、奥で拝謁を命じてほしい。その理由は、書面や「出仕《しゅっし》」（奥に仕える官吏）を通しての伝奏では、十分に事情を説明することができないので、機会を失することがあるからである、というものであった。

これに対し、睦仁は、徳大寺実則《さねつね》侍従長に付箋《ふせん》で修正の意見を示させ、徳大寺侍従長を通して伊藤首相兼宮相に返却した。それは、(5)に関し、急用でない件は、前もって拝謁の時間を問い合わせるべきである。(6)に関しては、睦仁が病気で寝て体を休めている時や入御後に拝謁を求めるときは、時間を問い合わせるべきである、という内容である（『明治天皇紀』第六、六三一〜六三二頁）。

伊藤のこのような要請は、新しい内閣制度創立の際に見られた睦仁と伊藤ら参議主流との思惑のずれを縮小しようという意図から出たものであった。三三歳の睦仁は、伊藤の要請を基本的に認めた。睦仁はしだいに伊藤への信頼を深めていったのである。しかし、病気で寝ているときや表の御座所で政務を終え奥に入御した後は、時間を問い合わせるべきであると、自らの威厳を示し、自分の私的な時間までも内閣等にコントロールされないように防いだのであった。

互いに信頼する睦仁と伊藤

一八八七年になると、伊藤が首相であるにもかかわらず宮相を兼任していることに対し、宮中と府中の別を乱すとの批判が強まった。そこで伊藤は首相と宮相ともに辞任しようとして五月下旬、睦仁に内密に辞表を提出し、黒田および宮内次官吉井友実《ともざね》を宮相に推薦した（坂本一登『伊藤博文と明治国家形成』一九九〜二〇五頁、『明治天皇紀』第六、八〇三〜八〇四頁）。

しかし睦仁は、(1)皇室の憲法ともいうべき皇室典範や皇室財産の制度がまだできておらず、現在の宮中の諸事は伊藤でなければうまく運営できない、(2)黒田は人柄から長く宮中に置くべきではなく、当然伊藤を宮相に留めてその志を実施させるのがよいとの考えから、伊藤の辞任を許さなかった、睦仁は右のことを元田《もとだ》永孚《ながざね》（宮中顧問官）にも相談した。元田は、宮中と府中の一体化が「君主立憲国」にとって最もよいが、伊藤は才能と知識が余りあるのに「徳望」が足らないので、辞意を認めるべきであると奉答した。

このような中で、七月以降になると、数々の政治問題が浮上してきた。まず、井上馨外相が進めていた条約改正交渉が、外国人判事任用問題で、閣員の一部や旧民権派から強い批判を受けるようになった。井上案に抗議して、西南戦争の英雄、谷干城《たにたてき》農商務相が辞任した。それに連動して、伊藤の首相・宮相兼任への批判もさらに高まった。結局、九月一六日、伊藤は宮相を、井上は外相を辞任した。後任の宮相には土方久元《ひじかたひさもと》農商務相が就任し、外相は伊藤がしばらく兼任し（一八八八年二月から大隈重信が就任）、農商務大臣には黒田が就いた。この間にも、睦仁は黒田が宮相になるのを認めず、伊藤の首相・宮相の辞任の許可を渋り、ようやく元田の助言を容れて、伊藤に外相を兼任させて宮相のみの辞任を認めた（『明治天皇紀』第六、八〇四〜八〇六頁）。

以上から、一八八七年春までに、睦仁は伊藤の推進する宮中改革等の立憲国家の形成路線を理解し、伊藤を信頼するようになったことがわかる。また睦仁はすでに三四歳になり、伊藤を信頼する立場から、自らの判断で伊藤の辞任を認めないという形の政治関与を行なうようになった。伊藤も閣員に十分に諮《はか》らずに睦仁に直接辞表を提出するまでに、睦仁の判断力を信頼するようになった。

睦仁、君主機関説を学ぶ

伊藤が宮相を辞任する四カ月前には、ドイツ人オットマン・フォン・モール夫妻が来日し、五月二日に睦仁と美子《はるこ》（皇后）に拝謁した。彼らは伊藤宮相（兼首相）の招きで日本に来て、宮内省顧問となり、日本の宮中儀式や制度をドイツなどヨーロッパにならって改革する仕事を託された。モール夫妻は、宮内官僚の長崎省吾とともに、一八八九年三月まで、二年ほど改革の仕事に尽力した。それは、新年朝拝式、勲章佩用《はいよう》法、饗宴《きょうえん》の配膳方法、皇族の謁見式、晩餐および午餐の接待の仕方などにわたり、昭和初期にまで至る宮中儀式や制度の基礎となった。また、伊藤の宮相在職中に宮内省も拡張された（『明治天皇紀談話』二巻、六五〜六八、一二〇〜一二二頁、『明治天皇紀』第六、七四一頁、第七、二五一〜二五二頁）。

君主権を制限する憲法など、ヨーロッパをモデルとした近代国家を作っていく流れの中で、伊藤は憲法に適合するように、宮中を本格的に西欧化しようとしたのであった。また伊藤の求める、調停的に政治に関与するという君主を、情報と威厳の両面で支えるため、宮内省の拡充も必要だったのである。

その後、欧米に派遣されオーストリアでシュタインから憲法を学んだ侍従の藤波言忠《ことただ》らが、伊藤首相が宮相兼任をやめてから約二カ月後の一八八七年一一月八日、帰国した。睦仁は藤波を御座所に召して、労をねぎらった。

その後間もなく、藤波は、二～三日に一回のペースで、午後九時半から一〇時半までという時間帯に、シュタインから学んだ憲法学・国家学を睦仁に講義し始めた。皇后美子も聴講した。すでに述べた、ドイツ人オットマン・フォン・モールは、皇后美子のことを、「こよない愛想のよさを高い知性と結びつけられており、皇后すなわち女性の支配者の名のとおり宮中のたましいである。小柄で華奢ながら皇后としての威厳に欠けるところは全くない」などと、描写している。睦仁は、共に憲法を学ぶに足る女性を正妻としていたのである。

なお、美子はこの年一月の朝拝式から和服に替えて「西洋風大礼服」を着用していた。また同じ一月に宮内省を通し、美子は、(1)今後の日本女性の服装は、西洋や日本古来のように、衣《い》と裳《しょう》に分かれたものが立礼や身体の動作にも便利である、(2)国産の材料を用いた女性の服装の改良が必要である、等を表明していた。美子は、服装の上でも伝統的な公式行事で睦仁の大元帥服と調和する洋装をし、和装の洋装への改良を主張する等、ヨーロッパ憲法を一緒に学ぶのに先立ち、心の準備を終えていたのである。さて、藤波の講義は三三回にも及び、年を越して一八八八年に終わった。睦仁と皇后美子は熱心に耳を傾け、睦仁は納得できない所を藤波に質問した。藤波は、即答できない事柄は随員であった新山荘輔に調べさせて、改めて奉答した（『明治天皇紀』第六、六八〇〜六八二、八四〇〜八四一頁、『明治天皇紀談話』一巻、四八二〜四八五頁、O・V・モール『ドイツ貴族の明治宮廷記』四六、五三頁、『伊藤博文関係文書』五、一九五頁、「婦女服制のことに付て、皇后陛下思召書」一八八七年一月、「井上馨文書」七〇七—七）。

すでに述べたように睦仁は、伊藤を信頼し、君主としての自覚を十分に持つようになっていたので、藤波の伝えるシュタインの教えを熱心に学んだのである。大久保利通や伊藤など、それまでの睦仁を取り巻く有力政治家との政治体験や、一八八七年秋から翌春にかけての藤波による体系的な講義によって、睦仁が君主機関説の教えを身につけたことは間違いない。このように、憲法を運用するのにふさわしい君主（天皇）を育成するという意味でも、憲法発布の準備は進んでいた。

4 明治憲法・皇室典範の制定

憲法体制への意気込み

伊藤博文が欧州から帰国して七カ月後、一八八四年（明治一七）三月一七日に、宮中に制度取調局が置かれ、参議で宮内卿も兼任することになった伊藤が、その長官も兼ねた。こうして、憲法と皇室制度を規定する皇室典範《てんぱん》の起草が始まった。

内閣制度の創設や官制改革等が一段落すると、一八八六年五月頃、伊藤は井上毅《こわし》・伊東巳代治《みよじ》・金子堅太郎《けんたろう》の三人に対し、欽定《きんてい》憲法主義・両院制議会など憲法草案の原則を示した。こうして、翌一八八七年三月下旬に皇室典範草案が、その約一カ月後に憲法草案が、九月初めと中旬に議院法と貴族院令草案が出来上がった。憲法草案は、まず六月一日以降八月にかけて、伊藤らのグループによって神奈川県の夏島《なつしま》で集中的な検討がなされ、夏島草案となった。それを一〇月に、東京の高輪《たかなわ》の伊藤の私邸でさらに検討するなどし、翌一八八八年四月二七日に上奏すべき憲法草案が確定した（大石眞『日本憲法史』八七〜一四八頁）。すでに述べたように、伊藤は首相と宮相を兼任していることを攻撃され、一八八七年五月に首相・宮相ともに辞任することを奏上したが、睦仁《むつひと》（明治天皇）に慰留され、九月に宮相のみを辞任している。伊藤の辞表提出は、憲法草案など国家の根幹となる立法作業に集中したいとの意欲も有力な要因と思われる。

憲法や皇室典範などの重要法令を審議するため、枢密院《すうみついん》が一八八八年四月三〇日に設置され、伊藤は首相を辞任して初代の枢密院議長となった。伊藤とともに憲法草案を作成してきた井上毅は枢密院書記官長に（法制局長官を兼任）就任した。また、伊東巳代治・金子堅太郎は枢密院書記官となり、議長秘書官も兼ねた。五月八日、枢密院の開院式が行われ、睦仁が臨御《りんぎょ》した。それに先だち、睦仁は、伊藤に対して今後の枢密院会議の日には奏請によって臨御して議事を聴くと述べて、憲法・皇室典範などの制定への強い意欲を示していた。

枢密院の審議

ところが、枢密院の開院式の前日、睦仁を激怒させる事件が起こった。睦仁が開院式で読む勅語草案を、枢密院議長の伊藤が、前日になってやっと、土方久元《ひじかたひさもと》宮相を通して提出してきたのである。これでは睦仁が勅語を十分に検討する時間がなく、三五歳になった天皇に、単に勅語を朗読せよと言わんばかりの行動であった。睦仁は、明日の開院式に出たくない、勅語草案は伊藤に返せ、と土方宮相に指示した。睦仁の怒りが収まらないので、土方は、睦仁が伊藤を召して考えを示すことを願って退出した。その日の夜になって、睦仁は気を取り直し、朝の発言を取り消して開院式に出ることにした。翌日の開院式が終わった後に、土方は前日の出来事を伊藤に告げた。伊藤は恐れかしこまって直ちに拝謁を願い出、最初に自ら参内《さんだい》して詳しく奏上しなかった過ちを謝罪し、今後は慎むことを誓った。あっさりと謝ったので、その後も睦仁は伊藤を信頼し続けた（『明治天皇紀』第七、六一〜六二頁）。この事例から、睦仁は君主機関説を受け入れ、原則として日常は政治関与しない君主になろうとしているが、事実上政治関与ができないロボット的君主のように扱われることには、怒りを覚えたことがわかる。

さて枢密院は、一八八八年五月二五日から当初の予定通り皇室典範原案の審議に入り、六月一五日に議了した。憲法草案の審議は六月一八日から始まり、七月一三日に議了した。睦仁は、これらの枢密院の審議にすべて出席し、修正条項は朱書にして提出させ、理解できない所は伊藤枢密院議長を召して説明させた。季節は夏に向かい、窓を通して強い日差しが睦仁の体を直射することがあっても、暑さを訴えることもなく、真剣に議論を聞いていた（『明治天皇紀』第七、九二〜九五頁）。

枢密院での憲法論議は、諮詢《しじゅん》された原案を保守派が批判する形で展開した。たとえば、六月一八日午後、原案第五条「天皇は帝国議会の承認を経て立法権を施行す」の「承認」という用語をめぐり、大論争が起きた。かつて天皇親政運動を行なった元田《もとだ》永孚《ながざね》は、承認の文字は下より上に対して許可を求める意味になるので、天皇と議会の位置づけが転倒しているという批判をした。同じ文言は他の条文にも用いられており、そのつど問題となった、議論の方向を察知した伊藤は妥協を図った。結局井上毅が再調査し、最終的には「協賛」という議会の権限を弱くするニュアンスのある言葉に統一された（大石眞『日本憲法史』一六七～一六八頁）。

睦仁が元田永孚よりも伊藤博文を信頼していたことは、一八七〇年代半ばから宮内省御用掛《ごようがかり》で、一八八二年から侍従を務めた万里小路通房《までのこうじみちふさ》の話からもわかる。万里小路は、睦仁は「伊藤の云ふことはよくお聴き入れになりました、元田のことはいくらかお用ひになりました、然《しか》し親しくすることはお好みになりませんでした」と回想している（『明治天皇紀談話』一巻、七六～七七頁）。

睦仁は、「保守主義」には加担せず、ほとんど「進歩の思想」に傾いていた。睦仁は六月一九日、侍従を京都に派遣し、孝明天皇の勅書や当時の奏議・建白書等を調査させた（『明治天皇紀』第七、九五、一〇〇～一〇一頁）。本書の冒頭で述べたように、孝明天皇は睦仁の幼少の頃から後継者として期待し、さまざまの機会に睦仁を同席させた。憲法における君主機関説を理解した睦仁は、それを理解せずに憲法原案を批判する保守派を、攘夷派に重ね合わせて、父をしのんだのであろう。時には、攘夷派が公武合体路線や開国を止むを得ないとする現実的な路線を批判し、孝明天皇を苦しめたことを思い出していたと思われる。

睦仁、明君に成長する

皇室典範・憲法の審議の後、枢密院は一八八八年七月中旬から、議院法・会計法など憲法付属法案の審議に入った。その後、一八八八年末から八九年の年始にかけて、井上毅・伊東巳代治・金子堅太郎らによる総合的な再検討を経て、二月五日の枢密院会議でようやく確定した（大石眞『日本憲法史』一七一〜一九八頁）。これらの枢密院審議にも、睦仁は毎回臨御した。

この間、一八八八年一〇月一二日に枢密院で憲法付属法である議院法の審議が予定されていたが、天皇は前日来の「風気」が治らないので、初めて臨席しなかった。ところが伊藤博文枢密院議長は、憲法付属の法案は年内にすべて議決し終わる必要があるとして、睦仁の臨席のないまま審議を開始した。これを知った睦仁は、午後には病気をおして臨御した（『明治天皇紀』第七、一三四頁）。

また同年一一月一二日、枢密院で憲法付属の会計法の審議を行っている際に、昭宮《あきのみや》（猷仁《みちひと》親王）が前月中旬から患っていた脳膜炎のために死去した。昭宮は睦仁の第四皇子で、前年八月二二日に権掌侍園祥子《ごんのしょうしそのしょうこ》を生母として生まれ、一歳二カ月を過ぎたばかりの可愛いさかりであった。昭宮は、一八七九年八月三一日に権典侍柳原愛子《ごんのてんじやなぎはらなるこ》を生母として誕生した第三皇子明宮《はるのみや》（嘉仁《よしひと》親王、後の大正天皇）に次ぐ、睦仁の生存する二人目の男児であった。

昭宮の死去は、侍従試補の日野西資博《ひのにしすけひろ》から伊藤枢密院議長を介して睦仁に伝えられた。睦仁はただ、「むう、むう」とうなずいたのみであった。伊藤は議事を中止しようとしたが、睦仁は許さず、審議は続行され、睦仁の姿勢も平常と変わらなかった。午後三時に審議が終わり、睦仁が入御《にゅうぎょ》後に、伊藤は他の顧問官に昭宮の死のことを告げた。その場のすべての者が非常に恐れかしこまり、睦仁の憲法制定にかける意気込みに感動した（『明治天皇紀』第七、一四八〜一四九頁、『明治天皇紀談話』一巻、一

大日本帝国憲法を発布する睦仁　「憲法発布式之図」（神奈川県立歴史博物館蔵）

一〇〜一一一頁）。

睦仁は、けっして自分の子供の死が悲しくなかったわけではない。皇太子の嘉仁親王の生母柳原愛子は、睦仁は子供の病気の報があっても、「御心の中では、ひどい御悲しみには違ひございませぬ」が、自分では「又わるいそうやな」位のことしか発言しなかった、と証言している。また、いよいよ悪化したとの報告があると、「黙つてござつて『ハー』と溜《ため》息《いき》を御つき遊ばす」のを拝見した、と回想している（『明治天皇紀談話』三巻、二八二〜二八四頁）。

こうした審議を経て、一八八九年二月一一日、大日本帝国憲法が発布され、同時に議院法・衆議院議員選挙法・会計法・貴族院令の各憲法付属法令が公布された。同日に、皇室典範も制定された（所定の公布手続きはとられなかった）。睦仁は、一八八〇年代の半ばにかけて、自らの君主としての位置づけや役割について模索する中で、伊藤らとの間に緊張が高まることもあった。しかし、模索の終着点として、睦仁が君主機関説を理解したことや、枢密院審議の過程で見せた行動は、まさしく伊藤が求めた明君の姿であった。その意味で、一八八九年二月一一日は、大日本帝国憲法・皇室典範などの基本法の誕生日であるとともに、その基本法を運用するのにふさわしく成長した明君の門出の日でもあった。

後に首相になる西園寺公望《きんもち》も、明治天皇の政治の「御親裁」については、岩倉具視や伊藤博文などが大いに骨を折ったものであると、伊藤らの役割を高く評価している（「明治天皇御追憶記」前掲、『西園寺公望伝』別巻二、二一七～二一八頁）。

憲法で天皇の権限を限定する

伊藤博文が中心となって作成された大日本帝国憲法（明治憲法）における天皇の権限は、限定されていた。すでに述べたように、このことは明治維新以来、天皇は限定的にしか政治関与してこなかったという現実や、伊藤や睦仁らが学んだ憲法理論である君主機関説を反映していた。

たとえば、大日本帝国憲法は万世一系《ばんせいいっけい》の天皇が統治する（第一条）とある一方で、天皇の統治は憲法の条規により行なう（第四条）という限定がついていた。

むろん大日本帝国憲法には、天皇は法律を裁可し、公布や執行を命ずる（第六条）、行政の官制や文武官の俸給を定め、文武官を任免する（第十条）、天皇は陸海軍を統帥《とうすい》し（第十一条）、陸海軍の編制および常備兵額を定めたり（第十二条）、宣戦・講和を行ったり、条約を締結する（第十三条）など、天皇の政治関与を保障する有名な条文があることも事実である。

しかし、天皇は貴族院と衆議院からなる帝国議会の協賛によって立法権を行ない（第五条、第三十三条）、すべての法律は帝国議会の協賛を経なくてはならず（第三十七条）、毎年の予算は帝国議会の協賛を経ることが必要であり（第六十四条）、帝国議会は毎年召集する（第四十一条）などというように、議会が天皇の行為を制約した。また、国務各大臣には天皇を輔弼《ほひつ》（補佐）する責任があり、法律・勅令や国務に関する詔勅は、すべて国務大臣の副署（天皇の署名の左に添えた署名）を必要とする（第五十五条）というように、国務大臣も天皇の行為を制約していた。司法に関しても、司法権は天皇の名において法律によって裁判所で行なうことになっているので（第五十七条）、天皇が恣意《しい》的に介入する余地はほとんどなかった。

天皇は神聖にして侵すべからず（第三条）との有名な条文は、天皇が法律上や政治上の責任を問われないというものであり、君主が自由に様々なことに関与できるという意味ではない。

憲法への満足と伊藤への賞賛

憲法等の発布と同時に、睦仁の伊藤への信頼と評価は、動かぬものとなった。そのことは、旭日大綬章《きょくじつだいじゅしょう》の上級として新たに制定された旭日桐花大綬章《きょくじつとうかだいじゅしょう》を、一八八九年二月一一日に、伊藤にのみ与えたことからわかる。

旭日桐花大綬章を睦仁が与えることになると、内大臣三条実美《さねとみ》の意向を受けて、賞勲局総裁柳原前光《さきみつ》は、薩長のバランスを考えて、長州出身の伊藤枢密院議長と薩摩出身の黒田清隆首相の二人に与えるようにと奏請した。しかし睦仁は、それを許さなかった。伊藤は岩倉具視・大久保利通の後を継承して国政の根本を定め、また皇室典範・帝国憲法制定に関与し、その勲功が顕著であるので、旭日桐花大綬章を与えてもよい。しかし黒田の勲功は伊藤に比べるべくもなく、もし黒田に与えるとすれば、山県有朋《ありとも》（長州、内務大臣）にも与えないわけにいかず、山県に与えれば西郷従道《つぐみち》（薩摩、海軍大臣）にも与えざるをえなくなってしまう。そうなれば従来の勲章と何ら変わりがなく、勲章制定の主旨がわからなくなってしまう、というのが睦仁の考えであった。こうして、伊藤ひとりにこの勲章が与えられた。

なお、最高の勲章である大勲位菊花章頸飾《だいくんいきくかしょうけいしょく》は、まだ誰にも与えられていなかった。その下の大勲位菊花大綬章は、親王たちと、公家出身で維新に功績があった三条実美（太政大臣）・岩倉具視《ともみ》（右大臣）・中山忠能《ただやす》（睦仁の祖父）と、薩摩藩の事実上の藩主であった島津久光《ひさみつ》（元左大臣）に授けられたのみで、しかも島津久光と中山忠能は、死去する直前の授与であった。これらのことから、睦仁が伊藤に対して比類のない評価をしていたことがわかる。

伊東巳代治の回想によると、睦仁は、大日本帝国憲法は自らが作った欽定《きんてい》憲法であると、非常に誇りにしていた。しかし、一八九一年の秋頃、衆議院第一党の自由党の党首、板垣退助は、各地の演説において、帝国憲法は伊藤がドイツに行ってドイツ憲法を真似て作ったにすぎないと主張し、イギリス風の憲法（国制）でないことを批判した。これを知ると睦仁は激怒し、一八九一年一一月二六日に伊東枢密院書記官長を召し、欽定憲法の趣旨を国民の間に徹底させることを、徳大寺実則《さねつね》侍従長を通じて命じた。伊東は伊藤博文の下で憲法制定に関わった者として、睦仁の命令に感激し、経営する『東京日日新聞』（現在の『毎日新聞』の前身）を使い、欽定憲法の趣旨を国民に広めることに努めた（『明治天皇紀談話』三巻、三二一～三三六頁、『明治天皇紀』第七、九三五～九三七頁）。

すでに述べたように、睦仁は藤波を通して、大日本帝国憲法の基礎になったシュタインの教えを熱心に学び、憲法原案や付属法の枢密院での審議にも毎回臨御《りんぎょ》して、修正点について納得がいかないときは、伊藤から説明を受けた。睦仁にとっては、伊藤ら臣下に憲法制定を命じ、その制定過程には直接意見を差し挟まないものの、原案や修正点を十分に理解したうえで承認したもので、まさに自ら作った欽定憲法であった。

5　嘉仁親王の成長と睦仁

嘉仁親王の誕生を喜ぶ

一八七九年（明治一二）八月三一日、睦仁《むつひと》（明治天皇）の側室である権典侍《ごんのてんじ》柳原愛子《やなぎはらなるこ》は、青山御産所で睦仁の第三皇子を産んだ。それまでの二人の皇子は死去していたので、この皇子は誕生した時から、無事成長すれば睦仁の後継者となるものと期待された。睦仁の祖父の中山忠能《ただやす》がその世話を命じられた。中山は高齢であったので、九月二日に別の公家が御養育御用掛《ごようがかり》に命じられ、中山と二人で皇子の養育にあたることになったが、新皇子は中山家で預かって育てられることになる。新皇子は、誕生七日目にあたる九月六日に嘉仁《よしひと》と名づけられ、明宮《はるのみや》と称せられた（『明治天皇紀』第四、七四二〜七四五頁）。後の大正天皇である。睦仁は八歳の時に親王宣下の儀式をして親王となり、孝明天皇から「睦仁」の名を下された。新皇子の場合は誕生七日目で睦仁から「嘉仁」の名を受け、親王となったのである。

柳原愛子

明宮《はるのみや》は、誕生の際より全身に発疹があり、九月下旬から一〇月中旬にかけて、腹部の痙攣《けいれん》や発作が起こるなど病状は悪化し、一時は希望を失いかけたが、一二月になってようやく回復に向かった。このため、睦仁が明宮に対面したのは、産まれてから三カ月も経った一二月四日であった。その二日後に、明宮は青山御産所から中山忠能邸に移されることになっていた。睦仁は馬場に出るまえに、乗馬で青山御産所に臨幸した。明宮を抱いて睦仁に見せたのは、睦仁の生母の中山慶子《よしこ》であった。睦仁は上機嫌であった。すでに冬に入ってしまっていたので、明宮の健康を心配し、参内始《さんだいはじめ》・賢所《かしこどころ》参拝などの儀式は、元気になってから行なわれることになった(『明治天皇紀』第四、七五五〜七五六、八一八〜八一九頁)。明宮(嘉仁)はこのように病弱に生まれつき、天皇に即位してからも病気に悩まされるのである。

明宮が移った中山邸は、七年前の一八七二年八月に睦仁から中山と生母の慶子に与えられたもので、皇居の日比谷門外有楽町にあった(『明治天皇紀』第二、七四七頁)。明宮は病弱であったので、睦仁たちはその健康状態に最大限の気配りを見せた。たとえば、九カ月目に入った、一八八〇年五月一〇日、睦仁は明宮《はるのみや》に会おうと、一五日に参内することを命じたが、たまたま軽い発疹が出たので、中山が上奏すると、参内は二二日に変更された。しかし、二二日は雨であったので、参内はさらに翌二三日に延期された。明宮が中山忠能・中山慶子に伴われて参内すると、睦仁は明宮を奥《おく》（内廷）の御座所《ござしょ》に四回も召し、そこには皇太后（夙子《あさこ》）と皇后（美子《はるこ》）も同席した。明宮には、睦仁らから服・人形・おもちゃなどが与えられた（『明治天皇紀』第五、六八頁）。

中山忠能の息子忠光《ただみつ》の娘嵯峨仲子《さがなかこ》は、中山家での明宮養育の様子を次のように回想している。中山家では、忠能は老年であり、忠能の妻愛子《あいこ》も老衰しているので、中山慶子（睦仁の生母）が「第二の御奉公」と申して、熱心に明宮の養育をした。中山邸では明宮のために御殿を新築しており、慶子は毎朝、早くから明宮の世話をした後に朝食をとった。明宮は病弱でなかなか病気が治らないので、慶子と主治医の浅田宗伯《そうはく》（漢方医）の二人は苦心を重ねた。ある時、最後の手段として、万一の場合には二人とも自決する覚悟で、「お発泡《はっぽう》を上る」治療を行なった。するとそれが奇跡的に効いて、明宮は少しずつ元気が出、二歳（原文では「三歳の頃」との表現を満年齢で換算）には歩行ができるようになった（『明治天皇紀談話』三巻、一一五〜一一六頁）。生後二年くらいでの歩行はふつうの子供に比べて半年から一年ほど発達が遅れていたといえる。

その後も、三歳のときには九月から一〇月にかけ、五歳の時には一一月から一二月にかけて、一カ月以上病に伏せった。後者に際しては、睦仁は心配のあまり、徳大寺実則《さねつね》侍従長を通し、中山忠能と慶子が明宮の健康を神仏に祈願することを妨げない、と伝えさせた（『明治天皇紀』第五、七八一頁、第

六、三一六頁）。

病弱な嘉仁親王

明宮《はるのみや》が四歳になったばかりの、一八八三年九月六日に第三皇女韶子《あきこ》内親王が、九月八日に第四皇女の章子《ふみこ》内親王が病死した。九月一一日、嘉仁親王の養育主任の中山忠能は、二内親王の死去に関して睦仁の言葉を受けたので、医師・侍女等に戒めの言葉を与えた。一七日、二内親王の主任侍医で、明宮の主任侍医でもあった漢方医浅田宗伯《そうはく》は、漢方・西洋医学の治療が入り乱れてなされていることを不満に思い、辞表を提出した。睦仁は、漢方・西洋医学を併せて用い、相互に調整するのが良いと考えていたので、中山に下問した。中山は、漢方と西洋医学では薬法が異なるので、病状に応じ、どちらか一方を採用するべきであると奉答した。翌日、睦仁は中山の意見を入れ、従来通り、まず西洋医（侍医岩佐純《いわさじゅん》）に診察させることにし、浅田にも伝えられた（『明治天皇紀』第六、一〇六〜一〇八頁）。このように、相次ぐ子供の死によって、睦仁はあせりを感じていたのである。

さて、明宮が五歳になった一八八四年秋は、赤坂仮皇居内に新殿ができるので、中山家から戻ることになっていた。祐宮《さちのみや》とよばれた睦仁が京都の中山家から御所に戻ったのは、四歳になってまもなくであった。しかし病気などのため、明宮が仮御所に戻るのはさらに遅れて、五歳六カ月になった一八八五年三月二三日であった（『明治天皇紀』第六、二一三、三八一〜三八二頁）。

嘉仁親王の修学の遅れを心配する

睦仁は明宮の学問についても心配し、明宮が四歳の一八八四年一一月になると、勘解由小路資生《かでのこうじすけなり》（公家）を宮内省御用掛《ごようがかり》とし、自らの意向で侍講元田永孚《もとだながざね》に編纂させた道徳の本である『幼学綱要《ようがくこうよう》』を明宮《はるのみや》に読んで聞かせたり、習字を習わせたりした。その後、近衛忠煕《ただてる》や宮内書記官高辻修長《たかつじおさなが》も教育役に加わり、幼児を選んで明宮の勉学の相手役とした。しかし明宮の体が弱いので、睦仁の期待は満たされなかった。睦仁は、明宮の動作が活発になることを望み、学問所では女子が奉仕することを禁じた。また唱歌に「雀」や「烏」などの児童用の普通の歌詞を用いることも禁じ、御用掛と相談して、古長歌などの中から適当な歌を探して、作曲させた（『明治天皇紀』第六、三八四〜三八六頁）。このように睦仁は明宮の教育に自ら関わったが、そのために、明宮の教育は、病弱で発達の遅れた子供の実態を十分に考慮しない、上滑《うわすべ》りのものになりがちとなった。

　嘉仁《よしひと》（明宮）への教育のもう一つの問題は、六歳になった嘉仁に対し、学問所で伝統的な教育を行なうべきか、学校で行なわれているような新しい教育を施すべきか、ということであった。さらに、嘉仁が赤坂仮皇居に戻った後も、中山慶子《よしこ》が養育の実権を握り続けたことも問題であった。伊藤博文宮相（首相と兼任）は、嘉仁親王は十分に成長したので正規の小学校教育を受けるべきであると考え、森有礼《ありのり》文相と相談して、嘉仁が六歳になった一八八六年四月一二日、文部省の湯本武比古《たけひこ》（東京師範学校卒、後に同校教員）を嘉仁の教育担当とした。睦仁は、西洋式教育を身につけた湯本の教育法が伝統的な方法と異なるのを大変心配して、徳大寺実則《さねつね》侍従長らに学習の状況を視察させたりした。嘉仁の学力が湯本の指導で向上したのを見て、ようやく睦仁は安心した。

　その後、土方久元《ひじかたひさもと》（元内閣書記官長）が一年の欧州派遣を終えて帰国すると、一八八六年九月、土方を宮中顧問官とし、嘉仁親王御用担当で教養向主任とした。土方はベルリンでドイツ皇帝ヴィルヘルム一世の精勤ぶりをみて、睦仁が欧米に歴遊すべきであると、三条実美《さねとみ》内大臣に手紙で勧めたほど、欧米の状況に感銘を受けていた。土方は嘉仁親王の教育の責任を持つにあたり、今後は自分に任せてほしく、他人が介入しないようにしてほしい、と願った。睦仁は徳大寺侍従長を通して、中山慶子に対し、嘉仁の教育については、土方の意向に逆らってはいけないと伝えた（『明治天皇紀』第六、四四〇、五四二〜五四三、五六九〜五七一、六三〇〜六三一頁）。睦仁は、西洋式教育の利点を評価し始めたのである。

嘉仁親王が皇太子になった喜び

一八八七年七月になると、八歳に近づいた嘉仁《よしひと》親王が、湯本から受ける読書入門の課程をすべて終了したので、学習院で勉強させようという議論が生じた。そこで湯本を学習院の教授にし、九月一九日に嘉仁親王を学習院に入学させた。また、翌一八八八年五月一四日には、嘉仁親王誕生以来の担当医を務めてきた漢方医の浅田宗伯《そうはく》に代えて、西洋医の池田謙斎《けんさい》（侍医）を嘉仁の担当医に任命した。これは嘉仁親王の新しい教養主任の曾我祐準《すけのり》（陸軍中将、元参謀本部次長）の勧めを、睦仁が受け入れたものであった。また、曾我らの勧めで、嘉仁は春先の病後の保養のため、同年八月に箱根に避暑に行った。睦仁や中山慶子は当初は避暑に賛成でなかったが、最終的には曾我らに説得された。その翌年一月から二月にかけて、嘉仁は熱海に避寒に行った（『明治天皇紀』第六、八〇八頁、同、第七、六八、一一六、一八四頁）。さらにいつの頃か定かでないが、嘉仁は陸軍軍医から、睦仁と同様に種痘《しゅとう》も受けた。なお、皇后や内親王らも同じ軍医から接種された（伊藤博文首相宛土方久元宮相の書状、一八九四年五月二一日、『伊藤博文関係文書』六巻、四六一頁）。

このように、大日本帝国憲法が発布される頃になると、嘉仁親王の教育や病気治療も西欧化されてきた。また避暑や避寒という西洋の君主や有力者の習慣も、宮中に入ってきた。欧米体験のない睦仁は伝統的手法への愛着も見せ、多少の混乱を与えることもあったが、最終的には西欧的な手法を受け入れていった。

その頃、睦仁の側近として奉仕していた壬生基義《みぶもとよし》の回想によれば、学習院に通い、皇居と庭続きの別の建物（花御殿《はなごてん》）に生活している嘉仁に、睦仁は、壬生らを使いとして、泥だらけの筍《たけのこ》など、いろいろな珍しいものを届けさせた（『明治天皇紀談話』六巻、三六二～三六三頁）。このように睦仁は、嘉仁親王のことをいつも気にかけていた。

憲法が発布されて九カ月、一八八九年一一月三日、睦仁は三七歳の誕生日（天長節《てんちょうせつ》）を迎えた。この日の睦仁には、それまでの誕生日にない喜びがあった。この日、一〇歳の嘉仁が皇太子になったのである（同日に、陸軍歩兵少尉に任じられ、近衛歩兵第一連隊付となる）。誕生以来、大病を重ね成長すら危ぶまれた実子が、公式に自らの跡継ぎの地位に就いたことは、睦仁にとって何よりの喜びであったに違いない。

侍従の日野西資博《ひのにしすけひろ》は、嘉仁親王が皇太子になった時の奥（内廷）での内宴の様子を回想している。その日は、日野西のような中堅の宮中官僚まで、順次睦仁に召され、睦仁が手ずから酌《しゃく》をした酒盃を、各自ありがたく頂いて自席に退いた。睦仁は非常に機嫌が良く、多少酒を飲みすぎて皇后や女官たちも心配したが、無事、深夜一時過ぎに入御《にゅうぎょ》した（『明治天皇紀談話』一巻、三四〇～三四一頁、『明治天皇紀』第七、四〇五～四〇七頁)。

6　リラックスした奥での生活

外国人の拝謁や握手を好まず

すでに見たように、睦仁《むつひと》(明治天皇)は明治維新後、岩倉具視《ともみ》・大久保利通らの近代化路線を優等生的に受容してきた。しかし一八八〇年代に入ると、三十歳代になった睦仁は、急進的な西欧化に違和感を見せることが多くなる。

一八八二年から一八九〇年まで侍従《じじゅう》として睦仁に仕えた万里小路通房《までのこうじみちふさ》によると、一八八四から八五年頃の「欧化」について、睦仁がいけないと発言するのを聞いたことはないが、「欧化」は好みではなかったようで、握手も好まなかった。睦仁は、伊藤博文の盟友であった井上馨《かおる》外務卿が鹿鳴館《ろくめいかん》を中心に展開した欧化政策に、条約改正のために必要であると説明されても、違和感を持ったようである。

また睦仁は、外国人に拝謁を許すことも嫌いだったようで、赤坂仮皇居に外国人は参内《さんだい》しなかったという(『明治天皇紀談話』一巻、六一、七六頁)。万里小路が仕えた一八八〇年代に、赤坂仮皇居に外国人が参内しなかったというのは事実ではないが(たとえば、一八八六年一〇月四日にドイツ特命全権公使が参内)、万里小路にはそれほどまでに見えたということである。

また、万里小路も、慈光寺仲敏《じこうじなかとし》(公家)も、睦仁は新聞は見なかったと回想している。一八九〇年九月に侍従を解任された万里小路は、睦仁が多くの新聞紙のうち一つを失っても、「やかましく」言われたと述べており、一八九〇年頃まで、睦仁は新聞を精読しないものの、必要に応じて読んでいたといえる。また、日野西資博《ひのにしすけひろ》は日清戦争の頃までは、新聞を広げているところも拝見したが、精読はしていなかったようであると回想している（『明治天皇紀談話』一巻、八〇、二八七頁、三巻、二六六頁、『明治天皇紀』第七、六二七頁）。これらから、睦仁が以前に比べて新聞に対する興味を弱めていることがわかる。それは、新聞をざっと見るだけで、日常の内部情報と総合して、政情が十分にわかる、という自信が出てきたからであろう。

写真撮影についても、「欧化」に内心消極的な睦仁の姿勢がみてとれる。すでに述べたように、列強の君主などとの写真の交換を行なうという外交上の必要もあり、一八七二年から七三年にかけて、睦仁は自分や皇后を撮影させた。

写真嫌い

しかし、睦仁の写真はフランス風の軍服を着た二〇歳頃のものであり、一〇歳以上も年齢を重ねたこの頃には、新しい写真が必要になってきた。そこで伊藤が宮内卿・宮相の時代（一八八四年三月～一八八七年九月）に睦仁に写真撮影をお願いしても、「ウン」と答えたきりで許しがなかった、と一八八〇年に宮内省に入った長崎省吾は回想している。次の土方久元《ひじかたひさもと》宮相の時代（一八八七年九月～一八九八年二月）に入って、土方から「数十回」もお願いしても、「ウン」と応答するのみで許しがでなかった。

そこで土方宮相は、徳大寺実則《さねつね》侍従長らと相談し、睦仁の許可を得ずに、一八八八年一月一四日、芝公園内の弥生社《やよいしゃ》(警察官の集会所)に行幸した睦仁を、お雇い外国人のキヨソネ(イタリア人画家)に命じて描かせた。その後、原画を撮影し、睦仁の二種類の「立派な写真」が出来上がった。一八八九年七月二七日に土方宮相が罰をも覚悟してそれを奉呈したところ、睦仁は一語も発しなかった。その後、外国の皇族から睦仁の写真をほしいとの申し出があったので、土方宮相が二、三枚の「写真」を持って行って署名を願ったところ、睦仁は直ちに署名した。土方は「写真」撮影の勅許を得たものと、ようやくほっとした。こうして、現在まで広く流布している陸軍大元帥服を着た睦仁の「写真」(口絵4頁参照)ができ上がった(「土方久元日記」一八八九年七月二七日、首都大学東京図書情報センター所蔵、『明治天皇紀談話』二巻、五九~六五頁、『明治天皇紀』第七、七~八頁)。

睦仁が写真撮影を好まなかった理由は、自らの容姿に自信が持てなかったという点も考えられるが、それだけなら美化された自分の「写真」を奨励し、もっと撮影させてもよいだろう。むしろ、写真機を通して肖像を撮り、それを交換するという西欧的な習慣に、違和感を覚えていた点が重要であると思われる。

すでに述べたように、睦仁は三十歳代に達し、自負心を増していた。そのため、政治関与のあり方をめぐって、伊藤ら藩閥主流と相互誤解を生じた。そのような状況下で、一八八〇年代半ばには、政務拒否的行動すら見せるまでになったが、一八八〇年代後半になると、憲法制定に向けて、誤解は解消していった。睦仁が急進的な西欧化に違和感を覚えるようになった時期やその原因についても、右の問題と重ねて考えることができる。近代化の問題も、睦仁は西洋医を嘉仁《よしひと》親王の担当医にすること

新皇居　「新皇居紅葉之図」（神奈川県立歴史博物館蔵）
睦仁が大元帥服で，皇后（睦仁の右）は和装で描かれている。

に同意したり、キヨソネの描いた「写真」を承認したりしたように、最終的には受け入れていった。ただ、近代化の問題は、政治関与の問題と異なり、睦仁の日常生活の好みの問題につながっている。以下でも述べるように、睦仁の「医者嫌い」など政治や外交に直接関わらない面では、それらは近代化されずに残った。

新皇居に移る

憲法制定の頃までの睦仁の日常についてさらに描く前に、憲法制定と同様に、彼の日常の変化の指標となる新しい皇居の完成と、赤坂仮皇居からの移転について述べなくてはならない。

新皇居は、一八八八年一〇月二七日に落成した。落成とともに宮城《きゅうじょう》と呼ばれるようになったが、本書では新皇居（あるいは皇居）という名で統一して叙述する。

睦仁は二カ月後の一二月二六日に、新皇居に初めて行幸し、御常御殿《おつねごてん》で昼食をとり、夕方に赤坂仮皇居に帰った。翌一八八九年一月一一日、睦仁と皇后は一列の車列を組み、有栖川宮熾仁《たるひと》親王ら皇族、三条実美《さねとみ》内大臣《ないだいじん》・黒田清隆首相・伊藤博文枢密院議長らを従えて、新皇居に移転した。午前一一時に到着すると、陸軍の近衛諸部隊が正門前に整列し、吹奏楽を奏し、有爵者・勅任官などが正門内に並んで睦仁らを迎えた。当日は晴天で、目の覚めるような蒼い空が広がっていた。沿道には市民や小学校生徒などの学校生徒が集まり、君が代を歌い、万歳を唱えたり烟火《はなび》を掲げたりした（『明治天皇紀』第七、一四二、一七四、一八二～一八三頁）。まさに、一カ月後に予定された憲法発布の前祝のような形となった。

しかし睦仁は、この新皇居が気に入らなかったようである。侍従を務めていた万里小路《までのこうじ》通房《みちふさ》によると、睦仁は「変ることは御嫌らひでして」、なかなか移転すると言い出さないので、徳大寺実則《さねつね》侍従長は非常に心配したという。睦仁は「あんなものを建て、何にするかといはれる程」で、「お嫌でありましたから宮城ができても中々御移りになりませんでした」と、回想している（『明治天皇紀談話』一巻、六一～六二頁）。

睦仁は新皇居に行幸して半月ほどで新皇居に移転しているので、万里小路の回想には若干混乱もある。しかし落成してから二カ月も経ってから行幸した点に、睦仁の心情がうかがえる。睦仁は、一八八七年一一月には皇居の建築を見学している（「土方久元日記」一八八七年一一月一九日）。また、皇居内の馬場で乗馬をした際に、建築中の皇居の外観を眺めて失望していたのであろう。すでに述べたように、火災にあった旧皇居の再建案のモデルとして、睦仁はロシアの宮殿などに関心を示していたが、財政難から和風の簡素なものを作るよう、自ら指示していた。だが、それが実際にできあがってみると失望し、すぐに行幸する気にはなれなかったのであろう。

＊もっとも、見方を変えればこの新皇居も、睦仁が失望するほどのものではなかったようである。一九〇六年、睦仁に与えられたガーター勲章を携えて来日したコンノート公に同伴した、親日的イギリス人ミットフォード（元公共事業相）は、皇居の様子を次のように好意的に描写している。

「…宮殿は彫刻を施した木部の美しさと、どっしりした瓦葺きの描く優美な曲線によって堂々として見えた。内部は広い廊下と、金泥を塗り、華麗に彩色された格子天井《こうしてんじょう》の大きな部屋が無数に続き、部屋の縁側はそれぞれが小さく造られた庭に面していて、まさに偉大な君主の住居にふさわしい風格を感じさせた。襖《ふすま》に描かれた絵、欄間《らんま》の彩色した透かし彫り、完全に磨き上げられた寄せ木の床など、すべてが最高の芸術品であった。…」（Ａ・Ｂ・ミットフォード『英国貴族の見た明治日本』一八頁）

乗馬と酒でのリラックス

大久保利通暗殺事件から大日本帝国憲法制定まで、赤坂仮皇居時代の約一〇年間も、乗馬等で汗を流し、その後でワイン等の酒を楽しむという睦仁の生活は続いた。

一八八六年一〇月から侍従として睦仁に奉仕している日野西資博《ひのにしすけひろ》（公家、後に子爵）によると、睦仁は赤坂仮皇居時代は、午前中のみ表《おもて》の御座所《ござしょ》に出御《しゅつぎょ》し、午後はたいてい乗馬を楽しんだ。乗馬は暗くなるまで続き、堤燈《ちょうちん》をつけて帰ることが多かったという。また、一八八二年から九〇年まで睦仁の側に仕えた公家の万里小路通房《までのこうじみちふさ》（侍従、後に伯爵）と壬生基義《みぶもとよし》（後に伯爵、陸軍少将）によると、乗馬の後、睦仁は赤坂仮皇居地内の梅林の中にあった寒香亭でワインを飲むのが日課であった。供の者にもワインをふるまい、時には馬に乗れないほど酔うこともあった。皇后は心配して侍従らに命じて睦仁にあまり酒を飲ませないようにしようとしたが、侍従らにはそれを止めることができなかったという（『明治天皇紀談話』一巻、六八、七二～七三、二八九頁、六巻、四三四頁）。

壬生によると、睦仁は散歩もそれほど好きでなく、乗馬以外たいした運動はしていなかった。乗馬は赤坂仮皇居の馬場で行なうことが多かった。また、睦仁が熱心に馬に乗るのは、軍事面を考慮し馬に関する知識を世間に普及するという意味もあった。乗馬時の服装の多くは、「シルクハット」に「フロックコート」であり、軍服を着ることはほとんどなかったという。日野西によると、睦仁は午前中の御座所への出御が終わって入御する際に、侍従に午後誰がどの馬に乗るか、馬名と人名を書いて渡し、午後の乗馬に備えた（『明治天皇紀談話』一巻、二八八〜二八九頁、六巻、四〇二〜四〇九頁）。これらから睦仁の乗馬好きは普通でないことがわかる。また、一八七〇年代前半には、和装で火のような濃い赤色の袴を着けて乗馬していたのに対し、この頃には欧米の君主や皇族や有力者の乗馬姿へと変わってきたといえる。しかし、乗馬の際にまだ軍服が使われていないことも興味深い。

一八八〇年頃までは、睦仁は御苑《ぎょえん》内でウサギ狩りもしていたようである。それについては、比志島《ひしじま》義輝《よしてる》少佐（薩摩、後に中将）の感慨深い回想がある。比志島が近衛兵の大隊長に就任した頃、侍従を通して、御苑内のウサギ狩りの勢子《せこ》（藪をつついて声を出し、ウサギを追い出す役）として近衛兵を半小隊出してほしいとの命があった。それは従来からの慣例であった。しかし比志島は、侍従の脅しに屈せず、それは近衛兵の職分ではないので、上長官に申し上げて許可を受けるまでは受けられないと拒否した。侍従は怒って帰っていったが、その後それについて何の命令も処分もなかった。睦仁は、比志島の言い分を聞いて納得し、以後ウサギ狩りをやめたようでもあった。

そんなことがあったので、比志島は宴席などでよく召しだされた。比志島に酒を飲ませろと睦仁が命じるが、比志島は全く酒が飲めないので困っていると、飲めぬなら歌を詠《よ》めとの難題が出る。ある時これを見て侍従の一人が、「酒に酔ひ顔の形もひし島が歌をよむやら恥をかくやら」と詠むと、睦仁は「それは下の句が悪い」と言って、「ひげに似合はぬ歌のやさしさ」と直した（渡辺幾次郎『明治天皇』下巻、二三四～二三六頁）。宴席で睦仁と比志島のやり取りが行なわれた時期は定かでないが、ウサギ狩りの一件などを通し、三〇歳前後の睦仁には、軍人を含めた人々を引き付ける魅力が備わっていったことがわかる。

なお酒に関し、睦仁は医者に勧められて主としてワインを飲むようになったが、元来、酒は何でも好きであった、と日野西は回想している。日野西によると、睦仁はブランデーやウィスキー等の少し辛い酒はほとんど飲まなかった。その代わり、日本酒・ワイン・シャンパン・ベルモットや奈良・岡山産の「保命酒《ほうめいしゅ》」・「霰酒《あられ》」のようなものが好きであった。シャンパンなど、二本も飲んでしまったこともあったという。睦仁は、日常はワインばかりであったが、元来は日本酒が好きであったので、日野西たちは夜会の時には必ず鶏酒を一杯差し上げた。季節によっては、鴨酒になることもあった。これらは、鶏肉または鴨肉に塩を振って軽く焼いたものを茶碗に入れて、上から熱燗《あつかん》の日本酒を注いだものである（『明治天皇紀談話』一巻、二一八～二一九、三三二～三三四頁）。

和歌への熱意

睦仁は和歌に優れていた父孝明天皇の血筋を受け継いで、和歌に親しんだ。自ら生涯で公称で九万三〇三二首の和歌を詠んだ（『新輯　明治天皇御集』上、「凡例」）。それのみならず、前項で見た陸軍軍人の比志島に対してのように、打ちとけた折や宴席などで周りの者にも和歌を詠ませた。睦仁は、明治二年（一八六九）一一月に、侍従の三条西季知《さんじょうにしすえとも》（大臣家であった中堅公家）を歌道御用掛《ごようがかり》に任じ、御製《ぎょせい》（天皇自ら詠む和歌）について指導を受けた。睦仁が一七歳の時である。一八七四年（明治七）一月一八日には、一般からも歌を募る歌会始《うたかいはじめ》が行われるようになり、この年四一三九首もの歌が詠進され、三条西も歌道御用掛として召された（『明治天皇紀』第二、二二五頁、第三、一九六～一九七頁）。

ところが、西南戦争も終わった、一八七七年（明治一〇）七月二九日、睦仁は東京に帰る船の中で富士山を見て読んだ歌三首について、侍従番長高崎正風《たかさきまさかぜ》に批評を求めたのをきっかけに、高崎の素直な批評がすっかり気に入ってしまった。この時高崎は、「あつま《（東）》にといそく《（急ぐ）》船路の波の上にうれしく見ゆるふし《（富士）》の芝山」（第三章4参照）という歌を特に優れているとした。その歌には、他の二首に比べ、睦仁が京都に長く滞在した後、東京に早く帰りたいとの自然な思いが率直に読まれていたからであった。高崎は旧薩摩藩士で、桂園《けいえん》派の歌人としても知られた人物である。その一年前の奥羽巡幸の際にも御歌掛《おうたがかり》兼任を命じられて睦仁に同道し、道中の住民から差し出された和歌を睦仁に示して下問に応じていた。また、それらは高崎の発意で一冊の本に編纂された（『明治天皇紀』第四、二二二～二二三頁、渡辺幾次郎『明治天皇』下巻、二二一～二二六頁）。

睦仁は船中のことがあったので、赤坂仮皇居に戻った翌日の八月三一日から三日間続けて、高崎に自作の歌の批評を求めた。高崎は、すでに歌道御用掛として三条西がおり、自分は歌学に未熟であるとして、歌の批評を辞退した。しかし睦仁はそれを許さなかった。そこで高崎は熟慮した後、次の三つの条件をつけて睦仁の命に応じた。それは、⑴睦仁が和歌を詠むことに熱中するあまり政務をおろそかにしないでほしい、⑵三条西を従来と同様に用い、高崎が批評した歌でも三条西の意見を聞いてほしい、また高崎の批評が厳しくても許してほしい、⑶高崎は歌道に未熟であるので、広く人を求め、適当な歌道師範がいれば高崎の代わりに任命してほしい、高崎の就任は一時的なものにとどめてほしい、というものであった。睦仁はすべて同意し、高崎は御歌掛を兼ねて、三条西と共に奉仕するようになった。高崎は、三条西が死去した後、一八八六年（明治一九）二月に御歌掛長となり、八八年六月に御歌所を設置して御歌掛が廃止されると、引きつづき御歌所長に任命され、一九一二年に死去するまで務めた。その間、八七年五月には男爵を授けられるなど、高崎の仕事は評価された（『明治天皇紀』第四、二四七〜二四九頁、第六、五四二、七五一〜七五二頁、第七、八四頁）。

奥での楽しみ

ところで、一八八〇年代のこの時期、三十歳代の睦仁は、機嫌がとても良いときは奥（内廷）の奉仕者とも種々の遊びをした。一八七七年に西南戦争が西郷軍の敗北に終わった後は、それまでのような内乱の危機やそれを避けるために対清開戦をも覚悟するといった危機がなくなっていた。西五辻文仲《にしいつつじあやなか》（公家）によると、睦仁は蠟燭《ろうそく》の灯を消して女官を困らせるいたずらが好きであった。奥では、当時は電気もランプも使っていなかったので、睦仁が蠟燭の灯を消していくと、女官が灯をつけ、「つけたり消したりキャッキャッ」と言って大騒ぎになった。またある時、睦仁は西五辻に癖のある馬で池の周りを回るように命じたので、西五辻は無事に乗ったら「お盃《さかづき》」（ガラスに菊の御紋が磨《す》りこみになっているもの）をもらう約束をし、無事に回り「お盃」をもらった。この他、睦仁は奥の玉突き場で奉仕する少年たちと、玉突きも楽しんだ。

慈光寺仲敏《じこうじなかとし》によると、睦仁は女官にも、内庭で馬に乗ってみよと命じることがあった。雪が降ると、睦仁は奥で奉仕している十代前半の少年たちに、富士山の形のものを作れと言い、少年たちは女官たちと一緒に庭に雪で富士山を作ったこともあった(『明治天皇紀談話』三巻、一八三〜一八六、二四六〜二四七頁)。

この時期までに、睦仁の権威はそれなりに確立していった。しかし、伊藤博文枢密院議長が、睦仁が風邪で出席できないにもかかわらず、枢密院の審議を行なってしまったことが示すように、日清戦争後から日露戦争後にかけての時期ほどには睦仁の権威は高まっていなかった。そのため、表以上に自由な奥では、睦仁はのびのびとした行動がとれたのであった。

睦仁は、この非公式な生活の場で、政治関与のあり方をめぐる、伊藤ら藩閥主流との誤解にもとづく対立、壬午《じんご》・甲申《こうしん》事変などの外交上の危機や条約改正が進展しないことへの不満、嘉仁《よしひと》親王の体調や成長の遅れへの不安などからくる、さまざまなストレスを発散していたのであろう。奥を中心とした、睦仁のこのような生活は、いつまで続いたのであろうか。

侍従の万里小路《までのこうじ》や調馬士の目賀田《めがた》万喜は、睦仁が赤坂仮皇居から新皇居に移ると、乗馬やそれに伴う飲酒の量も減っていった(あるいは止めた)と回想している(『明治天皇紀談話』一巻、六九、五〇九頁)。

すでに見たように、新皇居の落成前から、憲法やその付属法の枢密院での審議が忙しくなる。睦仁は枢密院の審議や法案の勉強のために、時間の余裕をなくした。彼は憲法の中での自らの位置づけを理解しており、その後も条約改正や帝国議会の開設に関連して、政務が増加していったのであろう。睦仁の身近な奉仕者たちには、新皇居への移動は睦仁の行動の大きな転換点として印象づけられたのである。

我慢強い性格

すでにみたように、睦仁は二十歳の頃から三十歳代後半にいたるまで、かなり深酒をしていたが、基本的に健康であった。一八七三年に宮内省に入り、一八九〇年に貴族院議員になるまで睦仁の身近で奉仕した西五辻文仲は、彼が出仕していた時には睦仁の健康に異常ということはなかったと証言している。睦仁が病気で床につくのは、軽い風邪くらいのもので、薬を飲むこともあるが、一週間も一〇日も表に出ないことはなかった、「非常に御健康で在《あ》らせられました」と、西五辻は回想している（『明治天皇紀談話』三巻、一六二頁）。西五辻の証言は厳密には少しオーバーであるが、彼にそのような印象を残すほど、睦仁は健康であった。

睦仁は自分の健康に自信を持っていたので、体調が少し悪くても医者にかかろうとはしなかった。身近で奉仕した万里小路通房《みちふさ》・日野《ひの》西資博《にしすけひろ》の両公家が、次のようにそれを証言している。

睦仁は病気の時に医者に診察させることも、寝込む（「御仮床」）のも嫌いのようであり、身近な奉仕者がうかつに提言すると、睦仁の機嫌を損ねることもあるので、気を遣った。睦仁は、風邪を引いたら、まず生姜《しょうが》の砂糖湯とか、橙《だいだい》湯を飲んで自分流に治そうとし、熱が高くなって悪化してから初めて侍医が拝診して、寝込むことになる。そのときには朝晩必ず丸薬を飲むことになる。なお、毎朝侍医が睦仁を拝察しているので、多少風邪気味の時は女官からも注意して、その様子はわかった。

また睦仁は、目が悪く遠方のものが見えなかった。歯も悪かったと推定され、固い物は絶対口に入れなかったが、そのようなことを訴えることはなく、メガネもかけず、歯の治療を行なうこともなかったので、臣下でも身近な奉仕者の一部の者以外は、それらのことに気がつかなかった（『明治天皇紀談話』一巻、七六、三一八〜三二二頁）。この睦仁の「医者嫌い」の背景には、我慢強い性格であったことに加えて、従来の習慣をあまり変えたくないという、急進的な西欧化への違和感も関係していたと思われる。

剛胆かつ几帳面

この他、長崎省吾によると、睦仁はフランスのナポレオンやドイツのフリードリッヒ大王・ヴィルヘルム一世などが好きで、翻訳された伝記を読んでいた。睦仁の側室の柳原愛子《やなぎはらなるこ》（嘉仁親王の生母）は、睦仁は一八八〇年代の半ばまでは勉強していたと証言している。一方、日野西資博は、彼が睦仁の近くに奉仕するようになった一八八六年一〇月以降、睦仁は、御進講は聞くが、自ら読書しているのを見たことがない、と回想している。もっとも、一八七三年から九〇年まで奉仕した西五辻によれば、睦仁は日常『三国志《さんごくし》』（中国古代の魏・呉・蜀三国の興亡史）や軍談物（合戦を主題とした、江戸時代の通俗小説）が好きであった。とくに軍談物は、近くに誰もいなくても、人に読んで聞かせるかのように、大声を出して読んだという（『明治天皇紀談話』一巻、二八六、二巻、二二五〜二三一頁、三巻、一九二〜一九三、三〇〇〜三〇一頁）。

ナポレオン伝は、フランスのチェリーが書いたもので、伊藤博文が睦仁に読ませたらよいのではないかと考え、西園寺公望《きんもち》に頼んだと、西園寺は回想している（「明治天皇御追想記」前掲、『西園寺公望伝』別巻二、三五頁)。睦仁は、帝国主義時代の極東の小国日本の君主としての境遇と、歴史書に見るフランス・ドイツや、中国・日本のリーダーたちの姿とを重ね合わせ、彼らがどのように国の存立を図ったかに思いを馳《は》せたのであろう。すでに述べたように、睦仁は三十歳代前半の、一八八〇年代半ばに系統的学問をやめたようである。それは、一定の学問の蓄積を前提とした上で、国家統治に直接に結びつかない単なる教養としての学問は、それ以上必要ないと考えたからであろう。

こうした睦仁の性格は、一見すると剛胆で些細《ささい》なことにこだわらないようにみえるが、実際には几帳面《きちょうめん》なところもあった。西五辻によると、睦仁の机の上に置いてある物は、位置がきちんと決められていたという。そこで、睦仁が行幸にでも出た際の留守に御座所《ござしょ》の掃除をするときは、その担当者は、物を前もって図に描いておいて、還幸する前に、図を見て元の通りに戻した。睦仁は記憶力が良く、掛け軸でも剣でも、蔵のどこそこにしまってあるので取ってこいと命じられた者は、必ずその通りの場所で見つけることができた。また、壬生基義《みぶもとよし》によると、睦仁は時計や書物などを本来あるべき場所でないところにとりあえず入れておき、そこから取ってくるように奉仕者に命じることもあった。その際、言われた通りに探して取ってくれれば良いが、そんな所にないと思い、目録等で調べただけで、見つかりませんと報告すると、非常に厳しい叱責を受けることもあった。睦仁は側に仕える者の嘘が大嫌いで、公家の子供の奉仕者であっても、嘘をつくと翌日に親を呼び出し、子供を依願免官にしてしまうこともあった。また信用できると判断すると、いつまでも手元に置いて使おうとした(『明治天皇紀談話』三巻、二〇一〜二〇二頁、六巻、三七二〜三七五頁)。

表のイメージと奥での姿

明治天皇（睦仁）といえば、すでに述べたキヨソネの絵を原画とした、陸軍大元帥《だいげんすい》服を着た「写真」が思い浮かぶ。しかし睦仁は、表の世界でいつ頃から陸軍大元帥服を着るようになったのか、また奥（内廷）でもそのような服装をしていたのか、ということはこれまで明確に論じられてこなかった。

慈光寺仲敏《じこうじなかとし》（公家）は、一八八四年四月から睦仁の身近で奉仕するようになり、一九〇三年一二月に次侍従になるなど、睦仁の生涯を通して奉仕した。慈光寺によると、平日は午前一〇時になると、睦仁はフロックコートを、後には軍服を着て表の御座所に出御した。出御の際の服装がフロックコートから軍服に変わったのは、陸軍特別大演習が始まってから（最初の大演習は一八九二年一〇月に栃木県下で）のことで、日清戦争以後のことと回想している。他方、一八八二年から九〇年まで奉仕した壬生基義（公家）は、表の御座所に出御する際はよく「陸軍式の軍服」を着ていたと証言している（『明治天皇紀談話』三巻、二五六頁、六巻、四二四～四二五頁）。二人の証言において、睦仁が陸軍軍服を着て表の御座所に出御するようになった時期は異なるが、一八八〇年代半ば頃までは睦仁はフロックコートを、一八八〇年代の末ごろには陸軍大元帥の軍服を着て表の御座所に出御することが多くなったらしい。睦仁は一八八九年二月一一日の憲法発布の式典には陸軍大元帥の服装で出席しているので、その頃から日常的にも表では陸軍大元帥イメージを強め、日清戦争を経てそれが恒常的になったと考えられる。

また、日野西資博《ひのにしすけひろ》（公家、一八八六年一〇月から一九一二年七月の睦仁の死去まで奉仕）と柳原愛子《なるこ》（睦仁の側室、一八七二年から睦仁に仕える）の回想によると、睦仁はどんなに暑いときでも表では決して夏服を着ず、シャツや股引《ももひき》の薄いものを用いるだけで、冬服のままでいた。柳原愛子に、「何を着て居ても暑い時は暑いのや、これでえゝ」と言っていたという。万里小路《までのこうじ》通房《みちふさ》（一八八二～九〇年まで奉仕）は、睦仁は暑さには非常に強く、真夏といえども午後一時から乗馬をし、一回乗ると、汗ばんだ服を着替えてまた乗った。暑さを感じないようなので、「天子は強きものである、暑くはないのか」と思ったが、汗のために服を絶えず替えるので、やはり暑いのだとも思ったと回想している（『明治天皇紀談話』一巻、七八、二〇九頁、三巻、二九三頁）。睦仁はどんなに暑くても冬服しか着ないことで、超人的イメージを示したといえる。

それに対し、原則として、女官と側に仕える数人の少年や侍従職等の限られた者しか入ることができない奥では、睦仁の服装やイメージは表と大きく異なっていた。日野西によると、睦仁は白の和服を着て寝て、起床すると白の羽二重《はぶたえ》（絹の和服）に着替えて洗顔や食事をした。その後、表の御座所に出御する前に軍服〔ある段階まではフロックコート〕に着替えて出御し、昼食時に奥に入ると、午後に出御のないときは軍服を脱いでフロックコートに着替え、午後もそのまま過ごした。柳原愛子の回想でも奥では多く白のリンネルのフロックコートを着ていたという。また一八九〇年までしか奉仕していない壬生は、睦仁が乗馬練習の時にはほとんど軍服を着ず、フロックコートとシルクハットを召していたと回想している（『明治天皇紀談話』一巻、四三六～四三九頁、三巻、二九三頁、六巻、四二四～四二六頁）。

睦仁は表ではフロックコートの代わりに大元帥の軍服を着るようになっていくが、一般の目に触れない奥では、就寝や起床・洗顔・朝食のときは日本の皇室の伝統の絹の和服を、その他はフロックコートという欧州の皇族・貴族等の服装をし、リラックスしていたのであった。皇后美子《はるこ》も、一八七〇年代半ば頃から表においては洋装をすることもあったが、奥では和装で過ごし、とりわけ羽二重を好んだという（『昭憲皇太后史』四四～四六頁）。

第五章　初期議会の調停君主

1　憲法停止の危機と睦仁の威信

大隈条約改正をめぐる対立

一八八九年（明治二二）二月に大日本帝国憲法が発布されると、翌年の衆議院議員総選挙や帝国議会の開院に向けて準備が始まった。その準備過程において、一八八九年夏から冬にかけて大隈重信外相の条約改正交渉をめぐって、激しい対立が起きた。よく知られているように、大隈外相の条約改正案は、関税の引き上げや治外法権の回復と交換に、大審院（現在の最高裁）に一定の期間、外人判事を任用しようとするものであった。このことが、新聞『日本』で暴露されると、六月から八月にかけて大隈外相案への反対運動が盛り上がっていった。伊藤博文枢密院議長は、いったんは大隈案に賛成していたが、反対運動が激しくなると、八月二日、大隈外相に対し、すでにアメリカ合衆国などと調印していた条約の施行を延期するように訴えた。伊藤と同じ長州出身の有力者の井上馨《かおる》農商相（元外相）も、伊藤に同調した。また同日、睦仁《むつひと》（明治天皇）は大隈外相に、伊藤と十分話し合うように命じた（「山県有朋条約改正覚書」一八八九年、「山県有朋文書」所収）。しかし、大隈外相や薩摩の最有力者であった黒田清隆首相は、方針を変えようとはしなかった。

睦仁はこの状況を心配し、伊藤と相談した上で、九月二三日と一〇月三日の二度にわたり、黒田首相に閣議を開いて条約改正について再検討するように命じた。また一〇月三日には、閣議の前にまず伊藤と相談することを命じた。しかし大隈外相はイギリスと条約改正の談判が進行中であることを理由に、天皇に閣議開催の延期を奏請した。こうして、伊藤・黒田の会見も閣議も開かれなかった（伊藤之雄『立憲国家の確立と伊藤博文』一六頁）。すでに述べたように、憲法制定までの一八八〇年代後半の過程において、睦仁と伊藤との信頼関係や、睦仁の政治関与のあり方への両者の合意ができていたので、睦仁は調停的政治関与を試みた。しかし、したたかで天皇の権威を何とも思っていない大隈や、黒田は睦仁に従わず、調停することはできなかった。

そこで一〇月一一日と一七日に、伊藤と井上がそれぞれ辞表を提出した。また一八日、大隈外相は条約改正反対者に爆弾を投げられ、重傷を負った。それらをきっかけに、一〇月一九日朝、山県有朋《ありとも》内相・松方正義《まさよし》蔵相ら薩長出身の有力五閣僚が条約改正中止を決意して、黒田首相を説得した。結局、同日に黒田首相は山県とともに条約改正の延期を上奏し、二二日に他の閣僚とともに辞表を提出した（重傷の大隈外相のみ未提出）。こうして黒田内閣は倒れ、長州の伊藤に次ぐ実力者の山県が組閣し、大

大元帥服を着て帝国議会に出席した睦仁
楊洲周延画「大日本国会議事堂会議之図」（神奈川県立歴史博物館蔵）

隈外相の条約改正をめぐる紛糾は収まった。

第一回総選挙・第一議会の成功

最初の帝国議会に向けて、一八九〇年七月一日に第一回総選挙が実施された。一一月二九日、第一議会の開院式に集まった衆議院議員の、各会派別のおよその人数は、民党（政府野党）が、弥生《やよい》倶楽部《くらぶ》（立憲自由党）一三一名と議員集会所（立憲改進党）四三名とを合わせて過半数を占め、他には政府寄りの大成会の八五名、無所属四一名があり、それらを合計すると、三〇〇名の議席であった。衆議院と対等の権限を持った貴族院は、藩閥官僚出身の勅選議員（天皇の任命ということで、事実上藩閥有力者や政府が藩閥官僚などを指名）と、有爵者の互選議員などからなり、当然藩閥寄りの立場であった。

憲法によって、予算や法案は衆議院と貴族院を通過することが必要となっていた。そこで、山県有朋内閣は、民党が多数を占める衆議院の支持を得るため、衆議院と妥協したり、切り崩して味方につけたりすることが必要であった。山県内閣が議会に提出した歳入・歳出予算約八三〇〇万円に対し、衆議院の予算委員会は、政府の経費を節減し、地租《ちそ》（土地にかかる税）を軽減しようと、約八〇〇万円の削減を求めてきた。衆議院はこの案を承認しそうであり、一八九一年一月中旬には、山県内閣と衆議院が正面衝突し、最初の議会で早くも衆議院が解散になる可能性が出てきた。

当時、山県内閣や藩閥勢力のみならず、民党の議員も含め、第一議会だけは解散せずに無事に終わらせたいという気持ちが強かった。それは、欧米列強が、そもそもアジア人には議会運営などできないのではないかと、日本の議会開設を注視していたからである。また山県内閣は、たとえ衆議院を解散しても政府系議員だけで過半数以上を占める確信がなかった。

二月上旬になると、予算案削減に強硬な民党に対し、解散も覚悟しようという強硬論が藩閥官僚の中からも出てきて、閣僚の一部もそれに流され始めた。しかし山県首相は、解散を実行しようとはしなかった。その理由は、長州閥の最有力者の伊藤博文枢密院議長（元首相）や、有力者の井上馨（元外相）が、「憲法政治」を実現するため、安易に解散に訴えることに反対で、その空気が山県へも伝わってきたからである（伊藤之雄『立憲国家の確立と伊藤博文』二一～五五頁）。

ところで、睦仁は同年一月三日より風邪を引き、翌四日には咳がひどく、体温が三九度四分にもなり、インフルエンザと診断された。その頃、東京市にはインフルエンザが流行し、女官の多くがかかり、皇后も二日に発病していた。睦仁はその後四〇日も病床に伏し、二月一三日にようやく回復して、一六日から出御《しゅつぎょ》した。したがって、睦仁は前年一一月二九日の第一議会の開院式（貴族院）には行幸したが、一月から二月上旬の、山県内閣と民党との対立には、何も関与できなかった（『明治天皇紀』第七、七〇三、七三二頁）。

睦仁は病気が回復すると、二月一八日に山県首相の相談役である井上毅《こわし》法制局長官を召し、議会の経過を尋ねた。井上が山県内閣がふるわず、前途が憂うべき状況であることを申し上げると、睦仁は非常に心配した（『伊藤博文関係文書』一巻、四一二頁）。

翌二月一九日、睦仁は土方久元宮相を小田原の伊藤のもとに派遣し、機密の「国事」について尋ねさせた（「土方久元日記」一八九一年二月一九日）。他方、同日山県内閣が政府寄りの大成会および自由党の一部（板垣退助を中心とする土佐派）と妥協する方針を示し、事態は大きく動き出した。結局、予算案は三月二日、約六五〇万円の削減（当初の約八〇〇万円の削減要求に対し、約八一パーセントの削減を実現）で衆議院を通過し、貴族院も三月六日に通過した。こうして、第一議会は解散されず、三月八日に閉院式を迎えた。自由党の土佐派が妥協に動いたのは、板垣などに第一議会は無事に終えたいという希望があった上に、政府から買収資金が流れたからであった（『立憲国家の確立と伊藤博文』五六～五九頁）。第一議会には、藩閥勢力から民党に至るまで、無事に議会を終了したいという共通の希望があったので、衆議院で妥協を求める勢力が多数となり、山県内閣との妥協が成立した。

三八歳の睦仁は、インフルエンザで寝込んでいたこともあり、積極的な役割を果たせなかった。もっとも、二月一八日に睦仁が首相の相談役の井上毅に状況を憂慮しているというメッセージを伝えたことで、翌一九日以降の妥協にむけた動きが促進されたはずである。

大津事件発生当時の現場（個人蔵）
事件の5日後に写された写真という。

日本で最初の総選挙と帝国議会を実施するという大役を果たすと、山県有朋首相は勇退した。その後継として、一八九一年五月六日、第一次松方正義内閣が発足した。とりあえず山県内閣の閣僚は留任したが、長州の伊藤や山県、薩摩の黒田といった藩閥最有力者でない松方が組閣したことで、当初から松方のリーダーシップへの不安があった。その不安は、内閣ができて五日後に起きた大津事件で現実のものとなった。

大津事件の勃発

大津事件とは、日本旅行中であったロシア皇太子ニコライを、五月一一日午後一時三〇分過ぎ、大津町（現・滋賀県大津市）で警備中の巡査津田三蔵《さんぞう》がサーベルで切り付け、負傷させた事件である。ニコライは、後に即位して皇帝ニコライ二世となり、ロシア革命で処刑される人物である。一八八〇年代から日本には、ロシアが朝鮮国から日本に侵略するのではないかという警戒感が広がっており、この事件をきっかけにロシアが戦争を仕掛けるのではないかとの恐怖が、睦仁や政府首脳に走った。当時の日本は、将来に日清戦争が起きるかもしれないと、清国を仮想敵国として軍備拡張を行なっていたが、大国ロシアと戦う力はまだなかった。ニコライは、直ちに京都市の宿舎、常盤《ときわ》ホテル（河原町《かわらまち》御池角《おいけかど》、現在の京都ホテルオークラの場所）に帰って治療を受けた。

この急変は、接待役の有栖川宮威仁《ありすがわのみやたけひと》親王から、五月一一日午後一時五〇分に緊急電報を使って、皇居にいた睦仁に上奏された。さらに三時五分の急電では、まず天皇自らの電報でニコライに見舞いを述べ、その後に京都に行幸すべきであることが上奏された。睦仁はひどく心配して思案した（「土方久元日記」一八九一年五月一一日）。

事件への対応で威信を高める

しかし、睦仁の対応は迅速であった。参内《さんだい》した松方首相・西郷従道《つぐみち》内相・青木周蔵《しゅうぞう》外相らから助言を聞いた後、北白川宮能久《きたしらかわのみやよしひさ》親王（陸軍少将）や侍医局長池田謙斎《けんさい》（西洋医）らを京都に急派した。また自らも翌一二日午前六時三〇分新橋発の汽車で京都に向かうことを、北白川宮に伝え、同時に親電を発して、ニコライを見舞った。ニコライからの返電を受け取ると、夜一一時にロシア皇帝アレクサンドル三世にニコライの負傷を報じ、痛嘆の意を表した。

大津事件が起きた時、睦仁の信頼の厚い伊藤博文宮中顧問官は、箱根の塔ノ沢《とうのさわ》温泉にいた。睦仁は直ちに伊藤を召した。伊藤は一二日午前一時に新橋駅に着き、深夜にもかかわらず待ち構えた宮中の馬車で参内した。睦仁は伊藤を寝室に入れて相談した。伊藤は退出後、閣員らから事情を聞き、午前六時に新橋駅に来て、京都に向かう睦仁を見送った。当時の日本の刑法では、外国の皇族の犯罪に対する特別の規定がなく、負傷させた場合の最高刑は、無期懲役までであった。しかしこの時点では、ニコライの負傷の詳細やロシアの対応がわからず、伊藤や閣員たちはロシアと戦争になるという最悪の事態を避けることで一致した。そのため、刑法上で死刑のある日本の皇室に対する犯罪規定を準用し、犯人の津田を死刑にしようとした。伊藤ら藩閥有力者も、その日午前の汽車で、睦仁を追って京都に向かった（須賀博志「大津事件という『神話』」（一）・（二）、『明治天皇紀』第七、七九五〜八一六頁）。

さて、睦仁は一二日午後九時一〇分京都駅に着き、直ちにニコライを見舞おうとしたが、ロシア公使らが夜の訪問はニコライの体に障ると申し出たので、とりやめた。翌一三日午前一〇時五〇分、睦仁は京都御所を出て常盤ホテルにニコライを見舞った。ニコライの傷は心配されたほどには重くなかった。睦仁は一一時四〇分にいったん御所に戻ったが、皇太子が神戸港のロシア軍艦に帰って治療するため午後四時三〇分に京都駅を出発すると聞き、ロシア公使の依頼で、神戸までニコライに同伴した。ロシア側は日本の巡査がニコライを切りつけたので、日本の警吏や軍隊もニコライを守れないのではと疑心暗鬼になり、ニコライの安全のため睦仁に同道を願ったのであった（『明治天皇紀』第七、八一六〜八二二頁）。睦仁が直ちに京都にニコライを見舞った誠意が、ロシア側に認められていったのである。

しかし一六日には、ニコライは、父皇帝の命を受け一九日にロシアに向かって出発することを、睦仁に連絡してきた。そこで睦仁はニコライを神戸御用邸に招き、午餐《ごさん》を共にし、別れを告げようとした。ところがロシア側からは、医師の助言にもとづき、軍艦「アゾヴァ」（約六〇〇〇トン、この段階の日本最大の軍艦は約四三〇〇トン）に睦仁を招き午餐を共にしたいとのニコライ自らの電報が届いた。土方久元《ひじかたひさもと》宮相が、京都御所内で伊藤・黒田清隆・西郷内相・青木外相らにこの招待のことを告げると、一同は非常に驚いた。それは甲申《こうしん》事変の後、清国の将軍が大院君《テウォングン》《たいいんくん》を汽船にとらえて清国に拉致したように、睦仁が拉致されたらと心配したからであった。神戸港には二隻の日本の軍艦が停泊していたが、ロシア艦は大きいうえに数隻もあり、まったく対抗することができなかった。結局、伊藤らでは対応を決することができず、睦仁の決断を仰ぐことになった（『明治天皇紀』第七、八二九〜八三〇頁）。

睦仁の身近で奉仕していた長崎省吾によると、そこで、徳大寺実則《さねつね》侍従長が睦仁に尋ねると、「何等の御心配もなく立ち所に『行かう』と」の返事があった。侍従長の部屋で待っていた土方宮相や長崎と徳大寺は、みな涙にむせび非常に恐れ畏《かしこ》まって感激した（『明治天皇紀談話』二巻、九五〜一〇二頁）。睦仁は、伊藤や黒田にもこのような感動を与えたと思われる。

一九日になり、睦仁は「アゾヴァ」に行き、ニコライらとなごやかな雰囲気の下に午餐を楽しみ、午後二時に退艦して京都に戻った。ニコライを乗せた「アゾヴァ」は、午後五時前にウラジオストックに向かって出発した。

結局、五月二五日、大津地方裁判所で大審院の公判が行われ、犯人の津田三蔵は皇室罪を適用されず、刑法の殺人未遂の最高刑として無期徒刑の判決が下された。杉孫七郎《すぎまごしちろう》（宮内省皇太后宮大夫《こうたいごうぐうだいぶ》）によると、睦仁は死刑の判決が出ると思っていたので、この判決が出て驚いたという。この判決を伝えられたロシア皇帝も、日本の裁判所が皇室罪を適用して津田に死刑の判決を下すものと思っていたので意外に思い、やや不満のようであったが、それ以上のことは言わなかった（井上馨宛杉孫七郎書状、一八九一年五月三〇日、「井上馨文書」国立国会図書館憲政資料室所蔵、『明治天皇紀』第七、八二六〜八五〇頁）。

大津事件は緊急事態であり、対処すべき松方首相が藩閥の最有力者クラスでなかった。このため、当初の睦仁の政治関与は、政府内の意見が一致しない時のみ抑制的に関与するという枠からは逸脱気味ですらあった。しかし、睦仁の誠意と迅速な行動があって、ロシア側との良好な関係が維持できたといえる。危急の事態が去ると、睦仁も伊藤ら閣員の意を受けて行動した。睦仁がロシア軍艦に乗り込んで午餐の接待を受けるなど、毅然《きぜん》とした態度を取ったことも加わり、大津事件を通して、睦仁の威信は藩閥内部のみならず、国民のあいだにも大いに高まった。福沢諭吉の経営する新聞『時事新報《じじしんぽう》』(一八九一年五月二二日)は、「今回の時局の目出たく終を告げたるは、実に陛下の御聖徳《ごせいとく》に外ならず」と、このことを表現した。土方宮相も、睦仁の尽力で事件が平穏に解決したと、国民が感謝していると、日記に特記している(「土方久元日記」一八九一年五月二二日)。

第二議会の解散

すでに述べたように、第一議会は藩閥政府にも、藩閥政府に対決姿勢を示す衆議院の民党(自由党・改進党などの野党)にも、日本が議会を運営できる国であることを列強に対して示したいという気持ちがあった。そこで、両者とも解散による混乱を恐れたので、妥協が成立した。

しかし、一八九二年一一月から翌年三月に予定された第二議会への態度は、双方とも異なっていた。藩閥政府側は、民党側を増長させないようにと考え、民党側も、第二議会こそ藩閥政府に対して政党側の力を示す機会ととらえ、藩閥側への対決姿勢をとった。こうして九二年一一月八日、自由党総理の板垣退助と改進党の事実上の総理の大隈重信が会見し、自由・改進両党が連合して松方正義内閣に当たる気運が高まった。

第二議会は一一月二一日に召集された。松方内閣も、品川弥二郎《やじろう》内相（長州、山県有朋を背景にしている）・樺山資紀《かばやますけのり》海相（薩摩）を中心に、自由党・改進党など民党に対する強硬な方針を立てて、議会に臨んだ。民党側の要求である政治参加の拡大や経費節減などで歩み寄りをみせず、前議会で予算削減の結果余った六五〇万円の大部分を、軍事費に当てる予算を組んだ。そこで一二月二五日、衆議院は予算を大幅に削減した。松方内閣は直ちに衆議院を解散した。しかし実力者の伊藤博文を背景とする陸奥宗光《むつむねみつ》農商相が自由党と裏でつながっていた等、内閣の統一は弱かった（伊藤之雄『立憲国家の確立と伊藤博文』七九～八五頁）。

睦仁は、このような松方内閣内の対立や内閣と民党との対立を憂慮した。そこで一二月二六日、徳大寺実則《さねつね》侍従長を通して、最も信頼する藩閥官僚中の実力者、伊藤に、以下のように自分の気持ちを述べ、助けを求めた（当時、伊藤は郷里の山口に滞在）。その要旨は、(1)第二議会が解散されたが、伊藤が遠方にいるので、相談ができず困っている、(2)同一の議員が再選され、何度も議会の解散が行われないか大変心配であり、松方首相にも注意し、知事ら地方長官にも注意するように命じ、将来「良民」の議員が衆議院を構成することを望んでいる、(3)これらについて伊藤の内奏を望む、(4)陸奥が閣僚でいると閣内の調和がとれないのではないかと心配している、(5)山口に出発する前の伊藤の指示に従い、井上毅《こわし》と伊東巳代治《みよじ》の両名は内閣を内々に助けており、好都合である、等である。この内容は、坂野潤治氏がすでに指摘したように、明治天皇と松方首相・品川内相の間に、「良民」の議員を当選させるために、何らかの干渉が必要であると合意されていることを示している。しかし、私がすでに論証したように、睦仁の行動は、松方首相・品川内相・樺山海相ら松方内閣主流の閣僚や入閣していない藩閥最有力者の伊藤や山県の意向に従ったものである。これは、睦仁が自らの判断で積極的に政治関与する専制君主ではなく、政府の助言にもとづいて政治関与する立憲君主に近い行動を取ったものといえる（同前、八五～八六頁）。

翌九二年一月一六日、睦仁は、民党議員が過半数を得て再解散となる恐れはないかと、伊藤に意見を求めた。これに対し伊藤は、枢密院議長を辞任して自ら政党を組織すること等を申し上げた。しかし、伊藤の政党組織には、睦仁も山県や松方首相ら藩閥官僚勢力も反対であった。睦仁は伊藤の動きを心配したのか、二月六日には内閣の組織について土方宮相の意見を聞いている（「土方久元日記」一八九二年二月六日）。

選挙干渉をめぐる対立の調停

さて、第二回総選挙の選挙戦が始まると、内務省・警視庁は自由党も含めた民党候補者に対する抑圧を強め、民党側は刀剣を持って抵抗することもあった。このため、特に高知県下では一月末から二月初めにかけて抗争が激化し、死傷者すら出た。

二月一五日に総選挙の投票が行われた。睦仁は総選挙の行くえが心配であったのか、その状況について品川内相からしばしば報告を受けた（「土方久元日記」一八九二年二月一六日）。結果は、やはり民党が優位を占めた。二月一七日、伊藤は枢密院議長を辞任して政党を組織する意向を松方首相に示した。これに対し、二三日、伊藤も含め松方首相や山県ら藩閥有力者の会談が開かれたが、伊藤への支持はほとんどなかった。そこで、同日伊藤は病気と称して枢密院議長の辞表を提出した。伊藤の意図は、藩閥勢力と民党勢力との宥和を進め、議会の停止という形で明治憲法が停止となる事態を避けることにあった。今回は、選挙干渉問題が絡んでいるので、長州の実力者井上馨（元外相）らも伊藤を支持した（伊藤之雄『立憲国家の確立と伊藤博文』八九〜九二頁）。この伊藤・井上らの動きに対し、藩閥内で最も強く反発したのは、品川内相（長州）・樺山海相（薩摩）らであった。彼らは議会停止を覚悟しても、二度、三度と解散を強行する考えをもっていた。品川らは、伊藤に準ずる実力者の山県有朋を頼みとしていた。

藩閥勢力内を二分しかねない対立に直面し、睦仁の苦悩は深かった。結局、三月一一日、品川内相が辞任し、同日、伊藤は天皇の勅諭により枢密院議長の辞表を撤回した。睦仁はその後、四月末に松方首相に御手許金《おてもときん》（天皇やその家族が私的なことに使う金）から一〇万円を与えた。これは、政府が第二回総選挙の選挙干渉に機密費を使用し尽くしたため、松方首相や知事たちが個人の資金を支出した分の弁償であった。選挙干渉など藩閥内の路線の対立をめぐり、睦仁は大枠では伊藤ら改革派を支持したものの、山県を背景とした品川ら保守派の感情をなだめねばならないという、バランス感覚をもっていたのであった。

その後、松方内閣は勢いをなくし、七月三〇日、松方首相は閣内不統一のため、辞表を提出した。睦仁は、伊藤・山県・黒田清隆（薩摩）の元首相の三人に、善後策を下問し、二日遅れて井上馨にも後継首相について意向を尋ねた。その上で、藩閥勢力中で彼らに次ぐ有力者の大山巌《いわお》（薩摩、元陸相）・山田顕義《あきよし》（長州、元司法相）を加えて「元勲会議」が開かれ、伊藤が後継首相として推薦され、睦仁から伊藤に組閣の命があった。こうして九二年八月八日、第二次伊藤内閣が成立した。これは、後継首相を天皇に推薦する元老制度形成の始まりであった。睦仁は、選挙干渉をめぐって生じた藩閥勢力の亀裂を防ぐため、松方首相の辞表提出への対応を藩閥有力者に下問したのであった（伊藤之雄「元老制度再考」）。

和協の詔勅

第二次伊藤博文内閣は、山県有朋（法相）・井上馨（内相）・黒田清隆（逓相）・大山巌（陸相）ら、前首相の松方を除く藩閥有力者が入閣した内閣であった（ただし、山県は七カ月後に辞任）。伊藤首相の腹心で、自由党につながりを持つ陸奥宗光は、念願の外務大臣になった。自由党の実力者の星亨《ほしとおる》は、かつて陸奥の書生であった。

衆議院第一党の自由党は、第二次伊藤内閣が自由党の要望をある程度受け入れるなら、妥協・提携してもよいという姿勢を見せた。しかし、伊藤内閣は民党側に対して高圧的であり、自由党側にほとんど譲歩せず、軍艦建造費に戦艦二隻分を新たに加えた。九三年一月一〇日、これに反発した衆議院は戦艦建造費を否決した。政府は一月一六日、衆議院の予算修正に不同意であることを声明したので、二月七日、衆議院は、立法と行政に「和衷協同《わちゅうきょうどう》」（心を同じくしてともに力をあわせる）の実が挙がらないと政府を批判する上奏案を可決した。翌日、星亨衆議院議長はそれを天皇に提出した。

このような藩閥政府と衆議院の正面対立によって、議会解散、総選挙、民党の勝利、再解散から議会停止となる可能性がある。前年に引き続き、日本は再び憲法停止の危機を迎えたのであった。藩閥内でも政党を容認する姿勢のある伊藤首相の率いる内閣で、なぜこのような事態が生じたのであろうか。それは、伊藤が列強の軍備の充実に対応して、軍備（特に海軍）を充実させることが必要と考えていたからである。伊藤内閣は、藩閥の亀裂を防ぐため、新聞紙条例を緩和するなど、言論の自由拡大の面で、民党側に妥協することはあまりできなかった。しかし、陸奥外相の関係から、自由党は内閣を支持してくれるだろうと、伊藤は甘い読みをしたのであろう。

二月九日、伊藤首相は天皇が衆議院に勅答を与えて政府と「和協《わきょう》」の協議をさせるか、直ちに解散を命じるか、その判断を仰いだ。四〇歳になって間もない睦仁は、藩閥政府と議会の対立という二つの問題で調停役を期待され、憲法危機を引き起こしかねない議会対策に関して、初めて大きな決断をすることになった。

二月一〇日、睦仁は、今後六年間、内廷費三〇万円と官吏の俸給の一割の納付によって製艦費を補助するので、議会と内閣は「和協」の道を探るように、との詔勅《しょうちょく》を出した。板垣自由党総理は、詔勅に従うことを直ちに表明した。一三日、貴・衆両院は詔勅に従うとの奉答文を議決し、原案八三七五万円より歳出二六二万円（約三パーセント）を減じる妥協予算を成立させた（当初の民党側の要求は、約一一パーセント、九〇〇万円の削減）。また伊藤内閣は、この妥協にあたって、(1)第五議会までには行政各部の整理を行ない、政費節減を行う、(2)特に海軍は、最も急いで大改革することを公約した。

睦仁は山県よりも伊藤首相の意向に沿う方向で決断し、藩閥政府と議会の調和を図ろうとした。政党勢力がこれ以降に台頭していくことを考慮すると、天皇は公平な調停者の役割を果たすことで、彼らからの信頼を失わないで君主制を安定させていくという、巧妙な判断をしたといえる（伊藤之雄

『立憲国家の確立と伊藤博文』一〇六〜一一三頁）。睦仁が藩閥勢力・民党の双方を納得させる調停を行なうことができたのは、大津事件で威信を増したおかげといえる。それは、すでに述べたように、ロシアとの戦争に発展するかもしれない危険があった大事件の解決に向けて、睦仁が、藩閥内部のみならず、国民に見せた勇気と決断の成果であった。

条約励行論への不安

第四議会は、「和協の詔勅」により一八九三年二月に無事終了したが、同年一一月からの第五議会では、再び伊藤内閣と衆議院の激しい対立となった。今回は、伊藤内閣と衆議院の第一党の自由党の連携ができかけていたので、それに反発する国民協会（反政党を唱える山県有朋に近い政派）と改進党等が連携して、現行条約の励行《れいこう》を唱えて、衆議院の主導権を握っていった。一二月八日、国民協会・改進党等は、条約励行建議案を衆議院に提出した。

これは、外国人の国内旅行や居留地《きょりゅうち》外の居住など、必ずしも条約が守られていない現状に対し、条約を厳しく適用することで、外国人を困らせ、不平等条約の改正につなげようとする構想であった。しかし、このような行動によって列強の反感を買えば、陸奥宗光外相がイギリスと進めている条約改正交渉（半年後に日英通商航海条約として、治外法権の撤廃と関税自主権の一部回復を実現）に悪影響を及ぼす恐れがあった。そのように判断した陸奥外相は、衆議院をいったん停会させ、その後も衆議院が建議案を撤回しないなら衆議院を解散することを閣議に提案した。しかし閣議が陸奥外相の提案を決断しないので、一二月一一日、陸奥外相は伊藤首相に辞表を提出した。伊藤はこの辞表を返却し、数日後、陸奥の案を天皇に奏上した。

睦仁も衆議院の状況を深く心配し、常に侍従をやって議事を傍聴させ、議事が混乱すれば、その状況を時々刻々と伝えさせた。一九日、衆議院の多数となった国民協会・改進党らの硬六派《こうろっぱ》によって条約励行建議案が上程されると、睦仁は伊藤首相の提案に従って一〇日間の議会停会を命じた。しかし、硬六派は建議案を撤回しようとしないので、休会明けの一二月二九日、伊藤内閣の方針によって、さらに一四日間の停会を命じ、三〇日に議会を解散した。伊藤内閣は次の議会で多数与党を形成できる可能性が少ないまま解散を行い、再度、再々度の解散すら覚悟せざるを得なくなった。しかも、伊藤は二年ほど前に、品川元内相の選挙干渉を強く批判したことがあるので、その手段に訴えることはできなかった。

一八九四年三月一日に実施された第三回総選挙の結果は、自由党が大きく議席を伸ばし、条約励行論で伊藤内閣を攻撃した硬六派の中心である国民協会は、大幅に議席を減らした。それでも、自由党は衆議院の議席の四〇パーセント以下しか確保できなかった上に、当選者の半数近くは新人議員で、板垣退助総理が党の統制を徹底させるのは困難であった。自由党の実力者で陸奥外相に近い星亨は、前議会で不正疑惑を攻撃されて失脚しており、その手腕に期待することもできなかった。

憲法制定は早すぎたか

一八九四年四月二三日に睦仁は、腹心の一人の佐々木高行《たかゆき》枢密顧問官に、伊藤はおそらく辞職しないであろう、衆議院の解散は再三になるかもしれない、と述べていた。このように睦仁は、今後何度かの解散から、事実上の憲法停止になるのではないかと心配し始めた。睦仁にとって明治憲法は、伊藤らに命じて自ら作らせた欽定《きんてい》憲法であり、誇りに思っていた。それをわずか数年で停止するのは残念であった。

なお佐々木は、伊藤に比べ保守的な思想を持っており、一八七〇年代末に天皇親政運動の中心となったように、伊藤と対立し、権力の中心からはずされていた。一八八〇年代後半以降、睦仁は伊藤を信頼し、大枠で伊藤の方針に従いつつも、口の堅い佐々木に国家の将来への不安や、伊藤のやりすぎへの愚痴を聞かせて、精神のバランスを取っていたのである。

さて、総選挙後の第六議会は五月一二日に召集され、伊藤内閣は自由党などに働きかけて政府支持派を育成し、過半数を得ようとしたが失敗した。このため、五月三一日、硬六派《こうろっぱ》の推進した、伊藤内閣を批判する上奏案が可決されてしまった。翌日、楠本正隆《くすもとまさたか》衆議院議長が上奏案を奉呈すると、六月二日、睦仁は、土方久元宮相を通し、上奏を採用しないとの口頭の沙汰を下した。同日、衆議院は再度解散された。

その前日の六月一日、この状況を見た原保太郎《はらやすたろう》山口県知事は、伊藤首相の友人の井上馨内相（元外相）に宛てた手紙で、(1)一日も早く懲戒の意味で解散し、このような代議士を選んだ国民が後悔するまで解散を連発すべきである、(2)万一、いずれの政党にも肩入れしないという超然主義が維持できないなら、品川元内相が行なったように、府県知事を招集し、公然と選挙干渉して、指名した議員を当選させるよう厳命すべきである、(3)これら真に強硬なる超然内閣か干渉内閣ができて衆議院を「治療」できないなら、天皇は勅諭で「明治五十年」まで（二三年間）「憲法中止」の大命を発し、その間に政府の実績を挙げて、「明治五十年」に再び憲法を実施すべきことを提案した（「井上馨文書」）。

この事態は、第二次伊藤内閣にとっての危機であるのみならず、日本にとって明治憲法を維持できるかどうかの危機であった。この窮地を脱出できたのは、同年春頃から、朝鮮国の親日派の指導者金《キム》玉均《オクキュン　きんぎょくきん》が上海で暗殺されたり、朝鮮国で東学教徒や農民の反乱である甲午《こうご》農民戦争（東学党の乱）が始まったりしていたからである。すでに、日本の中には、海軍力が強化されたことを背景に、清国との対決を覚悟してでも、朝鮮問題に積極的に介入しようとする空気が少しずつ広がっていた。

2　陸軍特別大演習始まる

陸海軍連合大演習を統監する

一八七四年（明治七）一二月二七日、睦仁《むつひと》（明治天皇）は、雑司ヶ谷《ぞうしがや》村（現・東京都豊島区雑司ヶ谷）で行なわれた近衛諸兵の実地演習を見学した。その後も毎年のように、近衛の演習や近衛と他の部隊との合同演習を見学した。一八八八年一一月二一日には、浦和地方で近衛諸兵の機動演習が行なわれるようになり、天皇・皇后は行幸啓して見学した（近衛師団司令部『近衛師団沿革概要』六〜一一頁、防衛庁防衛研究所図書室所蔵）。

一八九〇年三月二八日には、睦仁は愛知県で行われた陸海軍連合大演習を統監するために、東京市を出て名古屋市に行幸した。演習は三月二九日から四月三日まで六日間行なわれた。翌日睦仁は、名古屋に行啓した皇后と合流し、四月五日に京都に行き、琵琶湖疏《そ》水工事の竣工式に二人で臨んだ。その後睦仁は、呉《くれ》の海軍基地である鎮守府《ちんじゅふ》・江田島《えだじま》の海軍兵学校（海軍将校を養成する士官学校）卒業式、

1890年の陸海軍連合大演習を統監する睦仁
楊斎延一画「陸海軍大演習之図」（神奈川県立歴史博物館蔵）

佐世保鎮守府など西日本に行幸した後、五月六日、皇后とともに京都市を出発、七日に皇居に戻った（『明治天皇紀』第七、五一二〜五四六頁）。この陸海軍連合大演習は、一九〇一年以降、戦争がない限り毎年秋に行われる陸軍特別大演習の原型となった。すなわちそれは第一に、睦仁自ら演習を統監するという形式が同じであったからである。第二に、睦仁が演習を統監するため演習地に行幸し、その地域の人々に天皇の姿を特別な存在として見せ、また自ら地方の状況を肌で触れる機会となったからである。

さて、話を一八九〇年三月から四月の陸海軍連合大演習での睦仁の状況に戻そう。睦仁は三月二九日の午後から軍艦「八重山《やえやま》」に乗艦し、三〇日に伊勢湾口の演習を統監した。「八重山」は、一六〇〇トンの軍艦で、演習に参加した主力艦の「浪速《なにわ》」（三六五〇トン、一八八五年登録）より小さいが、前年に登録された最新鋭艦であった。演習は西軍が攻撃部隊で有力艦を集めていたが、風波が激しい上に、防御部隊の東軍艦隊の水雷《すいらい》に妨げられ、数時間遅れて、予定された武豊《たけとよ》方面（知多半島の東側）への上陸をようやく達成した。その間、三七歳の睦仁は、演習作業が遅れていることを大変心配し、御付《おつき》武官に状況を尋ねさせたりした（『明治天皇紀』第七、五一四〜五一五頁、海軍省編『山本権兵衛と海軍』三九四〜三九七頁）。このように睦仁は、日本海軍の主力部隊の実力に不満を持つほど、軍事に関心と知識を深めていた。

翌三一日、睦仁は午前八時三〇分に半田《はんだ》の大本営（個人宅）を乗馬で出発し、半田付近の演習地に向かった。この日は、夜半からの風雨がますます激しくなり、道路はぬかるんだが、睦仁はそれをものともせず、馬で駆け回って演習を統監した。午前一一時に、優勢な西軍部隊が東軍を退却させたので、演習は中止となった。睦仁は一一時三〇分に、半田の大本営に戻った（同前、五一五〜五一七頁、「土方久元日記」一八九〇年三月三一日）。この時従っていた宮内官僚の長崎省吾は、睦仁が休憩所に入って長靴を脱ごうとすると、長靴の中に水が入って靴下も濡れているためなかなか脱げず、肌着もびっしょり雨で濡れており、「御勇壮」な有様に一同深く感激した、と回想している（『明治天皇紀談話』第二巻、七二〜七六頁）。すでに述べたように、一八八九年二月の憲法発布にむけて、睦仁は一八八〇年代後半から君主としての自覚を高めており、その延長としてここでも「勇壮」な大元帥としての模範を示す行動をとったのである。

四月一日は、岡崎付近、二日は平針村《ひらばり》（現・名古屋市東部）で演習を続け、両日とも好天に恵まれた。

このような日も、睦仁は小学校の教員用の机と椅子で昼食をとり、生徒用の茶碗と土瓶《どびん》で、老女の売っていた出がらしの渋茶を飲んで「オイシイ」と言うなど、質実剛健な姿を示した(『明治天皇紀』第七、五一八〜五二〇頁、『明治天皇紀談話』第二巻、七八〜八一頁)。

最初の陸軍特別大演習

三月から四月にかけ、陸海軍連合大演習のあった一八九〇年、睦仁は秋にも陸軍の演習に行幸した。睦仁は、一〇月二六日に皇居を出発して茨城県に行幸、近衛諸隊の秋季小機動演習を見学し、二九日に皇居に戻った。今回の特色は、皇后や皇族妃・女官らも馬車で演習を陪観することを許されたことである(『明治天皇紀』第七、六六一〜六七〇頁)。昭和期に入ると、軍事的な行事には皇后といえども参加することはなくなっていくが、西欧をモデルにした近代国家の形成期においては、女性である皇后も軍事的なものに関わることもあったのである。翌一八九一年一〇月にも、睦仁は神奈川県での近衛諸兵秋期演習を見学した。

一八九二年一〇月二三日から二五日には、初めての陸軍特別大演習が栃木県において、三個師団の将兵が参加して行われた。睦仁は連日午前四時半か五時に起床し、乗馬で演習地に行き、馬を走らせて統監した。二六日午前には平出原で大演習に参加した将兵の観兵式を行ない、午後に宇都宮城址で大宴会を催した。参加者は、大演習参加の将校はじめ、陪覧および出張の陸海軍将校・各国武官、親王などや、第一・第二師団管内の名士であった。二七日、睦仁は皇居に戻った(同前、九〇九〜九一一頁、第八、一三四〜一四二頁)。

その翌年、一八九三年には陸軍特別大演習は実施されず、睦仁は一〇月二〇日から二三日まで近衛師団小機動演習を見学するため、群馬県下に行幸した。いずれの日も天候に恵まれ、睦仁は馬に乗り、元気に演習地を走り回った（『明治天皇紀』第八、三〇〇～三〇四頁）。その後は日清戦争のため、陸軍特別大演習も近衛師団小機動演習も実施されなかった。このように、陸軍特別大演習はすぐには定着しなかった。

第六章　日清戦争と大元帥の誕生

1　日清開戦

開戦への睦仁の不安

一八九四年（明治二七）春から、朝鮮の農民の反乱である甲午《こうご》農民戦争（東学党の乱）が広がっていくと、伊藤博文首相と陸奥《むつ》宗光《むねみつ》外相らは、内閣と衆議院の対立で生じた憲法危機を乗り切るため、それを利用しようとした。また、日本においては、軍備の強化を背景にして、朝鮮を属国として清国に委ねておいては、いずれ列強に侵略されて、日本の安全保障上の危機となるにちがいないという考えが強まってきた。対清協調を重視する伊藤ですら、同年三月には、日清共同で朝鮮国の改革を進める構想を持つようになっていた。日本の朝鮮への干渉を嫌っている清国に、この考えを提示すれば、日清間の緊張が高まることは目に見えていた。

朝鮮国の農民反乱の拡大に対し、同年六月二日、伊藤内閣は公使館や居留民保護のため出兵を決定した。陸奥外相や陸軍は、朝鮮の改革をめぐり清国と対決することを覚悟していたが、伊藤首相は清国との協調を継続する考えであった。日本が混成旅団（兵力は数千人）を出兵すると、六月一〇日に清国は、朝鮮国は清国の属国であると通知してきた。こうして、日清対決の可能性が強まった。伊藤首相は国内での憲法維持の危機に直面して苦しい立場に立たされており、それを打開するためには、朝鮮問題で清国の大幅な譲歩を引き出すことが必要であった。そこで、伊藤首相も清国との対決を覚悟せざるを得なくなった。こうして六月一五日、伊藤内閣は、(1)日清両国は協力して朝鮮国の内政、とくに財政・兵備を改革する必要がある、(2)もし清国が賛成しなくても、日本は撤兵せずに独力で改革を行なう、と決定した。これは、事実上の日清対決の方針であった（高橋秀直『日清戦争への道』三一七〜三七五頁、伊藤之雄『立憲国家の確立と伊藤博文』一四七〜一五一頁）。

この間、睦仁《むつひと》（明治天皇）は六月二日の出兵決定を直ちに裁可するなど、原則的に政府の方針に従うという、立憲君主的な行動を取った。しかし、清国との戦争すら覚悟した六月一五日の閣議決定が伊藤首相から上奏されると、睦仁は将来を深く心配した。そこで徳大寺実則《さねつね》侍従長を陸奥外相のもとに派遣して、独力で改革を行なうという趣旨について下問し、陸奥が参内《さんだい》して詳しく上奏した後に、ようやく裁可した（『明治天皇紀』第八、四二九〜四三七頁）。このように睦仁は、日本政府中枢で日清開戦に最も消極的な一人であった。

日本政府は、六月二二日、二七日と御前《ごぜん》会議を開いて、それぞれ軍隊の増派と朝鮮国内政改革案を決定したが、七月一二日になっても、清国と開戦する最終的な決断ができなかった。それは、睦仁が開戦に消極的だったからである。睦仁は、日清親善・東洋平和への思いからと、日本が清国と戦争をすることで第三国がそれを利用して利益を得ることへの恐れから、開戦になかなか同意しなかった。この間に、ロシアやイギリスが日清両国間の仲裁を試みていた（高橋秀直『日清戦争への道』四四二〜四五六頁）。

早くも六月五日に、出兵した将兵を統率する最高作戦指導会議として、大本営が置かれていたが、その最初の会議は七月一七日に宮中で、睦仁の出席する御前会議として開かれた。その出席者は、参謀総長の有栖川宮熾仁《ありすがわのみやたるひと》親王・西郷従道《つぐみち》海相・大山巌《いわお》陸相らの陸海軍当局者の他、山県有朋《ありとも》枢密院議長（陸軍大将）も睦仁の特命で列席した（同前、四六〇頁）。山県は、藩閥勢力中で伊藤に次ぐ実力者で、陸軍の長老であった。睦仁は、山県に対し、開戦を急がないバランスの良い判断力と統率力を期待したのであろう。

睦仁、怒りを爆発させる

一八九四年七月一九日、清国軍が朝鮮に増派されたとの情報を得て、日本政府は対清開戦に大きく踏み出す判断を行なった。それは、連合艦隊と混成旅団に対し、清国軍が増派されるならばそれを撃破すべしという命令が出されたことである。しかし、現地の指揮を執っていた大鳥圭介《おおとりけいすけ》朝鮮国駐在公使や陸奥外相の望む、朝鮮国の王宮を包囲するという計画は、政府の方針とはならなかった。それは、閣議でも反対があり、何よりも睦仁が反対したからである。睦仁や伊藤首相は、清国と交渉し戦争を避ける可能性を残しておきたかったのである。

しかしその後、陸奥外相や陸軍の支持を背景として、現地の大鳥公使と混成旅団長大島義昌《よしまさ》少将

（長州）は、独断で日本軍を動かし、七月二三日早朝に朝鮮国の王宮を占領し、朝鮮国の行政権の中枢を押さえた（高橋秀直『日清戦争への道』四二六〜四四三頁）。二五日、日本海軍は、漢城（ソウル）へ増援する清国将兵を運ぶ輸送船と護衛艦を、豊島《ほうとう》沖で撃破した。二七日午前の大本営会議において、睦仁は、今後伊藤首相が大本営会議に特別に列席すべきであるとの沙汰を下した。軍事費や外交に関して、軍事作戦を熟知することが必要と判断したからであった（『明治天皇紀』第八、四六九頁）。藩閥勢力中の最大の実力者で睦仁の信頼の厚い伊藤は、文官でありながら戦争の作戦指導に関与することを、天皇によって直接認められたのであった。もっとも本書ですでに見たように、佐賀の乱・台湾出兵や西南戦争においても、文官であった大久保利通や伊藤が政府の責任者として作戦の大枠を指示している。伊藤の大本営列席という天皇の沙汰は、むしろ維新以降の慣行に従ったものともいえる。

豊島沖海戦の情報は、七月二七日夕方から二八日夕方にかけて、大本営に入ってきた。日本軍は二九日に成歓《せいかん》を、三〇日には牙山《がざん》を占領した。この勝利の報は、八月二日に大本営に伝わった。この間、七月二八日午後に到着した報告は、朝鮮国政府から清国軍の排除が依頼された、というものであった。睦仁は不信を感じ、なぜこのような報告が行なわれたのか、かねて訓令があったのか、大鳥公使の臨機の処置なのかを、陸奥外相に問い合わせた（高橋秀直『日清戦争への道』四六五頁）。このように、睦仁は七月末まで日清開戦に躊躇《ちゅうちょ》していた。

八月一日、閣議は清国に宣戦布告することを決定し、伊藤首相が睦仁に詔書案への裁可を求めた。睦仁は裁可し、詔書が発せられた。ところが土方久元《ひじかたひさもと》宮相が、清国への宣戦布告を、伊勢神宮と、京

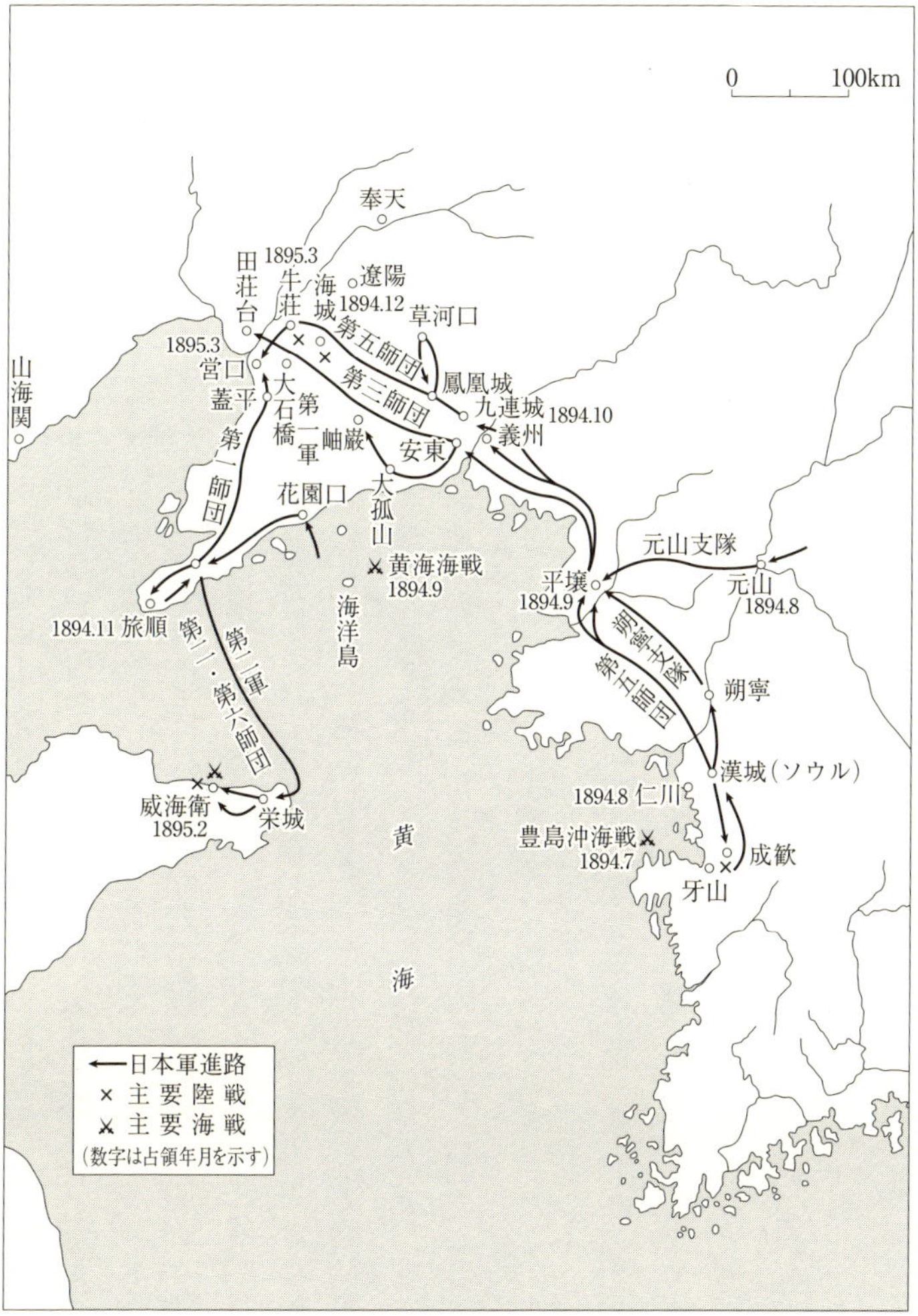

第3図　日清戦争関連地図

都にある孝明天皇の後月輪東山陵《のちのつきのわのひがしのみささぎ》に奉告する使節の人選について、同月一一日に睦仁の意向を尋ねたところ、睦仁は、奉告する必要はないと答えた。さらに睦仁は、今回の戦争は自分は初めから望んでいなかった、閣僚らが戦争は止むを得ないと上奏したので許可しただけなので、神宮や孝明天皇陵に奉告するのは心苦しい、と述べた。土方宮相は、すでに宣戦の勅諭が裁可されているので、今になってこのようなことをおっしゃるのは間違ったことではないか、と諫めた。すると睦仁は、おまえの顔など見たくないと、怒りを爆発させたので、土方は恐縮して退出した。土方は、戦局の行方や伊藤首相がこのことを知った際の苦悩を思って、一晩中眠れなかった。しかし翌朝早く、徳大寺侍従長が土方邸に来て、すぐに勅使の人選をして奉呈すべし、という睦仁の意向を伝えたので、土方は直ちに参内して上奏した。こうして、勅使が派遣された(『明治天皇紀』第八、四八一～四八二頁)。睦仁は、日清開戦に不満だったのである。

睦仁の戦争指導

日清戦争が日本の勝利に終わった一八九五年五月一二日、睦仁は心を許している佐々木高行《たかゆき》枢密顧問官(常宮《つねのみや》と周宮《かねのみや》両内親王の養育主任を兼任)に、日清戦争の開戦に当たって心配したことは、軍人は戦争に勇むが、内閣と意見が違うようなことがないようにということであった、と話した。睦仁はさらに続けて、そこで、陸海軍の中枢と内閣はよく協議すること、とりわけ財政のことは大事なので最も注意すべきであることを、参謀総長の有栖川宮熾仁《たるひと》親王によく話して聞かせた、と述べた(『佐々木高行日記・かざしの桜』一八九五年五月一二日)。

これをさかのぼる一八九四年八月三〇日、睦仁は有栖川宮参謀総長(当時の参謀総長は、陸・海軍の作戦をたばねる役）・伊藤博文首相・山県有朋第一軍司令官（陸軍大将）・西郷従道海相・大山巌陸相らを召して、国全体の得失は交戦上のみにとどまらず、列強からの干渉も避けられないので、外交と軍事が食い違わないように等、文武官と陸海軍の協調について、五カ条で諭《さと》した。その日の昼、山県第一軍司令官の出征を送る陪食において、伊藤首相も軍事・外交の協調を説いた（『明治天皇紀』第八、四九五～四九八頁）。すでに述べたとおり、文官の伊藤首相が大本営会議に列席を命じられているように、睦仁は伊藤首相と連携して、日清戦争における軍事と外交・財政などのバランスを取ることに努めた。このため、戦争を通して大きな問題は起こらなかった。

ところで、日清開戦後に有力新聞の『大阪朝日新聞』（現在の朝日新聞の前身）が、「王者の兵は文明の戦」（一八九四年八月一四日）と社説で論じたように、日本国民は、清国から朝鮮を解放し改革するというスローガンと、戦勝の報、さらには日本にもたらされるであろう利益への期待に沸きかえった。すでに七月一六日、日本はイギリスとの新条約を調印し、治外法権を撤廃し関税自主権を一部回復していた。この条約は、八月二七日に公布されたが、不平等条約の完全な回復でないといった強い批判は起きなかった。

その後、日本陸軍が九月一五日から一六日の平壌《ピョンヤン》《へいじょう》の戦いに、また海軍が一七日の黄海《こうかい》海戦に圧勝して、日本の勝利はほぼ固まった。このような大勝は、第一軍司令官となった山県大将のような藩閥指導者にとっても予想以上であった。

第四回総選挙後に召集された第七臨時議会（一八九四年一〇月一五日～二一日）や第八議会（一八九四

年一二月二二日〜九五年三月二三日）でも、政党は協力的で、軍事関連の予算や法案を全会一致で可決し、一八九五年度予算もほぼそのまま通過させた。こうして日清戦争の戦勝によって、睦仁がひどく心配していた日本の憲法危機が解消され、第二次伊藤内閣への国民の支持は強まった。

この間、有栖川宮参謀総長からの提言を受けて、戦場により近い広島に大本営を置くことになった。睦仁は九月一三日に広島に向けて皇居を出発、名古屋市（一三日）・神戸市（一四日）と宿泊し、一五日夕方に広島大本営に到着した。大本営には、広島城跡の第五師団司令部をあてた。当時侍従武官として随行した斎藤実《まこと》海軍少佐によると、汽車の沿道にはどこまでも人が立っているので、睦仁は休むことができなかったが、非常に満足していたという（『明治天皇紀談話』五巻、九七頁）。

長旅にもかかわらず、睦仁は翌朝九月一六日午前一一時一三分に大本営会議に臨御《りんぎょ》した。前日未明からこの日未明にかけて、朝鮮北部では日本軍約一万二〇〇〇人、清国軍約一万五〇〇〇人が激突した平壌の戦いが繰り広げられた結果、日本軍は清国軍を撃退して平壌を占領した。この戦勝の報は、睦仁が初めて大本営会議に出席した日の午後八時過ぎに大本営に伝えられた。睦仁以下、大本営全体が喜びに満ちた。九月二〇日午前一時過ぎには、一七日午前から午後にかけて日清両国の主力艦隊によって戦われた黄海開戦の勝利の報が大本営に達した。すでに睦仁は寝ていたが、直ちに吉報が伝えられた（『明治天皇紀』第八、五〇一〜五〇二頁）。

このように開戦後二カ月ほどで、日清戦争は日本の勝利に帰する見込みが強まったが、列強の動向を心配して開戦に慎重であった睦仁は、一〇月上旬頃になると、列強の干渉を深く心配し始めた。そして外務当局に対し、イギリス・ロシア等の国から何らかの提言はないのかと、しばしば尋ねた（同前、五四〇頁）。

また睦仁は、戦争を遂行する過程で、作戦や人事・昇進をめぐって陸軍・海軍の内部対立が起きないように気を配り、時には調停的な介入を行なった。その最も重要な一例は、山県が病気で第一軍司令官を辞任した問題である。

山県への帰国命令

すでに述べたように、山県は一八九四年八月三〇日付で第一軍司令官となり、九月に朝鮮に渡ったが、五六歳の山県には寒さに向かう戦場の気候がこたえた。一〇月下旬から胃腸病・痔など出征以来の病気が悪化し、伊藤首相ら長州系の藩閥有力者は深く心配した。しかし山県は、戦地から病気で帰還するという「不面目《ふめんぼく》」を甘受しようとしなかった（井上馨宛児玉源太郎書状、一八九四年一一月三〇日、「井上馨文書」、伊藤博文宛井上馨書状、一八九四年一一月一三日、『伊藤博文関係文書』第一巻、二七一～二七二頁）。

山県有朋
（『公爵山県有朋伝』より）

そこで睦仁は一一月二九日に、病気が心配なので帰国せよと命じる勅語を下し、侍従武官を派遣して山県に伝えさせた。そこで山県は、勅語を伝えられた翌日の一二月九日に戦地を出発し、一六日に広島の宇品《うじな》港に帰着した。

＊これに関し、『続伊藤博文秘録』に掲載された、この問題の当事者ではなかった平塚篤《あつし》による、二〇年以上後の推

測だけをもとに、『公爵山県有朋伝』下巻（一一八頁）の記述を都合良く選択して、山県は川上操六参謀次長（薩摩）や桂太郎第三師団長（長州）と作戦上で対立して、病気を名目に天皇から召還されたとする解釈もある（藤村道生『日清戦争』一二九〜一三一頁など）。この解釈が史料収集が不十分な上に、思い込みによる史料の誤読によるものであることは、伊藤之雄『立憲国家の確立と伊藤博文』（一七五、二〇二〜二〇三頁）に詳述した。

問題は、病気で戦場を去らざるを得なかった山県大将が、武人として面目《めんぼく》を失ったことを気にして、引退してしまうかもしれないことであった。

山県は冬季の作戦に関しても、天津から北京の攻略を目指すという積極的な考えを持っていた。これは、川上操六《そうろく》参謀次長や樺山資紀《かばやますけのり》軍令部長ら、薩摩出身で、大本営で作戦計画の中心を担っていた人々と対立する考え方であった。一八九五年一月二四日に有栖川宮参謀総長が病死すると、山県はその後任の有力候補となったが、川上・樺山の二人は、山県が参謀総長になったら辞任するという意向を漏らしていた。参謀総長は、日露戦争前までは、参謀次長（陸軍）と軍令部長（海軍）の上にあって、陸海軍の作戦を統率する立場にあり、戦時下で陸・海軍の作戦の事実上の最高責任者がともに辞任する事態になれば、事は重大であった。

このため、参謀総長の後任には、再び皇族の小松宮彰仁親王《こまつのみやあきひと》（陸軍大将）が就任することになり、三月七日に山県は西郷従道が兼任していた陸相になった。同じ頃、山県に代わって第一軍司令官となった野津道貫《のづみちつら》中将と樺山軍令部長を大将に昇進させることを、伊藤内閣が奏請した際に、睦仁は、樺山を大将とすると、かつて山県を大将に任じた「恩遇」が減殺されるとして、樺山の昇進を許さず、三月一二日に野津のみを大将にした。このように睦仁は、伊藤のみならず、山県にもかなり高い評価を与えていたのである（伊藤之雄『立憲国家の確立と伊藤博文』一七六〜一七七頁）。

三国干渉と睦仁

一八九五年一月二七日、日清戦争の講和条件が、御前会議で検討された。出席者は睦仁の他、小松宮彰仁参謀総長・伊藤博文首相・山県有朋監軍《かんぐん》（元首相）・西郷従道海相兼陸相・陸奥宗光外相・樺山資紀海軍軍令部長・川上操六参謀次長であった。この会議で、朝鮮の独立、遼東半島の割譲《かつじょう》や軍事費の賠償等、基本的な講和条件が陸奥外相より提示され、列席者の異議がなかったので、睦仁は裁可した。これは四月一日に、清国全権の李鴻章《りこうしょう》に提示された。同年夏に、睦仁と話をした佐々木高行枢密顧問官によると、睦仁は遼東半島の割譲については、最初から求めるべきではないと思っていたらしい（『佐々木高行日記・かざしの桜』一八九五年七月二九日）。

睦仁は、講和の談判が決裂して北京にまで軍を進めて講和交渉をすることになったなら、土地の割譲も賠償金も皆無になるだろうとみていた。そこで四月一一日、困難であっても今回講和を成立させるよう努力することを望むと、徳大寺侍従長を使いとし、伊藤首相に伝えさせた（『明治天皇紀』第八、七六一頁）。

結局、清国側の抵抗で講和条件を日本側の要求からは緩和し、四月一七日、朝鮮の独立承認、遼東半島・台湾・澎湖《ほうこ》諸島の割譲、賠償金二億円の支払い等からなる日清講和条約が下関で調印された。

しかし、この講和条約に対し、ロシアを中心にドイツ・フランスから遼東半島を清国に返すようにと、日本への勧告があった。日本には三国を相手に戦う力は残っておらず、五月四日、閣議はこの三国干渉を受け入れた。日清戦争という初めての対外戦争に勝利したうえに、講和条件についても自らの判断が正しかったことが証明され、睦仁は自信を強め、名実ともに大元帥《だいげんすい》となったのである。

2 広島大本営の睦仁

広島大本営での日常

大本営に当てられた第五師団司令部は、東西一八間（約三二・四メートル）、南北七間半（一三・五メートル）の、粗末で飾りのない木造二階建ての建物であった。睦仁《むつひと》（明治天皇）の御座所《ござしょ》は、二階正面の二四坪（約一四四平方メートル）の部屋で、睦仁はそこで種々の決裁から、食事・睡眠まですべてを行なった。部屋には、東京から持ってきた机と椅子など、二、三点の他には特別なものはなく、壁に粗末な八角時計が掛かっていただけであった。夜間は皇居の奥（内廷）と同様に、燭台のろうそくで明かりをとり、電燈は用いなかった。二階の御座所の東にトイレを設け、次の間を着替え所とし、西南隅の二部屋を侍従長および侍従の詰所とした。

臣下が睦仁に安楽椅子を用いることや、また冬季には暖炉を使うように奏上したが、睦仁は戦地においてはそのようなものはない、と言って許可せず、質素な生活を続けた。睦仁は毎朝大体六時半から七時の間に起き、すぐに、白い和服の寝巻きを脱いで同じ仕立ての白い和服に着替えた。侍従たちは睦仁が顔を洗っている間に、ベッドを撤去して、机と椅子に換えた。睦仁はその後、朝食を済ませ

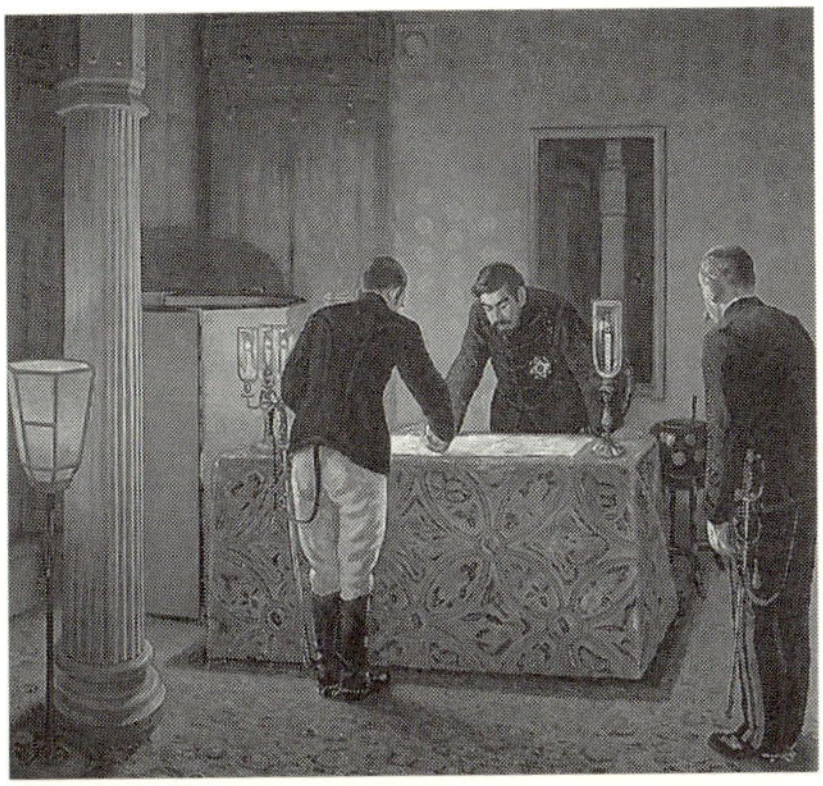

戦況の報告を受ける睦仁
南薫造画「広島大本営軍務親裁」部分
（明治神宮聖徳記念絵画館蔵）

ると、しばらくして軍服に着替えて、夜一一時頃まで軍服で過ごした。

睦仁の侍従として広島にも同行した日野西資博《ひのにしすけひろ》（後に子爵）の回想によると、寝るのはたいてい夜一一時半から一二時までの間で、それよりも早いことはなかったようで、午前一時頃になることもあった。

大本営会議は、当初は特別のことがない限り、一日おきに行われた。開かれる時間は、午前のこともあり午後のこともあり、定まっていなかった。後には重要案件のある時のみ開かれるようになった。睦仁は、毎回必ず臨御《りんぎょ》した。戦地から帰ってきた高級将校は必ず拝謁を許されたが、それはいつも大本営会議の席で拝謁して、戦況を奏上したようである。また軍事に関することは、岡沢精《おかざわくわし》侍従武官（長州、陸軍少将）（日野西の回想には、岡沢侍従武官長とあるが、侍従武官長が置かれるようになって岡沢が就任したのは、日清戦争後の一八九六年四月から）らが、睦仁の面前で地図を広げて報告した。必要があれば、夜分でも報告が行われた（『明治天皇紀』第八、五一一～五一二頁、「元侍従日野西資博談」『明治天皇紀談話』一巻、一五七～一五九、一六二～一六四頁、「元侍従武官長斎藤実談」同前書、五巻、一一二～一一三頁)。

広島での睦仁は、大本営から外へ出ることは少なく、あまり気晴らしをしなかった。それは戦地の状況に配慮してのことであった。その少ない娯楽の一つが、刀剣であった。刀剣に興味を持っていた睦仁は、広島周辺の刀剣や絵巻物などの美術品を、軍議室で眺めた。それらは通例午後三時以後に展示された。また、夕食の時に陸海軍の軍楽を交互に御座所前庭で演奏させることも、一八九四年九月下旬以降、同様に睦仁の楽しみとなった(『明治天皇紀』第八、五二三～五二四頁)。すでに述べたように、一八七三年の野営演習で陸軍軍楽隊の演奏を初めて聴いた二〇歳の時以来、睦仁は軍楽隊の奏楽が大好きであった。

また睦仁は、軍歌の作詞をすることも好きであった。一八九四年七月二八日に、日清両軍は漢城(ソウル)南方の成歓《せいかん》付近で最初に砲火を交え、日本軍が清国軍を敗走させ成歓を占領した。成歓の戦いの後に、睦仁は「成歓役」と題した軍歌を作詞し、陸軍軍楽隊に作曲させた。九月二六日、夕食時に軍楽隊にそれを歌わせたところ、睦仁はその曲調が気に入らなかった。そこで二八日、「喇叭《らっぱ》の響」の曲を用いて歌わせた。「成歓役」の歌詞は、「堅く守れる敵兵を、唯《ただ》一斉に打破る/我《わが》勇猛のつはものは、彼我《ひが》の屍《かばね》を踏越えて/勇み勇みて進み行く、ここは牙山《がざん》の本営と」等と、勇壮なものであった。この他、睦仁は「黄海の大捷《たいしょう》」・「平壌の大捷」の軍歌を作った(同前、五二八～五二九頁)。もっとも睦仁の歌よりも、「勇敢なる水兵」・「雪の進軍」・「婦人従軍歌」など、民間で作られた軍歌の方が流行し、その後も歌い継がれた。

軍艦を視察

一八九四年一〇月二日には、睦仁は半月前の黄海海戦に参加し清国側の砲弾を浴びて呉《くれ》軍港に戻っていた軍艦「松島」（四二七八トン、「厳島《いつくしま》」・「橋立《はしだて》」と同型艦で日本海軍最大）を視察するため、珍しく行幸した。当日は朝九時に大本営を出発、一一時過ぎに呉鎮守府《くれちんじゅふ》に到着した。さっそく睦仁は、同司令長官有地品之允《ありちしなのじょう》（海軍中将）以下高等官一五〇人に謁見を許した。昼食の後、汽艇（ランチ）で港に停泊していた「松島」に行って乗艦し、士官以上に謁見を許した。

尾本知道《おもとちどう》艦長（大佐）が睦仁を先導し、黄海海戦の戦況、清国側砲弾破裂のために破損した箇所、戦死者・負傷者の位置、その血痕などについて、一つ一つ詳しく報告した。「松島」は呉軍港に帰って一週間になっていたが、戦時にもかかわらず修理に取り掛かっていなかったのは、睦仁が被害の実状を見たいという意向を示したからであった（『明治天皇紀』第八、五三四〜五三五頁）。また黄海海戦で清国側主力艦隊を撃破し、日本海の制海権を確保したので、修理が一週間遅れても心配がなかったからでもあった。

「松島」を見て少し休憩した後、睦仁は突然、軍艦「比叡《ひえい》」（二二四八トン）・「西京丸《さいきょうまる》」も見学したいと言い出した。まず「西京丸」に移り、舵の損傷箇所などを見、ついで「比叡」に移乗し、被害の箇所や火災の位置などを見た。両艦船においても、士官以上に謁見を許した。睦仁が夕方大本営に帰還すると、五時三〇分になっていた（同前、五三五頁）。睦仁は、「松島」などを視察することにより、日本が初めて臨んだ近代海戦の悲惨な実状を肌身に感じたことであろう。また、その感情を海軍将兵と共有し、そのイメージを示すことで、彼らからの信頼を強めたと思われる。

当時、侍従武官であった岡沢精《くわし》によると、睦仁は大本営の御座所となった一室からあまり出ない生活をしていたので、その健康が心配となった。岡沢が大本営の庭を散歩するように申し上げたが、睦仁は聞かなかった。そこで岡沢は、池田謙斎《けんさい》侍医局長と相談し、蹴鞠《けまり》や投扇興《とうせんきょう》（開いた扇子を投げてイチョウ形の的を落とし、扇子と的の落ちた形を採点して優劣を競う遊び）などを庭で催し、運動不足の睦仁をようやく庭に誘い出すことができた。

睦仁は御座所と会議室の間の廊下で、侍従や侍従武官らを相手に蹴鞠をするようにもなった。鞠は古式のものを用いたが、作法にはとらわれず、ただ蹴るだけのものであった。同じ廊下で、楊弓《ようきゅう》を行なうこともあった、また、大本営の庭で侍従や宮内書記官らに乗馬をさせて見学するようにもなった（「子爵日野西資博談」、「故岡沢侍従武官長邸出張記」『明治天皇紀談話』一巻、一六五頁、六巻、一九～二〇頁）。

なお、睦仁が広島大本営に行ってから、皇后が来訪するまでは女官もおらず、侍従たちが女官に代わって側に奉仕したが、睦仁は一度も小言を言わなかった。肌着などは睦仁が自分で掛けることもあった。皇居において睦仁の爪は女官が切っていたが、広島大本営では自分で切った（「子爵日野西資博談話速記」『明治天皇紀談話』一巻、三〇八～三〇九頁）。

以上のように睦仁は、広島大本営で戦地を思い、きわめて質素で不自由な生活をし、大好きな乗馬も行なわなかった。このような睦仁の日常が伝えられることにより、軍人や国民の士気が鼓舞されたのみならず、戦勝後の睦仁の権威は、いやが上にも高まった。

皇太子との対面

一八九四年一一月一七日、前々日の一五日に東京を出発した皇太子嘉仁《よしひと》親王が、広島に到着した。睦仁は直ちに一五歳の息子と二カ月ぶりの対面を果たした。しかし、短い時間で皇太子は退出し、宿泊所の憲兵隊本部に入った（『明治天皇紀』第八、五三八頁）。久しぶりに会った父と子にしては、あまりにも簡単な拝謁であった。侍従であった日野西によると、睦仁は息子のことを絶えず気にし、健康であると伝えられると深く喜ぶような優しさを持っていた。しかし皇太子は、子供の頃はそれほどではなかったが、成長するにつれて、天皇のことを少し恐れるような様子がはっきりとみられるようになったという（「子爵日野西資博第一回談話速記」『明治天皇紀談話』一巻、二五一～二五二頁）。睦仁は彼なりに息子を気遣っていたが、子供に対する愛情表現は不器用で、臣下の目を気にして、愛情を抑制した形でしか示せなかった。皇太子もまた、偉大で厳格な父に対し、どのように接したらよいかわからなかったのである。

翌一八日の午前一〇時三〇分、皇太子は参営《さんえい》した。睦仁は皇太子と歓談した後、二階から満州産馬を用いた乗馬を見物し、皇太子にも陪観させた。その後皇太子は、睦仁の命を受けた主殿頭《とのものかみ》山口正定《まささだ》の案内で、広島城の天守閣に登り、広島の全景を観望した。正午には睦仁と皇太子は、御座所で昼食を取った。父子の面会は稀で、側に奉仕する者は親子の愛情が欠けているのではないかと心配することがあったが、この日の親愛の情景を観察して、「歓喜」して皇后に報じた。その日の二時に、皇太子は東京へ向けて広島を発った（『明治天皇紀』第八、五八三～五八四頁）。皇太子は片道三日間かけて広島に来ても、睦仁とは昼食を含めても二時間も共に過ごしていない。それでも、側近に奉仕する者が

「歓喜」したほど、二人の交流は希薄であったといえる。

生母中山慶子と皇后美子

すでに述べたように、睦仁は大本営において出征軍人の困難を思い、真冬になっても暖炉を使わず、女官を奉仕者に加えず、不自由な生活に耐えていた。これに対し、側近者は当然のこと、それを伝え聞いた国民も、皇后の広島への行啓を望むようになった。睦仁がようやくそれを許したので、一八九五年三月六日、皇后が戦傷病者慰問のため一一日に東京を出発して広島に行啓することが決まった。次いで八日、皇后宮大夫《こうごうぐうだいぶ》香川敬三《かがわけいぞう》・侍医岩佐純《いわさじゅん》や、典侍《てんじ》室町清《むろまちきよ》子《こ》・権典侍《ごんのてんじ》千種任子《ちくさことこ》（睦仁の二人の皇女を出産）・同園祥子《そのしょうこ》（睦仁の六人の皇女を出産、この後、さらに二人の皇女を出産）などの宮内官僚・女官ら一四人が同行を命じられた（『明治天皇紀』第八、七二一頁）。

この問題について、石黒忠悳《ただのり》（大本営野営衛生長官、後に陸軍軍医総監・医務局長）が香川敬三の娘に聞いた、興味深い話がある。皇后が傷病兵見舞いのために広島に行啓する準備として、宮内官吏が広島に出張して皇后の御座所などの検分を行なった頃、明治天皇の生母の中山慶子《よしこ》（史料中には「二位局」とある）が皇后の広島行きに反対し、それを中止させようとしたが、うまくいかなかった。そこで中山慶子は英照《えいしょう》皇太后を動かして皇后の広島行きを止めようと、皇太后に願い出た。しかし皇太后は、元来皇后の広島行きに賛成であったので、中山慶子の進言を聞いたまま、大きいろうそく一本が燃え尽きるまで、一言も発せず、ついに中止の許可を与えずに済ましたという。香川の娘は、中山慶子の「気根」も英照皇太后の勇気も、共に感じるべきであると石黒に述べ、石黒は後にそれを倉富勇三郎枢密院議長に語った（「倉富勇三郎日記」一九二六年一一月二七日、国立国会図書館憲政資料室所蔵）。

中山慶子は、孝明天皇の側室となり、睦仁を産み育てたが、孝明天皇が三五歳で死去したので、三二歳の若さで天皇を弔う質素な生活に入った。しかも、臣下の身として、即位した睦仁にもほとんど会えない日常であった。慶子はこのような自己を抑制した生活を三〇年近く送ってきており、わずか半年ほどの別離で天皇に会いに行く皇后美子《はるこ》や側室たちに対して、自己犠牲と節制が不十分であると思ったのであろう。英照皇太后も未亡人としての生活を送っていたが、睦仁とは正式の母として、生母以上の親密な関係を続けており、睦仁の日常生活の疲労や皇后たちの心情に同情を寄せる余裕があったといえる。しかも日清戦争は、二月に日本が威海衛《いかいえい》を占領したことや清国の主力艦隊の北洋艦隊が降伏したことで、ほとんど終わりかけていた。

中山慶子

その後、皇太子の病気で皇后の広島行きは六日間延期され、三月一七日に出発することになり、皇后は一九日に広島大本営に到着した。皇后は直ちに御座所で睦仁に会い、いったん休息した後、御座所で夕食を共にした。ところがその晩、皇后は大本営の後方の建物に退出し、睦仁はそのまま御座所で就寝した。次の日も同様に、それぞれ別の建物で眠った。侍従や周りに仕える者は、皇后が広島に来た

広島から凱旋《がいせん》した睦仁が，新橋駅で文武高官の迎えを受ける
土屋光逸画「万々歳凱旋之図」（神奈川県立歴史博物館蔵）

なら、睦仁は皇后たちのいる建物で就寝し、日中だけ大本営に出ると思っていたので、内々「早く皇后様の方へ成らせられると御宜《よろ》しいのに」と申し合っていた（「子爵日野西資博談」『明治天皇紀談話』一巻、一八四～一八五頁、『明治天皇紀』第八、七二二頁）。

ようやく三日目の二一日になり、睦仁は以後は毎日午前一〇時に大本営の御座所（表御座所）に出て、午後七時に奥御座所に退くことを伝えた（『明治天皇紀』第八、七二二～七二三頁）。

＊なお、先述の「子爵日野西資博談」には、睦仁は皇后が広島に来ても、「かれこれ一ケ月近くも皇后陛下の方へ成らせられず」、大本営の一室に居住し続けたと回想されている（『明治天皇紀談話』一巻、一八四頁）。侍従の日野西には、三日間が一カ月近くにも感じられ、そう記憶されたのであろう。

この時、日清戦争での日本の勝利はすでに確定し、三月二〇日に伊藤博文（首相）・陸奥宗光（外相）と李鴻章の両国全権により、講和会議が下関で開かれるまでになっていた。しかし睦仁は、日本軍の澎湖《ほうこ》諸島上陸など、領土割譲のための作戦が予定されている際に、夜を皇后や側室と過ごすことへのためらいがあった。睦仁には、生母中山慶子の極度の生真面目さと厳格さも、皇后美子や側室たちの人情も、ともに理解することができたのである。

3　極東の危機と伊藤博文への信頼

閔妃殺害事件と睦仁

第二次伊藤博文内閣は、日清戦争で朝鮮に派遣した日本の軍事力を背景に、二回にわたり朝鮮国の内政改革を行なった。しかし、朝鮮国政府の抵抗にあって成功せず、日清戦争に勝利して清国の朝鮮への影響力を絶ったにすぎなかった。朝鮮改革が失敗に終わった中で三国干渉が起き、日本が三国に屈服したことで、朝鮮国はロシアの勢力を利用して日本の圧力をかわそうとした。日本が三国干渉を受諾した後約一カ月経った一八九五年（明治二八）六月三日、陸奥《むつ》宗光《むねみつ》外相は伊藤首相に、これまで通り日本独自で朝鮮国への干渉政策を行なうのか、干渉を抑制するのかを決定してほしいと提言したが、閣議では明確な政策が決定されなかった。

この状況下で、朝鮮国での日本の立場を挽回するため、八月一七日、三浦梧楼《ごろう》（長州、元東京鎮台司令官）が朝鮮国公使に任命された。三浦は、朝鮮国に赴任すると、李王側（閔妃《ミンビ》《びんひ》が実権を掌握）が日本の朝鮮国への影響力をさらに削減しようとし、日本の将校が訓練した軍隊である訓練隊の武装解除を求めてきたので、大院君《テウォングン/たいいんくん》を擁してクーデタを行なうことを決めた、と回想している。こうして、一〇月七日夜から八日早朝にかけて、三浦公使の意を受け、訓練隊が大院君を護衛し、これに日本の守備隊や武装した公使館員・領事館員の一部と日本人の一隊が同行、景福宮に押し入って閔妃（明成皇后）らを殺害した。日本人は朝鮮人風の変装をしていたが、日本人の行為であることは、すぐ朝鮮国民や列強にも知られた（伊藤之雄『立憲国家の確立と伊藤博文』一九二～一九四頁）。

伊藤首相は、日本の朝鮮国に対する方針や撤兵その他の措置をロシアに通告しようとしていたところで、列強や朝鮮国からの非難を招く三浦公使らのこのような行動は、全く寝耳に水であった。睦仁《むつひと》（明治天皇）も同様で、この事件が一〇月八日に奏上されると、三浦はいったん決意したことは断行することを恐れない者であると述べ、事件の影響を大変心配した。翌日、睦仁は侍従武官を参謀本部に遣わして、事件のことを尋ねさせた。参謀本部でも事件を把握していなかったので、直ちに朝鮮へ人を派遣して調査することになった。侍従武官が午後八時を過ぎて皇居に帰ってきたときには、睦仁はすでに奥《おく》（内廷）へ入御《にゅうぎょ》していたが、再び表《おもて》に出御《しゅつぎょ》して報告を聞いた。

一〇月二一日、伊藤首相は、朝鮮国に対する基本方針を睦仁に提出した。その内容は、今回の事件で、朝鮮国における日本の地位は大打撃を受けたので、朝鮮政策に関し、今後日本は各国と協同行動を取る場合には積極的手段を採用するが、それ以外においては消極的にならざるを得ない、というものであった。同月二四日、睦仁は朝鮮国特派大使李載純が帰国するために引見した際に、「朝鮮国王妃閔氏事件の起れるを遺憾とし、伯爵井上馨《かおる》を派して慰問の意を致さしめんとする」旨の勅語を下した。この日、三浦公使を免職とし、一一月五日に華族（子爵）としての礼遇も停止した（『明治天皇紀』第八、九一〇～九一一、九一八～九二二頁）。睦仁は、伊藤首相などの、列強との協調路線で閔妃殺害事件を処理するという方針を是認し、同事件に対応したのであった。

その後、一八九六年二月から六月にかけて、日本はロシア側と小村―ウェバー覚書や山県―ロバノフ協定などを結んだ。それらは、日本の朝鮮政策を基本的にロシアと協議して解決するというもので、またその基本は日露が政治的に対等であることであった。それは、一八九八年四月の西―ローゼン協定でも確認された。日露協商を中心とした列強協調の方針は、睦仁の望むところでもあった。

伊藤への信頼と山県への気配り

睦仁の伊藤博文への信頼は、日清戦争後も継続した。それを示す一例が、一八九五年八月五日、伊藤首相が日清戦争の功績により藩閥官僚中で初めて大勲位菊花《だいくんいきくか》大綬章《だいじゅしょう》を受けたことである。この勲章は、大勲位菊花章頸飾《けいしょく》に次ぐ勲章で、三条実美《さねとみ》・岩倉具視《ともみ》・中山忠能《ただやす》（娘慶子が睦仁の生母）ら元公家が維新以来の功績などで、また親王が皇族叙勲内規で受けている以外、例のないものであった。高位の勲章の授与は、首相・内大臣（宮内大臣）・元老等の推薦や相互調整を経て方針が定まる慣行となっていたが、睦仁が最終的に裁可し、時には裁可されないこともあった。なお、藩閥官僚中で、伊藤に次いで大勲位菊花大綬章を与えられたのは、山県有朋《ありとも》（長州）・大山巌《いわお》（薩摩）・西郷従道《つぐみち》（薩摩）の三人で、伊藤に遅れること七年、一九〇二年六月三日であった。

第九議会で第二次伊藤内閣は、ロシアを意識した膨大な軍拡計画を含む日清戦後経営予算を、一八九六年三月に通過させた。ところが、それらの計画を実施するための次年度予算編成をめぐり、同年七月下旬には財政難で行き詰まってしまった。伊藤は日清戦争をはさんですでに四年間も首相を務めていた。伊藤を支えてきた陸奥宗光《むつむねみつ》は結核が悪化して五月末に外相を辞任しており、伊藤には引退したいという気持ちも強かった。

しかし伊藤は、気持ちを奮い立たせて、従来の自由党に加え、進歩党という衆議院の二大政党の協力を得て戦後経営を実施しようと考えた。そのため大隈重信（改進党などを中心にできた進歩党の党首格）を外相に、松方正義《まさよし》を蔵相にして、内閣を強化しようとした。日清戦争後になると、商工業者やジャーナリズムを中心に各界から、松方と大隈に対する戦後の財政運営における強い期待が生じていたので、彼らが入閣すれば、国債の募集の見通しも立ち、次年度予算の編成も可能であった。この構想に対し、内相の板垣退助（自由党党首）は、大隈が入閣するなら自分は辞任する、と強く反対した。板垣は、第九議会での予算通過に自由党を率いて協力し、見返りとして内相に就任していた。

結局、板垣内相と松方・大隈の入閣に関する調整はつかず、八月二七日、伊藤首相は辞表を提出した。三一日、睦仁は伊藤の辞任を認めた。九月一日、睦仁は伊藤首相の後任問題について、山県・黒田清隆・井上馨《かおる》・松方の四人に、熟議するよう命じた。いずれも伊藤首相を除く薩長藩閥中の最有力者たちで、後に元老として定着する人々であった。

その後、九月三日に松方・黒田が参内すると、睦仁は山県を後継首相にしてはどうかと提案し、松方が同意したので、松方に山県を説得させた。しかし山県は体調を崩し下痢に悩まされており、病気を理由に辞退し、松方を後継首相に推した。睦仁は九月一〇日、松方に首相兼蔵相になることを命じ、松方は承諾した。そこで第二次松方内閣は、松方の出身地の薩摩系閣僚と、外相に就任した大隈を中心に、進歩党の支持を受け、九月一八日に発足した。

山県は日清戦争に第一軍司令官として出征《しゅっせい》しながら途中で病気のために帰国せざるを得なかった屈辱と、現在の体調を考慮して、首相になることを固辞したのであろう。睦仁は、大勢は松方を中心に大隈と進歩党が協力して組閣する方向に流れていることを理解しながらも、伊藤と並ぶ実力者になっていた山県の無念に配慮して、一応山県に組閣を依頼したのであろう（伊藤之雄『立憲国家の確立と伊藤博文』二一二～二一五頁）。睦仁はこのような気配りをすることができ、それが彼の権威をさらに高めたと思われる。

第二次松方内閣において、松方首相や薩摩系の閣僚は、新聞紙条例を緩和し、内務大臣や拓務大臣（植民地の場合）による新聞発行の禁止・停止を廃止するなど（ただし司法権による発行禁止権は残される）、大隈外相や進歩党側の好意を得ようとした。また一八九七年には、進歩党幹部が政府の局長や知事（官選）などになる人数を増加させ、その数は大隈外相を除いて一〇人にも達した。これは、軍備拡張などの戦後経営を実施していくため、その財源として地租増徴法案を、進歩党の支持を得て帝国議会の衆議院で通過させようとしたからであった。すでに述べたとおり、帝国議会は、総選挙で選ばれた衆議院と、華族の互選議員や政府（形式上は天皇）の指名による勅選議員からなる貴族院とで構成されていた。貴族院は保守的で基本的に政府支持なので、軍拡などの政府法案は、衆議院を通れば貴族院も通過させられると見られていた。

ところが、松方首相ら薩摩系閣僚が進歩党に対して示した好意を、大隈や進歩党側は不十分と見た。彼らは松方内閣の地租増徴の方針に反対し、一八九七年一〇月三一日、松方内閣との提携を断絶した。このため、松方内閣は第一一議会の衆議院で進歩党・自由党などと正面から対決することになった。一二月二五日、彼らから内閣不信任案が上程されると、松方首相は衆議院を解散し、睦仁に辞表を提出した。

すでに日清戦争で清国の弱体ぶりがさらけ出されており、その間一八九七年一一月一四日にドイツが膠州《こうしゅう》湾を占領し、一二月一五日にはロシア艦隊が旅順《りょじゅん》港に入るなど、列強の中国分割の気配が強まっていた。

元老制度の定着

睦仁は、対外問題に関連した内政上の危機に直面し、一八九七年一二月二七日、黒田清隆枢密院議長に善後策について下問した。黒田は、伊藤か山県が後継首相として適当である、と奉答した。そこで睦仁は、直ちに伊藤の参内《さんだい》を求め、二九日に参内した伊藤博文に再び組閣を命じた。伊藤なら藩閥勢力と政党など国内の対立を調停して強力な内閣を作り、列強の中国分割が本格化しても、列強協調の方針で柔軟に対応してくれると期待したからであろう。睦仁の伊藤への期待は、伊藤のプライドを満足させるものであった。

しかし伊藤は、憲法の下で君主権を制約し、後継首相の指名も原則として藩閥の有力者たち（元老）の推薦に従って、天皇が行なうべきであると考えていた。伊藤は、それが立憲君主制を長期的にわたって維持する秘訣であると知っていたのである。また伊藤は、睦仁が黒田の推薦のみで伊藤を指名したのでは、自身が藩閥全体から支援を受けるのに不十分であると見た。そこで伊藤は、組閣の過程で藩閥の有力者を集めた御前会議を開くことを奏請した。翌一八九八年一月一〇日、御前会議が開かれ、伊藤・山県・西郷従道・黒田・大山巌・井上馨の六人が参内し、伊藤の組閣の方針や、藩閥官僚と伊藤系官僚よりなる閣員の人選を承認した。この会議の出席者の人選は伊藤が行ない、睦仁が承認した。首相を辞任した直後であったため召されなかった松方を含め、睦仁の政務の最重要相談役である元老として、七人が承認されたといえる。

この間、伊藤は大隈重信（進歩党）や板垣退助（自由党）ら政党勢力と薩長の藩閥勢力を結集した内閣を作ろうとした。しかし伊藤は、大隈や板垣らと、内閣への協力の見返りの入閣ポストで折り合いをつけることができなかった。藩閥勢力と政党側の対立は、この時点になると、政策の差異よりも、藩閥勢力側がどの程度政党側に権力を配分するかという点にあった。相互への不信もあり、議会発足後七年以上経っても、この点の妥協は難しく、一八九八年一月一二日、伊藤は衆議院の二大政党の協力がないまま、第三次内閣を発足させざるを得なかった。

その後も、伊藤内閣は政党の支持を得ることに成功せず、同年六月一〇日、伊藤内閣の地租増徴法案は衆議院において大差で否決された。そこで、伊藤内閣は衆議院を解散した。伊藤は自ら政党を組織しようとしたが、山県有朋など元老の協力が得られず、伊藤の政党組織構想は一八九二年に引き続き失敗してしまった。失望した伊藤は、元老を召して善後策を下問するように睦仁に上奏したうえで、一九日に東京を去り、大磯方面に行ってしまった。この行動は、内閣の継続か辞任かという重要な国務については、天皇は元老に相談して決めるべきである、という伊藤の意志を睦仁に示す意味も持っていた。

他方、六月二二日、進歩党と自由党は合同して憲政党を組織し、藩閥政府と対決する姿勢をさらに強めた。この結果、たとえ藩閥政府が衆議院を何度解散しても、事実上の憲法停止ともいえる弾圧も含めた不正を行なわない限り、多数を得る見込みはなくなった。こうして、藩閥政府は憲法を一時的に停止して議会を開かずに地租増徴を実施するか、憲法を維持するため大隈・板垣ら政党側に政権を渡すか、の選択を迫られることになった。

睦仁の誤解と隈板内閣への不安

すでに見たように、伊藤博文首相は睦仁に善後策を元老に下問するように上奏した。睦仁も伊藤の意志を理解し、一八九八年六月二四日、伊藤・黒田清隆・山県有朋・西郷従道・井上馨・大山巌ら元老を召し、自らの面前で御前《ごぜん》会議として政局の善後策を相談させた（松方正義にも下問があったが、兵庫県御影《みかげ》の別宅よりの帰京が遅れ、列席できず）。その会議で、伊藤は元老の中の誰かが政権を担当しないなら、憲政党の大隈重信・板垣退助に政権を担当させるしかないと、政党に政権を渡しても憲法を守る姿勢を示した。これに対し、山県は政党内閣を作らせることに反対し、元老総出で入閣し難局に当たる他に道はないと論じた。しかし、西郷と大山が伊藤の説に同意したので、山県は松方の到着を待って決定しようと提案し、御前会議は休憩となった。

伊藤はこの休憩中に睦仁に召されたので、善後策が未定のままで辞表を提出した。その後、睦仁は伊藤を再び召し、二人で善後策について相談した。その際に二人の間に大きな誤解が生じた。伊藤は、睦仁が自由党のみに政権を担当させることはできないかと質問し、伊藤が大隈・板垣両人に政権を担当させる以外に手段はないと答え、睦仁もやむなくそれを了承したと受け取った（井上馨宛伊藤博文書状、一八九八年六月二五日、「井上馨文書」）。

ところが、山県の腹心の平田東助《とうすけ》書記官長の回想によると、睦仁は伊藤が大隈と板垣を加えて内閣を再組織する決意をしたと誤解し、二四日午後に再開された御前会議でもそのように勅裁があった。それには伊藤は出席しておらず、山県・井上はじめ他の元老も、伊藤が連立内閣を組閣するものと誤解した。翌二五日、岩倉具定《ともさだ》侍従職幹事が睦仁の使いとして伊藤を訪れ、その報告で睦仁も誤解を悟った。睦仁は驚いて、直ちに伊藤ら各元老を召し、種々評議させる一方で、特に山県を召し内閣の組織を依頼した（平田東助「伊藤内閣更迭事情」、同「山県内閣」、「憲政史編纂会収集文書」所収の「平田東助文書」、国立国会図書館憲政資料室所蔵）。睦仁は政党に政権を担当させることに反対であり、また大隈に対しては不信感を抱いていた。侍従の日野西資博《ひのにしすけひろ》によると、睦仁は、先頃「大隈が来て話した事と、今日話を聴くのとはまるで違って居る、どっちが本当であるか分らない」等と、たびたび述べていたという（『明治天皇紀談話』一巻、二八五〜二八六頁）。

しかし、この時までに大隈・板垣両人に政権を担当させるという話が、両人や両党幹部にも伝わっていた。山県は、自らが天皇を欺いて政権についたと攻撃する口実を政党側に与え、睦仁にも累を及ぼす恐れがあるとして、組閣を辞退した。こうして六月二七日、睦仁は伊藤の主張に従って、大隈・

板垣に組閣を命じ、三〇日に第一次大隈内閣（隈板内閣《わいはん》）が成立した。この内閣は、陸・海軍大臣以外のすべての閣僚を憲政党員から採用した、日本で最初の政党内閣である。閣員は、旧進歩党系が大隈首相兼外相ら四人で、旧自由党系が板垣内相ら三人であった。

自由民権運動以来、旧自由党系と旧進歩党系（旧改進党系など）は反目を続けてきた。憲政党は短期間で結成されたため、両系の間では、財政難に対応する経済政策など、重要政策での基本的合意すらできていなかった。六月二九日に睦仁に拝謁した松方（元首相）は、「聖上《せいじょう》（睦仁のこと）の憂色斯《か》くの如《ごと》く深かりしは、未《いま》だ曾《かつ》て拝したてまつりしことなし」と、大隈・板垣連立内閣に対する睦仁の大きな不安に気づいた（伊藤之雄『立憲国家の確立と伊藤博文』二四二〜二四八頁）。

政党内閣の崩壊

睦仁の不安通り、大隈内閣と憲政党は、旧自由党系と旧進歩党系との内部対立が激しかったのみならず、両党系とも党幹部をきそって次官・局長・知事（官選）などの公職に就けようとした。大臣を除いたこれらの中央ポストへの就官者のみで、延べ四二人に及んだ。また、この内閣の成立時は、旧自由党系と旧進歩党系が対等という建前であったが、首相に就任し、しかも政治力がある大隈ら旧進歩党系がリードし始めた。そこで組閣から三カ月余りの一〇月一三日には、旧自由党系の幹部が集まり、旧進歩党系との提携断絶を決議した。

板垣内相（旧自由党系）は、大隈内閣を倒す手段として、閣議において尾崎行雄《ゆきお》文相（旧進歩党系）の「共和演説」問題を取り上げ、文相の地位にありながら「不謹慎」である、と尾崎を責め立てた。尾崎文相の共和演説とは、尾崎が八月二一日、帝国教育会の夏期講習会で、「日本に仮りに共和政治ありと云《い》ふ夢を見たと仮定せられよ、恐らく三井、三菱は大統領の候補者になるであろう」と、日本の拝金熱の拡大を批判した演説である。

「共和演説」批判は、尾崎の軽率な言葉尻をとらえたものであるが、一〇月二一日（あるいは二〇日）、板垣内相は天皇に対して、尾崎を弾劾《だんがい》する上奏を行なった。そこで二二日、睦仁は岩倉侍従職幹事を大隈首相のもとに派遣し、尾崎は共和演説問題で世論を混乱させ、信任することができないので、辞表を出させるべきである、との沙汰を下した（山県有朋宛桂太郎書状、一八九八年一〇月二三日、「山県有朋文書」、国立国会図書館憲政資料室寄託）。

すでに尾崎は一年前の一一月に、松方内閣の外務省勅任参事官在職のまま、進歩党本部の会議に出席して内閣を攻撃したことで、懲戒免職となっていた。その尾崎を大隈が文相に推薦したので、睦仁は大隈の保証で懲戒を特免する裁可を行なってまでして、文相に任命していた。

そのような事情にもかかわらず「共和演説」問題を引き起こすような尾崎に、少し保守的だが実直な性格の睦仁は、強い不信の念を抱いたのである。もっとも、「共和演説」が問題になっても、睦仁は直ちに尾崎の責任を問うというような専制君主的な行動を取らなかった。まずは自らの感情を抑制し、大隈とともに組閣の命を受けて大隈と同格であった板垣内相が尾崎文相を弾劾する上奏を行なった後に、初めて尾崎の辞任を求める意志を示したのである。なお、尾崎の文相辞任は尾崎を保証した大隈首相の責任問題となる可能性をもはらんでいた。

尾崎文相は天皇から辞任を求める沙汰のあった一〇月二二日に、大隈首相に辞表を提出した。大隈は二四日、病気を理由とする尾崎の辞表を睦仁に差し出した。大隈は、自ら辞任する気は全くなかった。大隈は首相の職権で旧進歩党系の犬養毅《いぬかいつよし》を後任の文相に推薦し、睦仁の裁可を得た。こうして二七日、犬養の就任式が行なわれた。これは、尾崎の罷免《ひめん》によって、睦仁が大隈や旧進歩党系という衆議院を二分する勢力の片方を嫌っている、と受け取られることを避けるため、体制の調停者としてとった巧妙な行動であった。

尾崎の後任として犬養が文相に就任したことに反発して、二九日、旧自由党系の板垣ら三閣僚は辞表を提出した。大隈首相は旧進歩党系で閣僚を補充して内閣を存続させようとした。それに対して睦仁は、補充を即座には認めなかった。睦仁は非常に心配し、在京の元老黒田清隆・松方正義に善後策を下問した（元老の伊藤・山県・井上は、東京にいなかった）。これは、組閣の命が大隈・板垣の両名にあったことからみて、立憲君主として自然な判断であった。結局、三一日に大隈首相らも辞表を提出し、日本で最初の政党内閣は、わずか四カ月で、ほとんど成果をあげることなく、内紛によって倒れた。

以上のように、日清戦争後にさらに政党勢力が台頭し、それへの対応をめぐって元老伊藤博文と山県有朋という二大実力者が対立したのみならず、権力に近づいた政党勢力自体も二分された。このような、困難な状況に直面したにもかかわらず、睦仁は元老の助言を求めながら巧妙に決断し、「公平」な立憲君主というイメージと権威を、国民の間に定着させていった。

ロシア不信の強まり

一八九八年一〇月三一日、大隈重信首相らが辞表を提出すると、睦仁は黒田清隆枢密院議長に下問した。黒田は松方正義・大山巌元帥と相談し、三元老の意見をふまえた奉答を行った。その内容は、大隈首相らの辞表を認め、すぐに山県有朋に組閣を命じること等であった。翌一一月一日、睦仁は清国漫遊《まんゆう》中であった伊藤博文の帰京を待つ必要があるか、と再度黒田に下問した。二日、黒田邸で黒田・松方・西郷従道・大山と、前日に帰京した山県とが会合し、速やかに首相の後任者を召して意見を聞くように、と奉答した。こうして五日、六〇歳の山県は、睦仁から組閣の命を受け、八日、第二次内閣の組閣を完了した。新内閣は、山県（首相）・松方（蔵相）・西郷（内相）と元老が主要閣僚を固め、他を藩閥官僚で占め、政党からの入閣はなかった。睦仁は後継首相選定にあたり、信頼する伊藤の意見を聞きたかったが、伊藤が清国へ行っていたのであきらめ、元老の多数の意見に従った。

山県内閣は、新しい憲政党（旧自由党系のみ）の実権を掌握した星亨《ほしとおる》を通して、憲政党と提携し、貴族院の協力を得て一八九八年一二月に地租増徴法案を成立させた（地租を地価の二・五パーセントから三・三パーセントに引き上げる、増徴を一八九九年から一九〇三年までの五年間に限定する）。最初の政党内閣である第一次大隈内閣が失敗に終わった後だったため、旧自由党系の憲政党は、内閣に協力的であった。そのため、第二次山県内閣期に、睦仁が内政面でひどく悩ませられる場面はなかった。むしろ睦仁は、東アジアでの列強の動向への対応など、外交面での気苦労を多く背負うようになる。

その最初は、韓国をめぐる問題であった。一八九八年一〇月に、駐韓ロシア公使となったパブロフが、馬山浦《マサンポ》や木浦《モクポ》などのような朝鮮半島南部の良港に、ロシアの勢力を伸ばそうと活動し始めた。翌九九年五月に、ロシア海軍は馬山浦に自らの拠点となる土地を得ようとした。パブロフは、この帝国主義の時代の基準からみても、野心的で意志が固く、陰謀好きの人間であった。パブロフ駐韓公使の動きは、彼の個性によるところが多く、ロシア政府に一貫した南下政策があるわけではなかった。しかし、この動きに、日本側は陸軍を中心に危機感を強めた。

一八九九年一〇月一一日、山県首相は意見書を著し、(1)ロシアが韓国の馬山浦《マサンポ》・巨済島《コジュ》もしくはその他において、戦艦停泊所もしくは要塞に使用する土地を占領したり、借用したりしようと韓国政府に圧力をかけることを、日本政府は見過ごすことができない、(2)ロシアがもし日本の忠告を拒絶した場合は、日本の利益を放棄する政策を取るか否かを、御前会議で討議を尽くして決定してほしい、等と主張した。また山県は、伊藤らとはロシアに対する意見が異なり、対韓政策等に関する意見が衝突して苦心しており、結局戦うか妥協するかの決定は御前会議で行なうしかない、と一二月に閣議で決めたと書き残している（伊藤之雄『立憲国家と日露戦争』三〇～四七頁）。睦仁がこれまで列強との協調を重視してきたところから判断すると、彼は伊藤らの立場に近かったと思われる。睦仁は、伊藤と山県の対立、とりわけロシアに対して戦争も辞さないと発言する山県らの姿勢を懸念したことであろう。

北清事変への対応

しかし、韓国政策をめぐる伊藤と山県の亀裂が明確になる前に、列強の中国進出に反発した中国民衆による義和団《ぎわだん》の乱が拡大し、一九〇〇年六月に入ると、北京は包囲されて天津など周囲の都市から孤立した状態となっていった。六月二〇日、義和団勢力はドイツ公使を殺害し、北京に籠城した列強の公使館員・兵・居留民（各国の護衛兵および義勇隊合計四八一名）を、清国兵と共同して攻撃し始めた。これに対し列強は、救援軍を送ることになり、北清事変が始まった。七月五日にイギリスは、列強は日本が清国に援兵を派遣することに反対しないので援兵を送ってほしいと、日本政府に申し入れた。

七月五日、睦仁は、伊藤に午後三時以降に参内することを命じた。伊藤が参内する前に、山県首相・青木周蔵《しゅうぞう》外相が伊藤を訪れたので、伊藤は五時に睦仁に拝謁した。睦仁は、清国問題は容易のことではないと、伊藤の意見を尋ねた。またこの件については、伊藤が閣僚の相談を受けて、意見があれば十分に言うように、との命を下した。伊藤は、自分は閣僚ではないので閣議に列席すべきではないが、山県首相が自分に相談するなら誠意をもって助言する、と答えた。この日の朝、山県首相が拝謁した時に、睦仁は前もって山県に、清国問題については伊藤によく相談するように、と命じていた。睦仁は、清国情勢が激変する恐れがある中で、日本が列強から孤立することを恐れ、特に伊藤の尽力を求めたのであった。

さて、列強から出兵依頼を受けた日本は、総計で二万二〇〇〇名の将兵を清国に送った。これは北京方面では連合国軍中で最も多かった。八月一四日、日本を含めた八カ国連合軍が北京に入った。こうして連合国軍の出兵目的は達成され、翌一九〇一年一月九日、清国と日本を含む列強との間で北京議定書が結ばれ、北清事変は終わった。

他方、後藤新平台湾総督府民政長官や児玉源太郎台湾総督は、一九〇〇年八月、台湾の対岸の厦門《アモイ》が義和団の乱の影響で動揺し、台湾の治安が悪化する恐れがあるとして、厦門を占領し、清国の福建省を支配しようとした。日本側は八月二四日、謀略により厦門の東本願寺教堂に自ら放火した。その後、厦門にまず海軍陸戦隊を上陸させ、次いで台湾から歩兵一個大隊（将兵数百名）を基幹とする部隊を、厦門に出発させた。睦仁は、厦門への出兵に允裁《いんさい》（許可）を与えた。

この厦門出兵は、後藤・児玉や山県首相らの閣僚にとっては、居留民保護を名目にして厦門を占領し、次いで福建省を支配しようとする、南進論の謀略であった。しかし、睦仁は謀略の事実を知っていた形跡がなく、厦門の居留民保護という閣議決定の趣旨を承認したにすぎなかった。

日本の厦門出兵に対し、イギリスをはじめとする列強が、日本軍の撤兵を求め、強く抗議した。元老伊藤は、この事態を知って驚いた。彼は内閣を動かし、厦門占領に固執する児玉や後藤を説き伏せて占領計画を放棄させ、厦門に向かった歩兵部隊を途中で引き返させた。上陸した海軍陸戦隊も、九月七日に各艦に引き揚げた。こうして厦門事件は、日本と列強や清国との関係に深刻な影響を及ぼすことなく終わった（伊藤之雄『立憲国家と日露戦争』四八〜五二頁）。

以上のように、北清事変に際して日本が列強や清国の間で孤立する事態にならなかったのは、一つには、元老伊藤が睦仁から特別に指名されて、内閣に影響力を及ぼしたからであった。また二つには、山県首相も列強の動向を無視してまで、日本の大陸政策を推進する気はなかったからでもあった。

4　自信と窮屈になる日常

日清戦争に勝利して、日本は小さいながらも極東において最も近代化の進んだ強国として、列強から一目《いちもく》置かれるようになった。それのみならず、戦争は睦仁《むつひと》（明治天皇）の人柄にも影響を及ぼした。

自信の高まり

日清戦争の講和条約が調印されて三カ月後の、一八九五年七月二九日、長期にわたってしばしば睦仁に拝謁してきた佐々木高行《たかゆき》枢密顧問官は、睦仁の性格の変化を次のように描写し、徳大寺実則《さねつね》侍従長に語った。佐々木は十数年前に天皇親政運動を推進したように、睦仁に期待をかけていた人物である。

佐々木によると、睦仁は、明治維新の際は年が若かったので、すべてのことについて三条実美《さねとみ》や岩倉具視《ともみ》から助言を受け、自分の考えは出さなかった。睦仁は成長するにつれて自らの考えを持つようになったが、西洋の制度・学問・文化を導入するにあたって、西洋帰りの未熟な者の説を採用したための朝令暮改《ちょうれいぼかい》も多く、急激な改革を行なうあまり、睦仁の思い通りにはならなかった。しかし、時が経つにつれて自らの考えが正しかったことがわかることもあり、睦仁は閣臣らが申し上げることを信用しない場合も出てきたが、種々の困難を我慢してやってきた。これまでまず都合良く事が運んだことは、睦仁のすぐれた考えや徳によっており、今では睦仁は自らの考えを確信するようになっているので、自然と他人の助言をそれほど重んじなくなってきているようである。昨年来の日清戦争の戦勝についても、睦仁自身は、最初から遼東半島を取るのはよくないと思っていたようである。しかし、意に反して閣議の方針で進んだため、一度割譲《かつじょう》させたものを三国干渉によって清国に還付するという、予想した通りの不名誉な結果になってしまった。

佐々木は、睦仁がさらに「老成」したらどのようになるか、と心配した。睦仁は歴代の天皇の中でも「稀有《けう》」のすぐれた知徳を持っているが、あまり拝謁を許すことを好まず（近来、佐々木には一年で二、三度）、行幸などもしなくなってきたことも、気がかりであった（『佐々木高行日記・かざしの桜』一八九五年七月二九日）。

佐々木は、かつての主君であった山内容堂《ようどう》（豊信《とよしげ》、元土佐藩主）を、威厳と分別がある稀に見る諸侯とみていたが、その容堂でも、謹厳で物事の道理にきちんとしていることにかけては、明治天皇にとても及ばないと思うほど、睦仁に心酔していた（同前、一八九五年九月二日など）。しかしその佐々木でさえ、日本・中国の賢君の中にも晩年は徳を失う例も少なくないと、睦仁が自信過剰に陥らないかと憂えていたのである（同前、一八九五年七月二九日）。

佐々木の話の中で、睦仁があまり拝謁を許さないことを指摘しているのは、四二歳になって自信がつき、多忙でもあった睦仁が、二二歳も年上の佐々木にたびたび会う必要があるとは切実に考えなかったからである。睦仁が拝謁自体を減らしているわけではない。佐々木の心配をよそに、睦仁は日清戦争の勝利によって権威が確立した後も、表《おもて》の政治において分別を失うことはなかった。

後に首相を務めた西園寺公望《きんもち》は、睦仁の人間観察と政治への洞察の深さについて回想している。それによれば、睦仁は、山県が病気だ病気だと言っているが山県は「より強い方」で、伊藤は達者だ達者だと言っているが「より弱い方だ」、と西園寺に述べたように、両者の性格を見抜いていた。また、西園寺らが政局の困難な状況を述べても、維新前後の政治に比べたら大したことはない、こんなことでへこたれてどうするのか、というようなことをよく述べた。土方久元《ひじかたひさもと》宮相が西園寺に、「陛下はフラスコの底まで見通して知ってござるからなあ」と言ったこともあるという（『明治天皇御追想記』、『西園寺公望伝』別巻二、二六～二七頁）。

しかし、後に述べるように、皇太子の教育など特に宮中の問題においては、睦仁の自信過剰の弊害が現れてきたのである。

窮屈になる日常

一八八二年から睦仁の侍従を務めた万里小路通房《までのこうじみちふさ》（公家、後に伯爵）によると、睦仁の生活は、一八八九年一月に赤坂仮御所から新しい皇居に移ってから、「御乗馬と共に御酒量も減りました」という（『明治天皇紀談話』一巻、六九、七四頁）。睦仁は以前のような、午後には毎日のように乗馬をし、一人で馬に乗れなくなるまでワインをたくさん飲むといった、気ままな奥《おく》（内廷）での生活を止めたということである。このように、彼の日常は少し制御されたものになってきた。

日清戦争以後、その生活はさらに大きく変わる。一八九〇年から九八年まで、宮内省出仕《しゅっし》（天皇の側で奉仕する六人の少年）であった藪篤麿《やぶあつまろ》によると、当初、睦仁は朝六時半から七時頃の間に起床したらしく、朝食を食べ、一〇時頃まで奥にいて、それから表御座所《おもてござしょ》に出御《しゅつぎょ》し、政務を見た。その後、午後一二時半か一時ごろに奥へ入御《にゅうぎょ》した。ところが日清戦争後、休日である日曜日を除き、午前に表御座所に出御すると、午後一時に奥へ入って昼食をとった後、再び出御し午後七時頃まで表御座所にいた。その間に大臣らの拝謁があり、遅い時には奥への入御が午後八時になる時もあった（『明治天皇紀談話』三巻、一七〜一八頁）。

すでに述べたように、睦仁は日清戦争中の広島大本営において、夜一一時頃まで大元帥服を着て、いつでも拝謁や上奏に応じられるように御座所で待機していた。睦仁は日清戦争後にもその習慣を引きずり、午後も七時頃まで表御座所にいるようになる。それは、日清戦争後に日本の領土が広がり、国力が種々の方面で拡張し、天皇の仕事も格段に増加したからである。たとえば、戦争の勝利で日本は台湾等を領土に加え、陸軍は戦前の七個師団から一九〇〇年に一三個師団となった。また海軍は戦後の一九〇〇年までに、戦艦五隻（一隻が一万二〇〇〇トンから一万五〇〇〇トン）、一等巡洋艦六隻（一隻が一万トン弱）、二等巡洋艦三隻（一隻が五〇〇〇トン弱）等、それまで所有していなかった大型軍艦を新造し進水させた。

また藪は、睦仁は日清戦争までは表御座所に出御する時はたいていフロックコートを着ていたが、日清戦争が始まって以来、表御座所では陸軍の大元帥の軍服を着た、と回想している（同前、一八頁）。日清戦争以降、このように表御座所での睦仁の服装も、現在私たちが抱いている通俗的なイメージと同じ大元帥服に変わった。これは、徴兵制度の下で多くの国民が陸軍と関わりを持つ現状を反映していた。睦仁が質素な陸軍軍服を公式なイメージとして国民に示すことで、国家統治を安定させたいと考えたからであろう。

田中光顕《みつあき》（宮中顧問官等を経て、日清戦争後に宮内次官・宮相を歴任）は、「日清戦争の後、お上《かみ》のお人が変って、立派におなり遊ばされたと私は思います」と証言している（同前、一巻、八九頁）。このように、日清戦争を経て、睦仁の君主としての自覚や自信と威厳が強まった。

しかし睦仁の日常は、日清戦争中のみならず、戦後も窮屈なままであった。一八八六年一〇月から睦仁の死去まで侍従として奉仕した日野西資博《ひのにしすけひろ》によると、一八八九年に新皇居に移転した後、睦仁はよく大弓で矢を的に当てる遊びや打毬《だきゅう》（まり打ちの遊び）などをして楽しみ、日野西など侍従や女官がその相手をした。このような遊びも一八九四、九五年位までのことで、その後はあまり行なわれなくなったという。

日清戦争以後は、皇居外へ出て、羽目《はめ》をはずす位に存分に酒を飲んで楽しむこともなくなった。その最後といえるものが、日清開戦の約一年前、一八九三年六月二日に行なわれた土方久元宮相邸への行幸である。

その日、睦仁は徳大寺実則《さねつね》侍従長らを従え、午後一時三〇分頃出門し、小石川の土方邸に行き、土方や家族に謁見を許した。三時少し前から庭上の能楽御覧所に出御し、維新後に能楽を復興させた、当代第一人者の梅若六郎《うめわかろくろう》らの能楽・狂言などを楽しんだ。午後七時四〇分から、有栖川宮熾仁《ありすがわのみやたるひと》親王や伊藤博文首相・山県有朋枢密院議長・閣僚らと晩餐となった。侍従として同席した日野西によると、その時、睦仁はシャンパンを一本半から二本くらい飲んだ。飲みすぎたのか、睦仁は慣行になっていた行幸先の家の主人夫婦に天盃《てんぱい》を下す行為に関し、土方夫人の顔でも嫌ったのか、「まあ後にせい」と、土方夫人になかなか天盃を与えなかった。また皇居に帰るのは当日の午後一一時頃に予定されていたが、その夜は翌日の午前一時一〇分になってから土方邸を出て、皇居に戻ったのは午前二時であった。

そこへ土方がお礼に参上したので、睦仁は表御座所ですぐに土方にワインを下し、自らも飲んだ。結局、午前三時過ぎに奥へ入ることになり、睦仁の足元がおぼつかないので、小柄な日野西が大柄で肥満気味の睦仁を抱えて奥に連れて行ったが、睦仁がよろめいた際に、二人とも倒れてしまう有様であった。睦仁が就寝したのは、午前三時四〇分になっていた（『明治天皇紀談話』一巻、三三五〜三三七頁、『明治天皇紀』第八、二五七〜二五八頁）。

一八七〇年代から時折あった睦仁の酒の上でのこのようなエピソードは、この日を最後に確認されない。

5　息子の修学の遅れとあせり

少年嘉仁、将校修業を期待される

一〇歳の嘉仁《よしひと》親王（後の大正天皇）は、一八八九年一一月三日、睦仁《むつひと》（明治天皇）の三七歳の誕生日に皇太子に立てられ、同時に陸軍歩兵少尉に任じられて近衛歩兵一連隊付を命じられた。陸軍少尉とは、将校の最下級で、通例一個小隊（数十人の兵士）の指揮官であり、陸軍士官学校卒業後しばらく経った二十歳代のはじめに任じられるポストである。もちろん嘉仁の場合は、皇太子としての形式的任命であった。翌一一月四日、皇太子嘉仁は近衛歩兵第一旅団と同第一連隊に行啓し、入隊の儀式に参加した。

一八九一年六月一二日、睦仁は東宮武官長を置き、近衛歩兵第一旅団長奥保鞏《おくやすかた》陸軍少将を任命し、嘉仁の輔弼《ほひつ》（補佐）に当たらせ、一八日には奥少将に東宮職《とうぐうしょく》一切の事務を処理させた。東宮《とうぐう》とは皇太子の別称である。奥少将は、佐賀の乱、台湾出兵、西南戦争等に参戦した軍人で、とりわけ西南戦争では、熊本鎮台《ちんだい》の第一大隊長として西郷軍に包囲されて籠城し、包囲突破部隊の隊長として敵中を抜け出し、宇土《うと》に進出した政府軍と連絡をつけるなどの武勇を示した（『明治天皇紀』第四、一五二頁、第七、四〇八、八六一、八六四頁）。七月一七日、嘉仁は一一歳で学習院初等科四年級を卒業した。この年の嘉仁の健康状態は良く、一学年中一回も欠席しなかった（『明治天皇紀』第七、八七二頁）。睦仁は、実戦で武勲を立てた奥を、薩長藩閥外の福岡出身ながら、一一歳の皇太子嘉仁の養育の最高責任者とし、操練《そうれん》・乗馬など、将来大元帥になる軍人としての基礎教育を託したのである。

しかし、すでにみたように、体の丈夫な睦仁ですら、乗馬の練習を始めたのは一五歳の頃、操練・射的《しゃてき》は二〇歳の頃からであった。嘉仁と同年齢で一カ月早く生まれた畑俊六《はたしゅんろく》（のち陸相、元帥）が陸軍中央幼年学校に入学して軍人としての訓練を始めたのは、一八九六年九月で、畑が一七歳のときである。生まれつき病弱の嘉仁に、たまたま一年間の健康状態が良かったとはいえ、奥のような軍人を

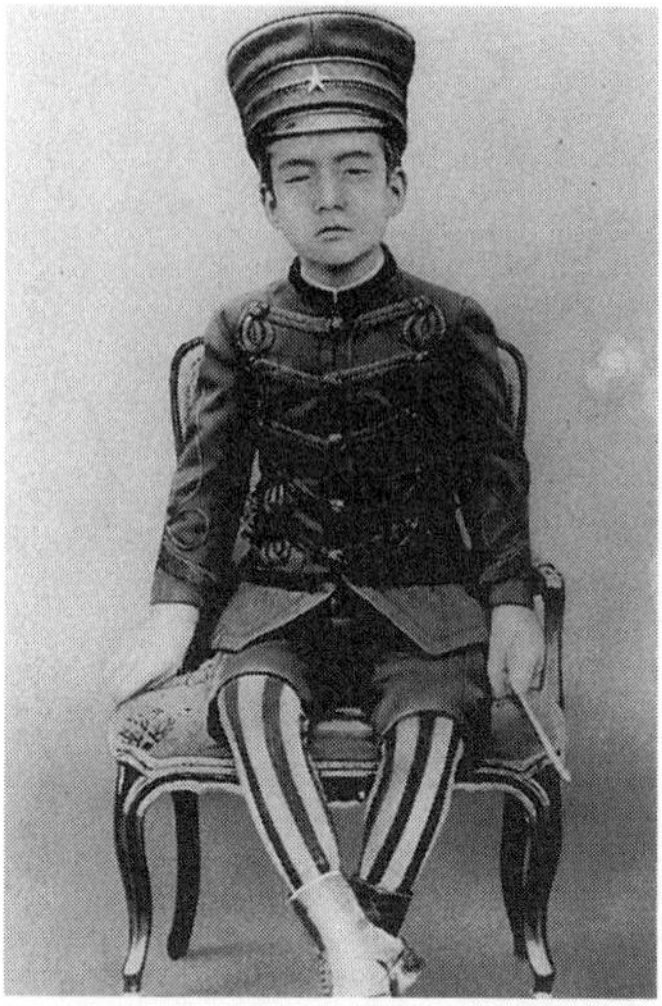

嘉仁親王
虚弱な少年に陸軍歩兵少尉の軍服を着せている。

責任者として、一一歳の頃から操練や乗馬といった軍人としての教育を行なおうというのは、睦仁のあせりすぎといえた。

そのため、嘉仁が一二歳になって二カ月経った一八九一年一一月一一日、奥東宮武官長は睦仁に、嘉仁は陸軍歩兵少尉に任じられて二年経って進級する時期にきたが、特に軍人としての業を身につけてはいないので、原級に留めることが皇太子のためである、と上奏した。睦仁はそれを了承し、嘉仁を少尉のままに留めた（『明治天皇紀』第七、九二三頁）。睦仁が見込んだ通り、奥は気骨のある将軍であったが、肝心の嘉仁の軍人教育は、何ら進展しなかったのである。

同様の問題は翌年にも生じた。一八九二年一一月三日、睦仁は嘉仁を陸軍歩兵中尉に昇進させた。これにあたっては、その前に有栖川宮熾仁《ありすがわのみやたるひと》参謀総長から、陸軍大臣が皇太子嘉仁の進級を奏請しないので、天皇の意志で進級させ、嘉仁の成年までに少佐に進級させるべきであると、徳大寺実則《さねつね》侍従長を介しての提言があった。そこで睦仁は、自らの誕生日（天長節《てんちょうせつ》）にあたってそれを実施したのであった（『明治天皇紀』第八、一四六頁）。おそらく、奥東宮武官長（一八九二年一月より東宮大夫《とうぐうだいぶ》兼任）が前年同様の理由で陸軍省に嘉仁の進級を申請しなかったので、陸相もそれを睦仁に奏請しなかったのであろう。奥の気骨の確かさがうかがわれるが、睦仁もそれには多少困っていたところ、有栖川宮が助け舟を出して、嘉仁は中尉に進級できたのであった。

この間、同年五月二二日に嘉仁親王の教育について協議するため、土方久元《ひじかたひさもと》宮相・徳大寺侍従長・奥東宮武官長ら宮内省幹部が初めて集った。しかし、確固とした方針を決められなかったようである（「土方久元日記」一八九二年五月二二日、「徳大寺実則日記」一八九二年五月二二日）。

奥は嘉仁親王の教育方針をめぐり、土方宮相や徳大寺侍従長らと対立し、翌一八九三年一一月一〇日に東宮武官長をやめ、近衛歩兵第二旅団長に転属した（『明治天皇紀』第八、二八六～二八八頁）。しかし、その後も順調に昇進し、日清戦争には第五師団長（陸軍中将）として、日露戦争には第二軍司令官（大将）として参加、参謀総長を経て、元帥にまで昇進した。奥の旅団長への転属は、二年間東宮武官長を務めた後での自然な転属でもあったが、嘉仁の軍人教育が成功していて睦仁が強いて願ったならば、留任もあり得たであろう。奥の後任として、同日に第四師団長黒川通軌《くろかわみちのり》陸軍中将が東宮武官長兼東宮大夫に任じられた。

嘉仁は同年七月一五日に学習院初等科を卒業し、九月から学友の少年たちと、学習院内に設けた学問所で勉学を続けた。一八九五年一月四日には陸軍歩兵大尉に任じられた。一八九七年になると、嘉仁を陸軍歩兵少佐・海軍少佐に進級させ最高位の勲章である大勲位菊花章頸飾《だいくんいきくかしょうけいしょく》を授与させるべきであるとの議が提起された。しかし、睦仁はこれを認めなかった。その理由は、陸海軍士官の進級には規則・条例が定められているので、それに従うべきだと考えたからである。有栖川宮熾仁親王ですら、この勲章を授けられたのは、一八九五年一月の死の間際であり、嘉仁に与える時機にはなっていない、というものであった（同前、第八、二七二、六二八頁、第九、五三七頁、「土方久元日記」一八九三年九月二一日）。

一八九七年は、嘉仁が皇室の成年である一八歳に、満年齢でも達する年である（数え年なら一八九五年）。それに合わせて嘉仁を陸・海軍の少佐に任じることは、形式論からすれば自然な選択であるが、奥の考えを受けて睦仁は嘉仁の進級を遅らせており、今回も、大尉の年限が短かすぎて不自然になる進級を見送ったのであった。

翌一八九八年一〇月一七日、今度は元老で陸軍の長老である山県有朋《ありとも》元帥が、腹心の田中光顕《みつあき》宮相に手紙で、一一月三日の天長節に嘉仁を少佐に進級させるべきだと思うので、よく考えて田中が奏請すべきである、と提案した。そのこともあり、睦仁はとうとう同年一一月三日、嘉仁を陸・海軍少佐に進級させた（『明治天皇紀』第九、五三七頁）。この間、嘉仁は、一八九三年九月からの学問所での修学科目に毎週五時間の乗馬を課せられたが（同前、第八、二九一頁）、彼が操練《そうれん》や射的《しゃてき》のような軍事練習を熱心に行ったとの記録はない。すなわち、嘉仁は軍事練習らしいものを行なうことなく、成年になり、一年遅れて陸・海軍少佐に進級し、睦仁のような軍事訓練をする機会がなくなったのである。

発育の遅れた嘉仁

皇太子嘉仁親王は、少年期から青年期に達するにつれて、軍事練習のみならず、一般的な発育面でも遅れが目立ってきた。また、それを取り戻すことはかなり困難であることが、宮中関係者の間で共通の認識となってきた。

たとえば、日清戦争後まもなく、睦仁の生母で、孫嘉仁の幼少時に養育を任されたことのある中山慶子《よしこ》は、一六歳になった嘉仁の発達は、普通より三～四年遅れているとみた。また佐々木高行枢密顧問官も、普通より四～五年遅れているとみた。佐々木は、睦仁に学問等を教授する侍補《じほ》時代などからの宮中での人脈を生かし、宮中に隠然とした影響力を残していたので、様々の宮中関係の秘密の情報が佐々木のもとに入ってきていた（『佐々木高行日記――かざしの桜』一八九五年九月、一〇月二日）。

このような学業・発達の遅れの原因には、嘉仁の健康問題が大きく関係していた。嘉仁は一八九二年一二月初めに腸チフスにかかり、二十余日間高熱を発し、二〇日頃には快方に向かったが、翌九三年一月二四日まで病床にあった。嘉仁の全快は、睦仁にとって限りない喜びであったらしい。一月二八日には奥《おく》（「内儀《ないぎ》」）において祝宴が開かれた。さらに、翌二九日には赤坂離宮で、関係の医師・侍従ら一〇名に午餐がふるまわれた。一八九五年五月下旬から嘉仁は、風邪にかかり、体温が日ごとに上昇し、六月二日に再び腸チフスと診断され、四〇度以上の高熱も出た。三週間ほどで快方に向かったが、七月末になってもなお全快しなかった。八月一〇日には発熱し、右側の肋膜炎と肺炎の兆候があり、その後、一八日には体温が四〇度を越え、右肺全体が侵されて重態となった。幸い、二二日には急性の危機を脱したが、慢性の病状となった（『明治天皇紀』第八、一七〇、一九一～一九三、八三二、八七二頁、「土方久元日記」一八九三年一月二七～二九日）。

嘉仁は病弱であったので、一八八八年八月を箱根で過ごし、八九年一月から二月まで四〇日ほど熱海に滞在した。それ以来、毎年避暑・避寒をすることが慣例となっていった。一八九八年の冬は、嘉仁は三月下旬になっても葉山で避寒しているほど大事をとっていたが、睦仁は嘉仁が風邪にかかったと聞いて、また肺炎を起こすのではないかと心配した。そこで、たまたま国府津《こうづ》に出張していた侍医局長岡玄卿《おかげんきょう》を葉山に立ち寄らせて、嘉仁を診察させ、奏上させた（同前、第七、一八四頁、第九、四一二頁）。このように、睦仁は嘉仁の健康を非常に気遣っていた。

それにもかかわらず、睦仁は皇太子関係の責任者としての東宮大夫《とうぐうだいぶ》を、一八八九年一一月から一八九七年一〇月まで、曾我祐準《すけのり》子爵（陸軍中将）・黒川通軌《みちのり》（東宮武官長と兼任、陸軍中将）ら陸軍軍人に命じていた。また、嘉仁が病気のときも、看護婦や女官には看護をさせなかった。佐々木高行や中山慶子《よしこ》らの見るところ、病状が少し良くなると、遅れている学業に励ませ、それにより再び体調が悪くなる、という繰り返しであった。

これは、欧州の各帝国において皇太子の輔導（教育）は軍人が務めるという例にならったものである。しかし、佐々木らは、欧州では皇帝や皇后などが皇太子の教育に自ら責任を持つのであるが、睦仁は皇太子にほとんど拝謁すら許さず、実情を知らないまま、佐々木らの助言も聞き入れずに、自らの考えに固執している、と憂慮した。もっとも、一八九五年九月には黒川東宮大夫の独断で、病気の皇太子に看護婦をつけた（『佐々木高行日記――かざしの桜』一八九五年六月八日、一三日、七月二三日、九月、一〇月二日、一一月一八日、一九〇二年二月五日など）。

一八八二年から侍従として睦仁に奉仕した万里小路通房《までのこうじみちふさ》は、睦仁の性格の短所を尋ねられ、「短所と同時に長所」として「片意地」であること、すなわち「容易にお許しにならない」ことを挙げている（『明治天皇紀談話』一巻、八七～八八頁）。嘉仁の教育に関しては、この睦仁の「片意地」が悪く出てしまったといえよう。

嘉仁の修学の遅れへのあせり

睦仁はすでに述べたように、皇太子嘉仁親王が、皇室の成年である一八歳の年齢を迎えても、その教育の成果が上がらないことにあせりを覚え始めたと思われる。

一八九八年二月一八日、前年一〇月に東宮大夫を兼任したばかりの枢密顧問官細川潤次郎《じゅんじろう》に替えて、中山孝麿《たかまろ》侯爵（元東宮侍従長）を東宮大夫に任じ、東宮監督という新しい役職を作って元老の大山巌元帥を任命した。さらにその一カ月後の三月二二日、睦仁は有栖川宮威仁《たけひと》親王（熾仁《たるひと》親王の弟で、継嗣）を皇太子の賓友《ひんゆう》に、元老の伊藤博文と松方正義・前宮相の土方久元《ひじかたひさもと》を皇太子の伺候《しこう》に任命し、皇太子が赤坂離宮花御殿に滞在中は、一週間に二回参上することなどを命じた。賓友も伺候も、第一級の人物を嘉仁の教育担当にするために新しく作ったポストである（伊藤之雄「山県系官僚閥と天皇・元老・宮中」）。これは、明治三年（一八七〇年）閏《うるう》一〇月から、一八歳の睦仁に木戸孝允《たかよし》・大久保利通が「君徳培養《くんとくばいよう》」（天皇の徳育担当）の任に就いたことにならったものと思われる。侍従であった日野西《ひのにし》資博《すけひろ》によると、睦仁は皇族中で有栖川宮威仁親王と最も親しく接していた。宮が拝謁すると、用件のみならず、互いに珍しい物を持ち寄って、いつも一時間位は話していた（『明治天皇紀談話』一巻、二五五～二五六頁）。このように、睦仁は皇太子嘉仁の教育を、最も信頼する皇族に託したのであった。

しかしその後も、学問をはじめとする皇太子の諸事が遅れる状態が続いた。わずか一年数カ月も経たない一八九九年五月八日、睦仁は東宮監督・東宮伺候を廃し、東宮賓友の有栖川宮威仁親王を東宮輔導《ほどう》とし、伊藤・大山・土方と田中光顕《みつあき》宮相・中山孝麿《たかまろ》東宮大夫を東宮輔導顧問とした。これは伊藤らが、皇太子の輔導は統一が重要であるので、責任者を選んで一任すべきであると助言し、睦仁がそれを受け入れたためである。こうして有栖川宮威仁は、東宮輔導の最高責任者となるとともに、日曜日を除く他、毎日東宮御所に出仕《しゅっし》しその任に当たることになった。

けれども、その後二年以上過ぎても皇太子教育の成果は上がらなかった。一九〇一年七月一九日、有栖川宮威仁は睦仁に出した輔導方針書の中で、皇太子の健康はほぼ回復しているが、本病である肺の病気は根治しておらず、健康回復を第一とし、学問はそれに応じて習得するべきであるが、皇太子の志が定まらず、自らの責任を強く感じていると記している。有栖川宮は、二二歳に近づいた病弱の皇太子は志が定まっておらず、あまり大きな期待をかけるべきでないと考え始めたのである。

睦仁は、有栖川宮の要望をほとんど全部受け入れ、一一月二九日、有栖川宮の軍職（軍令部出仕《しゅっし》兼海軍将官会議議員、海軍中将）を解き、東宮輔導の専任とし、宮の輔導方針の採用を認めた。また同日、中山東宮大夫に替えて、宮内省内事課長兼有栖川宮別当《べっとう》（有栖川宮家の家政の責任者）で、有栖川宮が気心の知れている斎藤桃太郎《ももたろう》宮内書記官を東宮大夫とした。表《おもて》の政治では成功し、権威を確立した睦仁であったが、睦仁の後継者としての息子の教育では、しだいに追いつめられた気持ちになっていったと思われる。

そのような中で睦仁の希望は、一九〇〇年五月一〇日に嘉仁親王が旧摂関家である公爵九条道孝《みちたか》の四女節子《さだこ》（母は側室の野間幾子《いくこ》）と結婚し、翌年四月二九日に孫の裕仁親王《ひろひと》（後の昭和天皇）が生まれたことであった。睦仁は文事秘書官の股野琢《またのたく》に選ばせた名と称号のうちから、「裕仁」と「迪宮《みちのみや》」とを採用し、自分で文字を書いて（「宸筆《しんぴつ》」）、東宮御所に届けさせた（『明治天皇紀』第九、八一三〜八一五頁、第十、五三〜五九頁）。

6　京都へのつのる思い

海軍観艦式と舞子滞在

本書の冒頭で述べたように、睦仁は少年時代を過ごした京都が大好きで、一八九七年に英照《えいしょう》皇太后の京都の陵に参拝した時などは、さまざまの理由を挙げて、東京へ帰るのを引き延ばし、四カ月以上も京都に滞在した。

『明治天皇紀』の上野竹次郎編修官が筆写した日記によると、一九〇一年頃、睦仁は千種任子典侍《ちくさことこてんじ》を京都の桃山に派遣した後、自分が死んだら桃山へ葬れ、と皇后に述べたという（『明治天皇紀談話』五巻、三六四頁）。睦仁は、亡くなる一〇年ほど前になると望郷の念がつのり、桃山を墓所としたいと望むようになっていったようである。

一九〇三年春の関西方面への行幸は、睦仁の京都への最後の行幸となった。この期間、ロシアが満州からの第二期撤兵をしないことで、日露間の緊張が高まっていった。四月七日午前八時一〇分、睦仁は海軍大演習観艦式《かんかんしき》および大阪市で開かれた第五回内国勧業博覧会を見学するため、新橋駅から御《お》召《めし》列車で京都府・大阪府・兵庫県下の行幸に出発した。名古屋に一泊した後、翌八日午後四時四一分、睦仁は兵庫県の舞子《まいこ》の仮駅に着いた。この夜は少し雨がちであったが、舞子沖に停泊していた「宮《みや》古《こ》」（一八〇〇トン）・「千早《ちはや》」（一八〇〇トン）・「夕霧」（一七九トン）の軍艦・水雷艇の電飾は美しかった。睦仁は、夕食前後の約二時間、海軍軍楽隊を召して演奏させた。これは舞子行在所《あんざいしょ》に滞在している間、毎晩続いた。舞子の風光を、京都と同様に睦仁は最も好んだ。

四月一〇日、海軍大観艦式が神戸沖で実施された。朝八時頃、睦仁が行在所を出る頃には霧が濃かったが、神戸港に来ると良く晴れてきた。睦仁は、御召艦「浅間」（約一万トンの新鋭一等巡洋艦）に乗り、日本海軍の主力艦である戦艦「三笠」（約一万五〇〇〇トン）、「初瀬」（同前）・「敷島」（同前）・「朝日」（同前）・「富士」（約一万三〇〇〇トン）・「八島」（同前）以下四一隻の軍艦、二三隻の水雷艇が洋上三七〇〇メートルにわたり、四列に分かれて停泊している中、各艦艇を親閲した（『明治天皇紀』第十、三九一～三九六頁）。

「三笠」等六隻の戦艦は、建造後一〇年以内の、世界トップクラスの軍艦であり、一〇カ月後に始まる日露戦争では日本の主力艦となった。睦仁は一五歳の春に大坂に行幸し、初めて海と海軍の艦隊運動を見た時、上機嫌であった（第一章2参照）。それから三五年、少年の頃には想像もつかない程に成長した日本の大海軍を眺め、睦仁は感慨に浸ったことであろう。その時、次の歌を詠んだ。

のとか《のどか》にも旗手なひき《なびき》ていくさ《戦》船つらなる沖のかすみ《霞》はれ《晴れ》たり

最後の京都

観艦式を終え、睦仁は舞子の行在所に滞在して兵庫県下を行幸した後、一九〇三年四月一三日夕方、京都御所に着いた。すでに同日午後、皇后が東京から到着していた。睦仁は翌一四日、一日中御所内の御常御殿《おつねごてん》にいた。一五日も一日中御所にいたが、午前一〇時三五分から御学問所《ごがくもんじょ》に出御して政務を見、午後一二時四五分に御常御殿に入った。一六日は、泉山《いずみやま》（孝明天皇と英照《えいしょう》皇太后の陵所で、泉涌寺《せんにゅうじ》の東方にある）に行幸する予定であったが、雨のため中止した。御学問所に出たのは、前日と同様の時間帯であった。この日は、山県有朋《ありとも》元帥ら二人に拝謁を許した。一七日も、一昨日来と同様に御学問所に出御し、小村寿太郎《じゅたろう》外相が拝謁した（『明治天皇紀』第十、三九七～四〇四頁）。睦仁は、日清戦争以来、午前も午後も表《おもて》の御座所《ござしょ》に出て政務をみることが慣行となっていた。しかし、京都御所では、一八八〇年代までのように、午前の二時間ほど政務をみるのみで、ゆったりとした時間が流れていた。

侍従の日野西資博《ひのにしすけひろ》によると、睦仁は京都滞在中は何かにつけて気楽と見えて、朝目覚めると白の寝《ね》間着《まき》のまま奥《おく》の庭に下りて、ブラブラと歩いていたという。また、睦仁ひとりの時は、御常御殿の御一の間を御座所にして、夜はそこに寝台を置いて寝た。一八九一年の大津事件の時もそうであった。ところが、皇后と一緒に滞在しているときは、昔どおりに御格子《みこうし》の間で寝台を使わずに御帳台《みちょうだい》（一段高く床を設け、四方に帳《とばり》をたれ下げ、帽額《もうか》を吊った座敷）で寝たという。睦仁は、陸軍特別大演習などの際に京都を通過しても、立ち寄ろうとはしなかった。睦仁は京都に来るならゆっくり滞在したいらしく、一日か二日で出発しなければならないようなら、かえって嫌であったらしい、と日野西は想像している（『明治天皇紀談話』一巻、一五〇〜一五七頁）。

さて、この京都滞在中の四月二〇日、睦仁は大阪市南区天王寺今宮で開設された第五回内国勧業博覧会の開会式に出席した。この博覧会は、一〇万五八七〇余坪の敷地に、農業・林業・水産・工業・機械・通運・教育・参考・美術・動物の諸館や台湾館・植物室・冷蔵庫などを設置し、別に堺市大浜公園に水族館を設けた。出品数は約三二万点にも及び、今回は初めて一〇有余の外国からの出品もあった。睦仁は京都に滞在しながら、汽車で二三日、二五日、二七日、二九日、五月一日、三日と行幸し、五日には堺市の水族館に、八日には大阪築港の視察に行幸した。皇后は、四月二四日に初めて内国勧業博覧会に行啓し、前日に睦仁が見学したものを見た。その後、二六日、二八日、三〇日、五月二日、四日、六日（博覧会水族館）と、いずれも睦仁が前日に見たものを見学した。ただ皇后は、大阪築港の視察には行かなかった（『明治天皇紀』第十、四〇六〜四二二頁、『明治天皇紀談話』五巻、三四四〜三四五頁）。

この間、五月四日、睦仁は泉山に行幸し、孝明天皇陵と英照皇太后陵に参拝した。山陵の参拝の際に小雨が降ってきたが、睦仁は用意されていた防水のためのオーバーコートを用いなかった。翌五日、今度は皇后が孝明天皇・英照皇太后らの陵を参拝した（『明治天皇紀』第十、四一七〜四一八頁）。睦仁は、一九〇二年四月一七日の浜離宮での観桜会など、例年開かれる、外国人の招待者もいる外交儀礼に関係した催しでは、皇后と同伴した（第一回は一八八一年四月二六日に吹上《ふきあげ》御苑で実施）（『明治天皇紀』第五、三三四〜三三五、第十、二二九頁）。しかし、外交儀礼に関係しない日本国民が対象の行幸では、皇后と別行動をとった。すでに述べたように、夫婦仲が悪いのではない。京都御所の夕食時には、博覧会を見た感想などが話題となったと思われる。夫婦別行動になったのは、「ワシ」は大日本帝国の天皇で、行動様式の万事にわたって西欧に従う必要はない、との睦仁の「片意地」のせいであろう。

五月一〇日午前九時三〇分、睦仁と皇后の乗った列車は、彼らが一月ほど過ごした京都をあとに、東京へ向かった。途中、静岡御用邸に一泊し、一一日午後三時二〇分に新橋駅に着き、皇太子の迎えを受け、皇居に戻った（同前、第十、四二二頁）。その後、睦仁は生前において再び京都の地に降り立つことはなかった。

一八九六年四月から一九〇八年一二月に死去するまで、一二年以上にわたって睦仁の侍従武官長として奉仕した岡沢精《おかざわくわし》大将によると、睦仁は「京都の地形・舞子の風光」をとても好み、皇室典範と憲法に触れないなら、天皇を退位して京都に住みたいと言っていたという（『明治天皇紀談話』六巻、二四頁）。退位は皇室典範や憲法の問題のみならず、後を継ぐ皇太子嘉仁親王の資質とも関係しており、実行不可能なことは、睦仁自身が一番よく知っていた。その意味で一九〇三年春の舞子行在所と京都御所滞在は、体の衰えを感じ始めていた睦仁が、それでも比較的元気なうちに、好きな場所をしみじみ味わい、孝明天皇・英照皇太后の陵にも参拝し、父と母の思い出にも浸った旅であった。

第七章　日露戦争の「栄光」と忍び寄る病

1　日露戦争への道

調停者としての迷いと苦悩

すでに述べた一九〇〇年の義和団《ぎわだん》の乱によって、ロシアは満州（中国東北地方）に建設していた東清《とうしん》鉄道（ハルビン―旅順間）に人的・物的に大きな被害を受けた。そこで、鉄道の安全と利権や、勢力圏の拡大を求めて駐兵を続けた。帝国主義時代の列強間では、このような被害を受けた列強は、何がしかの見返りと安全の保証を得た上で撤兵するのが慣行となっていた。しかし、露・清の交渉はまとまらず、ロシアは満州に駐兵を続け、ロシアが満州から朝鮮半島へと勢力圏を拡大するのではないかと疑念を持つ日本との間で、緊張が高まった。日本をはじめ、イギリス・アメリカ合衆国などはロシアに抗議したが、イギリスやアメリカ合衆国は、戦争に訴えてまで抗議を貫徹する気はなかった。

当時、日本の中枢には、二つの対応策があった。一つは、最有力元老の伊藤博文に代表される政策であった。伊藤は、日本とロシアが協定して戦争を避けることが必要であると判断し、アメリカ合衆国を経由してヨーロッパに渡り、一九〇一年一二月に、ペテルブルクにおいて、ロシアのラムスドルフ外相、事実上の首相であるヴィッテ蔵相と会見した。この会談で伊藤は、韓国を軍略的に使用しないなどの若干の制限を受け入れた上で、韓国を日本の勢力圏とし、その見返りに、満州におけるロシアの一定度の権益拡大を認め、まず日露協商を成立させようとした。

一方、桂太郎首相・小村寿太郎《じゅたろう》外相は、ロシアが信用できないと考えており、日英同盟を結んで、日露戦争を覚悟しても、毅然《きぜん》としてロシアに満州からの撤兵を要求しようと考えていた。日英同盟交渉は一九〇一年夏から本格化し、一二月上旬、日本は日英同盟を結ぶか、伊藤の日露交渉の結果をもう少し待つかの、重大な決断を迫られるようになった。

当時の状況は、桂首相・小村外相という内閣・外交の中枢や陸海軍と、陸軍長老で伊藤に次ぐ有力元老の山県有朋《ありとも》に加え、松方正義《まさよし》・西郷従道《つぐみち》の三元老が日英同盟推進に賛成していた。これに対し、最有力元老の伊藤や元老の井上馨《かおる》、衆議院第一党の政友会は、それに慎重な姿勢を示していた。桂らが組閣していたことと、藩閥官僚勢力中の有力者を多く味方につけていたことで、彼らがやや有利であったとはいえ、ほぼ政界を二分する意見の対立であった。この中で睦仁《むつひと》(明治天皇)は、日英同盟を推進するという閣議の決定を受け、ベルリン滞在中の元老の伊藤抜きで、一二月七日に早急に元老会議を開いた。こうして日英同盟締結の方針が決まり、翌一九〇二年一月三〇日に、日英同盟協約はロンドンで調印された。

すでに見てきたように、睦仁は元老伊藤と同様に列強との協調を重視してきたが、ここでは、内閣の意思を優先して調停するという、明治立憲制の慣行を優先させる行動を取った。睦仁には日露戦争を避けたいという思いが強かったが、天皇としての立場を考えると、日英同盟がない状態でロシアと戦うことになるかもしれないことの恐怖にもとらわれたのであろう。

その後ロシアは、一九〇二年一〇月には清国と結んだ協約どおり、満州からの第一期撤兵を行なった。睦仁や日本政府首脳・日本国民の多くは、少し明るい気持ちになったが、その半年後の一九〇三年四月、ロシアは第二期撤兵を実施しなかった。帝国主義の時代において、列強が清のような半植民地状態にある国との条約を守らないことは、日常的なことであった。イギリスはロシアの行動を冷静に受け止めたが、日本政府はロシアにさらに強い不信の念を持つようになった。六月下旬、日本は五人の元老と桂・小村ら主要閣僚の出席した御前《ごぜん》会議でロシアとの交渉方針を決め、その後の閣議で追認した。その内容は、ロシアに対し、満州における「特殊な利益」を鉄道経営に限定して承認するにすぎないものであった。帝国主義時代の列強の慣例では、強国であるロシアは、義和団の乱で大きな被害を受けているので、相当の利益を清国から奪い取ることができると考えていても不思議でない。それを無視した日本の案は、ロシアを事実上弱小国視する、きわめて強硬で危険なものであった。

ロシアとの交渉方針が決まると、桂首相と元老山県は、桂や小村外相が、国内問題にわずらわされずに対露交渉に精神を集中できるよう、元老で立憲政友会総裁である伊藤の権力を削ごうとした。そこで桂と山県の二人は共謀して、桂内閣が辞表を提出するという陰謀を始めた。次いで、明治天皇には最高の相談役が必要であるという名目で、七月一三日、伊藤をそれに祭り上げる形で枢密院議長に就任させ、政友会総裁を辞任させた。この間、睦仁は、対露交渉案の形成については御前会議に出席しただけで、積極的な関与はしなかった。日英同盟協約締結以来、外交・内政政策ともに桂首相・小村外相や元老山県のペースで動いており、明治立憲制の慣行からも、それに異を唱えることは容易ではなかった。

一九〇〇年九月に伊藤が立憲政友会を創立し、自ら総裁となり、まもなく第四次内閣を組織した際、睦仁は合計二二～二三万円（今日の金額で三三～三五億円位）もの資金を、多くは秘密裏に下賜《かし》していた。すなわち、政友会は睦仁のいわば勅許《ちょっきょ》政党であった。桂内閣の辞表提出と山県・松方両元老の桂首相支持という圧力を受け、睦仁は伊藤の政友会にかける意気込みを理解していたにもかかわらず、迷いながらも伊藤に枢密院議長就任を求めた。これは、睦仁にとって苦渋の決断であった。伊藤は桂・山県らの陰謀に気づきながら、睦仁の気持ちを察して枢密院議長職を引き受けたのである（伊藤之雄『立憲国家と日露戦争』一二四～一三九、一六六～二〇七頁）。

陸海軍の対立の調停

日露関係が緊迫していく中で、陸軍に対して対等の地位を求める海軍の動きも、睦仁を悩ませた。その発端は、海軍の実力者の山本権兵衛《ごんべえ》海相（薩摩）が海軍軍令部条例を改め、軍令部の名称を参謀本部に変えたいと上奏してきたことであった。一九〇三年九月一二日、睦仁はその件を元帥府に諮問《しもん》した。元帥府は天皇の軍事に関する最高の諮問機関であるが、当時は山県首相・大山巌《いわお》の陸軍出身の二元帥のみしかおらず、そのこと自体が陸海軍の力関係を反映していた。

海軍に参謀本部を置く件は、日清戦争前の一八九三年にも海軍から要求されていたが、実現していなかった。一八九三年五月に公布された戦時大本営条例では、幕僚長である参謀総長（陸軍所属の者）が、参謀次長と海軍主席幕僚の海軍軍令部長を統率することになっていたからである。

睦仁の諮問に応じ、一九〇三年九月中に元帥府は、山本海相の上奏を受け入れないが、陸海軍の調和を図ることも急務である、と奉答した。睦仁はその奉答を直ちには裁可しなかった。そこで九月二八日、現役の陸軍大将でもある桂首相は、元帥府の奉答を受け入れるように、と上奏した。結局、陸軍側が妥協し、一二月二八日、戦時大本営条例を改正し、従来参謀総長（陸軍）一人を大本営の幕僚長としていたものを、参謀総長（陸軍）および海軍軍令部長がおのおのその幕僚の長として天皇の統帥を補佐し、陸海軍の協同を図ることになった（『明治天皇紀』第十、四七六、五五五〜五六一頁）。こうして、陸海軍が対等の立場で天皇の統帥を補佐する形ができ上った。

これらの過程で注目すべきは、陸軍の意向を反映した元帥府の奉答を受けても、睦仁は陸軍が折れて陸海軍の妥協が可能になるまで、自らの決断を下すことをできる限り避けるという、慎重で賢明な態度を取ったことである。

戦争は避けられないか

すでに述べたように、日本側はロシアに対してきわめて強硬な交渉条件を決め、八月一二日にロシアに提案した。それはロシア側を憤らせた。そのためロシアは、「小国」の日本に脅されて弱腰になったと思われないように、二カ月近くも回答を引き延ばした上で、日本側に強硬な回答を通告した。それは、満州を日露交渉の範囲外とし、韓国に対しても日本の民政上の指導権のみを認め、しかも北三分の一は中立地帯とし、事実上の日本の勢力範囲とは認めないようにするものであった。

日本もロシアも戦争を望んではいなかった。両国とも、一定の条件をつけて、満州はロシア、韓国は日本と、その勢力圏を分割する妥協ができればよい、と内実では考えていたのである。日本の場合、勝てるかどうか確信がなかったからであった。ロシアの場合は、戦争に勝つ自信をもっており、日本にはロシアに戦争を仕掛ける勇気がないとまで見くびっていた。しかしロシアは、シベリア鉄道の建設で多額の借金（フランス外債）を背負っており、シベリア鉄道を早く完成させ、シベリア開発に成果を挙げてそれを償還する必要があった。そのためには、日本との戦争で国力を消耗させることは避けたかった。それにもかかわらず、日本を軽んじるロシア側第一回回答の遅れや、その強硬な内容によって、日本側はロシアが日本と戦争をしようとしているとの疑惑を深めた。

一九〇三年一二月一一日、日本側第二回回答に対するロシア側第二回回答が日本に示された。その中では、韓国の北側三分の一が、第一回回答と同様に中立地帯と設定されていた。そのため桂内閣や元老たちは、ロシアは日本との戦争を覚悟し、その準備のために時間稼ぎをしていると誤解した。彼らは大きく失望し、日露戦争を避けることは難しいと考えるようになった。日本政府中枢で最も日露協商の可能性を信じていた元老伊藤博文ですら、遅くとも一二月二〇日には、戦争になる恐れが強いと思うようになった。翌一九〇四年一月五日、睦仁は、アメリカ合衆国陸軍長官に任じられて帰国途中のタフトを接見した際、時局を平和的に解決したいと考えている等の考えを示した（伊藤之雄『立憲国家と日露戦争』二二一〜二二四頁、『明治天皇紀談話』二巻、二四〇〜二四一頁）。このように、日清戦争の開戦前と同様に、睦仁は日本政府中枢で最も開戦に慎重な一人であった。

同年一月一六日に日本側は最後の修正案をロシアに提示したが、その回答はすぐには来なかった。そこで二月四日、伊藤・山県ら五元老と、桂首相・小村外相ら主要五閣僚が睦仁の表《おもて》の御座所《ございしょ》に召され、閣議で決められた開戦の方針について御前会議が開かれ、日露開戦が決定された。この過程でも、睦仁は元老・閣僚が一致して決めた方針を裁可したにすぎない。日本側は、軍港である佐世保《させぼ》あたりにロシアの奇襲攻撃があるのではないかと警戒しつつ、二月五日に開戦の命を下し、八日に旅《りょ》順《じゅん》港等のロシア艦隊を攻撃し、一〇日に宣戦布告をした。

遅れていたロシア側の回答は、二月二日に皇帝ニコライ二世の承認を得て日本に送られ、電信の遅れもあって、二月七日にようやく駐日公使のもとに届いたが、翌日に日露の戦闘が始まったので日本側に示されることはなかった。この内容は、中立地帯の条件を削除し、日本が韓国全土を軍事上の目的で使用しないという条件で、韓国での日本の勢力圏を認めるもので、従来のものより日本に大幅に譲歩しており、日本側が呑める内容であった（伊藤之雄『立憲国家と日露戦争』二二四〜二二五頁）。この回答が数日早く届いていたら、少なくとも、睦仁や元老の伊藤・井上馨はその内容に強い関心を示すはずであり、日露開戦が避けられた可能性もある。

睦仁は、ロシア側のこのような回答が日本に届くことになるとは知らずに、二月四日の御前会議《ごぜん》に臨み、開戦の方針を裁可した。この日、睦仁は奥《おく》（内廷）に入った後、今回の戦いは自分の志ではない、しかし事はすでにここに至った、これをどうすることもできない、と独り言を言ったようである（『明治天皇紀』第十、五九八頁）。

2 日露開戦と戦争指導

満州の「陸軍総督府」設置をめぐる対立

日露戦争の遂行に関し、明治天皇が最初に直面した大きな問題は、満州に派遣した陸軍を指揮する拠点を満州に置くか、国内に置くかをめぐる、陸軍内部の対立であった。これは、一九〇四年春に生じた。児玉源太郎参謀本部次長（陸軍中将）は、第一軍（近衛師団・第二師団・第十二師団など）が出兵し、第二軍（第一師団・第三師団・第四師団・野戦砲兵第一旅団など）も満州に兵を進めようとしているとき、遼東半島に数軍を派遣した後は、現在の大本営の大半を満州に進めることを考え始めた。児玉の構想は、二四歳になった皇太子嘉仁《よしひと》親王をその最高司令官である「大総督」にし、作戦の指揮などの権限を与えることであった。この案について参謀本部と内談した陸軍省は、「大総督」の権限が強大すぎて、大本営と軍令の系統が逆になり、全般の統制を錯乱させる恐れがあると反対した。陸軍省の考えは、満州に「高等司令部」を設置し、現在の各軍司令部に準ずる権限を与えるぐらいにすることであった（『明治天皇紀』第十、七四一～七四二頁）。

大本営の移転については、帝国議会開会の場所と関連させ、日露開戦直後の一九〇四年二月一六日の閣議ですでに話題となっていた。閣議で帝国議会と大本営の移動が話題になったのは、日清戦争の際に、大陸に近く、大陸への出兵の拠点である宇品《うじな》港のある広島に大本営を移転し、睦仁《むつひと》（明治天皇）が広島に滞在したことにちなんだものである（伊藤之雄「日露戦争と明治天皇」『日露戦争研究の新視点』二二一〜二二三頁）。

大本営移転といっても、寺内正毅《まさたけ》陸相は日清戦争期と同様に、睦仁に日本国内で行幸してもらうことを考えていたと思われる。寺内陸相は桂太郎首相に宛てた二月一七日付の手紙で、児玉参謀本部次長も「同意見」であると書いているが（「桂太郎文書」六二一―二、国立国会図書館憲政資料室所蔵）、児玉は大本営の移転やその時期について同意したのみで、移転の場所や中身については、場所として大陸を考えるなど、別の構想を持ち始めていたようである。そのことが、先に述べたように、一九〇四年四月に大本営移転をめぐる参謀本部と陸軍省の対立に発展したのである。

一九〇四年五月一三日、大山巌《いわお》参謀総長は、「陸軍総督府」を設け、それを戦地に進める意見書を、睦仁に内請した。その内容は、(1)大陸において日本陸軍の諸軍が相呼応して活動しようとしている時に際し、時機を誤らず各軍の作戦を計画し、連携を確実にし、協同一致の行動をするため、大本営を戦地に進め、天皇が自らその指揮をとるのは当然のことである、(2)しかし、今回の戦争は列強との外交交渉が重要であり、天皇の判断を煩わせることも多く、すべてに多忙の今日、天皇が海外に行幸するのは簡単なことではない、(3)そこで陸軍総督を親任し、これを「適当の地」に進め、諸軍の指揮を委任してほしい、等である（『明治天皇紀』第十、七四二～七四三頁）。大山参謀総長の意見書は、児玉参謀次長や参謀本部の意見の延長上にあった。

睦仁の調停　長州を中枢とする山県系官僚の支配する陸軍内部で起こった、組織をめぐる陸軍省（寺内陸相）と参謀本部（大山参謀総長）系統の対立に直面し（ただし大山は薩摩）、睦仁は山県有朋《ありとも》元帥に「陸軍総督府」設立の可否について下問した。五月二三日、山県元帥は、大本営と軍の中間に一つの「高等司令部」を設け、大本営の作戦方針に基づいて、同一作戦地域に行動する数軍を指揮させること、「高等司令部」の権能は、単に作戦の指揮のみに止めることなどを、「満州軍総督部」の編成および勤務令の要旨を付して奉答した（『明治天皇紀』第十、七四三～七四四頁）。山県の奉答は、満州に「高等司令部」を設けるという点で参謀本部側の意向に配慮しているように見えながら、内地にいる大本営が実権を有する点で、基本的に陸軍省側の意向を反映していた。

これを聞いて、児玉参謀本部次長は作戦に関する機関の編成や実行は参謀総長の責任であるのに、総長がそれを実行できないなら職を辞すべきであると主張した。児玉の立場を、大山参謀総長以下参謀本部の将校たちが支持した。一方、山県を、桂首相（陸軍大将）・寺内陸相や海軍の実力者の山本権《ごん》兵衛《べえ》海相（薩摩、海軍中将）が支持した。この対立は、主に旅順攻撃を任務とする第三軍（第一・第十一の二個師団と攻城部隊）の統帥をめぐる対立とも関連していた。参謀本部は、第三軍が陸軍総督府の指揮下に入ることを主張し、その設置に反対する桂首相・寺内陸相らは第三軍が大本営の直轄であることを主張した。この間、第九旅団長であった長岡外史《がいし》陸軍少将（長州、陸軍大学校卒で陸軍の要職の軍務局軍事課長を務める）を大本営陸軍幕僚付とし、山県元帥と児玉参謀本部次長らの間を調整させた（同前、七四四〜七四五頁）。

結局、五月二五日、睦仁は大山参謀総長と寺内陸相を召して、満州に行動する数軍の「作戦を指揮」させるため、「高等司令部」を編成し、戦地に進めることを命じた（同前、七四一〜七四二頁）。睦仁は桂首相も巻き込んだ参謀本部と陸軍省との対立を、山県元帥に下問することで調整させ、最終的に山県元帥の奉答を受け入れる形で調停した。これは、山県元帥・桂首相・寺内陸相と陸軍省・山本海相と海軍省（作戦を担当する軍令部もその統制下にある）の方が、大山参謀総長・児玉参謀本部次長以下の参謀本部よりも、勢力が強く、また陸海軍の連携の上で戦争を遂行するという基本にも合致していたからであろう。

しかしその後も、満州の「高等司令部」の編成に関し参謀本部と陸軍省の間に隔たりが残った。六月一一日に大山参謀総長と寺内陸相は、「野戦軍総司令部」と名づけられた「高等司令部」の編成案を睦仁に上奏した。二人の退出後、睦仁は「野戦軍総司令部」の名前が適当でないと、岡沢《おかざわ》精《くわし》侍従武官長を通して寺内陸相に伝えさせた。そこで寺内は大山と相談し、名を「満州軍総司令部」と改め上奏し、允裁《いんさい》（許可）を受けた（同前、七六六〜七六七頁）。

六月二〇日、満州軍総司令部が編成され、参謀総長の大山大将が満州軍総司令官に、参謀本部次長の児玉が大将に昇進して満州軍総参謀長に任命された。そこで山県元帥が大山大将の後任の参謀総長になった。また第三軍の統帥については、参謀本部の主張が通り、第一軍・第二軍・独立第十師団とともに満州軍総司令官の指揮下に入ることになり、六月二三日、大山総司令官に訓令が与えられた（同前、七七七、七八〇頁）。睦仁は、権限の強い「陸軍総督府」を作るという構想が実現できなかった大山参謀総長ら参謀本部側に、満州軍総司令部に第三軍の指揮権を与えることを承認し、参謀本部側（満州軍総司令部側）の不満に配慮したのである。

樺太作戦の調停

一九〇四年七月六日に、大山巌満州軍総司令官が、総司令部を率いて東京を出発すると、大本営の事務は著しく閑散となった。その少し前に参謀本部次長となった長岡外史少将は、樺太《からふと》占領作戦を計画し始めた。これは八月に予定されている第一回旅順《りょじゅん》総攻撃が成功し旅順が陥落すれば、ロシアは講和を申し出る可能性があると欧州の二、三の新聞に出ていたので、講和の際に日本の立場を有利にするためであった。

この作戦には海軍の協力が必要であるので、八月一二日頃、長岡は伊集院《いじゅういん》五郎《ごろう》軍令部次長（薩摩、中将）の同意を取り付けた。しかし、山県有朋参謀総長や寺内正毅陸相は兵力の分散を好まないとの理由から、この作戦に消極的であった。また、海軍の最高実力者の山本権兵衛海相も、旅順が陥落もしないうちからこの問題の確答はできないと、樺太占領作戦に消極的な姿勢を示した。長岡次長は八月二三日に小村寿太郎《じゅたろう》外相の支持も取り付けたが、八月一八日から始まった第一回旅順攻撃が成功せず、一万五九〇〇名近くの死傷者を出して二四日に中止されたことも加わり、樺太占領作戦への展望は開けなかった。

それでも長岡次長は、陸軍省の中枢にいる将校に説得を続け、ようやく省の内議をまとめ、九月六日、樺太派遣隊編成の要領について寺内陸相の同意を得た。もっとも、これは派遣の決定ではなく、派遣の研究と準備を進めることへの同意に過ぎなかった。その翌日、山県参謀総長も、しぶしぶ同意のサインをした。次に長岡次長は、睦仁に上奏書を出して、樺太行きの理由を説明し、万一の時の用意として樺太派遣隊についての研究と準備をさせることを求めた（長岡は樺太出兵の決定を求めるものではないことや、派遣する場合も兵力は混成一個旅団程度であることも述べた）。

九月七日、睦仁はこの件を桂太郎陸軍大将（首相）に諮詢《しじゅん》した。同八日、桂は長岡を呼びつけ、山県・寺内ら陸軍側は熱心でなく、海軍側も実施の方向で意見がまとまっているわけではないと説明し、この件は多分裁可されないことになるだろうと述べた。九月一〇日頃の夜、長岡次長は寺内陸相を訪れ、樺太派遣軍編成要領は裁可されなかったことを報告した。寺内は、山県総長も自分も「余《あま》り好まぬことを、君が早呑《はやの》み込」してやったからこんないき違いができたと、腹立たしそうに答えた（長岡外史「備忘録」防衛庁防衛研究所図書室所蔵）。

以上のように、樺太占領作戦をめぐる対立に際し、睦仁は陸海軍の動向を検討した桂大将の助言に従い、裁可しなかった。これは、睦仁が陸海軍主流の大勢に従ったという意味で、消極的な調停をしたにすぎない。

この間、一九〇四年八月下旬には、第八師団を旅順方面か北方（遼陽《りょうよう》）方面のいずれに派遣すべきかをめぐって、山県参謀総長・長岡次長と、大山満州軍司令官・児玉満州軍総参謀長の意見が異なった。数次の交渉を経た後に、九月二七日、睦仁の決断で遼陽方面に派遣することに決した（『明治天皇紀』第十、八四四〜八四五頁）。今回の天皇の調停も、両者で意見をやり取りさせ両者の溝をできる限り埋めた上で、最終的に決断するという慎重なものであった。なお、この第八師団は、一〇月九日から始まった沙河《さが》の会戦（日本軍一二万、ロシア軍二二万）において総予備隊となり、兵力で劣る日本軍の勝利を支えた。

「アー人を殺してはどもならぬ」

一九〇四年一〇月三〇日、第三軍は旅順要塞への第二回総攻撃を行なったが、三八〇〇名を超える死傷者を出して失敗した。すでに太平洋第二艦隊（バルチック艦隊）が東航しつつあるとの情報が大本営にも伝わり、その前に旅順港に逃れているロシア艦隊を撃破し、造兵廠《ぞうへいしょう》を破壊して艦船の修理を不可能にし、旅順港を囲んでいる日本艦隊の負担をなくすことが切実な課題となった。そこで一一月九日、山県参謀総長は大山満州軍総司令官に電信で、旅順港内を見ることができる二〇三高地を占領し、旅順港内のロシア艦隊を砲撃して撃破し、日本海軍を速やかに新作戦に従事できるようにすることを暗に促した。しかし大山は従わず、従来通りの旅順要塞をまず攻略するという方針を改めなかった（同前、九二二〜九二三頁）。

　そこで山県は睦仁の権威を使って方針を変更させようと、一一月一四日に御前会議を開くことを奏請した。同日の御前会議に召されたのは、山県元帥・桂首相・山本海相・寺内陸相・伊東祐亨《すけゆき》軍令部長・伊集院軍令部次長・長岡参謀本部次長の七人であった。会議の結論は、(1)速やかに旅順攻略を実施することが必要である、(2)それができない時は、まず港内を眺望できる地点を占領し、陸上からの砲撃でロシア艦隊や造兵廠を撃破することが必要であると、作戦方針を変更し、二〇三高地の占領を

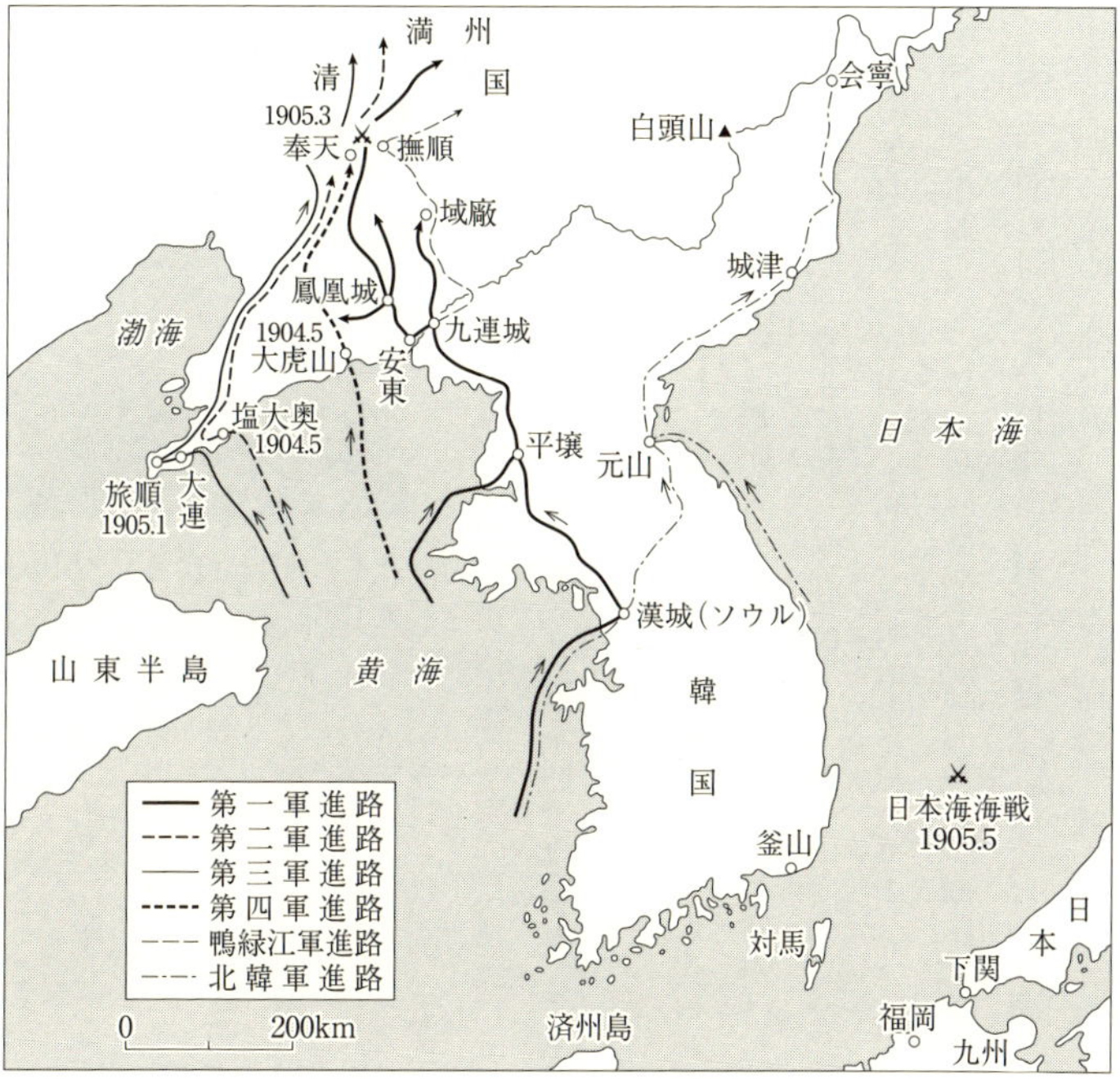

第４図　日露戦争関連地図

乃木希典（『近代名士之面影』第１集，より）

優先する、ことを促すものであった。睦仁はそれを承諾し、山県に命じてその内容の電信を発させた。しかし大山はなお従わなかった（『明治天皇紀』第十、九二三頁、谷寿夫『機密日露戦史』二一四〜二一六頁）。

旅順要塞への第三回総攻撃を控えているとはいえ、大山が天皇の承諾した作戦変更の提言に従わなかったことは注目される。近代の天皇の中で、権力者から国民にまで最も理想視された明治天皇ですら、現地軍司令官の裁量ということで、このようなことも起きたのである。一一月二六日からの旅順要塞への第三回総攻撃も、死傷四五〇〇名もの大きな損害を出し、二七日朝には中断した。

乃木希典《のぎまれすけ》第三軍司令官は、総予備隊中の旅団司令部と歩兵一個連隊で突撃させるという命令を出したが、配下の第九師団長は時期尚早と危ぶんだ。そこで乃木は、要塞に対する正面攻撃を一時中止し、大本営の指示に応じ、まず二〇三高地を取ってから港内のロシア艦隊を撃破する方針を決め、第一・第七師団の主力をそれに当たらせた（『明治天皇紀』第十、九三〇頁）。一二月五日、第三軍は二〇三高地をようやく占領し、そこからの観測で旅順のロシア艦隊を砲撃、それらを撃破していった。こうして一二月二三日には、伊集院軍令部長は東郷平八郎《とうごうへいはちろう》連合艦隊司令長官に、一部の艦隊のみを旅順港の外、朝鮮海峡に留め、他はいったん日本に帰港させて修理を行ない乗組員に休養を取らせて、戦闘力を回復するようにとの訓令を出した（同前、九四八頁）。一九〇五年一月一日、旅順のロシア軍は降伏した。

侍従の日野西資博《ひのにしすけひろ》によると、睦仁は旅順攻撃にたびたび多数の戦死者を出していた頃、「乃木もアー人を殺しては、どもならぬ」と述べたという（『明治天皇紀談話』一巻、二二二頁）。睦仁は、第三軍の犠牲や乃木司令官の指揮にも、心を痛めていたのである。

日露講和への道と睦仁

一九〇五年三月一日に日露の陸軍の主力が衝突した奉天《ほうてん》の会戦が始まり、一〇日、大きな犠牲を払いながらも日本軍の勝利に終わった。こうして、日本は日露戦争の勝利をほぼ固めた。あとは極東へ向かっているロシアのバルチック艦隊との対決が当面の大きな戦闘として残っているだけで、日本は講和へ向けての新たな計画を立てる段階に入った。

三月三〇日、山県有朋参謀総長は、今後の作戦方針などを内奏した。その内容は、(1)満州軍をハルビンに前進させ、鴨緑江《おうりょくこう》軍は満州軍に編入し、満州方面の状況が許すなら、満州軍の一部と北韓国にいる部隊で別に一軍を編成し、海軍と協力してウラジオストクおよびその付近を占領する、(2)樺太はなるべく速やかに占領し、状況が許せば、樺太占領軍の一部でカムチャツカ半島を攻略する、(3)この間、日本国内では新たに六個師団を増設し、将校の補充を十分にし、補充隊を拡張して教育を進め、兵器・弾薬・馬匹や運輸交通機関・その他軍需品の補給を豊富にすること等（『明治天皇紀』第十一、一〇五～一〇六頁）、非常に積極的なものであった。

山県の内奏のもととなったものは、長岡外史参謀本部次長が作成し、三月一二日に山県に提示した案であった。長岡はこの新しい段階の作戦方針を決定するため、児玉源太郎満州軍総参謀長を呼び戻すことも提起していた。また三月二二日には、樺太出兵準備の会議が大本営で開かれた。山県参謀総長は健康不十分のため出席しなかったが、寺内陸相・長岡参謀本部次長ら陸軍幹部八名が出席した。この結果、四月一日に、樺太出兵用として第十三師団の動員を行なうことが決まった。

しかし、海軍側はバルチック艦隊の動静が未定との理由で、当面の協力を拒み、四月八日に、陸軍側より山県参謀総長・長岡次長、海軍側より伊東軍令部長・伊集院次長が出席した会議で、樺太作戦は延期と決定された。この会議では、山県は樺太作戦を強く主張せず、翌九日に長岡から会議の模様を聞いた寺内陸相も、「それ見給へ、僕が『いけん』と云ふに、君許《ばか》りが、騒ぎ立てられるから、そーなつたのだ」と苦情を述べた（長岡外史「備忘録」）。

この間、四月七日に桂首相は、伊藤博文・山県参謀総長・松方正義・井上馨《かおる》の各元老、山本権兵衛海相・寺内陸相・小村外相・曾禰《そね》荒助《あらすけ》蔵相の主要閣僚を官邸に招集し、有利な条件での講和をめざして「和戦両略」の基本方針を相談し、翌八日、閣議で決定した。その内容は、(1)作戦は、従来日本軍が占領する所は堅守し、事情が許せばさらに有利な地位を占めるように努めること、(2)外交は事情の許す限り速やかにかつ満足に平和を回復するため、今から適当の手段を取って、最終の目的を達するよう努めること、等であった。四月一〇日、桂首相・小村外相は右の基本方針および日英同盟継続の方針を奏上し、睦仁の允裁《いんさい》（許可）を得た（『明治天皇紀』第十一、一一六〜一二一頁）。

この結果、三月三〇日に山県参謀総長が内奏した、樺太の速やかな占領などの積極的な作戦方針は事実上否定され、冒険をせずに早期の講和をめざす路線が決まった。山県ははじめ、自らが長である参謀本部の戦争に対する積極姿勢を承認した。しかし、彼は、樺太出兵への海軍の強い反対や、伊藤ら元老、桂・寺内らが積極論に応じなかったことで、方針を変えたのであろう。以上の過程において、睦仁は積極的に介入せず、まず陸軍内や陸軍と海軍、陸海軍と内閣などの当局者間の調整に委ね、自らも好ましく思う路線が決まりそうになってきた時に允裁を与えた。

その後、五月二七日から二八日にかけ日本海海戦が起こり、日本海軍はロシアのバルチック艦隊に大勝した。こうして、日本は戦争の勝利を確実にした。

結局、樺太占領作戦が陸海軍や桂首相・小村外相・曾禰蔵相ら主要閣僚の同意を得て裁可されたのは、日本海海戦後二〇日経った六月一七日であった。またその際も、睦仁は、樺太占領はドイツの感情を害するとの情報を気にして、直ちに裁可しなかった。山県参謀総長は桂首相と相談し、桂の意向で、それは天皇の誤解であることを小村外相が説明し、「夜九時過」にようやく裁可があった。このように、戦争や列強との関係において、睦仁は権力中枢の中で最も慎重な一人であり続けた。こうして日本は、日本海海戦後、樺太占領作戦以外の大きな作戦を行なわず、米・英の協力を頼みに、一九〇五年八月からポーツマスで講和会議に臨んだ。

日露講和条約は、九月五日に調印された。その内容は、ロシアの南満州での利権を日本が受け継ぐことやロシアが日本の韓国への指導権を認める（韓国を保護国化する）こと等の他、日本が樺太の南半分（北緯五〇度以南の樺太）を譲渡されることも含まれていた。

比類ない睦仁の権威

すでに述べたように、日清戦争は古代以来のアジアの強国であった中国（清国）を破った戦争であり、睦仁の権威は国民の間に定着した。今回、欧米の強国であるロシアを破ったことが加わり、その権威はさらに確固としたものになった。これは幕末以来続いてきた欧米列強へのコンプレックスを、ある程度拭《ぬぐ》い去ることができたからでもあった。

たとえば、当時の最有力新聞の一つであった『大阪朝日新聞』（現在の『朝日新聞』の前身）は、一九〇四年一一月三日の天長節《てんちょうせつ》（睦仁の誕生日）に際し、「万世一系《ばんせいいっけい》」の天皇を戴く日本の「此盛時に生れて、此聖主《せいしゅ》を戴《いただ》き」、国運が「美旺《びおう》」（美しく盛ん）な様子を体験できた国民の喜びを論じた。また、翌年一月一日の旅順陥落の頃になると日本は「一大強国の列」に加わったと、日本の国力への確信を示した。さらに、姉妹紙の『東京朝日新聞』は、一九〇五年一一月一四日、戦勝奉告のため睦仁が伊勢神宮に行幸に出立する日の様子を、その日は朝から「天皇日和《びより》」の名にそむかず、「小春の空」が大変のどかで、「近頃稀《ま》れなる好天気」であったとの描写から始めている。その日和の下で、睦仁は朝一〇時過ぎに皇居を出発した。「都下百万の市民」は、睦仁を一目拝もうと、早朝より行幸の道筋に集まり、新橋方面へ向かう各電車は八時頃よりいずれも満員となった。この他、歩いたり人力車で出かける者は何万人かわからないほどで、「さしも広き都大路《みやこおおじ》もほとんど人を以《も》つて埋められたり」という。

しかし、このように天皇としての権威が高まったことで、睦仁の日常はさらに窮屈なものになった。以下で述べるように、日露戦争前から、睦仁はストレスと運動不足から健康に衰えを見せていたが、日露戦争での心労が加わり、状況はさらに悪化していった。

3 多忙・ストレスと体の衰え

陸軍特別大演習を再開する

陸軍特別大演習は、一八九二年一〇月に宇都宮方面で行なわれたのを最後に、実施されていなかった。日清戦争をはさんで、一八九三年、九六年は近衛師団の小機動演習のみ行われ、睦仁はそれぞれ群馬県・埼玉県の演習地で元気に馬に乗って親閲した。九七年には近衛師団の小機動演習も行われなかった。それは同年一月一一日に英照《えいしょう》皇太后（夙子《あさこ》）が病気で死去し、睦仁が一年間喪に服したことと関係していると思われる。同年一一月一七日から一九日まで、福岡・久留米間の地域で、第五師団（広島）と第六師団（熊本）の対抗演習があった際にも、睦仁は喪期であるため皇居に留まり、侍従武官を派遣して見学させた（『明治天皇紀』第九、三四一頁）。

翌一八九八年一一月一五日から一七日までの三日間、大阪府岸和田付近で、陸軍特別大演習が六年ぶりに行なわれ、睦仁が統監した。この演習には、外国からの侵入軍の役割を第四師団（大阪）・第十師団（姫路）が果たし、それを迎え撃つ国防軍の役割を第三師団（名古屋）・第九師団（金沢）が果たした。二個師団（二万数千人の将兵）もの軍同士が対抗する演習は、今回が初めてであった。四六歳の睦仁は、毎朝五時に起きて、馬に乗って元気に演習を統監した。最終日の一七日は、正午過ぎに演習が終わった。昼食後、午後二時に将校を集め、睦仁は、今回の演習は一八九二年一〇月の宇都宮地方の演習に比べ、諸般の成績がさらに良い、それは将校らの数年の勤勉と実戦の経験とによる、私はこれを深く「嘉《よ》みす」（よしとする）等との勅語を下した（『明治天皇紀』第九、五四六〜五四八頁）。

一八九〇年から九八年まで睦仁の近くで奉仕した藪篤麿《やぶあつまろ》（のち明治神宮大宮司、子爵）によると、睦仁は肥満であったが、あまり病気もせず、力もなかなか強かったという（『明治天皇紀談話』三巻、六〇〜六一頁）。睦仁は一八八九年に新皇居に移って以来、乗馬などの運動量は減り、日清戦争以降にますますその傾向が強まった。そのため肥満がさらに進んだが、一八九八年、四六歳の頃までは健康だったのである。

一八九九年は陸軍特別大演習は行なわれず、睦仁は一一月に茨城・栃木・埼玉の四県下で行なわれた近衛師団の小機動演習を、一六日、一七日の二日間、馬に乗って親閲した。翌一九〇〇年四月には、広島県から和歌山県沖にかけて行なわれた海軍大演習を、最新鋭の一等巡洋艦「浅間」（約一万トン）に乗艦して、二七日から二九日にかけて統監した。また演習終了の翌三〇日には、「三笠」などと並び、最新鋭で日本海軍最強の戦艦「敷島」（約一万五〇〇〇トン）の艦内を視察し親閲した。睦仁は軍艦に乗るのをしだいに好まなくなっていた。この頃になると、肥満で体の動きが敏捷でなくなり、軍艦に乗るために艦の外側に備え付けた梯子段《はしご》を昇降するのが苦手になっていた（『明治天皇紀』第九、七二一〜七二七頁、七九五〜八〇九頁）。しかし睦仁は、一九〇〇年頃に日本海軍の戦力が拡充されてきたのに応じ、自らの苦手意識を抑制して、海軍将兵の士気を高めるための行動を取ったのであった。

一九〇〇年も陸軍特別大演習はなく、睦仁が行幸した演習は、一一月一六日から一七日に茨城県で行なわれた近衛師団の小機動演習のみであった。それは、この年の夏、義和団《ぎわだん》の乱に対し、日本は二万二〇〇〇名もの将兵を清国に派遣していたからであった。秋の近衛師団小機動演習の二日間は、初日からあいにくの雨で、二日目には風が加わり、時々雪すら混じるほど寒気が厳しかった。それまでの演習では、馬で元気に走り回っていた睦仁も、この二日間は馬車を利用した（『明治天皇紀』第九、九二六〜九三二頁）。四八歳になった睦仁は、体調があまり良くなかったので、一一月中旬の北関東の寒さが身にこたえたのであろう。

体の変調

翌一九〇一年秋には、睦仁の体調はさらに優れなかった。一〇月一七日、翌日の群馬県への行幸を控え、睦仁は風邪のために床に伏した。行幸の目的は、近衛師団小機動演習の視察であったが、それを中止し、侍従武官を派遣した。睦仁の病気は長引き、一一月一日になってようやく床を離れることができた。一一月三日は天長節《てんちょうせつ》（天皇誕生日）で、例年観兵式が行なわれることになっていたが、病気が治って間がないので、侍医の助言を受けて、観兵式を中止した（『明治天皇紀』第十、一二五〜一二八頁）。睦仁が病気のため、陸軍の重要な行事に二つ続けて出席できなかったのは、これまでにないことであった。西園寺公望《きんもち》の回想によると、西園寺がドイツから帰国（一八九一年八月）してから一、二年後には、睦仁は糖尿病を患っていた（「明治天皇御追想記」、立命館大学西園寺公望伝編纂委員会『西園寺公望伝』別巻二、二六頁）。その後、日清戦争以来、肥満体に数年間運動不足の生活を続けてきて、四九歳になる頃には、さしもの丈夫な睦仁の体も、明らかに変調を来たし始めた。

それでも睦仁は、宮城県下で行なわれる陸軍特別大演習を統監するため、一一月六日午後に皇居を出発した。途中、宇都宮に宿泊し、七日夕方、細かい雨の降る中を、仙台の偕行社《かいこうしゃ》（陸軍将校らの親睦団体の集会所）に設けられた大本営に到着した。仙台市民は、各戸に国旗を掲げ、要所には杉などの青葉で弓形に包んだ緑門を建て、烟火《はなび》を上げて奉迎した。睦仁の御座所は、偕行社日本館の一階の一室とした。当初は二階の一室を御座所《ござしょ》に決め、設備を整えていたが、数日前に急な命令があって、一階に変更した。これは睦仁が近年歩くのを好まなくなり、階段を上り下りするのを嫌うようになったからであった（『明治天皇紀』第十、一二九～一三二頁）。

特別大演習の日である一一月八日から九日と、観兵式と宴会が行なわれた一〇日は、いずれも秋晴れに恵まれた。睦仁は、八日は馬車に乗って統監したが、九日は馬で演習地を走った。また、九日には睦仁は兵士二人に命じて彼らの弁当（「半熟」の飯、塩鮭・梅干）を観察し、その粗末さと労苦を知った（同前、一三三～一四一頁）。

翌一九〇二年秋の陸軍特別大演習では、ほぼ天候に恵まれたこともあり、睦仁の体調は比較的良かった。演習には二個師団が参加し、一一月一一日から一三日まで熊本県で行なわれた。おおむね、睦仁は馬に乗って統監した。九州とはいえ、一一月中旬ともなるとかなり冷え込んだが、侍従武官長がいくら勧めても、睦仁はコートを着ようとはしなかった（同前、三一〇～三一八頁、『明治天皇紀談話』六巻、二〇～二一頁）。このように、睦仁はやや体調が良いため、やせ我慢をする余裕があった。

しかし、連日の疲れからか、睦仁が朝寝坊をするという、これまでにない事件も起こった。侍従の日野西資博《ひのにしすけひろ》によると、演習中の朝、予定の時間が迫っても睦仁は目覚めなかった。天皇を起こすわけにもいかないので、二、三人で御次《おつぎ》の間に出て大声で話をしたが、それでも目覚めなかった。しかたがないので、睦仁の部屋に入って「もー御時間でございます」と大きな声で申し上げたので、睦仁はやっと目覚め、大急ぎで支度をして出御《しゅつぎょ》した。

また、演習が終わった後、野外宴会をする城内の馬場に睦仁が出御しない事件も起きた。徳大寺実則《さねつね》侍従長が出御を促しても睦仁は出ようとしなかった。そこで山県有朋《ありとも》元帥が説得に来たが、それでも睦仁は考えを変えなかった。睦仁の言い分はコレラが流行しているので飲食を慎まなければならぬというもので、山県は部隊の士気にかかわると反論し、二人は「怒気を含み、声を荒らげて」論じ合うまでになった。結局、睦仁は宴会に臨幸することになったが、一同に会釈をしたのみで酒食を取らず、すぐに戻ってしまい、その後に宴会となった（『明治天皇紀談話』一巻、一三一〜一三六頁、『明治天皇紀』第十、三一八〜三二〇頁）。一八九〇年代以降、自らを律することに厳しかった睦仁が、朝寝坊をしたり、宴席に出るのを突然嫌がったりするのは異常であった。この時、睦仁の体には変調が起きていたと思われる。

翌一九〇三年一一月にも、三個師団ほどの将兵が参加して、兵庫県加古川方面で、一三日から一五日までの三日間、秋空の下、陸軍特別大演習が挙行された。続いて一六日には姫路で観兵式と宴会が行なわれた（『明治天皇紀』第十、五二四〜五三〇頁）。三年も続けて特別大演習が実施されたのは、日露関係が険悪になっていたからである。またこれをきっかけに、戦争など特別のことがない限り、陸軍特別大演習が毎年秋に実施される慣例ができていった。この演習でも、睦仁は馬に乗ることもあったが、馬車に乗ることが多かった。五一歳になった睦仁は、大好きな乗馬すらできなくなりつつあることに、自分の体の行く末への不安を実感し、日露関係の行方の不安に重ね合わせていたことであろう。

戦争の先行きへの不安とストレス

睦仁は日露開戦の直前には、心配のあまり食事も進まなかったようで、一〇日程前より日常の三分の一しか食べなくなったと、侍医の鈴木愛之助は回想している（渡辺幾次郎『明治天皇』下巻、一二八頁）。開戦決定後も、戦争の行方への心配は続いた。嘉仁《よしひと》親王（後の大正天皇）の生母である柳原愛子《なるこ》典侍《てんじ》によると、開戦を決めた夜は一睡もせず、その後もそんなことが時々あった。食事も進まず、一九〇四年末頃より糖尿病が悪化した（『明治天皇紀談話』三巻、二八八〜二八九頁、『明治天皇紀』第十二、八〇八頁）。

注目すべきは、一九〇四年五月一五日、日本海軍の戦艦「初瀬《はつせ》」・「八島《やしま》」二隻が旅順港沖で機雷に触れて爆沈した際の天皇の反応である。日本は戦艦六隻を保有していたが、そのうち二隻を失うことは大きな痛手であった。この事件は、確かな情報を集めた後、五月一八日の大本営会議で天皇に報じられた。これについて従来は、列席した一同が天皇は深く心を傷めておられるのではと畏れかしこまっていると、「然《しか》るに天皇終始従容《しょうよう》として其《そ》の奏する所を聞き、遂に色をだに動かしたまはず、衆皆其の大度《たいど》（大きな度量の意）に驚くと云ふ」（『明治天皇紀』第十、七三三〜七三四頁）と、天皇は胆力もあり動揺せず、一同を驚かせたとされてきた。とりわけ、一九二七年に雑誌『キング』の付録として大量に一般に流布した『明治大帝』掲載の、長岡外史《がいし》陸軍少将（当時は参謀本部付）の回想にもとづいて記者がまとめた文章では、天皇の人徳が強調されている。

しかし、当時軍事総監兼軍務部長として大本営会議に列席した斎藤実《まこと》海軍少将（海軍次官兼軍務局長）による、『明治天皇紀』への採用を前提としない談話は異なっている。斎藤は、「初瀬」・「八島」が沈没する等した際の大本営会議の時に、天皇は「一方《ひとかた》ならず叡慮を悩まされましたやうでございます」と、後に回想している（『明治天皇紀談話』五巻、一二二頁）。大本営会議での睦仁の心中の受け取り方は各人で異なり、予想以上に睦仁が深刻にならなかったので、ほっとした感じを持った者もいた可能性はある。しかし、長岡の『明治大帝』（『キング』付録）での回想は睦仁を理想化しすぎている。大国ロシアとの戦争に関しては、明治天皇といえども不安とストレスは強かった。

このこともあって、戦争中の睦仁は、寝る時と食事をとる以外はほとんど表御座所《おもてござしょ》に出て政務を行なった。奥《おく》に入った後でも、臨時の出来事があると、当局者が電話で侍従武官長または侍従武官に知らせ、彼らは大きい字で内容を書き、「侍従職の出仕《しゅっし》を経て」報告した。なかでも重要なものや説明の難しいものは、参謀総長・次長または軍令部長・次長が参内して直接に言上した。このように多忙な中で、睦仁の娯楽はレコードで謡曲を聴くことくらいになってしまった（「元侍従日野西資博談話」・「柳原愛子刀自談話筆記」・「元侍従武官白井二郎談話」『明治天皇紀談話』一巻、二四五、四一三頁、第三巻、三〇二～三〇三頁、第六巻、二八一頁）。日露戦争中は、睦仁は奥にいることがあまりなくなった上に、臨時の事件が起きて説明が必要な場合には奥にも関係者を入れたため、私生活の場所は狭まったのである。また、大きい字で内容を書いて報告したのは、近眼の睦仁の視力が衰えてきたからであろう。

一九〇五年三月の奉天会戦の後に侍従武官になった白井二郎（当時陸軍中佐、後に中将に昇進して第八師団長になる）よると、参謀本部は侍従武官長（岡沢精《おかざわくわし》陸軍大将、男爵）を通し、睦仁に軍隊の若干の異動・戦線または陣中の出来事などですら報告した。侍従武官長は毎朝出仕して、他の報告よりも先にそれを申し上げた。武官長は、地名が分かるように図の上に大きな紙を貼り、なるべく時間をかけないようにと配慮したが、睦仁はどんな小さなことでも詳しく聴き取った（同前、第六巻、二八〇～二八一頁）。このように、睦仁は軍事に関するかなり細かい情報も理解しようと努めた。これは、すでに述べたように、戦争の行く末への一般的な気遣いのみでなく、軍内部の意見が対立して調停が必要な場合の準備や、戦地から凱旋《がいせん》した軍人が拝謁する際の覚えのためであった。

凱旋の喜び

すでに述べたように、一九〇五年九月五日、日露講和条約が結ばれ、日露戦争は日本の勝利に終わった。戦地からは、九月二九日に樺太軍司令官原口兼済《はらぐちけんさい》中将らが凱旋したのをはじめとし、第二軍司令官奥保鞏《やすかた》大将ら（一九〇六年一月一二日）、第三軍司令官乃木希典《のぎまれすけ》大将ら（同一月一四日）、第四軍司令官野津道貫《のづみちつら》大将ら（同一月一七日）、鴨緑江《おうりょくこう》軍司令官川村景明《かげあき》大将ら（一月二〇日）が続々と凱旋してきた。睦仁は、原口中将らに一九〇五年一〇月二日に陪食を許し、奥・乃木・野津・川村四大将らに一九〇六年一月二三日に陪食を許した。こうした将兵の復員が実施されていたので、一九〇五年は陸軍特別大演習も一一月三日の天長節の観兵式も行なわれなかった（『明治天皇紀』第十一、三三〇～三三四、三八六、四五四～四六七頁）。

この間、天皇の服装に関して大きな変化があった。これまで睦仁は公の席では、たとえそれが海軍関係の行事でも陸軍軍服を着て出席していた。もっとも一九〇〇年の観艦式には、服装は陸軍大元帥の服であったが、陸軍軍人の用いる長靴《ながぐつ》ではなく、軍艦の上で昇降しやすい短靴《たんぐつ》をはく、という小さな変化がみられた（『明治天皇紀談話』五巻、三三九頁）。日露戦争後になると、一九〇五年一〇月二二日、連合艦隊司令長官東郷平八郎《へいはちろう》大将らの凱旋式に、睦仁は海軍軍服を着て出席した。これは寺内正《まさ》毅《たけ》陸相・山県有朋参謀総長・山本権兵衛海相らの奏請を容れたものであった。睦仁は一〇月二三日の連合艦隊凱旋観艦式にも、海軍軍服を着て行幸した（『明治天皇紀』第十一、三五七〜三六二頁）。

こうして、睦仁は表において通常は陸軍軍服を着し、海軍関係の行事に出る時のみ海軍軍服を着る、という新しい慣例が始まった。これは、日本海海戦で日本海軍が世界の海戦史上でも珍しい完勝をしたことなどで、陸軍に対し海軍の地位が相対的に向上したからであった。そこで、陸海軍のバランスを考え、睦仁が最終的に決定したのである。

勝利の余韻と痛み

日露戦争は、列強間における日本の地位を向上させた。一九〇六年二月二〇日、睦仁は来日中のイギリス国王エドワード七世の名代、コンノート殿下から、ガーター勲章を捧呈された。これはかつて一八八一年に、井上馨《かおる》参議兼外務卿ら日本の当局者が睦仁への贈呈を望み、宮内官僚の長崎省吾がイギリス側に働きかけたものの、実現しなかった叙勲である（第四章2参照）。当日の様子を聞いた侍従の日野西資博《ひのにしすけひろ》によると、勲章の捧呈式が済むと、睦仁はコンノート殿下から献ぜられた帽子その他を身につけたまますぐに奥に入り、帽子を脱いで女官に渡した時、いつもの太い声で豪傑笑いとでもいうような大笑いをした。それは、「なんだこんなものを」とでも思っているような様子であったという（『明治天皇紀談話』一巻、二〇四〜二〇六頁）。睦仁は、ガーター勲章など何とも思っていないぞという、いつもの「片意地」と、日本もとうとうイギリスから重要な国として認知されるようになったという喜びを、大笑いに込めたのであろう。

その後、同年一二月から一九〇八年一二月にかけて、日露戦争の行賞の授与が行われた。受賞者は一一五万人にものぼり、調査や事務が遅れたからである。いずれの勲章も一九〇六年四月一日にさかのぼって授与された。山県元帥・大山巌元帥・野津道貫元帥らは、軍人の功績として最高の功一級金《きん》鵄《し》勲章を授けられ、伊藤博文・山県・大山らは最高位の勲章である大勲位《だいくんい》菊花章頸飾《きくかしょうけいしょく》を授与された。

睦仁は日清戦争以来、戦利品や、日本陸海軍の戦没者の写真（将校）や名前（下士官・兵）を収め、霊を慰める施設を、皇居の敷地である吹上御苑《ふきあげぎょえん》内に建てた。それは、振天府《しんてんふ》（日清戦争）・懐遠府《かいえんふ》（北清事変）・建安府《けんあんふ》（日露戦争）であった。日露戦争では戦没者は飛躍的に増加し、八万八〇〇〇人にものぼった。侍従の日野西資博によると、睦仁は、その人名を見落としなく残らず眺めた。名前で読みが難しいものがあると、侍従に尋ねたり、それでもわからないと調べるように命じたりしたという（『明治天皇紀談話』一巻、一〇五～一一〇、二七八～二七九頁）。一人一人の戦死者の名を読みながら、睦仁は心を痛めていた。次の和歌はその気持ちを表したものである。


国のためうせ（失）にし人を思ふかなくれ（暮）ゆく秋の空をながめて

馬から馬車へ

　一九〇五年四月から一九〇七年一〇月にかけて、侍従武官であった白井二郎陸軍中佐によると、その期間、睦仁はまったく運動を行わなかったという。また、睦仁が馬に乗るのも見たことがないという（『明治天皇紀談話』六巻、二七一～二七二頁）。睦仁は日露戦争以後、運動をしなくなったのである。それはむしろ、日頃の運動不足とストレスから、肥満と生活習慣病が悪化し、五二、三歳のころには、時間があっても運動をすることが困難になっていたという方が正しいであろう。

日露戦争陸軍凱旋観兵式

　戦勝から八カ月経って、復員も一段落した一九〇六年四月三〇日、睦仁は快晴の青山練兵場で、日露戦争陸軍凱旋観兵式に臨んだ。この観兵式は、元満州軍総司令官大山巌《いわお》元帥が指揮をとり、元満州軍総司令部や元第一軍から元第四軍・元鴨緑江《おうりょくこう》軍までの司令部、近衛師団・第一師団、第二師団から第一二師団までの各代表部隊など三万一二〇〇余人が参加する大行事であった。この観兵式で、睦仁は従来用いていた黒の陸軍軍服ではなく、茶褐色の陸軍軍服を初めて着用した。これは、日清・北清・日露の戦争の経験から、茶褐色の方が土色に近く、敵から見えにくいという結論が出て、日露戦争中に制定された服制に基づいたものであった。またこの観兵式において睦仁は、馬ではなく馬車に乗って登場した（『明治天皇紀』第十一、二〇二、五三八〜五四一頁）。侍従武官であった白井二郎も、その時は従来と違って閲兵ならびに分列式のときに「御馬車でございました、御乗馬でなかつたのでございます」と、注目している（『明治天皇紀談話』第六巻、二七二頁）。持病の糖尿病に加え、睦仁はこれより三カ月前の同年一月末より、慢性腎臓炎を患うようになっていた（『明治天皇紀』第十二、八〇八頁）。

同年一一月二三日から二週間ほど、睦仁は風邪と胃腸病で出御できず、一二月七日になってようやく表御座所に出られるようになった。翌一九〇七年一月八日の青山練兵場での陸軍始観兵式《りくぐんはじめかんぺいしき》では、馬に乗って閲兵ならびに分列式を見る予定であったが、睦仁が式場に到着した後、急に命令があって馬車で観兵することになった（『明治天皇紀』第十一、六三九、六六〇〜六六一頁）。睦仁は、久しぶりに馬に乗って観兵しようと思ったが、体調が良くなかったのであろう。

一一月中旬、埼玉県で行なわれた近衛師団の第二種機動演習にも、自らは行幸せず、侍従武官を派遣した。一一月一四日から二〇日の間、睦仁は再開されるようになった陸軍特別大演習を統監するため茨城県へ行幸した。演習は一五日から一八日にかけて、四個師団と騎兵二個旅団・野戦重砲兵二個大隊が参加して行なわれた。一九日の観兵式も含め、睦仁は馬車で総監、閲兵した。それでも一一月中旬の北関東の寒気が五五歳の体にこたえたのか、一八日以来、のどに炎症が起こり、二二日から表の御座所に出られなくなり、二四日には床に伏し、一二月五日にようやく治った（『明治天皇紀』第十

一、八三七頁)。
一九〇七年の陸軍特別大演習の四〇日前の一〇月五日、生母の中山慶子《よしこ》が肺炎を悪化させて死去した。七二歳であった。気丈で厳しい生母であり、睦仁が即位してからも遠慮せずに諌めることもあった。晩年に慶子が参内《さんだい》すると、睦仁は喜んで迎えた。慶子が病気になると、睦仁は陸軍軍医総監橋本綱常《つなつね》を派遣して治療に当たらせたが、病状は好転せず、重態に陥った。しかしこれまでの慣例から、睦仁が青山南町の慶子の家に行幸することはできなかった。そこで睦仁は、朝の食卓に出された牛乳一本を慶子に与えるよう、皇后美子《はるこ》に命じた。皇后は慶子を見舞い、睦仁の意を伝えて、その牛乳を手ずから飲ませた(同前、八〇三〜八〇五頁)。

奈良の大演習で気が晴れる

一九〇八年の陸軍特別大演習は、一一月一一日から一三日まで奈良県で行なわれた。四個師団と野戦重砲兵二個大隊を合せ四万の将兵が参加し、睦仁は前年と同様に馬車で統監した。一四日午前中、閲兵式がなされ、午後から奈良公園内で、睦仁の臨御《りんぎょ》の下、将校や奈良県知事らの地方官が参加して、大宴会が行なわれた(『明治天皇紀』第十二、一三四〜一四五頁)。陸軍特別大演習の規模は日露戦前の約二倍に大きくなったが、睦仁の乗馬姿はなかった。

侍従の日野西資博によると、この陸軍特別大演習の日、一一月一二日の朝、霧が立ちこめてとても寒く、睦仁が演習を観望し休息を取る野立所《のだちしょ》には、たくさん炭火を起こして暖をとれるようにした。すると、睦仁は近くの畑からサツマイモを取ってこさせて焼かせ、側にいた山県有朋・大山巌両元帥らに、「食ってみよ」と手渡ししたという(『明治天皇紀談話』一巻、一一六〜一一七頁)。奈良県の大演習は、馬に乗ることはできなかったものの、久しぶりの野外での活動に、睦仁は気が晴れたのであろう。その日の演習が終わり、奈良公園の中央の奈良倶楽部《クラブ》に設けられた大本営に戻る汽車の中で、睦仁は次の歌を詠んで山県元帥に示した。

　　むら雲を吹く秋風にはれそめて三笠の山に出《で》てし月かな

一九〇九年の陸軍特別大演習は、一一月六日から九日にかけて栃木県で行なわれ、睦仁は同様に馬車で統監した。大島健一参謀本部総務部長（のち陸相）によると、日露戦争後に大演習が行なわれなかった年もあり、演習費が余っていた。そこで、この演習は五個師団と後備の歩兵一個旅団・騎兵二個旅団が結集したきわめて大規模なものとなった。六日は雪模様でひどい寒さであったが、側近が睦仁にオーバーコートを着ることを勧めても、将兵が着ていないからと断った。ワインに水を混ぜたものを飲みながら、睦仁は寒さに耐えた（『明治天皇紀』第十二、三〇〇～三一一頁、『明治天皇紀談話』六巻、一九五～二〇〇頁）。睦仁は体が衰えても、将兵の苦労を慮《おもんぱか》り、また彼らから自分がどのように見られるのかを気にして、オーバーを着なかった。やせ我慢であった。

伊藤博文の暗殺

一九〇九年の秋、睦仁が陸軍特別大演習のため栃木県に出発する一〇日前の一〇月二六日午前九時半、元老伊藤博文はハルビンで韓国の独立運動家安重根《アンジュングン》《あんじゅうこん》に暗殺された。伊藤が狙撃されたという知らせは、同日午後に小村寿太郎外相から伝えられ、睦仁は驚《きょう》愕《がく》した。睦仁は元老山県有朋の助言に従い、侍従武官と侍医を現地に派遣することにした。ところが、午後三時に伊藤死亡の報が入った。睦仁は、伊藤を国葬にすることを命じ、一一月四日、日比谷公園で葬儀が行われた。費用は四万五〇〇〇円（現在の七億円弱）で、睦仁は侍従を勅使として派遣した（『明治天皇紀』第十二、二九三～三〇〇頁）。

天皇の特別の命令で国葬が行なわれた最初は、一八八三年の岩倉具視《ともみ》（元公家）で、それ以降、有栖川宮熾仁《ありすがわのみやたるひと》らの親王、明治維新に活躍した島津久光《ひさみつ》などの事実上の旧藩主や藩主の国葬が実施された。しかし、伊藤のような元藩士の国葬は初めてであった。侍従の日野西資博《ひのにしすけひろ》の目には、睦仁は伊藤の暗殺に特に力を落とし、その後急速に老境に入っていったと見えた（日野西資博『明治天皇の御日常』七六頁）。

「ワシ」なぞ死んでもかまわぬ

一九一〇年の陸軍特別大演習は、一一月一三日から一六日まで岡山県で行なわれた。いずれの日も天候に恵まれたが、侍従の日野西によると、岡山大演習の頃から、「どうも陛下の御健康が御宜《よろ》しくない」ように感じられた。睦仁は、演習の統監を済ませて宿に戻ると、召替所《めしかえじょ》に入って、きちんと座って、しばらく、自ら足をさすったり、腰を叩いたりしてから着替えた。日野西が「御さすり致《いた》しませうか」と申し上げても、決してさせず、自分でさすった。また小便も、この頃から出具合が悪い様子であった。それまでなら、供をして便所の外で待っていると、ジャージャー音がしていたのが、この頃からチビチビチビチビという音になった。したがって、たびたび小便に行くようになった。つまり、腎臓の病気になっていたと思われるが、岡玄卿《げんきょう》侍医局

明治天皇最後の演習統監（『明治天皇御一代記』より）

長は、薬を差し上げてあるから宜しいと、特に気にしていなかったという（『明治天皇紀談話』一巻、一三六〜一三九頁）。

日野西は、その翌年一一月の福岡県久留米方面での陸軍特別大演習では、睦仁の疲れはさらにひどく、足の具合も悪くなっていた、と証言している。その演習が終わり、東京へ戻る途中では、睦仁の御召列車の名古屋到着が一時間あまりも遅れた。日野西が付き従っていた侍従に聞いたところ、睦仁が、「かう揺れてはどもならぬ、運転が下手《へた》ぢや、早過ぎる、もつとゆつくりやらせ」と言うので、普通の速度で運転していたのを遅くしたために、遅れが出たという。その頃から、奥（内廷）では、睦仁は「どうもワシが死んだら世の中はどうなるであろう、もうワシは死にたい」ということをよく口にするようになった。日野西は、なんだか、睦仁自身、身体の状態が平常とは違うと感じて、近いうちにどうかなるというような心痛があったのではないかと思う、と回想している（同前、一巻、一三九〜一四五、三二三〜三二六頁）。

もっとも、日野西の回想とは異なり、岡侍医局長は、睦仁の体の異変に気づいていた。首相であった西園寺公望は、この頃（史料には「御六十歳にまだ一、二年間のある時」と表現）、元老の山県有朋・侍従長の徳大寺実則《さねつね》とともに、岡から、睦仁は七〇歳位の「御精力」であるので心配しており、外交や政治上での負担をかけないでほしい、という報告を受けた（「明治天皇御追想記」、前掲、『西園寺公望伝』別巻二、三二一〜三二三頁）。

その後、睦仁には、死期の近づいたことがさらによく自覚されるようになった。金子堅太郎枢密顧問官が、徳大寺実則侍従長に聞いたところによると、一九一二年の陸軍士官学校の卒業式（五月二八日、ただし金子は「三月か四月」と回想している）に睦仁が行幸した時、徳大寺は馬車に陪乗した。その際、徳大寺が「本年の秋の演習は川越《かわごえ》でございますから、御道中が短くて御還幸《ごかんこう》にもお楽でございます」と申し上げると、睦仁は、「今度の演習には自分は居《お》らぬから」と応じた。徳大寺は、「そんなお淋しい事を仰せになるものではございません」と申し上げたが、睦仁は「アハヽ」と笑って、あとは何も話さなかったという（『明治天皇紀談話』六巻、二〇二〜二〇三頁）。これは、睦仁が同年七月三〇日に死去する二カ月前のことであった。

エピローグ――晩年の憂鬱《ゆううつ》と希望

君臣和協はできるのか

日露戦争後の睦仁《むつひと》（明治天皇）には、戦勝で自らの権威と潜在的権力が比類なく高まったにもかかわらず、彼の健康問題を除いて、主に四つの心配事があった。そのうち二つは国内問題である。心配事の第一は、天皇や天皇を輔弼《ほひつ》（補佐）する政府と国民の関係であった。

一九〇五年九月五日、東京市の日比谷《ひびや》公園で日露講和条約に反対する国民大会が開かれ、それが暴動化したとき、睦仁は表御座所《おもてござしょ》で政務を行なっていた。表御座所は桜田門に近く、日比谷公園まで直線で一キロメートル以内の距離にあり、日比谷公園の騒がしさは前庭の木々の間から睦仁の耳に聞こえてきていた。日暮れに近づくと、人々の叫び声はさらに大きくなり、器物を破壊する音と交じって、御座所に届いた。睦仁はじっと座ってはいられないようで、椅子から立ち上がって部屋の中を行き来した。

ピストルを撃った音が聞こえると、睦仁は、憲兵がピストルを発射した、と叫び、動揺を隠せなかった。五日の夜、睦仁は侍従らにしばしば状況を尋ねさせた（『明治天皇紀』第十一、三一三〜三一五頁）。暴動は翌六日まで続いて、死者一七人、負傷者二〇〇〇人にも上った。この原因は、政府が国民に日露戦争における日本の国力の実態を十分に伝えていなかったため、戦争の犠牲と負担に耐え、疲れ果てた国民たちが、もっと有利な講和条件が結べるはずだと思い、藩閥政府に対する批判の暴動となったのであった。

すでに本書で述べたように、睦仁の青年期にも、征韓論政変や佐賀の乱・地租改正反対一揆・西南戦争等がひっきりなしに起こった。日比谷焼打ち事件に睦仁が動揺したのは、それ以来、睦仁が大久保利通・岩倉具視《ともみ》・伊藤博文らと協力し、近代国家を作る一環として作り上げてきた国民との信頼関係が、再び崩れかけていると感じたからであった。

一九一一年一月一八日には、天皇暗殺未遂事件である大逆《たいぎゃく》事件に対し、大審院（現在の最高裁判所）から幸徳秋水《こうとくしゅうすい》やその愛人の管野《かんの》スガら二四人に死刑の判決が出たことを桂太郎首相が報告した。すると睦仁は動揺を表し、直ちに桂首相に特赦減刑を検討するように命じた。この結果、翌日、一二名が刑一等を減ぜられ、幸徳・管野ら一二名が死刑、一二名が無期懲役となった（『明治天皇紀』第十二、五四五〜五四七頁）。この事件は、第二次世界大戦後の研究で、管野スガら四人を除いて他は事件と直接関係がなかったことがわかっている。当時の睦仁は、そうした事実を知らないまま、官憲側が事件をフレームアップした報告を受けて、最終的に裁可したのである。

ところで、直接の政治関与を抑制してきた睦仁が、この時期になぜ司法権に積極的に関与したのであろうか。それは大逆事件が、天皇暗殺未遂事件という宮中の問題に関わることだったからである。睦仁は明治憲法の精神でもある府中（政府）と宮中の区別を受け入れ、本書で見たように府中の問題には関与を抑制し、調停的にのみ介入するようになっていった。これに対し、府中と区別された宮中の問題は皇室の家政の問題でもあり、睦仁は日露戦争後になっても、自らの意志を示す必要があるときは意見を述べた。たとえば、一九〇九年六月に元老の山県有朋《ありとも》元帥の腹心である田中光顕《みつあき》宮相が辞任すると、睦仁の意向で岩倉具定爵位頭《ともさだしゃくいのかみ》が後任の宮相となった（『原敬日記』一九〇九年六月一八日）。

君主が、府中のことへは関与を抑制して調停的にしか介入しなくなるものの、宮中のことには府中よりも関与し続けるというのは、近代イギリスの国王でも同様であった（伊藤之雄『昭和天皇と立憲君主制の崩壊』五八八頁）。睦仁は、伊藤がシュタインから学んだ君主機関説的な明治憲法の精神を受け入れる中で、ヨーロッパで発達した立憲君主国の君主の行動様式まで、それを直接見聞きしなくても、身につけてしまったのである。

陸海軍の統制を保てるのか

睦仁の二つ目の不安は、内閣と陸軍・海軍相互の関係であった。本書でも、睦仁が、日清戦争中に文官の伊藤博文首相を大本営に列席させたり、日露戦争前から戦中にかけて、桂太郎首相と伊藤の率いる政友会の対立の調停（伊藤の枢密院議長就任）や、陸・海軍の対立（海軍軍令部長を陸軍の参謀総長と対等にする）、陸軍内部の対立（満州に「陸軍総督府」を置く問題等）を調停したりしたことを示した。

しかし日露戦争を機に、元老山県有朋元帥の派閥にコントロールされている陸軍や、山本権兵衛《ごんべえ》大将（元海相）らの影響が強い海軍の発言力は、さらに増大した。その一方で、元老伊藤博文は老境に入りつつあり、睦仁自身はまだ五十歳代であったが体調が悪化していた。陸軍・内務省・貴族院などの組織を派閥で支配していた山県は別として、他の元老達も、井上馨《かおる》・松方正義《まさよし》は老齢になり、黒田清隆・西郷従道《つぐみち》らは死去し、影響力を減退させていた。皇太子嘉仁《よしひと》は頼りなく、あと何年かして自分や伊藤が死去すれば、大日本帝国は統一された国策を決定できなくなるのではないか。睦仁はこのような不安を持ったと思われる。

睦仁が一八八〇年代後半以降、最も信頼した元老の伊藤も、同様の不安を持っていた。伊藤は、一八九九年に宮中に帝室制度調査局を作り、自らその総裁に就任した（副総裁は、伊藤の腹心であった伊東巳代治《みよじ》）。伊東巳代治が伊藤の意を受けて立案した公式令《こうしきれい》は、一九〇七年二月一日に公布された。勅令には、天皇の署名と、主任大臣の副署（天皇の署名の左に記す署名）がそれまで必要であったが、公式令によって首相の副署も必要となった。このことによって、陸海軍に関する勅令においても、首相の副署が必要となった。首相は陸・海軍への制御の法的根拠を得たことになり、文官の首相であっても署名をしないと脅すことで、陸海軍への統制を強めることができるようになった。またこれは日清戦争まではっきりしていた、文官による陸海軍の統制を再確認しようとするものであった。

元老の山県有朋らは公式令の制定に対抗し、軍事に関し、勅令に代わる軍令を新たに制定し、首相の副署がなくても主任大臣（陸軍大臣または海軍大臣）の副署のみで成立するようにした。こうして同年九月一一日に軍令第一号が公布された（『明治天皇紀』第十一、七八六〜七八八頁）。軍令の制度が定められたことにより、首相が軍事に関しても統制できる公式令の法的裏づけは骨抜きとなった。老境に入った睦仁や伊藤は、軍令制定を求める山県ら陸軍および海軍の動きに抗しきれなかったのである。

東アジアの平和と安定を保てるのか

睦仁の三つ目の不安は、日露戦後、ロシアも含め列強から日本の保護国として承認された韓国を、日本が統治することに対する、義兵運動などの韓国の人々の抵抗であった。

本書で述べてきたように、睦仁は、明治期の日本の政治指導者の中で、列強との協調を最も重んじていた。また、軍事力を背景にして日本の勢力圏や植民地を強引に拡張しようとすることには否定的で、日清開戦や日露開戦にも、最も慎重な人物の一人であった。睦仁が伊藤博文を信頼したのは、伊藤の立憲制の運用姿勢のみならず、外交政策の姿勢も評価していたからである。

日本とロシアの関係は、日露戦争後、三回の日露協約が結ばれ、満州や内モンゴルでの互いの勢力圏の分割などが決められ、緊張が緩和した。

日本は、一九〇五年一二月に韓国統監府を設置し、元老の伊藤博文が初代統監として赴任した。伊藤は、韓国には歴史的伝統があり、韓国人は潜在力を持っているので、独立国としての体裁を維持したまま、日本が実権を握って明治維新をモデルとした改革を進めることを考えていた。伊藤の構想は、韓国の教育や産業の振興を図り、日本と近代国家となった韓国とが、日本主導の下で連携した国際秩序を作ろうというものであった。

ところが、日本の保護国となった韓国は、近代化を目指す統監府の政策に激しく抵抗した。一九〇七年六月には、韓国皇帝高宗《コジョン》《こうそう》が、オランダのハーグで開かれた第二回万国平和会議に二人の密使を送り、保護条約の無効を確認させようとした。このことを知ると、伊藤や日本政府は七月二〇日に高宗を譲位させ、第三次日韓協約を韓国に強い、一部を除いて韓国の軍隊を解散させた。その後、同年八月以降、一九〇八年にかけ、韓国人の抗日ゲリラ運動である義兵運動が高まった（伊藤之雄「韓国と伊藤博文」）。

一九〇八年五月六日、伊藤統監の要請を受け、寺内正毅《まさたけ》陸相が西園寺公望《きんもち》首相と相談の上、義兵を鎮圧するため、韓国に軍隊を増派することを奏請した。次いで慣行に従い、奥保鞏《やすかた》参謀総長が、歩兵二十三・二十四連隊（合計で数千人の将兵）を韓国に派遣することを上奏した。睦仁はすでに奥《おく》（内廷）に入った後であったが、再び表《おもて》の御座所《ござしょ》に出御し裁可した（『明治天皇紀』第十二、五四～五五頁）。睦仁が韓国での抗日運動について非常に気にしていたことがわかる。

ところで、伊藤統監の意向で、韓国皇太子李垠《イウン》《りぎん》（高宗を継いだ韓国皇帝純宗《スンジョン》《じゅんそう》の継嗣、高宗の子）は、一九〇七年一二月から日本に留学した。その待遇は、睦仁や伊藤の意向で、日本の皇太子嘉仁親王に準じるものであった。また伊藤は、李垠の旅行の際は常に付き従って不都合のないように気を配り、教え諭した。侍従の日野西資博《ひのにしすけひろ》によると、睦仁も韓国皇太子に対してたいへん心遣いをした。岩倉具定《ともさだ》宮相にしょっちゅう指示して、いろいろと珍しい物を取り寄せては李垠に与えたという。また、李垠が参内した時は、特に親切にして「〔睦仁自身の〕御子様の如くに御可愛がりになり」、韓国皇太子は側で拝見していて「宮様」のようであったという（『明治天皇紀談話』一巻、二六〇頁）。

しかし一九〇九年一〇月に伊藤が暗殺され、一九一二年七月に睦仁が死去すると、李垠を皇太子嘉仁に準じる扱いは消え、日本の皇族の子弟と同等の待遇に落ちてしまった（『英親王李垠伝』一二〇～一二一頁）。

伊藤は統監としてハーグ密使事件などに厳しい対応をしたため、強圧的な韓国統治構想を持っていたと誤解されがちである。しかし、睦仁と伊藤には、李垠への態度に見られるように、山県ら日本の他の政治指導者とは異なって、韓国や韓国人を尊重する姿勢があった。また二人は、将来の国王としての李垠の成長に、未来の日韓関係を託していたのであった。

＊ドナルド・キーン氏は、特に史料も示さず睦仁が、元老や政府からの、日韓の「協力体制が成功しているという意気軒昂《けんこう》な報告に完全に納得していたわけではないようだった」とする。そこで睦仁は、一九〇八年三月末、伊藤博文統監が韓国に戻る際に内大臣秘書官日高秩父《ひだかちちぶ》を同行させ、韓国情勢を調査させたと、同氏は解釈する。その上で、「天皇の受けた復命が日韓関係が悪化しつつあることであったり、曾禰（副統監）が韓国民に信望がないことであったりするものであったとは到底思えない。しかし、これらの疑問を抱いたということ自体、天皇が元老等の上奏する楽観的な報告を額面通りに受け取ろうとしていなかったことを示すものである」と結論づけた（ドナルド・キーン『明治天皇』下巻、四三八～四三九頁）。

睦仁が日高を派遣した事実は『明治天皇紀』（第十二、三五～三六頁）に記述してある。同じ『明治天皇紀』に、一九〇七年四月三〇日に、伊藤統監が韓国に派遣された侍従武官鷹司熙通《たかつかさひろみち》と侍従長徳大寺《とくだいじ》実《さね》則《つね》を介して、韓国は近ごろ「頗《すこぶ》る不穏の形勢」にあること等を睦仁に報告している記事がある。伊藤は事情を明確にしてからと思ったが、調査に時間がかかりそうなので、詳細は後日に報告することとし、その時までの概況を奏上したのであった（同前、第十一、七二三〜七二四頁）。したがって、睦仁が日高内大臣秘書官を韓国に派遣したのは、伊藤から韓国情勢がとても不穏であると報告を受けて、それを自分なりに確認するためのものである。元老の伊藤が睦仁に正確な情報を伝えず、睦仁が伊藤に不信感を持った事実はない。キーン氏は同じ『明治天皇紀』にある伊藤の睦仁への報告を見落し、想像のみで事実とは異なる推論をしたのである。

笠原英彦『明治天皇』は、キーン氏の見解に引きずられ、「明治天皇は伊藤に多大の信頼を寄せていたが、伊藤は韓国併合への道のりにおいて、天皇に的確な情報を提供せず、事実上政治判断を仰がなかった」（二九六頁）とまで論じている。

これらは、飛鳥井雅道『明治大帝』の、初期議会以降「天皇は伊藤・井上毅らによって密室におしこめられていた」（二三五頁）とする叙述に影響されたものである。飛鳥井氏は右の著作の中で、公開されている一次史料を十分に読まず、不確かで断片的な「事実」しか示さずに、伊藤らが睦仁の意に反して勝手な国家運営を行なっていったとの誤った構図を提示しようとした（同前、二三三〜二四五頁）。

明治天皇の後継者

睦仁の四つ目の不安は、これまで述べた三つの不安に関連し、睦仁の後を継ぐ皇太子嘉仁《よしひと》親王が十分に天皇としての役割が果たせるかどうかであった。睦仁は、少年期の嘉仁親王が病弱であったにもかかわらず、過大な期待をしすぎて教育がうまくいかなかったことは、すでに述べた。

侍従の日野西資博によると、睦仁は嘉仁の健康のことをいつも心配していたが、嘉仁には成長するにつれて父親を少し恐がっている様子がはっきりとうかがわれた。睦仁が表御座所にいる時に、誰かが拝謁していると、嘉仁は待合所で少し待つ。拝謁している者がいない時は、侍従が睦仁に了解を取らなくても、嘉仁は睦仁に拝謁してよいのだが、嘉仁は日野西に「御前《ごぜん》へ往《い》って伺って来い」といつも命じる。そこで日野西が、睦仁に都合を伺いに行くと、「まあ待て」とか、「一寸《ちょっと》待たして置け」等の沙汰があることが多い。そのため、嘉仁が一時間くらい待っていることもあったという（『明治天皇紀談話』一巻、二五二〜二五四頁）。

ところが、晩年に体がさらに悪くなってくると、睦仁は成長の遅れた嘉仁の存在をあるがままに受け入れるようになってきた。侍従武官であった上田兵吉《ひょうきち》（後に陸軍少将、男爵）は、一九〇八年一一月の近衛師団の機動演習について、当時陸軍少将（かつ海軍少将）であった二九歳の嘉仁の睦仁への報告の様子を印象深く回想している。上田によると、皇太子が何枚もの地図を広げて戦況を説明していたところ、睦仁から皇太子に質問があった。しかし、皇太子はその地点を地図上で見つけることができなかった。東宮武官が睦仁の前に進み出て皇太子を助けるわけにはいかないので、気を揉《も》んでいると、皇太子はようやく独力で睦仁の質問に答えることができた。その時に睦仁

海軍少佐の服の嘉仁親王（20歳前後）

は、「演習と云ふものは洵《まこと》にむつかしいものである」と述べ、皇太子の答えに満足そうにしていたという（『明治天皇紀談話』六巻、一一四〜一一五頁）。

この時、睦仁は五六歳になっていた。すでに見たように、睦仁は皇太子に過度に期待するあまり、皇太子を萎縮《いしゅく》させる傾向があった。しかし、睦仁も死の四年くらい前になると、皇太子のペースに合わせて、自然に接することができるようになっていた。

裕仁ら孫への期待

また睦仁には、皇太子嘉仁親王の次の世代への希望もあった。嘉仁親王と妃の節子《さだこ》は、裕仁《ひろひと》（後の昭和天皇、一九〇一年四月生まれ）に続いて雍仁《やすひと》（後の秩父宮、一九〇二年六月生まれ）・宣仁《のぶひと》（後の高松宮、一九〇五年一月生まれ）と次々に男子に恵まれ、いずれもすくすくと成長していた。

侍従の日野西資博《ひのにしすけひろ》によると、この三人の孫は、あまり表の方に出てこなかった。睦仁は奥でも孫たちに話しかけたりご機嫌を取ったりすることはなかったようで、ただ笑みを浮かべながら孫たちの様子を眺めていたという（『明治天皇紀談話』一巻、二五四〜二五五頁）。一四歳で即位して以来、年齢を重ねるに従って己の感情を殺し、外からどのように見えるかを気にして生きてきた睦仁は、孫たちにも相好を崩して接することができなくなっていたのであろう。

また、嘉仁の時と同様に、睦仁は孫たちの教育には気を配った。それは、愚直な陸軍軍人に孫たちの教育を託そうとしたことである。孫のために睦仁が選んだのは、乃木希典《のぎまれすけ》将軍であった。

幕末に生まれ、少年期を過ごした睦仁は、伝統的な皇室の慣例に従い、学校で教育を受けることはなかったが、嘉仁は八歳から一四歳まで約七年間学習院で学んでいる。学習院は、一八七七年に華族のために設立された学校で、睦仁の孫たち三人がそこで学ぶことは、自然な流れとなりつつあった。乃木将軍は、日露戦争前から学習院長の候補者であった。乃木は日露戦争のため、学習院長にはならずに第三軍司令官として出征し、すでに見たように軍事指揮の上で問題を残した。

それにもかかわらず、睦仁は乃木が学習院長に就任することを望み、一九〇七年一月三一日、乃木大将が学習院長に任命された。そこに裕仁・雍仁・宣仁の三人が通学した（入学はそれぞれ一九〇八年四月、一九〇九年四月、一九一一年五月）（『明治天皇紀』第十一、六七〇頁、第十二、二一五、二二一、五九八頁）。

後に裕仁親王を教育する東宮御学問所《とうぐうごがくもんじょ》幹事となる小笠原長生《おがさわらながなり》（海軍中将）によると、乃木大将は、裕仁が学習院初等科四年生であった頃に、初等科卒業後に新たに学問所を創設して、そこで修学するのが良いという構想を抱き、小笠原に計画書類を示したという。その書類は、小笠原の意見も入れて清書され、睦仁に提出された。睦仁は、「それで良い」と許可した。それが後に東宮御学問所の職制の根本となったと小笠原は回想する（『明治天皇紀談話』五巻、四二八〜四三〇頁）。このように乃木は睦仁の信頼を得て、裕仁（後の昭和天皇）の教育の大枠を作った。

しかし、その教育内容は、睦仁が二〇歳前後までに岩倉具視・大久保利通・木戸孝允《たかよし》・西郷隆盛から受けた教育のような政治や軍事の実践的なものは含んでおらず、あまりにも徳治主義に傾いた観念的なものであった。そのため昭和天皇は、昭和初期に田中義一《ぎいち》内閣下での張作霖《ちょうさくりん》爆殺事件の処理などで、明治天皇のように調停的に政治関与して問題を解決することに失敗し、立憲君主制の動揺から崩壊への一因を作っていった（伊藤之雄『昭和天皇と立憲君主制の崩壊――睦仁・嘉仁から裕仁へ』第Ⅰ部第二章～七章）。睦仁は、皇太子嘉仁親王の教育にも、孫の裕仁親王のそれにも、あまり成功しなかったのである。

睦仁の死

睦仁の体に死に至る変調がはっきり確認されたのは、一九一二年七月一五日であった。

この日、睦仁は午前一一時四五分から五〇分間ほど枢密院会議に臨御したが、席に着くと、ほとんど微動だにすることがなかった平常の様子と異なり、この日は姿勢をはなはだしく乱し、居眠りさえした。出席した大臣や枢密顧問官たちは、皆この様子を見て心配した。睦仁も、奥に入御後、身近な者に、疲労に耐えられなかったと述べた。

それから連日暑い日が続いた。あの日以来、睦仁は脈が整わず、表に出御しても、よくうとうとし、通例となっていた午後の茶菓や、夜の蓄音機なども、いつものように楽しまなかった。一八日になると、食欲も著しく衰え、表の御座所に出御しなくなった。

二〇日午後、宮内省は初めて睦仁の病気の容体書《ようだいがき》を発表した。そこでは、睦仁が日露戦争後、糖尿病に加えて慢性腎臓炎を併発するようになり、一九一二年七月一四日に「腸胃病」にかかり、翌一五日からよく眠るようになっていき、一九日午後から精神が少し「恍惚《こうこつ》」の状態になり、尿量が著しく減少し、タンパク質が多く混じるようになったとある。また、同日夕方より突然発熱し、体温が四〇度五分にまで上昇したこと等も述べられていた（『明治天皇紀』第十二、八〇三～八〇八頁）。国民は、睦仁が重い病気であることを知って驚き、七月末にかけ、神社などに回復祈願の参拝に続々と出かけた。

快癒祈願する人々（『明治天皇御一代記』より）

この間、七月一五日頃に西園寺公望《きんもち》首相は、政治上の用向きで拝謁した際、睦仁は机の上の「御掛《おかけ》物《もの》」を取り、「これをやろう」と西園寺に手ずから与えた。西園寺にとってそんなことは初めてであった（「明治天皇御追想記」、『西園寺公望伝』別巻二、三三三頁）。睦仁はいよいよ死の予兆を感じ、西園寺に別れを告げたのであった。

侍従武官の上田兵吉によると、七月二〇日朝八時半頃に岡玄卿《おかげんきょう》侍医頭《じいのかみ》と青山胤通《たねみち》・三浦謹之助《きんのすけ》の両東京帝大医科大（現在の医学部）教授が診察し、その時に初めて尿毒症であると、皇后美子《はるこ》に申し上げたという（『明治天皇紀談話』六巻、六五頁）。侍医でもない青山と三浦が睦仁を診察するようになったのは、元老山県有朋が誰か名医に診察させたいと発意したからであった。二人の診察には皇后の許しを得たと、首相であった西園寺は回想している（「明治天皇御追想記」、『西園寺公望伝』別巻二、三三三頁）。元老山県の睦仁への忠誠心とあせりがわかる。

この日、皇后が病室に見舞いに来たほか、昌子《まさこ》内親王と夫の竹田宮恒久《つねひさ》王、房子《ふさこ》内親王と夫の北白川宮成久《なるひさ》王、皇太子妃、聰子《としこ》内親王、允子《のぶこ》内親王（朝香宮鳩彦《あさかのみややすひこ》王妃）らも見舞いに訪れ、睦仁の娘である四人の内親王と皇太子妃が看

明治天皇伏見桃山御陵
（京都市伏見区桃山町古城山）

病した。水疱瘡《みずぼうそう》にかかっていた皇太子の嘉仁は、見舞いに来ることができず、東宮侍従長を使いとして皇后から見舞いをしてもらった（『明治天皇紀』第十二、八〇九頁）。二二日には孫の裕仁《ひろひと》・雍仁《やすひと》・宣仁《のぶひと》も参内して睦仁を見舞った。二四日になると、病勢はさらに進み、睦仁の心臓は衰弱していった。皇太子の水疱瘡も、六〇日間弱ほどかかってようやく治り、直接に睦仁を見舞って皇后を慰めることができた。二三日以降、元帥山県有朋ら軍人・政治家の見舞いも増加していった（同前、第十二、八一一〜八一四頁）。

結局、睦仁は一九一二年七月二九日午後一〇時四〇分に永眠した。五九歳であった。尿毒症の悪化から起こった心臓麻痺が原因である。宮中では、睦仁の死の直後に皇太子嘉仁親王に皇位が継承されたという形にするよう、儀式の準備時間を稼ぐため、公式には七月三〇日午前〇時四三分に死去したと発表された（『原敬日記』一九一二年七月二九日、三〇日）。睦仁の最期には、二八日朝から昼夜にわたり、皇太子嘉仁親王と同妃、四人の内親王が看護した（『明治天皇紀』第十二、八一七〜八一八頁、『明治天皇紀談話』六巻、六七〜六八頁）。睦仁の末期《まつご》は、皇后に加え、息子とその妻、娘たちに看取られ、それなりに幸福なものであったといえよう。

八月二七日、睦仁に「明治天皇」という追号が贈られた。明治天皇の大葬は、九月一三日夜から翌日午前一時にかけて、東京市の青山練兵場で行われた。その後、霊柩《れいきゅう》は列車で京都に向けて出発し、同日、桃山御陵で埋棺《まいかん》式が行われ、一五日、後始末の祭典がとり行なわれた。こうして、睦仁は希望通り、京都南部の桃山の地で永久の眠りについた。

「明治大帝」の記憶

明治天皇といえば、近年の出版物でも、飛鳥井雅道『明治大帝』（筑摩書房、一九八九年）、国光史郎『明治大帝の決断』（祥伝社、一九九五年）等のように、「明治大帝」の呼称が使われることが多い。現在の『毎日新聞』の前身である『大阪毎日新聞』では、一九一二年七月三一日付の記事で「明治大帝」の用語を用いたが、これはきわめて早い用例である（飛鳥井雅道『明治大帝』二一～二三頁）。

また睦仁の死後、彼を記念して一九一二年中に出版された本の題にも、新報知社編『明治大帝』、峰間信吉編『明治大帝御偉蹟大観《ごいせきたいかん》』（文学協会出版部）などのように、「明治大帝」の名称を含んだものが、少なくとも九冊出版されている（国立国会図書館の目録）。こうして、歴代の天皇の中でも特別な一人であるという意味を込めて、「明治大帝」という呼称が定着していった。もっとも昭和戦前期において出版された本の題名で、国立国会図書館に所蔵されているもののうち、「明治天皇」という正式名称を使っているものが二〇三冊あるのに対し、「明治大帝」を使ったものは二〇冊にすぎない。しかし本書で示してきた睦仁の行動や人柄に対する日本国民の感情が、大正天皇・昭和天皇には使われない「大帝」の呼び名を与えたといえよう。

さて、本書で描いたように、睦仁は自ら努力して成長し、日本の独立を維持し日本を近代国家に生まれ変わらせるために、最も主要な役どころを十分に果たした。しかし、とりわけ日清戦争以降、国家機構が大きくなり、国民の睦仁に対する期待と理想化が進んだため、行動を制約され、運動不足とストレスのなかで生活習慣病を悪化させ、比較的早い死を迎えることになる。睦仁を理想化する潮流は、一九二〇年代以降、睦仁の実像を越えて過度に進んだ。彼の孫である昭和天皇（裕仁）は睦仁の虚像に苦しめられ、その政治判断にも悪影響が及んだ（伊藤之雄『政党政治と天皇・日本の歴史22』序章、第七章、第八章、同『昭和天皇と立憲君主制の崩壊——睦仁・嘉仁から裕仁へ』第Ⅰ部第二章〜第七章、第Ⅱ部）。

本書では、これまで明らかになっていなかった明治天皇（睦仁）の実像を、いつから政治権力を持つようになったかや、片意地ながらどこか愛すべき人柄も含めて、初めて示すことができた。睦仁の歩んだ五九年の生涯は、国家の再生や皇室制度の改革などについて考えるさまざまな素材を、現代のわれわれにも提供してくれることであろう。

参考文献

一般書

【明治天皇を直接取り上げたもの】

『明治大帝』（『キング』付録）（大日本雄弁会講談社、一九二七年）

　雑誌『キング』の記者が関係者にインタビューし、「偉大」な明治天皇像を描くようにまとめたもの。第二次世界大戦後、明治天皇の登場する雑誌・映画などの基本的なイメージを形成した。

渡辺幾次郎『明治天皇』上巻・下巻（明治天皇頌徳会、一九五八年）

多木浩二『天皇の肖像』（岩波新書、一九八八年）

　浮世絵の画像分析から、明治天皇のイメージの変化を初めて論じた著作。

飛鳥井雅道『明治大帝』（筑摩書房、一九八九年）

　コンパクトであるが、最近までの明治天皇の伝記的記述に大きな影響を与えた著作。キーン氏・佐々木氏・笠原氏執筆のものも、かなりの影響を受けている。

T＝フジタニ『天皇のページェント――近代日本の歴史民族誌から』（日本放送出版協会、一九九四年）

岩井忠熊『明治天皇――「大帝」伝説』（三省堂、一九九七年）

ドナルド＝キーン著、角地幸男訳『明治天皇』上・下（新潮社、二〇〇一年）

　明治天皇に関し、渡辺幾次郎氏の著作以来の大著。渡辺氏のものと同様に、一般的な明治政治史の叙述が多い。

佐々木克『幕末の天皇・明治の天皇』（講談社学術文庫、二〇〇五年）
孝明天皇と一八七〇年代までの明治天皇を文化的側面から扱った著作。
笠原英彦『明治天皇』（中公新書、二〇〇六年）
米窪明美『明治天皇の一日――皇室システムの伝統と現在』（新潮新書、二〇〇六年）

【その他】

上田景二編『昭憲皇太后史』（帝国教育研究会、一九一四年）
小泉策太郎筆記、木村毅編『西園寺公望自伝』（大日本雄弁会講談社、一九四九年）
藤村道生『日清戦争』（岩波新書、一九七三年）
李王垠伝記刊行会『英親王李垠伝』（共栄書房、一九七八年）
京都市編『京都の歴史』第七巻（京都市史編さん所、一九七九年）（学芸書林、一九七四年の新装版）
有泉貞夫『星亨』（朝日新聞社、一九八三年）
A＝B＝ミットフォード著、長岡祥三訳『英国貴族の見た明治日本』（新人物往来社、一九八六年）
O＝V＝モール著、金森誠也訳『ドイツ貴族の明治宮廷記』（新人物往来社、一九八八年）
藤田覚『幕末の天皇』（講談社、一九九四年）
人文社編集部『江戸から東京へ　明治の東京』（人文社、一九九六年）
御厨貴『明治国家の完成・日本の近代3』（中央公論新社、二〇〇一年）
井上勝生『開国と幕末変革・日本の歴史18』（講談社、二〇〇二年）
伊藤之雄『政党政治と天皇・日本の歴史22』（講談社、二〇〇二年）
家近良樹『孝明天皇と「一会桑」』（文春新書、二〇〇二年）
小田部雄次『四代の天皇と女性たち』（文春新書、二〇〇二年）

人文社編集部『古地図・現代図で歩く　明治大正東京散歩』（人文社、二〇〇三年）
松岡満『京都時代MAP幕末維新編』（光村推古書院、二〇〇三年）
瀧井一博『文明史の中の明治憲法』（講談社、二〇〇三年）
井上勲編『日本時代史20・開国と幕末の動乱』（吉川弘文館、二〇〇四年）
大石眞『日本憲法史』第二版（有斐閣、二〇〇五年）
室山義正『松方正義』（ミネルヴァ書房、二〇〇五年）
落合弘樹『西郷隆盛と士族』（吉川弘文館、二〇〇五年）

研究書

坂野潤治『明治憲法体制の確立』（東京大学出版会、一九七一年）
松尾尊兊『大正デモクラシー』（岩波書店、一九七四年）
北岡伸一『日本陸軍と大陸政策――一九〇六～一九一六』（東京大学出版会、一九七八年）
坂本一登『伊藤博文と明治国家形成』（吉川弘文館、一九九一年）
羽賀祥二『明治維新と宗教』（筑摩書房、一九九四年）
高橋秀直『日清戦争への道』（東京創元社、一九九五年）
大石眞『日本憲法史の周辺』（成文堂、一九九五年）
小林道彦『日本の大陸政策・一八九五～一九一四――桂太郎と後藤新平』（南窓社、一九九六年）
瀧井一博『ドイツ国家学と明治国制――シュタイン国家学の軌跡』（ミネルヴァ書房、一九九九年）
伊藤之雄『立憲国家の確立と伊藤博文――内政と外交・一八八九～一八九八』（吉川弘文館、一九九九年）
伊藤之雄『立憲国家と日露戦争――外交と内政・一八九八～一九〇五』（木鐸社、二〇〇〇年）

青山忠正『明治維新と国家形成』(吉川弘文館、二〇〇〇年)
佐々木克『幕末政治と薩摩藩』(吉川弘文館、二〇〇四年)
君塚直隆『女王陛下のブルーリボン――ガーター勲章とイギリス外交』(NTT出版、二〇〇四年)
室山義正『松方財政研究――不退転の政策行動と経済危機克服の実相』(ミネルヴァ書房、二〇〇四年)
鳥海靖・三谷博・西川誠・矢野信幸編『日本立憲政治の形成と変質』(吉川弘文館、二〇〇五年)
伊藤之雄『昭和天皇と立憲君主制の崩壊――睦仁・嘉仁から裕仁へ』(名古屋大学出版会、二〇〇五年)
高木博志『近代天皇制と古都』(岩波書店、二〇〇六年)

論文

高久嶺之介「一九〇七年公式令の制定意図について」(『キリスト教社会問題研究』三七号、一九八九年)
高橋秀直「征韓論政変の政治過程」(『史林』七六巻五号、一九九三年九月)
伊藤之雄「元老制度再考――伊藤博文・明治天皇・桂太郎」(『史林』七七巻一号、一九九四年一月)
堀口修「侍従藤波言忠とシュタイン講義――明治天皇への進講に関して」(『書陵部紀要』第四六号、一九九四年)
須賀博志「大津事件という『神話』」(一)・(二)(『法学論叢』一四二巻三号・一四四巻一号、一九九七年一二月・一九九八年一〇月)
岩井孝樹「大野藩『山と海の殖産興業』」(大野市教育委員会『奥越史料』二八号、一九九九年)
高橋秀直「『公議政体派』と薩摩討幕派」(『京都大学文学部紀要』第四一号、二〇〇二年三月)
沼田哲「元田永孚と天皇」(沼田哲編『明治天皇と政治家群像』吉川弘文館、二〇〇二年)
西川誠「木戸孝允の宮中問題」(沼田哲編『明治天皇と政治家群像』吉川弘文館、二〇〇二年)
高橋秀直「二都物語――首都大坂と離宮都市京都」(『京都市政史編さん通信』一九号、二〇〇四年九月)

永井和「朕は汝等軍人の大元帥なるぞ――天皇の統帥命令の起源」（佐々木克編『明治維新期の政治文化』思文閣出版、二〇〇五年）
伊藤之雄「日露戦争と明治天皇」（日露戦争研究会『日露戦争研究の新視点』成文社、二〇〇五年）
伊藤之雄「韓国と伊藤博文」（『日本文化研究』第一七輯、韓国東アジア日本学会、二〇〇六年一月〔大韓民国〕）
刑部芳則「明治太政官制形成期の服制論議」（『日本歴史』第六九八号、二〇〇六年七月）

刊行史料

宮内庁編『明治天皇紀』第一〜第十三（吉川弘文館、一九六八〜一九七七年）
『「明治天皇紀」談話記録集成』第一巻〜第九巻（ゆまに書房、二〇〇三年）
明治天皇御集委員会『新輯　明治天皇御集』上・下（明治神宮、一九六四年）
日本史籍協会編『中山忠能日記』一・二（東京大学出版会、一九七三年復刻）（初版は、日本史籍協会、一九一六年）
日本史籍協会編『朝彦親王日記』一・二（東京大学出版会、一九六九年復刻）（初版は、日本史籍協会、一九二九年）
日本史籍協会編『西郷隆盛文書』（東京大学出版会、一九六七年復刻）（初版は、日本史籍協会、一九二三年）
日本史籍協会編『大久保利通日記』一・二（東京大学出版会、一九六九年復刻）（初版は、日本史籍協会、一九二七年）
日本史籍協会編『大久保利通文書』一〜九（東京大学出版会、一九六七〜六九年復刻）（初版は、日本史籍協会、一九二七〜一九二九年）
日本史籍協会編『木戸孝允日記』一〜三（東京大学出版会、一九六七年復刻）（初版は、日本史籍協会、一九三二

年）
日本史籍協会編『木戸孝允文書』三～八（東京大学出版会、一九七一年復刻）（初版は、日本史籍協会、一九三〇、一九三一年）
日本史籍協会編『岩倉具視関係文書』一～八（東京大学出版会、一九六八～一九六九年復刻）（初版は、日本史籍協会、一九二七～一九三五年）
伊藤博文関係文書研究会編『伊藤博文関係文書』一～九（塙書房、一九七三～一九八一年）
伊藤博文編『秘書類纂・朝鮮交渉史料』下巻（秘書類纂刊行会、一九三六年）
井上毅伝記編纂委員会『井上毅伝・史料編』一～六（国学院大学図書館、一九六六～一九七七年）
東京大学史料編纂所編纂『保古飛呂比――佐々木高行日記』第五巻～第十二巻（東京大学出版会、一九七四～一九七九年）
安在邦夫・望月雅士編『佐々木高行日記――かざしの桜』（北泉社、二〇〇三年）
伊藤隆・尾崎春盛編『尾崎三良日記』全三巻（中央公論新社、一九九一～一九九二年）
原奎一郎編『原敬日記』一～三（福村出版、一九六五年）
藤波言忠『京都御所取調書』（研究代表高木博「明治維新と京都文化の変容」科学研究費補助金研究成果報告書、二〇〇四年翻刻）（原本は一九二四年にタイプ印刷されたもの、宮内庁書陵部所蔵）
大山梓編『山県有朋意見書』（原書房、一九六六年）
海軍大臣官房『山本権兵衛と海軍』（原書房、一九六六年）
春畝公追頌会編『伊藤博文伝』全三巻（統正社、一九四〇年）
徳富猪一郎編『公爵山県有朋伝』全三巻（山県公記念事業会、一九三三年）
井上馨侯伝記編纂会『世外井上公伝』全五巻（内外書籍、一九三三～一九三四年）

徳富猪一郎編述『公爵松方正義伝』全二巻（公爵松方正義伝記発行所、一九三五年）
日野西資博『明治天皇の御日常』（新学社教友館、一九七六年）
「明治天皇御追憶記」（立命館大学西園寺公望伝編纂委員会『西園寺公望伝』別巻二、岩波書店、一九九七年）
外務省編『日本外交文書』二九巻〜三七巻（日本国際連合協会、一九五四〜一九五七年）
「西洋時計便覧」（吉野作造編『明治文化全集』二〇巻、日本評論社、一九九二年復刻）（初版は、一九二八年）
近衛師団司令部『近衛師団沿革概要』（近衛師団参謀部、一九一〇年）（防衛庁防衛研究所図書室所蔵）
谷寿夫『機密日露戦史』（原書房、一九六六年）
小葉田淳監修『福井県史通史編4』近世二（福井県、一九九六年）
『郵便報知新聞』
『時事新報』
『大阪朝日新聞』・『東京朝日新聞』（ともに現在の朝日新聞の前身）
『大阪毎日新聞』・『東京日日新聞』（ともに現在の毎日新聞の前身）
『国民新聞』

未刊行史料

＊本書の叙述の基礎となった、前掲、伊藤之雄『立憲国家の確立と伊藤博文』および同『立憲国家と日露戦争』に使用した重要史料を含む。
岩倉公旧蹟保存会対岳文庫所蔵「岩倉具視関係文書」マイクロフィルム
「三条家文書」（国立国会図書館憲政資料室所蔵）
「伊藤博文文書」（国立国会図書館憲政資料室所蔵）

「山県有朋文書」国立国会図書館憲政資料室寄託）
「井上馨文書」（国立国会図書館憲政資料室所蔵）
「井上侯爵家文書、三田尻雑記」（「憲政史編纂会収集文書」所収、国立国会図書館憲政資料室所蔵）
「井上毅文書」マイクロフィルム
「黒田清隆文書」（国立国会図書館憲政資料室寄託）
「松方家文書」（「憲政史編纂会収集文書」所収、国立国会図書館憲政資料室所蔵）
「伊東巳代治文書」（国立国会図書館憲政資料室所蔵）
「伊東伯爵家文書」（「憲政史編纂会収集文書」所収、国立国会図書館憲政資料室所蔵）
「平田東助文書」（「憲政史編纂会収集文書」所収、国立国会図書館憲政資料室所蔵）
「野村靖文書」（国立国会図書館憲政資料室所蔵）
「桂太郎文書」（国立国会図書館憲政資料室所蔵）
「陸奥宗光文書」（国立国会図書館憲政資料室所蔵）
「河野広中文書」（国立国会図書館憲政資料室所蔵）
「寺内正毅文書」（国立国会図書館憲政資料室所蔵）
「倉富勇三郎日記」（「倉富勇三郎文書」、国立国会図書館憲政資料室所蔵）
「吉井友実文書」（国立国会図書館憲政資料室所蔵）
「土方久元日記」（首都大学東京図書情報センター所蔵）
「中山寛六郎文書」（東京大学法学部近代日本法政史料センター原史料部所蔵マイクロフィルム）
「徳大寺実則日記」（写）（「旧渡辺文庫」、早稲田大学図書館所蔵）
長岡外史「備忘録」（防衛庁防衛研究所図書館所蔵）

あとがき

ミネルヴァ日本評伝選の編集委員となった私は、二〇〇一年九月二四日、ホテル京阪京都で開かれた最初の会議に出席し、陸奥宗光《むつむねみつ》を執筆すると申し出た。他の政治家を書いてほしいという話も出たが、まだ五〇歳に満たない私には、老いや死のイメージを十分にとらえられるか、という思いがあった。五三歳で死去する陸奥なら、原稿が完成する頃にはほぼその年齢になっており、ちょうどよいだろうと思えた。私は若い頃から陸奥に興味を持っていた。

ところが、翌年三月三一日に東京で開かれた二回目の編集会議で、某氏が『明治天皇』の執筆を辞退されたことを聞いた時、思わず「私がやります」と発言してしまった。他の参加者も賛同されたので、私は陸奥をやめて明治天皇（睦仁《むつひと》）の伝記を書くことになった。

なぜあんな風に即断したのか、我ながら不思議である。会議の直前に、私は一般向けの通史『政党政治と天皇・日本の歴史22』（講談社、二〇〇二年）を脱稿していた。その執筆の過程で、昭和天皇（裕仁《ひろひと》）の不適切な政治関与を論じるために、明治天皇の政治関与を比較材料とした。その中で、一八九〇年代以降に絶妙の政治関与を行なっていた明治天皇の資質や人間性に、それまで以上に魅力を感じるようになっていたから、というのが明治天皇を引き受けた一つの理由であろう。明治天皇の四〇歳前後からの政治行動や性格については、『立憲国家の確立と伊藤博文――内政と外交・一八八九～一八九八』（吉川弘文館、一九九九年）や『立憲国家と日露戦争――外交と内政・一八九八～一九〇五』（木鐸社、二〇〇〇年）等の研究書で考察していた。

その後、私は前からの予定で、『昭和天皇と立憲君主制の崩壊――睦仁・嘉仁《よしひと》から裕仁へ』（名古屋大学出版会、二〇〇五年）の執筆にとりかかった。五〇歳を超えた身で、七〇〇頁近くの研究書を一貫した論理で書き上げる労力は、予想を絶した。しかし昭和天皇についてさらに分析を深める中で、私の明治天皇像もよりはっきりと浮かび上がってきた。また、これまでの類書の明治天皇像は、著者が史料を十分に読んでいないことに由来する、かなり恣《し》意的なものであるという確信が深まった。より実像に近い明治天皇像を、できる限り多くの読者の方々に、わかりやすい文章でお伝えしたいという意欲も高まってきた。

しかし、並行して行なっていた『京都市政史』第三巻（形成期資料編）（京都市、二〇〇三年）・第四巻（展開期資料編）（京都市、二〇〇六年）や『近代京都の改造――都市経営の起源・一八五〇～一九一八年』（ミネルヴァ書房、二〇〇六年）等の編著の編集作業にも時間を取られた。それらが一段落して、『明治天皇』の執筆にようやくとりかかることができたのは、昨年春の連休であった。執筆のために琵琶湖岸に用意した部屋にこもると、月の宵に蛙の声が心地よく響いた。その中で『明治天皇紀』や収集した史料を眺めながら、父孝明天皇や睦仁・岩倉具視・大久保利通らについて想像をめぐらすのは楽しかった。作業は一気に進むと思っていたが、この年から私の公務が激増し、執筆に割くことができる時間は切り詰められていった。会議等で疲れて家に帰り、愛犬との散歩の後、未明まで『明治天皇』の原稿に向かうことは、体力を消耗したが、精神のバランスを保つには不可欠でもあった。

執筆を申し出てから脱稿するまで、四年の歳月が流れた。この間二〇〇三年一二月に私の両親が、二〇〇四年一〇月に義父が世を去った。三者三様の老いと病気と旅立ちを間近に見守りながら、私は人生の終局について否《いや》が応《おう》でも考えさせられた。老境に入った睦仁の叙述にリアリティが増したとすれば、三人のおかげといえる。私自身もこの間にひざを痛め、体を思うように動かせないもどかしさを実感するようになった。大好きな乗馬もできなくなって肥満の度を増していった睦仁の気持ちに入りこめるようになった。

本書を携えて、執筆の裏方として働いてくれた妻と桃山御陵に参拝するのが待ち遠しい。

最後になったが、古代から近世の天皇の動向については、京都大学の西山良平・元木泰雄・藤井讓治教授から御助言を得た。また、ミネルヴァ書房の田引勝二氏は、数々の配慮を惜しまれなかった。心から感謝の気持ちを申し述べたい。

二〇〇六年七月　俊輔の六回目の誕生日を前に

伊藤之雄

明治天皇略年譜

（年齢は正月時点の満年齢を示す）

和暦	西暦	齢	関係事項	一般事項
嘉永 五	一八五二	0	9・22生まれる（父は孝明天皇、母は中山慶子）。9・29祐宮と命名。	
六	一八五三	0	9月風邪から大病となる（12月に全快）。	6・3アメリカ合衆国東インド艦隊司令長官ペリー、浦賀に来航する。
安政 元	一八五四	1	4・6禁裏御所炎上、中山邸の祐宮（睦仁）も下賀茂社、のち聖護院に避難する。	3・3日米和親条約に調印する。
三	一八五六	3	9・29中山邸から禁裏御所に移る。	7月米駐日総領事ハリス、下田に来航。
四	一八五七	4	11月初めて和歌を詠む。	9・7日露和親条約に調印する。
五	一八五八	5	6月孝明天皇、八日間護国を祈願し、祐宮（睦仁）も従う。	6・19日米修好通商条約に調印する。9月安政の大獄が始まる。
六	一八五九	6	3・30有栖川宮幟仁親王、祐宮（睦仁）の習字師範を命じられる。5月伏原宣明を師とし、祐宮（睦	10月橋本左内・吉田松陰らが処刑される。

			仁）の読書教育始まる。	
万延元	一八六〇	7	9・28立太子。睦仁親王となる（8歳）。	3・3桜田門外の変。8・18和宮降嫁の勅許を幕府に内達。
文久三	一八六三	10	4・11孝明天皇、攘夷祈願のため石清水社行幸。8・5会津・米沢等五藩の将兵訓練を見学、初めて大砲の砲声を聞く。	5・10長州藩、下関で米商船を砲撃。7・2薩英戦争。8・18八月一八日の政変。
元治元	一八六四	11	7・19禁門の変起こる。7・20夜、睦仁恐怖のために失神する。7・27祖父中山忠能、謹慎処分を受ける。	8・5四国艦隊下関砲撃。
慶応二	一八六六	13	12・25孝明天皇急死する。	1・21薩長同盟密約。
三	一八六七	14	1・9践祚する（14歳）。10・14倒幕の偽の密勅下る。10・14大政奉還。12・9王政復古の大号令。小御所会議（15歳）。この年、乗馬を始める。	6・22薩土盟約。
四 明治元	一八六八	15	1・15元服を行う。3・14五カ条の御誓文を発表する。3・21大坂に行幸する（四六日間滞在。初めて京都の外に出、海や軍艦を見、藩士（大久保・木戸）の拝謁を受ける）。8・27禁裏御所で即位の礼を行う。9・20東幸に出発（10・13江戸着、江戸を東京と改名、12・8に江戸を発って京都へ帰還）。11・22外国公使に拝謁を許し、信任状を受け取る。	1・3〜4鳥羽伏見の戦い。9・8明治と改元する。一世一元の制。

二	一八六九	16	12・28一条美子を皇后に立てる（16歳）。3・7東京「再幸」に出発。7・25イギリス王子アルフレッドが来日する。10・24皇后美子、東京に到着。	1月版籍奉還。5・18箱館の榎本武揚らが降伏。
三	一八七〇	17	4月乗馬で皇居を出、在京陸軍部隊一万八〇〇〇人の連合訓練を閲兵。	
四	一八七一	18	7月西郷隆盛の宮中改革始まる。12月フランス式の操練を始める（洋装の軍服）（19歳）。この頃から乗馬に熱中する。	2月薩・長・土三藩から御親兵を出させる。7・14廃藩置県。11・12岩倉使節団出発。
五	一八七二	19	1・7御講書始で、洋学（加藤弘之）と漢学（元田永孚）が対等となる。4・11皇太后、東京に到着。この頃、女官のリストラ等の宮中改革すすむ。5・23中国・西国巡幸に出発する（「正服」を着る）。9・4大元帥の服制が定まる。	10・28徴兵の詔。12・3太陽暦に改め、明治六年（一八七三）一月一日とする。
六	一八七三	20	3月睦仁、髻を切り、白粉の化粧をやめる（20歳）。皇后、黛とお歯黒をやめる。4・14～17鎌倉での陸軍の野営演習に行幸。4・29～5・1習志野の近衛兵の野営演習に行幸（乗馬で）。5・5皇居の火災のため、赤坂仮皇居に移る。9・18第一皇子誕生、すぐに死亡（母・葉室光子も四日後に死去）。10・	1・10徴兵令。9・13岩倉特命全権大使帰国。10・24～25征韓論政変。

			8新しい大元帥服を着て写真撮影。10・13欧米人（イタリア皇族一行）に初めて陪食を許す。征韓論政変に際し、岩倉・大久保に従って動く。この頃、深酒が続く。	
七	一八七四	21	1・18一般から歌を募る歌会始が始まる。5月御談会（英雄の治績を論じ合う）始まる。9・19自ら「指揮長官」となって軍事訓練。この頃、大臣・参議による政治教育が行なわれる（和漢の学習に比べ洋学が減少）。12・27雑司ヶ谷で近衛諸兵の実地演習を見学。この秋を最後に、乗馬で皇居を出ることがなくなる。	1・17民選議員設立建白書提出される。2・1〜3・1佐賀の乱（江藤新平）。5・2台湾出兵。10・31清国との交渉妥結。
八	一八七五	22	4・15島津久光拝謁、睦仁の説得に応ぜず。この秋までに、操練・射的を止める。10・22島津久光、睦仁の指示に従わず、拝謁の後左大臣を辞任。	9・20江華島事件起こる。
九	一八七六	23	3・5江華島事件を解決した黒田清隆・井上馨をねぎらう昼食会を開くが、両人現れず。6・2東北奥羽・北海道巡幸に出発する（〜7・21）。この秋から、学問の講師として元田永孚（儒学）の比重が高くなる。10・13祖父中山忠能邸に行幸、泥酔して帰る。	2・26日朝修好条規調印。3・28廃刀令。

一〇	一八七七	24	1・24京都・神戸間鉄道開業式出席のため出発。2月～3月西南戦争への不安から鬱状態となる。5月～10月脚気。7・28京都を発って皇居に戻る（7・30到着）。8・21第一回内国勧業博覧会の開会式に行幸。9・2天皇親裁の形式をとった公文書様式が実施される。この頃、積極的に奏聞を受ける一方、定期的な修学をほとんどしなくなる。	1・30鹿児島で私学校側が陸軍省火薬庫を襲撃。2・15西南戦争始まる。5・26木戸孝允病死。9・24西郷隆盛自刃（西南戦争終わる）。
一一	一八七八	25	大久保の死後、佐々木高行らが天皇親政運動を強める。睦仁が佐々木を工部卿にすることを三条太政大臣に二度催促しても実現せず。8・30北陸・東海道巡幸に出発する（～11・9）。	5・14大久保利通暗殺される。8・23～24竹橋騒動。
一二	一八七九	26	8・31嘉仁親王（大正天皇）生まれる（母は柳原愛子）。その後、睦仁の祖父中山忠能邸で生母中山慶子が養育する（～一八八五年3・23）。	
一三	一八八〇	27	10・13侍輔廃止、天皇側近による天皇親政運動下火へ。	3月愛国社、国会期成同盟と改称。自由民権運動盛り上がる。
一四	一八八一	28	3・4ハワイのカラカワ王来日。7・30東北奥羽北海道巡幸に出発する（～10・11）。この間、睦仁には知らせずに、伊藤博文らが政府から大隈重信を追放する計画を進める。10・21イギリスの二王子来日。	10・12明治一四年の政変。国会開設の詔。

			この機会に睦仁へのガーター勲章の授与を打診するがかなわず。	
一五	一八八二	29	8・4脚気と診断（10月に全快）。	1・4軍人勅諭発布。3・14伊藤博文憲法調査のために渡欧。7・23朝鮮で壬午事変起こる。
一六	一八八三	30	2・5新造軍艦の名に歴代天皇の尊号使用を許さず、旧国名を使用させる。5・4睦仁、皇居を和風の様式で再建することを決める。	8月伊藤帰国、参議と宮内卿を兼任。
一七	一八八四	31	7・8睦仁が選定した吉井友実を宮内大輔に任命。	12・4朝鮮で甲申事変起こる。
一八	一八八五	32	2・7御前会議で睦仁が伊藤・井上を支持し、対清戦争を回避すべきであると発言。その方針で甲申事変を解決することが決まる。7・26山口・広島・岡山への巡幸に出発。この頃になっても睦仁に実権があまりなく、睦仁の政治サボタージュがひどくなる。	4・18天津条約調印。8月侍従藤波言忠欧米へ（〜一八八七年11月）。12・22内閣制度始まる（太政官制廃止）。
一九	一八八六	33	9・7伊藤、睦仁に政務に励むよう六カ条の要望。この頃から伊藤との信頼関係深まる。	3月〜4月帝国大学令など学校制度整備。
二〇	一八八七	34	5・2ドイツ人モール夫妻拝謁。この後宮中儀式などの西洋化を進める（〜一八八九年3月）。9・19嘉仁親王、学習院に入学。12・6侍従藤波言忠がシュタインから学んだ憲法学・国家学の進講を始める	7・29井上馨外相の条約改正交渉失敗。

			(〜翌春。計二三回)。	
二一	一八八八	35	4・29枢密院開院式の勅語草案をめぐり、睦仁激怒。翌日に伊藤謝罪。5月〜睦仁、枢密院の憲法草案審議に毎回出席。6・19侍従を派遣して京都に残る孝明天皇の資料を調査させる。	4・30枢密院が置かれる。
二二	一八八九	36	1・11新皇居に移る。2・11大日本帝国憲法発布される。皇室典範制定される。伊藤に旭日桐花大綬章を授ける。7月キヨソネの絵をもとにした陸軍大元帥服の「写真」完成（のちの御真影）。11・3嘉仁親王（10歳）、皇太子となる。睦仁、酒宴で上機嫌。	2・11議院法・衆議院議員選挙法・貴族院令・会計法公布。10・18大隈重信外相、玄洋社社員に襲われる。
二三	一八九〇	37	3・29〜4・3愛知県で陸海軍連合大演習を統監。4・4〜5・7西日本行幸（京都琵琶湖疏水竣工式・呉海軍鎮守府等）。	7・1第一回総選挙。11・25第一議会召集される。
二四	一八九一	38	5・13睦仁、ニコライを京都のホテルに見舞う。5・19睦仁、ロシア軍艦上でニコライと午餐をともにし、別れの挨拶をする。6・12陸軍少将奥保鞏を嘉仁の輔弼責任者（東宮武官長）に任命（〜一八九三年11・10）。12月〜翌1月松方内閣と民党との対立を憂慮。	5・11大津事件（ロシア皇太子ニコライ切られる）。
二五	一八九二	39	3月〜4月睦仁、選挙干渉を批判する伊藤を枢密院	2・15松方内閣の干渉にもかか

			議長に留任させ、松方首相に御手許金から一〇万円を与える（優れたバランス感覚を発揮）。7・30松方内閣の後継首相を、「元勲」に下問。10・23〜25初の陸軍特別大演習（於栃木県）。12月初〜翌年1月末嘉仁腸チフス。	わらず、第二回総選挙で民党優位。3・11品川内相辞任。
二六	一八九三	40	2・10第四議会で和協の詔勅出される（睦仁、藩閥勢力・民党間の調停に成功）。6・2土方久元邸に行幸、記録に残る酩酊の最後。	1月衆議院、戦艦建造費を否決。
二七	一八九四	41	7・27睦仁、伊藤首相を大本営会議に列席させる。8・1対清宣戦詔書出される。8・11伊勢神宮等に宣戦布告の奉告を準備する土方宮相に怒りをぶつける。8・30文武官と陸海軍の協調を求める五カ条の諭。9・15睦仁、広島大本営に到着。11・18皇太子嘉仁と広島で対面する。11・29病気の山県有朋第一軍司令官に帰国を命じる勅語。	この春、朝鮮で甲午農民戦争が広がる。7・23日本軍、朝鮮国の王宮を占領。7・25豊島沖海戦。9・15〜16平壌の戦い。9・17黄海海戦。
二八	一八九五	42	1・27睦仁、本来賛成でない遼東半島割譲を含む日清講和条件を御前会議で裁可。3・19皇后・側室らが広島大本営に到着。5月下旬〜8月皇太子嘉仁、腸チフス・肺炎・肋膜炎（一時重態）。8・5伊藤博文に大勲位菊花大綬章を授与。10・24閔妃殺害事	4・17下関条約調印される。4・23三国干渉起こる。10・8閔妃殺害事件。

			件を遺憾とする勅語。	
二九	一八九六	43	9・1伊藤内閣の後継首相を山県ら四人の藩閥有力者に下問。	5・14小村・ウェーバー協定。6・9山県・ロバノフ協定。
三〇	一八九七	44	1・11英照皇太后死去する。4・17〜8・22英照皇太后陵に参拝するため京都に滞在。	11・14ドイツ、膠州湾を占領。12・15ロシア艦隊、旅順港に入る。
三一	一八九八	45	1・10藩閥有力者（元老）の御前会議で、伊藤内閣の組閣を事実上決定（元老制度の定着）。2月〜3月大山巌元帥他、元老らを嘉仁教育担当に任命。6・24御前会議で睦仁が誤解したまま隈板内閣の組閣を決定。10・22板垣内相の尾崎文相弾劾上奏を受けて、尾崎に辞表を出させるべしとの沙汰。11・15〜17大阪府で陸軍特別大演習。	6・30隈板内閣成立（〜10・31）。
三二	一八九九	46	5・8有栖川宮威仁親王を嘉仁輔導責任者に任命。	
三三	一九〇〇	47	4・27〜29広島県〜和歌山県沖で海軍大演習。5・10皇太子嘉仁、九条節子と結婚。7・5北清事変に対応するため、閣外の伊藤に尽力を求める。	6・15北清事変への出兵が決定される。
三四	一九〇一	48	4・29皇太子夫妻に裕仁親王（のちの昭和天皇）誕生。11・8〜10宮城県で陸軍特別大演習・観兵式（この頃から体調不良による予定変更現れる）。	9・7北京議定書。12月伊藤博文、日露協商交渉。

三五	一九〇二	49	11・11〜13熊本県で陸軍特別大演習、初の寝坊。	1・30日英同盟調印。
三六	一九〇三	50	6・25皇太子夫妻に雍仁親王（のちの秩父宮）誕生。4・7〜5・11兵庫の海軍観艦式に臨席・京都御所に滞在して大阪の内国勧業博覧会などにも行幸（最後の京都行幸）。7・13伊藤博文を枢密院議長に就任させ、政友会総裁を辞任させる。11・13〜15兵庫県で陸軍特別大演習、馬車を多用。12・28陸海軍の対立を調停し、陸軍参謀総長・海軍軍令部長を対等とする。	8月〜12月露の満州からの撤兵を求める日露交渉で妥協成立せず。
三七	一九〇四	51	2・4御前会議で対露開戦を決定する（この頃よりストレス高まり、糖尿病を悪化させる）。2・10対露宣戦詔書出される。5・25陸軍参謀本部と陸軍省の対立を調停。	12・5二〇三高地占領。
三八	一九〇五	52	1月皇太子夫妻に宣仁親王（のちの高松宮）誕生。9・5日比谷焼打ち事件に動揺する。10・22連合艦隊指令長官東郷平八郎らの凱旋式に海軍軍服で出席（これ以後、海軍関係の行事に海軍軍服着用）。11・14戦勝奉告のため、伊勢神宮に出発。12・21伊藤博文を初代韓国統監に任命。	3・1〜10奉天会戦に勝利。5・27〜28日本海海戦に勝利。9・5ポーツマス条約調印。12・21韓国統監府設置。
三九	一九〇六	53	2・20睦仁、ガーター勲章を受ける。4・30青山練	6・15ハーグ密使事件。

			兵場での日露戦争陸軍凱旋観兵式に、茶褐色の陸軍軍服で馬車にて登場（以後乗馬姿なし）。	
四〇	一九〇七	54	1・31乃木希典を学習院院長に任命。10・5生母中山慶子死去する。11・14〜19茨城県で陸軍特別大演習・観兵式。12月韓国皇太子李垠、日本に留学。日本の皇太子に準じる待遇を与える。	2・1公式令公布。9・11軍令第一号公布。
四一	一九〇八	55	11・11〜13奈良県で陸軍特別大演習。	
四二	一九〇九	56	11・4睦仁の命で伊藤博文の国葬を行なう。11・6〜9栃木県で陸軍特別大演習。	10・26伊藤博文暗殺される
四三	一九一〇	57	11・13〜16岡山県で陸軍特別大演習（腎臓悪化）。	8・22韓国併合。
四四	一九一一	58	1・18大逆事件で死刑判決が出、特別減刑を命じる。11月福岡県で陸軍特別大演習（睦仁の疲労強まる）。	10月清国で辛亥革命起こる。
四五	一九一二	59	7・15枢密院会議で体の変調、以後容態悪化していく。7・30明治天皇死去する（59歳）。	2・12清朝廃絶。

（年表作成：村井幸恵）

人名索引

あ 行

か　行

さ　行

た　行

な　行

は　行

ま　行

や　行

ら・わ行

《著者紹介》

伊藤之雄（いとう・ゆきお）

1952年　福井県大野市生まれ。

1981年　京都大学大学院文学研究科博士課程満期退学。

現　在　京都大学大学院法学研究科・法学部教授。京都大学博士（文学）。

著　書　『大正デモクラシーと政党政治』山川出版社，1987年。

『立憲国家の確立と伊藤博文――内政と外交　1889～1898』吉川弘文館，1999年。

『立憲国家と日露戦争――外交と内政　1898～1905』木鐸社，2000年。

『政党政治と天皇』（日本の歴史 22）講談社，2002年。

『昭和天皇と立憲君主制の崩壊――睦仁・嘉仁から裕仁へ』名古屋大学出版会，2005年，など。

編　著　『環太平洋の国際秩序の模索と日本』共編著，山川出版社，1999年。

『二〇世紀日米関係と東アジア』共編著，風媒社，2002年。

『二〇世紀日本の天皇と君主制』共編著，吉川弘文館，2004年。

『近代京都の改造』編著，ミネルヴァ書房，2006年，など。

ミネルヴァ日本評伝選

明《めい》治《じ》天《てん》皇《のう》

――むら雲を吹く秋風にはれそめて――

2006年9月10日　初版第1刷発行　〈検印省略〉

定価はカバーに表示しています

著　者　伊藤之雄
発行者　杉田啓三
印刷者　江戸宏介

発行所　株式会社　ミネルヴァ書房

607-8494　京都市山科区日ノ岡堤谷町1
電話（075）581-5191（代表）
振替口座　01020-0-8076番

共同印刷工業・新生製本

ISBN4-623-04719-9

Printed in Japan

刊行のことば

歴史を動かすものは人間であり、興趣に富んだ人間の動きを通じて、世の移り変わりを考えるのは、歴史に接する醍醐味である。

しかし過去の歴史学を顧みるとき、人間不在という批判さえ見られたように、歴史における人間のすがたが、必ずしも十分に描かれてきたとはいえない。二十一世紀を迎えた今、歴史の中の人物像を蘇生させようとの要請はいよいよ強く、またそのための条件もしだいに熟してきている。

この「ミネルヴァ日本評伝選」は、正確な史実に基づいて書かれるのはいうまでもないが、単に経歴の羅列にとどまらず、歴史を動かしてきたすぐれた個性をいきいきとよみがえらせたいと考える。そのためには、対象とした人物とじっくりと対話し、ときにはきびしく対決していくことも必要になるだろう。

今日の歴史学が直面している困難の一つに、研究の過度の細分化、瑣末化が挙げられる。それは緻密さを求めるが故に陥った弊害といえるが、その結果として、歴史の大きな見通しが失われ、歴史学を通しての社会への働きかけの途が閉ざされ、人々の歴史への関心を弱める危険性がある。今こそ歴史が何のためにあるのかという、基本的な課題に応える必要があろう。評伝という興味ある方法を通じて、解決の手がかりを見出せないだろうかというのも、この企画の一つのねらいである。

狭義の歴史学の研究者だけでなく、多くの分野ですぐれた業績をあげている著者たちを迎えて、従来見られなかった規模の大きな人物史の叢書として、「ミネルヴァ日本評伝選」の刊行を開始したい。

平成十五年（二〇〇三）九月

ミネルヴァ書房

ミネルヴァ日本評伝選

企画推薦
梅原　猛
ドナルド・キーン
佐伯彰一
角田文衞

監修委員
上横手雅敬
芳賀　徹

編集委員
石川九楊
伊藤之雄
猪木武徳
今谷　明
今橋映子
熊倉功夫
佐伯順子
坂本多加雄
武田佐知子
竹西寛子
西口順子
兵藤裕己
御厨　貴

上代

俾弥呼　古田武彦
日本武尊　西宮秀紀
仁徳天皇　若井敏明
雄略天皇　吉村武彦
*蘇我氏四代　遠山美都男
推古天皇　義江明子
聖徳太子　仁藤敦史
斉明天皇　武田佐知子
小野妹子・毛人　大橋信也
額田王　梶川信行
弘文天皇　遠山美都男
天武天皇　新川登亀男
持統天皇　丸山裕美子
阿倍比羅夫　熊田亮介
柿本人麻呂　古橋信孝
元明・元正天皇　渡部育子
聖武天皇　本郷真紹
光明皇后　寺崎保広
孝謙天皇　勝浦令子
藤原不比等　荒木敏夫
吉備真備　今津勝紀
道　鏡　吉川真司
大伴家持　和田　萃
行　基　吉田靖雄

平安

*桓武天皇　井上満郎
嵯峨天皇　西別府元日
宇多天皇　古藤真平
醍醐天皇　石上英一
村上天皇　京樂真帆子
花山天皇　上島　享
三条天皇　倉本一宏
後白河天皇　美川　圭
小野小町　錦　仁
藤原良房・基経　滝浪貞子
菅原道真　竹居明男
紀貫之　神田龍身
源高明　所　功
慶滋保胤　平林盛得
*安倍晴明　斎藤英喜
藤原実資　橋本義則
藤原道長　朧谷　寿
清少納言　後藤祥子
紫式部　竹西寛子
和泉式部　ツベタナ・クリステワ
大江匡房　小峯和明
式子内親王　奥野陽子
建礼門院　生形貴重
阿弖流為　樋口知志
坂上田村麻呂　熊谷公男
*源満仲・頼光　元木泰雄
平将門　西山良平
平清盛　田中文英
藤原秀衡　入間田宣夫
空　海　頼富本宏
最　澄　吉田一彦
奝　然　上川通夫
*源　信　小原　仁
守覚法親王　阿部泰郎

鎌倉

源頼朝　川合　康
*源義経　近藤好和
後鳥羽天皇　五味文彦
九条兼実　村井康彦
北条時政　野口　実
熊谷直実　佐伯真一
*北条政子　関　幸彦
北条義時　岡田清一
曾我十郎・五郎　杉橋隆夫
北条時宗　近藤成一
安達泰盛　山陰加春夫
平頼綱　細川重男
竹崎季長　堀本一繁

西　行　光田和伸
藤原定家　赤瀬信吾
*京極為兼　今谷　明
*兼　好　島内裕子
重　源　横内裕人
運　慶　根立研介
法　然　今堀太逸
慈　円　大隅和雄
明　恵　西山　厚
親　鸞　末木文美士
恵信尼・覚信尼　西口順子
道　元　船岡　誠
叡　尊　細川涼一
*忍　性　松尾剛次
*日　蓮　佐藤弘夫
一　遍　蒲池勢至
夢窓疎石　田中博美
宗峰妙超　竹貫元勝

南北朝・室町

後醍醐天皇　上横手雅敬
護良親王　新井孝重
北畠親房　岡野友彦
楠正成　兵藤裕己
*新田義貞　山本隆志
光厳天皇　深澤睦夫
足利尊氏　市沢　哲
佐々木道誉　下坂　守
円観・文観　田中貴子
足利義満　川嶋將生
足利義教　横井　清
大内義弘　平瀬直樹
山名宗全　山本隆志
日野富子　脇田晴子
世阿弥　西野春雄
雪舟等楊　河合正朝
雪村周継　赤澤英二
宗　祇　鶴崎裕雄
*満　済　森　茂暁
一休宗純　原田正俊

戦国・織豊

北条早雲　家永遵嗣
毛利元就　岸田裕之
*今川義元　小和田哲男
*武田信玄　笹本正治
三好長慶　仁木　宏
*上杉謙信　矢田俊文
吉田兼倶　西山　克
山科言継　松薗　斉
織田信長　三鬼清一郎
豊臣秀吉　藤井讓治
前田利家　東四柳史明
黒田如水　小和田哲男
蒲生氏郷　藤田達生
伊達政宗　伊藤喜良
支倉常長　田中英道
北政所おね　田端泰子
淀　殿　福田千鶴
ルイス・フロイス　エンゲルベルト・ヨリッセン
*長谷川等伯　宮島新一
顕　如　神田千里

江戸

徳川家康　笠谷和比古
徳川吉宗　横田冬彦
後水尾天皇　久保貴子
光格天皇　藤田　覚
崇　伝　杣田善雄
春日局　福田千鶴
池田光政　倉地克直
シャクシャイン　岩崎奈緒子
田沼意次　藤田　覚
末次平蔵　岡美穂子
林羅山　鈴木健一
中江藤樹　辻本雅史
山崎闇斎　澤井啓一
*北村季吟　島内景二
貝原益軒　辻本雅史
ケンペル　ボダルト・ベイリー
荻生徂徠　柴田　純
雨森芳洲　上田正昭
前野良沢　松田　清
平賀源内　石上　敏
杉田玄白　吉田　忠
上田秋成　佐藤深雪
木村蒹葭堂　有坂道子
大田南畝　沓掛良彦
菅江真澄　赤坂憲雄
*鶴屋南北　諏訪春雄
良　寛　阿部龍一
山東京伝　佐藤至子
滝沢馬琴　高田　衛
平田篤胤　川喜田八潮
シーボルト　宮坂正英
本阿弥光悦　岡　佳子
小堀遠州　中村利則
尾形光琳・乾山　河野元昭
*二代目市川團十郎　田口章子
与謝蕪村　佐々木丞平
伊藤若冲　狩野博幸
鈴木春信　小林　忠
円山応挙　佐々木正子
*佐竹曙山　成瀬不二雄
葛飾北斎　岸　文和
酒井抱一　玉蟲敏子
オールコック　佐野真由子

*古賀謹一郎 小野寺龍太
*月性 海原 徹
西郷隆盛 草森紳一
*吉田松陰 海原 徹
徳川慶喜 大庭邦彦
和宮 辻ミチ子
アーネスト・サトウ 奈良岡聰智
冷泉為恭 中部義隆

近代

*明治天皇 伊藤之雄
大正天皇 フレッド・ディキンソン
大久保利通 三谷太一郎
山県有朋 鳥海 靖
木戸孝允 落合弘樹
*松方正義 室山義正
北垣国道 小林丈広
大隈重信 五百旗頭薫
伊藤博文 坂本一登

井上 毅 大石 眞
桂 太郎 小林道彦
林 董 君塚直隆
高宗・閔妃 木村 幹
山本権兵衛 室山義正
高橋是清 鈴木俊夫
小村寿太郎 簑原俊洋
犬養 毅 小林惟司
加藤高明 櫻井良樹
田中義一 黒沢文貴
平沼騏一郎 堀田慎一郎
宮崎滔天 榎本泰子
浜口雄幸 川田 稔
幣原喜重郎 西田敏宏
関 一 玉井金五
広田弘毅 井上寿一
安重根 上垣外憲一
グルー 廣部 泉
東條英機 牛村 圭
蔣介石 劉 岸偉
木戸幸一 波多野澄雄
*乃木希典 佐々木英昭

加藤友三郎・寛治 麻田貞雄
宇垣一成 北岡伸一
石原莞爾 山室信一
五代友厚 田付茉莉子
安田善次郎 由井常彦
渋沢栄一 武田晴人
山辺丈夫 宮本又郎
武藤山治 阿部武司・桑原哲也
小林一三 橋爪紳也
大倉恒吉 石川健次郎
大原孫三郎 猪木武徳
河竹黙阿弥 今尾哲也
イザベラ・バード 加納孝代
林 忠正 木々康子
森 鷗外 小堀桂一郎
二葉亭四迷 ヨコタ村上孝之
巌谷小波 千葉信胤
樋口一葉 佐伯順子
島崎藤村 十川信介

泉 鏡花 東郷克美
有島武郎 亀井俊介
永井荷風 川本三郎
北原白秋 平石典子
菊池 寛 山本芳明
宮澤賢治 千葉一幹
正岡子規 夏石番矢
P・クローデル 内藤 高
高浜虚子 坪内稔典
与謝野晶子 佐伯順子
*種田山頭火 村上 護
斎藤茂吉 品田悦一
*高村光太郎 湯原かの子
萩原朔太郎 エリス俊子
原阿佐緒 秋山佐和子
*狩野芳崖・高橋由一 古田 亮
竹内栖鳳 北澤憲昭
黒田清輝 高階秀爾
中村不折 石川九楊

横山大観 高階秀爾
橋本関雪 西原大輔
小出楢重 芳賀 徹
土田麦僊 天野一夫
岸田劉生 北澤憲昭
松旭斎天勝 川添 裕
中山みき 鎌田東二
ニコライ 中村健之介
出口なお・王仁三郎 川村邦光
島地黙雷 阪本是丸
*新島 襄 太田雄三
嘉納治五郎 クリストファー・スピルマン
*澤柳政太郎 新田義之
河口慧海 高山龍三
大谷光瑞 白須淨眞
久米邦武 高田誠二
フェノロサ 伊藤 豊
三宅雪嶺 長妻三佐雄
内村鑑三 新保祐司
*岡倉天心 木下長宏
志賀重昂 中野目徹

徳富蘇峰　杉原志啓
内藤湖南・桑原隲蔵　礪波　護
岩村　透　今橋映子
西田幾多郎　大橋良介
喜田貞吉　中村生雄
上田　敏　及川　茂
柳田国男　鶴見太郎
厨川白村　張　競
九鬼周造　粕谷一希
辰野　隆　金沢公子
シュタイン　瀧井一博
福澤諭吉　平山　洋
福地桜痴　山田俊治
中江兆民　田島正樹
田口卯吉　鈴木栄樹
陸　羯南　松田宏一郎
竹越與三郎　西田　毅
宮武外骨　山口昌男
＊吉野作造　田澤晴子
野間清治　佐藤卓己

北　一輝　岡本幸治
杉　亨二　速水　融
北里柴三郎　福田眞人
田辺朔郎　秋元せき
南方熊楠　飯倉照平
寺田寅彦　金森　修
石原　純　金子　務
J・コンドル　鈴木博之
小川治兵衛　尼崎博正

現代

昭和天皇　御厨　貴
高松宮宣仁親王　後藤致人
吉田　茂　中西　寛
マッカーサー　柴山　太
重光　葵　武田知己
池田勇人　中村隆英
和田博雄　庄司俊作

朴正熙　木村　幹
竹下　登　真渕　勝
＊松永安左エ門　橘川武郎
鮎川義介　井口治夫
松下幸之助　米倉誠一郎
渋沢敬三　井上　潤
本田宗一郎　伊丹敬之
井深　大　武田　徹
幸田家の人々　金井景子
＊正宗白鳥　大嶋　仁
＊川端康成　大久保喬樹
薩摩治郎八　小林　茂
松本清張　杉原志啓
安部公房　成田龍一
三島由紀夫　島内景二
R・H・ブライス　菅原克也
金素雲　林　容澤

柳　宗悦　熊倉功夫
バーナード・リーチ　鈴木禎宏
イサム・ノグチ　酒井忠康
川端龍子　岡部昌幸
藤田嗣治　林　洋子
＊井上有一　海上雅臣
手塚治虫　竹内オサム
山田耕筰　後藤暢子
武満　徹　船山　隆
力道山　岡村正史
美空ひばり　朝倉喬司
植村直巳　湯川　豊
西田天香　宮田昌明
安倍能成　中根隆行
李方子　小田部雄次
G・サンソム　牧野陽子
和辻哲郎　小坂国継
青木正児　井波律子

矢代幸雄　稲賀繁美
石田幹之助　岡本さえ
＊平泉　澄　若井敏明
前嶋信次　杉田英明
竹山道雄　平川祐弘
保田與重郎　谷崎昭男
佐々木惣一　松尾尊兊
＊瀧川幸辰　伊藤孝夫
矢内原忠雄　等松春夫
福本和夫　伊藤　晃
フランク・ロイド・ライト　大久保美春
大宅壮一　有馬　学
清水幾太郎　竹内　洋

＊は既刊
二〇〇六年九月現在